学者之镜

阐 释 与 创 造 ‖ 文 艺 研 究 书 系

人民出版社
西南师範大學出版社

图书在版编目(CIP)数据

学者之镜/方宁主编．—重庆:西南师范大学出版社，2009.5

(阐释与创造·文艺研究书系)

ISBN 978-7-5621-4494-6

Ⅰ.学… Ⅱ.方… Ⅲ.①文化—名人—访谈录—中国—现代②作家—访谈录—中国—现代③艺术家—访谈录—中国—现代 Ⅳ.K820.7

中国版本图书馆 CIP 数据核字(2009)第 071689 号

责任编辑:钟小族　卢　旭
装帧设计:金　宁
版式设计:白　妤

阐释与创造·文艺研究书系

学者之镜

方　宁　主编

出 版 人:周安平
出版发行:人民出版社　西南师范大学出版社
(北京朝阳门内大街 166 号　邮编　100706)
(重庆北碚西南大学校内　邮编　400715)
经　销:全国新华书店
印　刷:重庆东南印务有限责任公司
开　本:787mm×1092mm　1/16
印　张:24.5
字　数:384 千字
版　次:2009 年 5 月　第 1 版
印　次:2009 年 5 月　第 1 次印刷
书　号:ISBN　978-7-5621-4494-6
定　价:42.00 元

与历史同行

——《阐释与创造·文艺研究书系》

方　宁

这套以“阐释与创造·文艺研究书系”命名的专辑，收录了近十年来学术理论刊物《文艺研究》上所发表的一些重要文章。其遴选的时间范围大体上始于2002年，终于2009年。对《文艺研究》而言，这也许是一个新时代的开端，从计划经济向市场经济转型的压力，恰恰是从2002年初随着编辑部老一代领导人陆续退休之后，而实实在在地降临到了《文艺研究》的后来者头上，这是其一；为了适应时代的要求，我们从2003年起对刊物做了从形式到内容的调整，新开了“理论专题”、“当代批评”、“书与批评”和“访谈与对话”等几个栏目，与之相关的是，由于《文艺研究》杂志风格的调整，刊物对于问题的研究也更加具有现实的针对性和更加丰富的视角，这是其二。

当初拟定本书的书名，还是颇费了一番踌躇。终于想到了现在这个题目，觉得还算贴切，学术研究的方法无非“阐释”，学术研究的目的无非“创造”（传播也是一种创造）。《文艺研究》三十年，始终与历史同行，与中国当代文艺学术相依傍。因此在其用文字编织而成的锦绣华章之中，总能见出阐释者的语言风采和创造者的思想力量。

众所周知的是，如今的学术界，“批评”早已成为“表扬”的另一种形式，在人们日益感受到空前的学术繁荣背后，早已没有了学术批评的位置，“批评的缺席”似乎成了人们感慨最多，也是谈论最多的一个话题。我曾经在一次由中国作家协会理论委员会召开的座谈会上指出：

我们今天所面对的是一个批评缺失与理论匮乏的时代，虽然在当下学术界并不缺少各式各样的批判的武器，虽然在我们身边充斥着来自发达国家阵容齐整的理论资源，但是，又有多少能够有效地解释中国当下社会文化问题和文学问题的理论，更不用说能够有效地改变当前文化现状的理论了。理论如果失去对于人类精神方式的关注，失去对现实问题发言的能力，实际上就被放逐到了社会的边缘，它最终将会成为徒具神圣的外表而无所作为的“躯壳”。理论在丰富中匮乏和批评在缺失中泛滥，这种看似悖论的描述并非是一种语言或文字的游戏，而是一种我们无法回避的现实。

但是，正如谈论某种困境和危机是一回事，而真正在实践的层面去改变造成危机与困境的现状是又一回事，改变“批评的缺失”不仅仅是个理论问题，更是个实践的问题。正是在这样的背景下，《文艺研究》愿意承担相应的责任，为此建立了“当代批评”和“书与批评”两个专门以推进批评建设为宗旨的栏目。这套丛书分为各自独立的三卷，分别以刊物的主导栏目为题，可以约略展现出《文艺研究》在近十年中所着力营造的学术空间：

批评的力量

《文艺研究》自2003年设立“书评”栏目，2005年设立“当代批评”栏目(2005年改为月刊之后，“书评”更名为“书与批评”)，旨在加强当代学术批评建设。“书与批评”、“当代批评”均为《文艺研究》举学界之力重点建设的栏目，在此期间所发表的一百三十余篇思想敏锐、观点鲜明、风格犀利的文章，在学界享有声誉。该“批评卷”分为“当代批评”、“书与批评”两部分，前者主要包括“当代文学批评”、“当代艺术批评”和“批评现状的研究”；后者则为别具风格的“独立书评”。该卷的特色在于，《文艺研究》向以“基础理论研究的重镇”称誉学界，但在2003年之后，其针对学术界某些不良风气及现状所展开的批评，是对《文艺研究》传统形象的丰富和改变，也是改为月刊的《文艺研究》在办刊风格和理念上的适度调整。

理论的声音

这部分专题涉及《文艺研究》传统学术领域，也是其传统风格之集中体现。它包括：美学、文艺学、综合艺术、造型艺术及相关专题论文。2003年以来，《文艺研究》既保持了对于基础理论研究一以贯之的重视，又加强了对于学术与艺术现状的研究。在美学研究领域中，对于“现代审美主义”、“古代文论的创新与发展”、“日常生活审美化”、“文学意识形态与文化研究”和“全球化时代的后殖民理论”等问题的研究成果，一经本刊发表，即受到学界的广泛关注，并产生了开风气之先的影响；在艺术学领域，《文艺研究》既有对于传统艺术门类（戏剧、音乐、美术理论）的研究，又拓展了对于“媒介理论”“影视符号学”“艺术的视觉方式”“新媒体艺术”“传播学”等前沿领域的探索。从该卷中，读者可以看到中国当代美学、文艺学和艺术学发展的历史及其演化的轨迹，在某种意义上，这部分文字也代表了当代中国美学与艺术研究所能达到的水准。

学者之镜

《文艺研究》自 2003 年设立“学者访谈”栏目（2005 年改为月刊之后，栏目名称为“访谈与对话”），至今已经发表文章 60 余篇，近百万字。“访谈与对话”栏目的主体均为国内外学界广有影响的学者、作家、艺术家。其中既有著述等身、经验丰富的学界耆宿，也不乏当代颇具影响力的学界新锐。更为重要的是，在接受《文艺研究》杂志采访的五十余位著名学者中，目前已有数位学者谢世（启功、敏泽、林庚、钱仲联、葛一虹、贾植芳诸先生），他们所留下的语言和思想、性格风貌，至今已成绝响。将国内数十位重要学者（作家、艺术家）的访谈录、对话录结集出版，不仅可以其治学之道路昭示后人，更可以其精弘之思想启迪来者。本卷分为“访谈”与“对话”两部分。访谈主要为学界前辈与采访者之间的交流，对话则为学界新锐之间的思想互动，均各有千秋，能收雅俗共赏之效。

说到这里，我不能不为形成《文艺研究》传统主体和特色的风格做一点辩护。“基础理论”是《文艺研究》从其创刊伊始就在关注，并以此作为刊物生命与特色的标志。虽然，在时代的发展中，今天看来，文艺的基础理论多多少少有些被边缘化的感觉，人们热衷于谈论与当代显学有关的知识，基础理论的命运与某些纯理论、纯学术一样，都遭受着被冷冻的境遇，面临着被强势话语解构的危险。但是我们坚信，尽管文艺的基础理论在当下阶段中缺乏具体而实用的价值，在各种学术明星来去匆匆纷然亮相的舞台之上已经很难看到它们的位置和身影，但是它们终会出现在历史再度需要它们的时候。

一本刊物的历史能够标志一个时代理论思维的路径，能够浓缩一个时代的学术思想史，这是《文艺研究》创刊三十年始终追寻的一个目标。太史公言：虽不能至，心向往之。这也许就是我们的一种心境和追求。与历史同行，其实并非轻松的话题，有时看似学术的积累在发展中渐至高潮，但是一个轮回之后，也许仍然只是原地踏步，抑或出现无可奈何地向下坠落也未可知。我们看惯了热烈之后的飘零和冷寂，听惯了各种各样以“学术”为话题的言说，但是当代学术的命运始终不那么让人放心，原因就在于强大的市场经济早已成为可以操控一切、包括学术命运的力量。的确，我们从来没有像今天这样深深感受到资本力量的强大，它既能够深刻地影响我们今天的现实，显而易见地改变我们身边的社会，也能够在难以想象的程度上左右我们对于现实的认识。因为人们在舒适的状态或困窘的状态中对于精神、学术、理论的看法是会出现巨大的偏差的。这恰恰是历史的发展所带来的困局，它似乎改变了人们以往对于政治标准、艺术标准和学术标准的传统认知，使我们一旦从传统社会走向现代社会，好像就再也无法回到原点，无法回到我们今天看起来那样美好、值得永远怀念的生活中。但是尽管如此，我们仍然不会放弃这样的期待：无论历史发生怎样的改变，学术终将以其潜在的能量，以其批判的锋芒，以其思想的声音，来顽强地显示它的存在，并将最终带领人类走出由他们一手制造的困境与危机。

目　录

薪火相传

他山有石

思想驿站

薪火相传

夫子循循然善诱人

——启功先生访谈录

张海明

“学者访谈”是本刊从2003年起增设的栏目。启功先生是我国著名的文史专家，书画亦精，其治学之道对于我们当不无启发。本刊特委托张海明教授就其治学经历、方法以及有关古典文学研究的几个问题，对启功先生进行了访谈，现整理出这篇文章以飨读者。尊师重道是中华民族的优良传统，启功先生怀念其师陈援庵先生，曾写有《夫子循循然善诱人》一文以志纪念，我们今天也以《论语》中的这句话为题，来表达我们对前辈学者的敬意。

张海明　作为一位享誉海内外的著名学者，您在中国古典文学、汉语、书画以及文物鉴定等诸多方面取得了令人瞩目的成就。这些年来，您相继出版了《古代字体论稿》、《诗文声律论稿》、《论书绝句一百首》、《汉语现象论丛》、《启功丛稿》等多部学术著作，在学界产生了很大的反响。所以，尽管在一般人眼中您首先是一位书法大师，但恰如钟敬文先生赠诗所言：“先生自富千秋业，世论徒将墨法夸。”同时，作为一名在高校执教多年的教师，您带出了不少学业有成的硕士、博士研究生，积累了丰富的经验。您能不能谈一谈您的治学道路、治学方法，还有您关于“猪跑学”的见解，我想这对于有志于学习、研究中国古典文学的后辈学子应该是十分有助益的。

先谈您的治学道路吧。您曾经上过小学、中学，但在您的回忆文章中，提到最多的还是跟随戴姜福(绥之)先生读书那一段。是否可以说，这一段学习经历对您后来从事学术研究产生了很大的影响？您跟戴先生读经典白文，学句读，背古书，这样一种完全不同于学校的教学方式在今天看来似乎有些陈旧，但也有它的独到之处，有现代教学方式所不可比拟的优点。对此您是怎样看的？

启 功 我大致把轮廓说一说，如果我没说到或者没说清楚，请提出来问我一下。

我是1912年生人，就是民国元年的夏天。第二年我父亲就死了，肺病。我祖父非常疼爱我，但是祖父也非常严格。我几岁的时候祖父就教我念书，背一些东西。他的念法很特别，让我先背《尔雅》"初哉首基，肇祖元胎"，一个字一个字地背。我祖父叫我念什么呢，当时我祖父的两位同事弟兄，姚永朴和姚永概，都是安徽人。他们选了一本古文，分给我的是《战国策》，都是短小的故事。我祖父就给我念，讲这些故事，我听着，特别感兴趣。后来讲《孟子》，一段一段地讲。祖父如讲故事一样讲，我也就当故事一样听。这样一直到我11岁，壬戌那一年(1922)，我祖父死了。我们家连生活来源都没有了。祖父的两位门生邵明叔和唐子秦两位，提议给我们募捐。这样募来大约两千或三千元——那时候是很多钱了，然后买了一笔公债，现在我都说不出名称了。按季度给多少钱利息，每月我这两位老世伯总有一个人跟着我到银行去取这个利息，我们家就这样过活。后来我到汇文小学念书，我算术、外语都没学过。后来由小学到中学，这个时候和我们世交的祖父辈，他们就请来了戴姜福先生，他是苏州人。这位戴先生在外头做了许多事情，他曾经是赵季和(尔丰)的幕僚，因为赵季和在四川被杀，戴先生就跑出来，与戴师母一道坐船出川，船到夔门翻了，戴师母给淹死了，戴老师一个人回来，在平政院做事。后来平政院也没有了，他就散着各处教家馆，我也就跟着戴先生念书。

当初我曾祖的门生让我上学，说供我念书，等中学毕业了上大学，让我留洋。这个想法是非常高，也非常对，但是我家里还有母亲，我还有一个姑姑没出嫁，孤儿寡母的，他们怎么活呀。我就念不下去了。后来我干脆也不怎么上学，学校的功课好多都不及格，我的兴趣也不在那个上面。于是我专程跟戴先生念书，中学也没有毕业。戴先生是拔贡，后来中了举人。戴先生说我这个年龄读经书不容易了，他就让我弄一本《古文辞类纂》，戴老师拿朱笔在这本书里的篇目上点几篇文，让我回去拿朱笔点断句。我回家就点，想着老师一定会挨着句给我讲了，其实不是那么回事，老师只是看。他近视眼，凑近了看，这胡子刷着书，呲呲响，我也不敢乐。他把我点错的句子拿笔挑了，告诉我这个地方是怎么一个句子。这样一来，我就恍然大悟，觉得很痛快，就继续往下点。从前一个晚上一篇还点不完，后来越点越熟。其中也有不懂的句子，譬如有的典故不知道，人名、地名、官名不知道等等。像这类特殊的很硬的地方，啃不动的，戴老师拿笔点出来这个地方是什么，是人名、是官名。比如说"流内权"，我就不懂。老师讲，这是宋朝官职，属吏部，掌管对官员级别的评定。评定官员够哪一个级别，这就是"流内权衡"。老师讲完我就明白了，诸如此类。接着点《五经》，《易》、《书》、《诗》、《春秋》、《礼》，不管懂不懂就往下点。事实上，最不好懂的是《春秋》和《书》，但不懂也得往下点。我最感兴趣的是《周易》，虽然怎么算那个卦不懂，但它讲的道理很有意思。就这样，大概用了两年的时间把《五经》都点过一遍。至于《五经》具体讲什么，并不是都明白。后来戴老师让我买《二十二子》，头一篇是《老子》，王弼注的。对这《二十二子》，《庄子》、《列子》、《老子》、《孙子》、《吕氏春秋》等，我就挑着好读的读。只是《墨子》老师很不赞成。其中《备城门》那几篇，我简直不懂怎么回事，就先敷衍着点，实在点不上来，老师一看也就完了。再后来念《昭明文选》，觉得很有趣味，老师就让我把它多念念。里面长篇大论的赋，不懂也大概齐，就瞎这么一点，即使这样，也感觉挺有意思。除了赋，《文选》里的诗也都点。我自己念《古文辞类纂》，可以算是我对古典散文大致打下的一个基础。有的老先生在书房问起我念得怎么样，老师说我念骈体文有兴趣，但是我自己骈体文还不会做，尤其平仄字句。老师有一本《华字源》，就是讲汉字的源流。老师把《说文》六书里头挑一些字来拿红格纸写，并注上《说文》对这个字怎么解释的，然后口头讲给我。那确实特别有意义。现在我们写一个立字，一个口字，加一个提土，就是"培"。戴老师怎么讲呢，是上面一点，底下一个不，一个口。"主否"，就是我主张否定，也就是"呸"。对面骂人，说的"呸"。"呸"是主张否定。像这样讲解特别有趣味。我现在还保留着红格纸，上头一个字，下面注解这个字。除此之外，老师懂得音韵，喜欢地理，给我讲了很多地理。可惜我都还给老师了，没有注意听。老师看我没有兴趣，也不讲了。后来戴老师回了自己家，做自己的事。我们有时候有什么问题还去问问老师，后来戴老师得肺病故去了。

我自己觉得，如果说我有比上大学念文科还扎实的一个基础，就是跟戴先生念经典。在大学里头说我要把这些书念下来，做了句读，是不太容易的。

张海明　您说得对。现在大学中文系教学，老师只管布置给学生阅读书目、篇名，而很少能够逐字逐句地去给学生批阅，再说现在各种古籍的注释本甚至译本也不少，客观上也难以再让学生去标点句读。就我所知，除古汉语专业还要求学生读经典白文、练习句读之外，古典文学专业的学生，即便是研究生也很少有人再有意识地做这样的训练。另外，就阅读数量而言，现在大学中文系学生四年下来看过的古籍也远远少于您当初看的。这不能不说是一个遗憾。

那时候您大概20岁左右吧？

启　功　16岁以后，大约过20岁这几年都跟戴先生念书。有的我明知道是很粗糙的念，比如念《五经》，但还是坚持往下点。

一个人名在《左传》里头能出好几个名称，有一部我从前看过不清楚的底稿，它有一部分是《左传》人名，我糊涂了。戴老师就给列出来，说这些不同的名称就是那一个人。这些东西没有编成书，日本人编出这书来，中国人翻印过。那几年当中我读的书很多，戴先生教我们念书，他不把每一句都讲一讲，那就费劲了。戴先生的读法是能自己把它点下来，而且能把那个句子断开就行。这样子念得很快，可是对自己来说却无形地增加了对古典语言的了解。粗说是了解，近一点说是理解。我也作诗填词，老师给我修改。

后来傅增湘先生，一位藏书家，也是我曾祖的门生，他把我介绍给了陈垣先生。陈校长说“写作俱佳”。这时我在傅老先生家等着，傅老先生回来说：“刚才援庵跟我说你写作俱佳，你明儿就去见他。”见到陈垣校长的时候，他就提出来，他的叔叔叫陈简墀（昭常），跟我的祖父是进士同年（光绪二十年进士），并且说我们还算是通家之好。老先生还跟我说你的祖父怎么样，他的叔父怎么样。陈校长眉棱眼角，肃穆威严，先跟我说这个，我就觉得拆了我们之间那堵隔阂生疏的墙。他指出我思想很旧，让我在今天得解放思想。因为他见我写的作文还有缺笔，皇帝的名字都缺一笔，我也习惯缺那一笔。他告诉我缺笔在今天就不再需要了。

陈老先生讲，现在看书先要看《书目答问》，那里头特别讲流派。比如说，这是什么派别，它的传授是什么，我就觉得他懂得很多。他让我教初中一年级的课，问我教过书没有，我说教过啊，教过小孩。他说那不行，现在上堂该怎么样，这很复杂了。这样在中学教了两年以后，教育学院院长张怀，监管中学，他说启功没有学历，就把我解聘了。陈校长说我学过画，就派我到大学教一年级。其实学画我并没能学得怎么样，曾经跟着两位老师学，一个老师是贾羲民，另外一个是吴镜汀。他们看展览带着我们去，说某画哪里好，某画哪里不好；或某画真，某画假，还解释怎么是真，怎么是假，诸如此类。我那时对看画还分辨不出来，不知道真的应该有什么特点。这样画虽然没学成，但跟着名家也学到一些鉴定的知识。

到了20世纪50年代院系调整，那就不许做其他的学问，教书就得把书教好，不能再画画、写字，看什么东西了。教书叫做专业思想。

解放后教学也作了调整，跟在辅仁大学那时候不一样了。辅仁大学时候我写过几篇文章，陈校长说不管我研究什么东西，得能拿笔写出来。我写过一些，比如关于《急就篇》，我考过好几个本子，写过一篇《急就篇考》。后来还写过论画的《山水画南北宗说辨》、《董其昌书画代笔人考》等几篇。最后写了一篇《古代字体论稿》，讲什么叫篆，什么叫隶。这隶书最让人头疼，唐朝人管楷书叫做隶，汉朝人管那样蚕头雁尾的叫隶，到底怎么叫隶，我写过一篇文，后来这篇文印在《文物》杂志里。有的人说这篇有用，复印成单本，加上插图，成一小薄本。这是我的第一本书，我去请老校长题一个签，老校长瞧了之后，问我说你多大岁数。那一年我四十几，不到五十。他又说，清朝戴东原活了五十四岁，全谢山活到五十岁。岁数大的不提，专说这几个人，然后说："你要用功啊！"我听了这句话，真要流出眼泪来。我觉得这句话给了我无穷的鼓励啊！

后来从重庆来的电报，让英千里做教育局长。他想请我做人事科长。我就跟陈校长说，英先生说让我做官，您看怎么样。陈校长问：你母亲说什么，我说我母亲说不懂这事，所以让我来请示您。陈校长说，你要在学校教书，你是被聘任的，你可以摇摇摆摆；你要是到衙门去，你是被派的，你是属员，你就得规规矩矩。我说我明白了，于是就用花笺纸写了封信，婉绝了英先生。陈校长也不说别的，他刚买了一开章学诚的手札，搁在框里，挂在墙上。章学诚的字很难得，三十块钱买的，他说我的信也值三十块钱。我听了这话，实在"毛骨悚然"。陈校长就是这样的对学生鼓励。

关于陈校长教学方面的事迹，我写过一篇文：《夫子循循然善诱人》，里面有很多。有一位同门，老忘了刮胡子，陈校长拿手一指，他说你们要上堂，不在衣服穿得多华美，只要整齐干净，胡子必须刮干净，显得郑重其事，这才叫做师表。那个同门后来要到先生家里去时，先到西边余嘉锡家，跟余嘉锡的儿子余让之借刮胡刀，先刮胡子。余老先生看见后说“入马厩而修容”，这个故事是说春秋时子贡到一个贵人家，被守门人拦住，就先到马厩里刮胡子。

陈校长这样教学生实在是“不言之教”，他就拿手一指，学生就怕这一指。有一回，说起来亲王、郡王、贝勒、贝子，我说金朝历史里，叫孛堇就是贝子，孛吉烈就是贝勒，金朝译音就是孛吉烈，贝子就是孛堇。听我说起孛堇，柴德赓问孛堇怎么讲，陈校长不禁愣了一下，拿手一指。我就说，孛堇就是贝子，柴德赓明白了。

日本投降以后，有一天，国民党中宣部的陈立夫，还有军政部的陈诚两个人来，接见各个学校副教授以上的人。陈立夫说，怎么大伙都消沉了？陈校长就站起来说，我问问你们，你们两位陈部长来了，并不问问我们这些年过的是什么生活，你们要问我们消沉，我们怎么消沉了？说着，一个盘子，里面搁着点心，还有叉子，“哗”的一下，陈校长把这个盘子翻了。大伙都愣了。这时候，燕京大学的校长陆志韦拿起自己的盘子，拿着叉子敲盘子边，说：“有一个歌谣，两个陈部长你们知道不知道？‘此处不留爷，自有留爷处，处处不留爷，爷去投八路’。”陈诚听完就急了，冒起火来，站起来说：“你们投八路就去投！”全场立刻尖锐化了白热化了，大伙哄堂，站起来都走了。这件事陈校长都忘了。我说这个事我没忘，可见这两位校长说这样的话在当时是很厉害了。我现在想起来陈校长在刚刚解放的一件事。他说杨树达来信，说他现在研究清朝学派。陈校长建议杨树达最好研究湘潭学派，湘潭是毛主席的家乡。

现在对陈寅恪捧得不得了。要说他反对共产党，也不能这样说。要说他拥护共产党，他又有些很抵触的东西。但他受到了很好的优待，连陈校长都没有受到那样的优待。陈校长为什么入党？不像当时一些青年人的想法，入党是为了做官，连苏联的大学生也一样，入党后很多事好做。陈校长那么大岁数他还需要做官吗？他并不赞成做官。他认为教书是在学校教导青年人如何学，他入党不过是想做一个党员教授、党员校长，这样他说的话才有人肯执行。但“文革”时也不行了。

张海明 您到辅仁大学以后，直接受教于陈老校长，在学业上肯定有很大的收益。是否可以说，您真正从事学术研究，也是在辅仁大学执教以后？

启　功　确实如此。陈校长教我与戴先生那时候不同，戴先生那时候我还小，那时候读书，不管你念的诗有多少、书有多少，只要拿眼睛看看，用笔点点句读就行。所以到现在尽管哪篇文、哪一句记不大清，但是这些书在脑子里有一个印象。

陈校长的时候就不是这样，他鼓励我们写成文章，并且对题目很谨慎。他有一个弟子叫柴德赓，一次柴德赓写了一篇文，陈校长就为文章题目反复地思考，想了很多回。我每回写文，他都要我来回地换题目文字。有一回我写《诗文声律论稿》，刚刚写完，抄成四厚本。陈校长懂得韵文，给我讲仄顶仄、平顶平、怎么样用韵脚等。

那时候陈校长已经病了，躺在床上还要拿稿子看。我一瞧这样的情况，我说："现在发现还有错字，明天送过来您再看。"其实他躺在床上盖着毛毯，已经坐不起来了。他还要看，我不能再请他看了。学生的作业，他绝不放过，得一字一句地看个仔细。他还自己做文章。有一卷《窥园图记》，画"董仲舒三载不窥园"的故事。现在《窥园图》没了，只剩下后面王鸣盛的跋，是江声（艮廷）用篆书写录的。沈兼士先生买来这卷，请章太炎先生写一段跋。章太炎写头一段，写了怎么"不窥园"这个事。陈校长写第二段，驳了章太炎的观点。后来黄晦闻又写了一段，说章太炎写得对。第四段是余嘉锡，说陈校长写得对。最后第五个人就是杨树达，他作了一个评判，说章太炎先生错了，陈校长和余嘉锡先生是对的。再后有高阆仙先生很长的跋。这一卷我从拍卖行里花了十几万买来了。还有一卷是吴镜汀先生的画，我对拍卖行的人说，无论拍多少钱我都要，最后这两样东西花了二十万归我了。

在辅仁大学时没有课程可以检阅教师的成绩，陈校长自己教史源学及实习，举一个历史上的问题，选这课的，每人写一篇，老校长自己也写一篇。把这些文章都放在玻璃框里，钉在墙上。学生写的上面有老校长的批语，如字是否有错、典故的正误等。教大一国文的教师的文章有批，学生写得好的也有批，也给放到框子里。在辅仁大学的墙上都有这样的木头边的玻璃框。陈校长自己写的文章是范文、程文，起到示范的作用。这都是从前书院的办法，这些办法很厉害，错误挂在上面学生都能看到。学教书跟教小孩子不一样，戴先生教的时候我还很年轻，十几岁到二十岁出头，教一些诗文。但陈老校长讲究一个词儿叫教态，指的是教学的态度和服装的整齐，胡子得刮，说话得注意，要是老师某一个字念错了，第二天上课要赶紧向学生说明。学生不会轻视老师，陈校长说："你要不信，你明天去说一回，你看看学生是什么态度。"果然有一天我念错了，第二天我就向学生说我某一个字念错了，后来学生果然没有看不起我的表现。又说你喜欢的学生怎么样对待，你不喜欢的学生又怎么对待，对他们的态度有区别，严格地说这样是最不好的。有个学生的亲戚跟我很熟，这个学生上课就跟别的学生开玩笑，骂别人。我在讲台上站着不好意思说什么，装没看见。后来到课下，我对他说："你骂别人，是对他有什么意见吗？"他很不好意思地说："您全听见了？"我说："你那么大声，我怎么能听不见。"那是在课间休息的时候，我这样跟学生说就起到了很好的效果。有一位老先生，是辅仁大学国文（中文）系的主任。他有一个学生叫杨万章，这个人文章做得不好，他就说杨万章是"章而不万者也"。有一个学生叫张学贤，他又说那个是"学而不贤者也"。后来他再上课，这两个学生就给他跪下，说："我们求你别再来了。"这使他很为难，后来他辞职去了上海。那时候我还没去辅仁。他拿学生的名字来批评学生，学生说名字是父母给起的，起得不对，你可以说这个词不好，我们改。要是我行为错误，你也不能拿名字来损人。我觉得在辅仁的时候，就是在日常生活中受到了教育。

张海明 您这样一种学习的方式，开始跟戴先生学，后来到了辅仁大学以后一是自学，再是受大学的影响，这样的方式对于您后来治学的方法有没有影响？我个人觉得您做学问善于刨根究底，对每个问题都要追究个所以然，同时又能把您研究所得化艰深为浅易，变抽象为直观。读您的书，有两点给我印象很深：一是您善于运用形象的比喻来说明问题，比如您用竹竿、带盖的盒来说明汉语诗律的问题，用祖父孙三代来说汉字字体的变化；再就是您善于把很复杂的现象，用简单的模式如图表或者图例概括出来，比如说骈散的关系，书法字体结字的关系。您觉得您这种研究风格的形成是得益于什么？

启　功 您举的这几个例子也确实是我曾经用过的一个比较有效的方法。仄仄平平仄，怎么来的？我问过心理学家、音韵学家，还有做诗的人，都说不出所以然。我有一天坐在火车上，听见蒸汽机"嘟嘟"的声音，一个轻一个重，听起来像是平仄平仄，平仄平仄。我就问小乘巷的邻居乔东君先生——他是作曲家，会弹钢琴。他告诉我，一平一仄的感觉是不对的，事实是平平仄仄。是因为人的呼吸一个平一个仄就会因为太快而喘不过气来，必须是平平仄仄，这样一个竹竿都是平平仄仄，就像一个一个的竹节一样。这样就是仄仄平平仄，平平仄仄平，打这儿延续下来果然解决问题了。我头一篇发表了，还没详细写，后来印证多了我才详写。《小戴礼·学记》里有一句话："独学而无友则孤陋而寡闻。"就是说做学问应该多和朋友、他人切磋，这才能有所提高。

再说汉字字体的演变。曹魏时期有所谓的三体石经，就是上面一个古文，中间一个小篆，底下一个隶书。隶书就是当时最通行的俗体字，所谓"隶"就是仆人，给人服务的人叫"隶"，所以又叫皂隶，奴隶的隶。我用祖孙三辈来说明古体字、正体字和俗体字的关系，只能说是一种巧合，是偶然的。不过这样说出来学生听着也痛快，我说起来也理直气壮。但是我也不能许许多多的事情都能像这么理直气壮，举的例子跟实际那么符合也不容易。所以我不是谦虚，只能说是碰上了、蒙上了。

张海明　这可不能说是"碰上"、"蒙上"。没有对研究对象的透彻的了解，没有深入的思考和研究，是不可能达到这样一种深入浅出的境界的。

现在做论文有一种倾向是把简单的东西复杂化了，这当然也是一种做学问的路子，而您是把复杂的问题简单化、简明化。比如您对汉魏诗、唐诗、宋诗、明诗特点的概括："唐以前诗是长出来的，唐人诗是嚷出来的，宋人诗是想出来的，宋以后诗是仿出来的。"很简单的一句话就把不同时期诗歌创作的特点概括出来了。

启　功　我说"唐以前的诗是长出来的"，就像长草一样；"唐人诗是嚷出来的"，大声喊出来的；"宋人诗是想出来的"，想一句话怎么能把它说清楚。我是用的比喻。苏东坡就因为做诗，诗里谈到了当时的政治，结果把他整得很苦。他有两句诗："谁知圣人意，不在古书中。"他这句话好像很通达，这其实是很厉害的一句话。"圣人"就是指的皇帝，皇帝的意思不在书本里，念书多少也不是皇帝的意思。所以我说"宋人诗是想出来的"，用自己的脑子想象出来的。"宋以后的诗是仿出来的"，明前七子、后七子是"非三代两汉之书不读"，李梦阳这些人专学唐音。"黄河水绕汉宫墙"，听起来很高亢，声音很好，可是黄河的水怎么能绕汉宫墙？所以说元以下的都是仿出来的，宋朝人是想出来的，唐人是嚷出来的，心里憋着就要把它嚷出来；唐以前的诗是长出来的，比如："行行重行行，与君生别离。相去万余里，各在天一涯。"就是想什么说什么，《古诗十九首》哪一句有什么典故？

很自然，所以唐以前诗是长出来的。我就编这样的顺口溜。这些好像听起来很自然，事实上是我猛一下想出来的词儿，别的重大的问题我想不出来。

张海明 这可能和您从事教师的职业经常讲课有关，再一个可能与您受到传统的影响有关。这样的表述方式是传统的方式，现代人写文章往往是长篇大论。其实用简单的几个字把道理揭示出来，更好记。这点不容易，这四个阶段的诗歌特征，谈到的人都很多，但是只用四个字，一个“长”、一个“嚷”、一个“想”、一个“仿”，四个动词，把它概括得非常准确，真是不容易。

启　功 我是瞎编的。我写了很多白话诗，都收在《启功韵语》里头。有一首写我头晕，住医院，我就形容自己如何的晕，“且待公薨”，这是开玩笑的话。我写等汽车，坐公共汽车，等不来，我就写：“车站分明在路旁，车中腹背变城墙。心雄志壮钻空隙，舌敝唇焦喊借光。”诸如此类。最后是：“这回好比笼中鸟，暂作番邦杨四郎。”我好比“笼中鸟有翅难展”，我在车里下不去。我就写这些事。张中行先生说诗要写文雅的，但当时不行，我在医院病床上，我也没诗韵查，后来干脆不管《礼部韵略》，我也不按照《中原音韵》的“入派三声”。但要用这些白话的句子把意思表述出来也很不容易了。

张海明 说到诗词创作，您是这方面的高手。您不仅深谙中国古典诗词格律和写作技巧，而且在当代旧体诗词创作方面，您可谓开一代新风。您写的是旧体诗，却有着非常浓郁的现实生活气息，十分鲜明的个性色彩，寓庄于谐，融悲于喜，读后给人留下经久难忘的印象。如《自撰墓志铭》、《沁园春·检点平生》、《赌赢歌》，还有您那些悼念师母的诗作，都很得行家的称誉，也绝非他人所能作。是否可以说，古典文学研究者，尤其是古典诗词研究者都必须具备写作旧体诗词的能力？我想，一个人如果自己有旧体诗创作的经验，不但可以更好地了解旧体诗的形式，而且对于古人的用心，对于作品的领会，也是很有助益的。您的《论诗绝句》、《论词绝句》中有一些见解，应该是与您切身的创作体会分不开的。举个例子，比如您对苏轼《念奴娇·赤壁怀古》一词的理解，说“多情应笑我”句中的“多情”实为周瑜，这与您自己的创作经验有无关系？

启　功 不用说诗，就拿对联来说，如果平仄不合标准，念起来也别扭。“忠厚传家久，诗书继世长”，这是以前人家门上常挂着的。“忠厚传家久”，仄仄平平仄；“诗书继世长”，平平仄仄平。这对联全是诗的句子。你要是平仄、律句完全不懂的话，写出来就不协调。所以我认为，你说你是研究古典文学的，研究古代典籍的，可连平仄都不懂，连律调都不顺，这就麻烦了。

谢灵运有两句诗："池塘生春草，园柳变鸣禽"，谢灵运自己说是佳句。这两句诗好在哪？我有一个看法：这两句诗合律。下句是个律句，仄仄仄平平，这没有问题；上句似乎不合律，所以有一部宋版的《二谢诗》就把下句改成"园柳双鸣禽"。后来我在《考工记》的《梓人》篇中看到郑注，谓"春有蠢读"的音，这才恍然大悟，知道"池塘生春草"正是平平平仄仄的律句。再比如柳永词："对潇潇暮雨洒江天，一番洗清秋"。此处"番"当做仄声，"一番洗清秋"，仄仄仄平平。别人谁都没有注意到这一点。杜甫的诗，番字也有仄读，这见于《康熙字典》。

你刚才说苏轼词《念奴娇·赤壁怀古》，《文艺研究》的赵伯陶先生也以为我说得有理。我理解是这样的："故国"不是指苏轼的故国，而是说周瑜的故国。周瑜的灵魂到他的故国来看一看。周瑜是多情的人，他到这一看，应该笑我苏轼"早生华发"。在先前没有人敢说周瑜的灵魂还会到故国来，说了就是唯心论。可是那只能说是苏轼唯心，不能说我这样理解也是唯心论。我们可以不赞成唯心论，但这不等于苏轼没有。这也是改革开放以后我才敢说，以前我也不敢说。

张海明 您不赞成"文献学"这一提法，而宁可说"猪跑学"，当然这不是一个正式的名称，正式的名称应该是"传统文化常识的传授及解疑"。从表面上看，您不赞成的理由是"有文无献"，但我觉得似乎还有更深一层的原因，即"文献学"这一概念实不足以包容整理与研究古籍所必需的基本知识。就是说，"猪跑学"与"文献学"的差异，主要在于前者比后者有更大的涵盖面。一般说的"文献学"，实际上只包括版本、目录、校勘三个方面的内容，虽然这也是从事古籍整理、研究必不可少的知识，但绝不是全部，更不能说，只要掌握了三者就能胜任古籍整理与研究。您认为这种理解对吗？

启　功 的确是这样。比如你要是不认识古字，你说你研究古籍，这行吗？音韵同样如此，这个字念哪个音，你不知道，那怎么办？所以说，除了版本、目录、校勘知识之外，还有许许多多零碎的常识应该掌握。事实上，有很多常识是文献学不能包括的，比如有关哲学、宗教、语言、文字方面的常识，文献学就包括不了，艺术，像书法、绘画也都包括不了。当然也不可能什么都包括，只能是择要而谈，挑要紧的说一说。这个"传统文化常识的传授及解疑”,愿意叫它“猪跑学”也可以。俗话说:“没吃过猪肉,还没见过猪跑吗?”研究古籍的人,总得对古籍各方面的知识,特别是常识,都有所了解,也就是说,知道高深的,要从浅易的了解起,这才能把整理、研究古籍的工作做好。

我之所以要讲“猪跑学”,是出于这样一种考虑。作为文史专业的本科生、研究生应具有比较广博的有关中国古代文学、文化、历史及其他各方面的知识,举凡文字、音韵、诗文声律、金石碑帖、版本目录、典章制度、哲学宗教思想、学术源流等等,都应该有所了解,这才能胜任文史专业研究的需要。现在由于基础教育方面的原因,学生在进入大学之前,往往缺乏文史方面的基本素养,在某些“常识”方面还属于空白,一切需从基本训练做起。而在进入大学后,由于现行课程设置和教学计划在某些方面不尽合乎需要,以及专业划分过细等原因,授教者往往各司其职,相互不通音问;又或执其一端,各言其是,而未能通贯。一些没有列入教学计划或课程体系的内容,便不免被轻视或者割弃,以致长期无人问津。由此产生的问题是,有志从事文史专业研究的学生在经过本科及研究生教育后,在某些基本知识方面仍有所欠缺,遇到问题不知从何处入手加以解决。此外还缺少某些实践技能的训练,在一些具体研究工作中往往难以深入,更难以打破学科分界,形成开放贯通的学术视野。

张海明 您说得对。很多常识性的东西,却常常不见于书本,因为当时人人皆知,不必解惑释疑,但时过境迁,越是常识性的东西,越成了麻烦的问题,无书可查,无人可问。当时书既不写,而当时人又作古,所以就成了难题。有的虽然过去的常识书上有,但又都是偏书、杂书、遗书,即使在当年是畅销书,现在也不易找到,更没有人肯注释,于是当年的“常识”到现在便成了绝学。譬如“八股”即为一例,现在真懂的人不多,还有人故弄玄虚,误导后学。因此有必要系统地讲授一下这些“常识”,以免其真的成了绝学,或者是“误学”。由您来给今天的学生讲这类“常识”,实在是再合适不过了。

依您看,“猪跑学”,或者叫“传统文化常识的传授及解疑”这门课的基本内容应该包括哪几个方面呢?

启　功 我认为至少应包括五个方面的内容:第一,有关汉语诗文形式特征的知识,包括汉语诗歌的格律要求,诗体的发展变化,骈体文以至于八股文、子弟书的形式特征;第二,有关汉语独特语法现象的正确认识,包括汉字字形的发展变化，音韵系统的划分，以及文学作品中特殊句式的内在规律；第三，有关阅读古典文学所需的基本技能，包括传统的版本、目录、校勘之学，工具书的使用，以及相关著录的介绍；第四，有关学习、研究中国古典文学所需的学术方面的知识，包括对古代学术思潮、流派的了解，对与文学密切相关的哲学、宗教、历史的了解；第五，有关学习、研究中国古典文学所需的艺术方面的知识，例如书法史和书法理论，绘画史和绘画理论等等。

张海明 再说说您对研究生的培养吧。您带了很多研究生，现在对于研究生的培养特别是博士生的培养，用哪一种模式，是用师徒式的模式好呢，还是集体培养比较好？我觉得传统的师徒制，还是有它独到的地方。像戴先生教您读书这样的模式。还有，您认为对博士生来讲，最重要的素质是什么？

启 功 我觉得这与年龄有关。小的时候很重要，大人说有什么什么，先入为主。大人说那是总统，那是皇帝，那是敌人，小孩就都记住了。小孩入学时思想很要紧，在中学，到了高中，他的思想就会有变化，这个时候你还是小时候那办法就不行。等他进入社会后又是一种情况。比如说我现在对于“五四”运动是一种看法，觉得该改革，该开放，可我在小时候就知道不能改革，不能开放。所以说，像戴先生教我念书那种办法，搁现在也许就不那么管用了。

您问素质，我什么素质？我的素质是五花八门。现在我对孔子那套、程朱那套还受着许多的影响，这就很难说了。素质，是他本来的质，您现在说让我做一件事情，偷人一件东西，偷人文章，我怎么也不敢干。这就是从小受的教育。现在想起来，说抄一段又怎么样呢？可是自己总觉得不应该。

张海明 研究生入学以后，是让他们先看古代作品，还是先看现代人的研究论著？您是从小就读古书，有很好的根底，可是现在的研究生，是入学以后才真正开始接触古代典籍的，是不是应该要求他们多看一些古籍呢？另外，作为一个博士生，经过三年学习后，他应该是有较为广博的知识，还是应该在某一个方面深入下去，成为某一研究领域的专家？

启 功 根据我的经验，小时念书，只是记住了书本上的词句，而书中的思想与我关系很少，并不能真正理解。至于现在研究生应该看什么书，我认为看什么书实际上取决于研究什么问题，对什么问题发生兴趣。如果对问题没兴趣，那看了也是白看。比如基督教的祈祷文，我小时候就会背，但你说对我有什么影响？什么影响也没有。

您说的后一个问题，可以说就是博士学位获得者实际的工作能力问题。这博士要搁在清朝，那就是状元；这状元要是写张字，大伙儿会说：了不起，这是状元写的。可状元写的字就一定好看吗？可悲的是到现在，这博士还成为衡量人的文化水平高低的标准。这个博士不博士，与他的学问，与他的政治才能没有必然的联系，不能说写出一篇博士论文就可以解决全部问题。

张海明 谢谢启先生。

“国家不幸诗家幸，赋到沧桑句便工”

——敏泽先生访谈录

李世涛

敏泽先生早年供职于《文艺报》，后因错划为右派而离开了工作岗位。“文革”结束后，他于1978年到《文学评论》编辑部，并在文学和美学领域从事研究工作。他的《中国文学理论批评史》和《中国美学思想史》相继出版，受到学界的好评。作为历史的见证人，敏泽先生在访谈中讲述了他所经历的一段历史，具有较高的史料与文献价值。

李世涛　20世纪五六十年代，《文艺报》在中国的思想文化领域扮演了非常重要的角色，它几乎与当时发生的一切重大的文学、文化事件有关系。据我所知，您参与了《文艺报》的筹备和正式创办工作，这既给您提供了一个充满机遇的岗位，也给您带来了政治上大的灾难。可以说，在《文艺报》工作的短短几年决定了您前半生的命运。您是否能根据自己的亲身经历谈谈早期《文艺报》的一些情况，比如它成立的背景、它在当时所起到的历史性作用等。

敏　泽　1949年，北平解放、和平接收告一段落之后，决定创办《文艺报》，为即将召开的第一次“文代会”做准备。在“文代会”之前，从1949年5月到8月，共出了十三期《文艺报》，限内部参考，大十六开，十天一期，不公开发行。当时的主编是茅盾，副主编是胡风、厂民，主要管事的是厂民，负责日常事务的是我、董均伦和钱小惠，其中钱小惠工作的时间很短。现在，这十三期报纸已经成为非常宝贵的文献资料，恐怕很难找到了。当时《文艺报》主要介绍解放区文艺界和国统区进步文艺界的活动和经验，还有信息交流，如南方或华东组建文艺代表团的消息等等，理论色彩不太重。

第一届“文代会”后成立了“中国作协”和“全国文联”，决定正式出版发行《文艺报》。1949年9月25日《文艺报》正式出版。《文艺报》作为中国作家协会的机关报，由作协书记处领导，中宣部主管，实际上是文艺界的领导性刊物，要根据党的指导方针办报。它的地址先是在东总部胡同22号，后来搬到贡院西街1号，1954年到1955年在鼓楼东大街152号，1956年以后迁到了王府井大街64号。当时全国的刊物、包括文艺刊物在内数量极少，《文艺报》在一般人的眼里实际上是党发布文艺方面的方针政策的场所，并非一般的刊物。江青、林默涵担任过中宣部文艺处的处长，丁玲担任过文艺处的副处长，与《文艺报》都有过直接或间接的关系。《文艺报》在当时文化界的地位是可想而知的，毛主席亲自抓的几个问题，包括《武训传》批判、《红楼梦》批判，胡适批判都是通过《文艺报》进行的。当然，《文艺报》的威望很高主要是由于当时党的威望比较高；其次，它的主编丁玲、冯雪峰等都是新文艺运动中负有盛名的人物。刊物的编委，如黄药眠、王瑶、李焕之、马少波、王朝闻也都是比较有影响的人物。可以说，当时《文艺报》的一举一动都很受大家的重视。

《文艺报》最早受到批评是由对一篇小说《不能走那条路》的批评引起的，这个问题现在看来没有任何不妥之处。后来我看到几本文学史，他们不知李琮（我当时的笔名）是什么人，说当时李琮的意见是对的，但受到了不公正的批评，原因主要是内部矛盾。接下来，《文艺报》发生了“丁、陈反党集团案”，后来把冯雪峰也给牵涉进去了。照我个人今天的看法，《文艺报》还是推荐了一些当时比较好的作品，也批评了当时不好的一些作品，如对《旅大文艺》刊登的《一个女报务员的日记》的批评，我那时认为应该写爱情，应该从其发生的历史条件来看待这个问题。对肖也牧的《我们夫妇之间》的批评是一个失误，对其他一些作品的批评也表现得比较粗暴、简单。对《三千里江山》的批评完全是自由的讨论，我当时发表了一篇文章，茅盾是支持的，巴人也是赞成的，不存在粗暴批评的问题。历史地看，就是要有二分法。有些批评，如《红楼梦》批评，《文艺报》实际上并没有什么错误。“文革”后，唐因、唐达成来找过我好几次谈这个问题。根据他们的记忆，当时并没说不用李希凡、蓝翎的文章，只说文章写得比较简单，退回去请他们修改一下再寄来。后来文章在《文史哲》发表，又被毛主席看到了，认为《文艺报》压制新生力量，向资产阶级投降。资产阶级指的是俞平伯。《文史哲》当时就是因为发表了批评俞平伯的文章出名的。唐因和唐达成还专门就这个问题向中央写了材料。我在《文学评论》工作期间也组织发表了几篇文章，对当年的《红楼梦》批评提出意见，认为尽管当时的《红楼梦》批评有一定的益处，但做法和批评都是简单、粗暴的，有很大缺点。当时有人对此很不满意，到中宣部和胡乔木那里告状。后来，胡乔木有批示，说评《红楼梦》有成绩，但是也有缺点，建议不要再纠缠历史问题了。电影《武训传》放映后，毛主席看到了，认为是宣扬封建主义，也是投降主义，要展开对它的批判。毛主席的指示传达到中宣部，再由新华社、《人民日报》和《文艺报》等报刊展开批判。批判胡风、《红楼梦研究》时，《人民日报》的编者按是由毛主席写的。由批判《红楼梦研究》进而发展到对胡适的批判，两者是连接着的。毛主席认为，《红楼梦研究》的思想就是胡适的思想，要把《红楼梦研究》批透就必须批胡适。批胡适时，通过内部传达，毛主席还提出批判胡适不要把胡适一概打倒，胡适"五四"时期提倡白话文还是有功劳的，不能全部否定，说了些相对公道些的话。《文艺报》是新中国成立后党领导的一个重要文艺刊物，在重大的政治事件中确实都起到了不容忽视的作用(至于今天怎样科学地评价它，又是一回事情)。

李世涛　我注意到，您在回忆《文艺报》时已经谈了不少当时思想文化界的情况，正如您所说的，作为党领导思想改造和政治批判的重要舆论工具，《文艺报》以其权威性参与了几乎所有的重大历史事件。倘若说政治批判、思想批判是50年代思想文化界的基本主题的话，我们该如何理解在一片批判声之外美学大讨论得以在"讨论"中进行的"一枝独秀"现象呢？毛泽东当时提出的"双百方针"具有怎样的意义？

敏　泽　谈到50年代的思想文化状况，应该对它有所分析。历史地看，可以分为前期和后期，即反右前与反右后两个时期。两个时期既有一致的地方，又有不同的地方。新中国成立后，由于推翻了国民党封建、腐败的政府，铲除了娼妓、毒品，出现了夜不闭户、路不拾遗的情况，共产党的威信非常之高，人们对它也很信赖。党在新中国成立后很重视宣传马克思主义和清除资产阶级思想的影响，从而巩固新生的政权，这自然是合理的。这一基本思想在前、后期是一致的，并无原则的差异。但早期相对来说还有一些学术自由的空间，进行批判一般也不会带来严重的政治后果。如批判《武训传》时，曾批评上海文化方面的负责人夏衍，却并未给他戴什么帽子。

反右前，学习马克思主义热潮在当时是相当普遍的，相当多数的知识分子有这样的要求，抵触的比较少，而且批评和反批评是比较自然的事。如朱光潜先生、程千帆先生，原来并不是研究马克思主义的学者，后来感到马克思主义确实了不起，就开始认真学习，并自觉地运用于对文艺的阐释上。1953年,中央政府提出了过渡时期的总路线,提出要在意识形态领域内清除资产阶级思想的影响。1956年前后,唐达成和我都写了批评教条主义、庸俗社会学和对待知识分子宗派情绪的文章。当时的学术批评虽然有时比较尖锐,但由于没有政治后果,情况就很不一样。

从1956年开始,由于毛主席提出了"双百"方针,政治文化思想更加活跃起来。当时对待马克思主义理论的理解虽然也较普遍地存在着简单、幼稚的情况,但也有少数人还是较为清醒的,能够认识到粗暴、简单的做法和推行教条主义的危害性,敢于对之进行比较求实而尖锐的批评。

反右是我国政治文化生活急剧"左"倾化的重要转折点,反右继之以反右倾,不断增强的高压政治使人们失去了讲真话的自由,学术自由更无从谈起。

还有就是毛主席作为党的领袖在思想文化领域所起的作用是至关重要的。当时关于美学的这场讨论是由主管学术文化的周扬定性的,毛主席未直接或间接地过问过。周扬认为,朱光潜先生的美学思想在解放前的旧中国消极影响很大,应该清除,并与朱先生商讨,是否可由他写一篇关于这一问题的自我批评文章公开发表,并展开讨论。我当时是《文艺报》古典文学和理论组组长,这事经过《文艺报》领导传达给我,要求我来负责具体组织、实施这一讨论。领导上决定讨论朱先生的美学思想,我是持积极拥护态度的。我当时也认为:鉴于朱光潜的学术影响比较大,应该做些批评清理工作。后来经过酝酿,于1956年初开始,贺麟、黄药眠、蔡仪等先生先后写了批判文章。我在《哲学研究》上也发表过一篇批评朱光潜的长文。当时我二十八九岁,年轻气盛,加上受到"左"的影响,文章写得比较粗暴、简单。"文革"之后,我多次做过口头和书面的自我批评。当时,美学讨论进行得很热烈,有时也很尖锐。不仅是单向度地批评朱光潜先生的美学思想,而且,随着讨论的展开,相互之间也有很多的批评。例如,朱先生不仅做了自我批评(发表在《文艺报》1956年6月30日出版的第12期上,题为《我的文艺思想的反动性》),同时还坚持对蔡仪先生的美学思想进行批评,如发表在1956年12月25日《人民日报》上的朱先生的文章《美学怎样既是唯物的,又是辩证的》就是如此。这是他主动写的,并没有人组织他写。蔡仪和黄药眠之间也有互相批评,我本人也曾对蔡仪和其他先生的美学思想提出过批评。由于没有外在的政治干预和政治后果,主要一点就是毛主席没有干预,所以,学术气氛相对说是比较好的。否则,那后果就可能比较严重了。

李世涛 随着一些资料的披露，我才知道您也是“丁、陈反党集团案”的成员。实际上，您不仅仅受到了牵连，您当时的一些做法也受到了批判，还成为这个案件的主要证据。“丁、陈反党集团案”的定性不仅决定了丁玲、陈企霞后半生的命运，也对中国当代文坛产生了深远的影响。您认为该怎样看待“丁、陈反党集团案”？

敏　泽 丁玲与陈企霞之间也有矛盾，但周扬与丁玲之间的矛盾更尖锐。当时《文艺报》的主编是丁玲、陈企霞，后来又调来了肖殷。这样，《文艺报》的主编是丁玲、陈企霞，副主编是肖殷。

1953年，小说《不能走那条路》在河南发表后便引起轰动，于黑丁和《河南日报》把《不能走那条路》吹得很厉害，中南区和河南的文艺领导对李及其《不能走那条路》的态度也不够切合实际。在《文艺报》编辑会议上，我讲这篇小说不错，但有缺点，这样吹，让李到处作报告、谈经验，对作者、作品都不是实事求是的态度。代表编辑部意见的署名李琮的文章《〈不能走那条路〉及其批评》，批评了于黑丁和《河南日报》的做法。文章发表后，收到很多读者（包括大量河南读者）的来信，大都支持这篇文章的观点。于黑丁当时是中南区文联主席，鼓动《河南日报》向中宣部告状。当时，周扬是主管文艺的中宣部副部长。周扬就讲，《文艺报》不宜批地方的文联主席，如果批的话，应该报中宣部批准。实际上，当时根本没有这样的规定。作为一个政治事件，周扬认为，《文艺报》不执行党的路线，打击新生力量，把这件事上纲上线。这是“丁、陈反党集团案”的最早罪名之一，也是这个冤假错案的最早依据之一。

周扬觉得，在好多问题上，丁玲不听他的话，因此要整丁玲。他说丁玲宣传“一本书主义”，吹捧自己，在文学讲习所挂自己的照片，排斥党的领导。1955年又发生了陈企霞授意别人化名给中央写匿名信的事。当时中央关于文艺工作有个意见，提出写英雄人物时不一定要写缺点。《文艺报》主张，写英雄人物不要“假、大、空”，应该符合生活实际。周扬却认为，《文艺报》是在宣传“天下乌鸦一般黑”、“写英雄必须写缺点”。陈企霞写匿名信只是关于写英雄人物的问题，完全没有牵涉到政治问题。中央却把它作为反革命事件，派人到全国各地调查，花了一年多时间，调查过好几百人。写匿名信的方式不一定好，但匿名信的内容没有攻击党，只是当时陈企霞有想法无处申诉，才只好写匿名信。当时，党缺乏政治上的民主生活，提意见不行啊！查匿名信主要是对陈企霞来的。陈企霞的资历较老，《鲁迅日记》曾提到过他，他曾经与叶紫一起在上海办过刊物。陈企霞事件本来与丁玲没有任何关系，但由于丁玲是《文艺报》的主编，也就牵涉到了她。再加上丁、陈一直抗上，不太听指挥，本来不存在的反党集团，居然被捏造出来了。为了使之成立，搞了许多年，牵涉了许多人。

后来康濯写了一篇关于《不能走那条路》的文章，批评李琮。之后，侯金镜、康濯做了《文艺报》的负责人。康濯原来和丁玲的关系比较好，后来因“揭发”丁玲而受到周扬的重用，到《文艺报》接替了丁玲，成为反对丁、陈的骨干。丁、陈还有其他许多人都对康濯的为人有看法。批判胡风开始后，周扬曾说过，蒋介石讲“攘外必先安内”，要解决胡风问题，必须首先要把内部的“丁、陈”反党集团给搞掉，这样才能更好地批胡风。当时的《文艺报》编辑部存在一些矛盾，但并不是很严重，《文艺报》要大家注意团结、相濡以沫。后来却把“相濡以沫”这几个字搞成个罪名，认为是在搞反党小集团。“丁、陈反党集团案”的波及面很广，罗烽、白朗、艾青、徐光耀都被牵涉了进来，是宗派情绪的产物。尽管丁玲反复上书，但告状并没有实际作用。1957年6月，周扬就对陈沂说，陈企霞给我提些意见，我不高兴，就把他打成了反党集团。这是陈企霞平反不久后对我说的。当时周扬的一批拥护者和追随者，包括夏衍等在内，都积极参与了打击所谓的丁、陈反党集团的斗争。

李世涛　由于“丁、陈反党集团案”的牵连，您被视为丁玲、陈企霞反党集团的同党，您与他俩的关系究竟怎样？

敏　泽　丁玲是我的老领导，我对她个人是尊敬的，但只是一般的工作关系，没什么深的私人交往。当时搞“丁、陈反党集团案”时，找《文艺报》的大多数人谈过话，但大家都是本着实事求是的态度，揭发不出什么东西。结果，周扬非常不满。他觉得，我没有与丁、陈划清界限，给我做了许多工作，但我不能昧着良心说话。大概还因为我是早期《文艺报》的骨干之一，便被想当然地划为反党集团干将之一。大跃进时，北大、南开等大学动员学生编写文学史，我就作为反面教员上了他们的“文学史”。后来，丁玲被发配到东北去了，我也下放劳动改造了，我们之间就没有什么来往了。1979年我在《文学评论》编辑部工作，编辑部派蔡葵去找丁玲。丁玲当时还在山西长治，我让他代我向她问好。那时，给右派平反还有不少阻力，所以心中还是存着疑虑的。有一次，在长春开纪念鲁迅的学术讨论会上，我和丁玲住隔壁，经常交谈。一次谈到周扬，当我说“据我的观察，周扬在‘文化大革命’后确有明显的转变”时，出乎我的意料，丁玲一下子就火了，非常气愤地说：“你被周扬收买了，我不和你谈了。”我说，“我骨头没那么贱！谁也收买不了我！”后来，我从丁玲和别人那里了解到，周扬对丁玲的平反一直就持反对态度。周扬对她的个人成见很深，难怪她对我有这种反应。现在看来，这也是不难理解的。

陈企霞是1981年回北京的。他看到我在《文学评论》上发的文章，知道我在《文学评论》编辑部工作，就来找过我，我也去看过他。他的脾气怪、暴躁，但很耿直，不会讨领导欢喜。

李世涛 您说“丁、陈反党集团案”是宗派情绪的产物，是利益小集团争权夺利的产物，但我想也与您分析过的当时的整个社会大的政治氛围有关，与当时党对政治形势的基本估计和参与程度有关。与丁、陈比较起来，在美学讨论中一开始受到批判的朱光潜显然要幸运得多。他不仅没有被打倒，反而还能写文章对批判他的人进行反批评，而且还宣称自己才是马克思主义的。朱光潜现象确实值得研究。我想提一个问题，依您之见，是什么原因促使党发动当时的美学大讨论？党的高层又是如何把握和评判这场讨论的？

敏　泽 这场讨论是从清算朱光潜先生美学思想的消极影响开始的。讨论的前期，大都着眼于政治，就是要清除其中的唯心主义，以及远离现实和不积极参与现实变革的倾向。其实，对朱光潜美学思想的讨论，政治所占的比重也是很大的。这场美学讨论的动机或目的是为了建设社会主义的新文化，那么就应该和必须展开对封建主义和资本主义的文化思想的批判，这是历史的要求。当然，用搞政治运动的办法解决学术问题是绝对行不通的，历史已经充分证明了这一点。

新中国成立后，毛主席很关心思想文化界的状况，这种关心都是从政治上着眼的，并且几次大的运动都是由他批示发动的，而一旦发动，就成为政治运动，这是大家都了解的。毛主席一关心，事情就大。譬如说，全国解放初期，姚文元曾是上海卢湾区青年团的一个工作人员，担任过《文艺报》的通讯员，1962年写信还称我为老师。他曾写过一篇东西，发表在《文艺报》上，被毛主席看到了，很感兴趣，跟《文艺报》的主编冯雪峰讲了。当时批胡风，毛泽东也谈到姚文元。冯雪峰有一次将这一情况告诉了姚文元，姚文元兴奋得跳了起来，这都是冯雪峰告诉我的。后来姚文元平步青云，走向了党的高层，但最终走向了历史的反面。美学讨论，由于没有毛主席的干预，所以总体上很快顺利地转入了关于学科建设本身的讨论。回想起来，这算得上是一件比较幸运的事了。美学小组成立以后，美学讨论更加关注和探讨了一系列重要的美学问题，也更具建设性。

当时周扬作为党的高层领导，对这次讨论有过简单的"指示"：通过讨论消除朱光潜先生美学思想的消极影响。后来我们提出美学讨论的具体设想，选题先报到了中宣部，并没有更进一步的批示。插一句，当我把批评朱先生的油印稿寄给周扬后，他当时还说，批评得是不是太尖锐了，不利于团结。实事求是地讲，从整体上评价周扬是复杂的，但对这次讨论他的态度还是比较好的。

李世涛　您刚才提到"美学小组"这个术语。"美学小组"是怎么一回事？它与这场美学讨论有什么关系？或者说，它起到哪些促进作用？

敏　泽　我说的"美学小组"是由黄药眠先生、朱光潜先生和我倡议建立起来的，由我担任美学小组的秘书，负责会议的联络和组织工作，时间大约在1956年的7、8月份。这是新中国成立后最早成立的一个美学组织。之所以成立这个小组，是由于参加讨论的学人都感到美学方面的很多问题需要展开长期探讨来促进其发展。当时参加的有黄药眠、蔡仪、贺麟、宗白华、朱光潜、张光年、王朝闻、刘开渠、陈涌、李长之和我，一共有十多人。除陈涌、张光年外，其他人都曾参加过美学小组召开的讨论会。参加次数最多的是朱、蔡、黄和刘开渠诸先生。美学小组成立后，前后一共开过三次讨论会，都是在《文艺报》编辑部举行的，先是在鼓楼东大街152号，后来是在王府井大街64号。讨论会开得很自由、很随便，发言也很热烈。《文艺报》1956年第23期还专门做过一次较详细的报道。

记得有一次会议讨论雕塑中的美学问题。刘开渠先生提出，文艺复兴以"人"为中心，摆脱了宗教的影响，但与中国的雕塑却有很大的不同。中国雕塑发达在魏晋之前，都是以宗教问题为中心的，而非以"人"为中心的；现在我们要以表现建设社会主义的人为中心，又要继承民族形式。当时由于大家的年龄都还不算很大，所以这次会议一下子开了六个小时。谈到中西美学的差异时，有人提出，希望将来有机会组织大家到希腊、罗马和埃及看看，这样可以比较中西的雕塑、建筑、绘画究竟有什么不同。

美学小组的成立，有力地推动了美学问题讨论的开展。《文艺报》当时发表过褚斌杰的讨论中国古典美学的文章，当时哲学所的曹景元先生（后来担任过《哲学研究》副主编）也写过文章。我本人1957年在《学术研究》上发了一篇探讨美的主、客观的文章。50年代我到上海见到蒋孔阳先生，他正在讲《文学概论》。我对他说，文学概论没有什么意思，劝他转向美学研究。他后来从事美学研究，倒取得了不小的成就。为了推动当时美学讨论的开展，1956年底，我将报刊上已发表的文章及《文艺报》当时收到却未及刊出的几篇文章汇集在一起，编辑了两本《美学讨论集》，前面的说明也都是我写的。1957年我被打为右派。1959年美学讨论的重心转入《新建设》，《文艺报》发的文章也就不多了，《文艺报》在美学讨论中的作用逐渐减弱。我离开《文艺报》后，美学小组也就没有再活动。

李世涛 从您的一些文章看，您对冯雪峰有很好的印象，这恐怕不但是因为你们的学术观点较为一致，还因为您对他的人品非常敬仰，而且，你们在患难与共的交往中也建立起了深厚的私人友谊。这里，再请您来谈谈有关冯雪峰的情况。

敏　泽 丁玲、陈企霞出事后，组织上把冯雪峰调来了。在《文艺报》社，我特别尊敬的是冯雪峰。当年，他跟鲁迅的关系很密切，代表党做鲁迅的工作，是江西苏区中央苏维埃的负责人之一，经历过“长征”，红军胜利到达陕北后担任过第一任党校副校长。因为尊敬鲁迅、崇拜鲁迅，所以，我对他很尊敬，工作关系处理得也比较融洽。在李琮问题上，他觉得不应该批评于黑丁，自己也受了些压力。我们对很多问题的看法比较一致，都认为应该重视现实主义精神。冯雪峰的观点与鲁迅的观点比较一致，与流行的简单化观点不一样。我当时担任《文艺报》的理论组长，经常找陈涌。陈涌对雪峰也比较尊敬。我与陈涌的关系较好，唐因、唐达成与陈涌的关系一般。当时，唐因、唐达成建议我们可以一起办一个文学上坚持现实主义精神的同人刊物，希望我能跟陈涌讲一下。陈涌表示，如果雪峰参加，他可以参加。当时，为了避免被人抓把柄，决定群众一个都不吸收，唐因是党员，唐达成和我是共青团员，这样做是免得别人说搞非党的活动。我们只是口头上简单地商量过，雪峰和我都问过小川，周扬的话算不算数，如果算数，时机成熟就办。后来，又说过两次，没进一步议论。很快，“反右”开始了。这就成了我的罪名：分裂《文艺报》。我们当时都是《文艺报》的骨干，被认为是要另立山头，搞反党活动。但是，第一，这个设想根本没有成为事实；第二，我们向党组织做过汇报和请示。而且，如果我们要办的话，会向党组织提出正式申请、会写报告的，因为没成为事实，也就没有向党组织写报告。陈涌后来被打成右派的原因也是这个罪状。冯雪峰被打成反党分子，与这件事的关系也很密切。我和唐因、唐达成都先后以分裂《文艺报》的罪名被打成右派。1955年“丁、陈反党集团案”定案，到1957年“反右”前，冯雪峰也被认为有问题。这样，1957年“丁、陈反党集团”发展成了“冯、丁、陈反党集团”。冯雪峰一辈子革命，在新四军时被捕坐过牢，革命革了几十年，但到“反右”时，又把他打成了反革命。

事实上，冯雪峰与周扬之间的矛盾起于30年代。当时，周扬在冯雪峰的领导下工作，后来周扬到解放区去了。在我面前，雪峰偶尔也流露出对周扬的不满，说周扬是白衣秀士王伦，肚量很狭窄。雪峰是非常耿直、非常厚道的同志。周扬对他一直耿耿于怀，说“国防文学”之争是他身上的一个毒瘤，参加国防文学论争的人也都想打倒雪峰，但找不到机会，现在这是个极好的机会。我参加过作协党组召开的好多次批判冯雪峰的大会。夏衍批判冯雪峰十分积极。“文革”期间，我也挨整，但后期我比较自由一些，去看过雪峰多次。每次到北京后，我都要千方百计去看他。当时他住在北新桥十六号，很惨，得了癌症，做了手术之后，需要吃点维生素C片，连这都没有。我就托人从河北给他买了几百片寄去。原来他的地位很高，很多老干部(如宋任穷等)都是他的学生，他到重庆去，总理接他时，还与他拥抱。1953年，江青作为中宣部的文艺处长，到作协调查。她以毛夫人的身份颐指气使，态度非常傲慢，雪峰对她很不以为然。有一次开会，总理特意把雪峰叫过去，劝他不要让江青太过不去了，免得将来吃亏。临到晚年，他还想恢复党籍，给毛主席写信，但没有起到任何作用。我去看他时，实际上他仍被监视着。他非常详细地给我讲过延安时中央派他到上海的情况。当时，毛泽东对他讲，到上海后给他买几本书，毛主席还对他说了很多风趣幽默的话，说他要做“才子”等。他在上海找的书，是委托潘梓年派人转交给毛主席的。“文革”时没有人去看他，也不知道他在哪里，只有我去看他。他也讲了一些家庭的矛盾。

从历史上看，夏衍有他的长处和贡献，但“文革”后的拨乱反正时期，他写了本《懒寻旧梦录》，其中有些篇章还在攻击冯雪峰。他是整冯雪峰最积极的人，到“文革”后还如此。有一次，《文学评论》的一个编辑到西郊去，一位开电梯的说，你们怎么现在还发夏衍攻击冯雪峰的文章？今天还骂冯雪峰，太不像话了！原来，陈荒煤曾想将一篇攻击冯雪峰的文章在《新文学史料》上发表，但人家根本不发；又拿到《文学评论》要求发，我们也不主张发。

后来我提出一条,要发就必须允许发反批评的文章,否则,就不发。陈荒煤同意了。该文章发表后,舆论哗然,收到很多反批评文章,但大多数都发不出来。

李世涛 在办《文艺报》的过程中,因为李琮事件和办刊事件,您受到了周扬的错误批判。从某种意义讲,您也是受周扬迫害者。但从我读过的材料看,您与周扬的交往远不止这些,而且您对他的认识后来也发生了较大的转变。周扬与当代文学、文化思潮确实有着不可忽视的关系,评价周扬的功过也是个复杂而困难的学术问题。这里只希望您从交往的视角谈谈对他的认识。

敏　泽 我与周扬在"文革"前的交往就不必说了,这里主要谈谈我们在"文革"后的交往。我对他的认识确实有一个逐步变化的过程。

在"文革"后期,有一次我从外地回京到北新桥冯雪峰家中看望雪峰。他一见我,就表现出了少有的兴奋,连起码的寒暄都没有,就一连串地问我:"你猜谁来看我了?"我一连猜了几个人,他都摇头,然后说:"你根本想不到,是周扬!"我不禁愕然。待我坐定后,雪峰详细地给我讲了周扬来看他时的种种表现和细节,以及他沉痛地自责、向雪峰道歉的情况。那时我对周扬的态度是:怀疑和观察。

"文革"结束后,已经复出的周扬常在不同的场合作报告:批评以往工作中"左"的错误,检讨自己的责任,并向被他整过的同志致歉。由于对他的转变持怀疑态度,我一般不听他作的报告,但有一次例外。当时我住在崇文门旅馆,他在新侨饭店做报告,由于非常近,因此在上街散步时就溜达到那里,听了一会儿,基本内容如上所述,只是觉得大体似可信,但又不够沉痛,仿佛并非发自肺腑。

1981 年,周扬先后托五六位看他的同志捎信给我:要我去看他。束沛德曾跟我说:周扬在作协的一次报告中,谈到以往的失误时,说他过去整了许多好同志,其中特别提到我,说我挨整后发愤读书,写出了一部颇有见地的《中国文学理论批评史》。说时感情很沉重,甚至掉了泪。知道这些后,我也为之感动过,但一直没有去看他。

有一次,在国际俱乐部开讨论文学史的会议,我和周扬不期而遇,他临时决定安排我第二天去见他。谈话时,他一再向我道歉,并说 1957 年整我,他有责任。他还特别称赞了我在《文艺理论研究》(1981 年第 1 期)上发表的《论人性、阶级性和文学》的文章。他认为问题提得好,论证也很有说服力。谈到钱钟书先生时，他称钱先生是“国宝”，说过去没有给他以应有的重视。最后还对我讲：“你见钱先生时，请一定给我带个信，我想约定个时间找他好好谈谈。”后来，我把这件事转告了钱先生，他答应了，但要我陪他去，说等他和我都方便时再说，还捎来了他新出版的一册《围城》，要我转交给周扬。只是后来没有合适的时间，他们的会面才没能实现。谈话中，周扬一再称赞我的《中国文学理论批评史》，也提了点意见，主要是对曾国藩在文学理论上的贡献谈得太简单了，还说，并不是因为自己和曾国藩是老乡才提这个意见的。我解释说，此书完成于“文化大革命“之前，如果我当时对曾国藩实事求是地给予肯定，恐怕一顶反革命修正主义分子的帽子是不够的，十有九成会扣上现行反革命的帽子。周扬听后，开怀大笑，连声称是。

1980年11月在武汉召开了一次中国古代文学理论讨论会，会议邀请周扬参加，但他不能去，就找我谈了一个多小时，主要是谈继承传统（既要坚决反对贴标签的倾向，又要把传统放在一定的历史条件下来研究）、现实主义及理论批评要提倡“深入地、扎扎实实地研究的学风”，反对浮泛的、“印象式”的批评等八九个问题。后来，我在大会上详细地传达了周扬的谈话精神。

通过与晚年周扬的几次接触，我觉得他在文艺思想和领导作风上确实是有所转变的，态度也是诚恳的。他住院时，我去看过他两次，第一次见面时，黎澍、于光远在座，谈的主要是黎澍当时提出的群众在历史上的作用和人道主义问题，黎、于支持周扬关于人道主义的看法，我在肯定的同时有所保留。第二次是去看贺敬之时顺道看望他的。

我时常讲，“国家不幸诗家幸，赋到沧桑句便工。”（清人赵翼的诗句）我们这一代人就是这样。

李世涛 最后想请您再简要谈谈对两位美学家朱光潜、蔡仪的印象。

敏 泽 朱光潜先生是我非常尊敬的一位学者，但对他的认识却是非常曲折的。解放初期，像我这样进城接管过旧政权机构的青年人，现在想来，当时实际上患着一种非常肤浅的革命幼稚病。对从旧社会来并和旧政权有过牵连的人，总是心存疑虑，不大愿意接触、来往，看人家的问题，也很容易联系过去，上纲上线。50年代，我写的批评朱先生的文章，就是这种情绪下的产物。为了写这篇文章，我虽花了较大的力气，不仅看了朱先生的全部著作，连克罗齐的《美学》，当时在国内找不到，还辗转托人从香港找了一本英国1922年出的英文版本来阅读,但由于自己比较了解朱先生的过去,所以文章的火气很大。当时的偏见使我仅仅着眼于政治,对朱先生的学术贡献不置一词,现在想起,很感惭愧。我的文章发表后不久却接到了朱先生的一封信,意谓:他认真地阅读了我的文章,在所有批评他的文章中,只有我的文章骂他比别的文章都骂得凶,但很多批评他的文章他并不服气,只有我的批评或者说"骂",他是"心服"的,并约请我有机会到他家去作客,表现了一个真正学人的风范。当时我在内心深处还不想和他多来往,也畏此举会遭到种种"革命"性的流言飞语,所以拖了很长时间未去,当然,后来还是去了。

1957年我被打成右派后,除家属和机关外,当时几乎没有人知道我的行踪,为了避免给别人添麻烦,我自己主动地断绝了和别人的一切联系。劳改后到天津、河北文联工作,一天突然收到了从北大寄来的油印的东西,打开一看是朱先生寄来的,还附有一封信,说自己写了篇美学讨论的文章,系里不久要讨论,请我无论如何给看一看,提些意见,赶快寄给他。我感慨很多。自己从革命者一夜之间成了革命的敌人,他还敢和我来往,也不知他是从哪里打听到我的地址的。他确实有大家的学术风范和气度。"文革"后,1978年我回到北京,在《文学评论》编辑部见到朱先生的一篇文章已经签署待用。当时的政治气氛需要尽快刊发一些老学者的文章。我看了文章之后,感到无论如何不能发,应该改一改。一方面他是"文革"的受害者;另一方面他在文章中还大讲"阶级斗争"为纲,仍然是"文革"的调子。尽管我本人当时思想上仍有许多框框,但感到这样讲实在不行。我讲,老学者在"文革"后第一次发这样的文章,对刊物和他本人都没有好处,我去跟朱先生说一说,请他改一下再发。当时有人就抹去了铅笔签好的同意发表的意见。我见面向朱先生说明来意后,他说我实在改不了,修改的事就全权交给你,你愿意怎么改就怎么改,我绝对信赖你。回来之后,我认真修改了三整天,送给他看后,他还是满意的。朱先生逝世后,他的家人通知我,要我一定去参加他的追悼会。朱先生后来学习马克思主义是真心实意的,为了准确地理解马列主义的原著,他自己还刻苦学习俄语。我在韩国汉城大学(首尔大学)的一次关于美学的讲演时,有人问,朱光潜先生后来学习马克思主义是否是真心的?我讲,是的,朱先生后期坚持学习马克思主义,是全心全意的。

蔡仪先生是最早宣扬马克思主义美学思想的学者,应该充分肯定他在这方面的历史功绩。他在治学和为人的很多方面，都是值得人们深深尊敬和学习的。在治学方面，他学风十分严谨、一丝不苟，从不朝三暮四，而是一以贯之。与时下那种无一定的理论或变化“无线索可寻，而随时拿了各派的理论来做武器的”“流氓”式（鲁迅语）的“学”人，不可同日而语。他人品很好，正直善良。当然，从美学问题讨论开始，我们的观点就一直有分歧。我批评他的观点，他也从不以此为忤，批评、争议很少影响到私人关系。“文革”之后，他办美学刊物，还主动约我写文章，并作了一些认真细致的修改。他主编美学丛书，诚恳地希望我能挂个副主编的名义。这事我虽然谢绝了，但心存感激。这正是老一辈学人的风范，你给他提意见，他还要表示真诚的感谢。

人间正寻求着美的踪迹

——林庚先生访谈录

张　鸣

北京大学教授林庚先生，字静希，原籍福建，1910年2月生于北京。1933年毕业于清华大学中文系，留任朱自清先生的助教，后又任教于厦门大学、燕京大学、北京大学中文系。林先生早年写作新诗，是著名的诗人，后来从事古典文学的教学与研究，"以教学为业而心在创作"，形成了他独特的学术风格。本刊特委托张鸣教授就新诗创作与古典文学研究以及两者的联系问题请教于林先生，写成此篇访谈录，以飨读者。

张　鸣　林先生，您不仅是研究古代文学的著名学者，还是著名的新诗人，在大学里，您又是深受历代学生衷心爱戴、同时在多方面取得卓越成就的名师，这在当今并不多见。作为您的学生，我体会到，大家除了读您的新诗和古代文学研究著作，还特别想知道您在新诗创作和古代文学研究中的一些甘苦。如果您能给我们谈一谈您的新诗创作和古代文学研究的一些经历，谈谈二者的关系，一定会给很多人以启发。

林　庚　我觉得我的一生很平淡，没有多少值得说的事情。不过，你一定要坚持的话，我们可以试着聊一聊。话题得由你来提。

张　鸣　我们先从您对文学的兴趣谈起吧。我知道您当年上大学考的是清华物理系，念到二年级才从物理系转到中文系来，这是因为您对文学实在太有兴趣了。这么强烈的兴趣是从什么时候开始的呢？

林　庚　是到了清华以后才产生的，说来你可能觉得意外，我对文学的兴趣是从丰子恺的漫画来的。中学的时候，我的兴趣主要在理科，对文学接触得很少，"五四"以后的新小说，看过一些，但看得也不多。到清华后，我常在图书馆乱翻乱看，看到了《子恺漫画》，一下子就被吸引住了，特别是他那些以旧诗词句子作的画，像"无言独上西楼"、"过尽千帆皆不是，斜晖脉脉水悠悠”、“几人相忆在江楼”等等，看了他的画，我就找诗词看去了，结果一看就入了迷。还有郑振铎为《子恺漫画》写的序，读了以后非常令我感动，想不到文学能有这么大的力量，能使人与人之间产生出一种在一般朋友间不可能有的丰富的感情来。子恺的画很简单，几笔就勾出来，像那幅《今夜故人来不来，教人立尽梧桐影》，一个人，只有背影，站在月光下等待故人，身边的树被月光照得很亮，在地上留下深深的黑影；还有《野渡无人舟自横》，一只小船，孤零零地横在水中；还有些画，人物甚至没有眼睛，没有手，就是这么简单，可它传达的那个意思却是那么生动，几笔，就把许多的话都浓缩在其中了。

丰子恺的漫画真让我受到感动，我觉得他提高了文学认识的力量，把中国古典诗词的好处都传达出来了。我从此对古代诗词产生了浓厚的兴趣，后来我从书店里买了两本《子恺漫画》，常常翻看，抗战时我到了南方，把其中一本《子恺漫画》也随身带着。这本1925年出版的漫画现在还保留在身边。可惜没带走的那本丢失了。

张　鸣　太有意思了。您是从对文学产生兴趣进而发展到自己动笔写作的吧？

林　庚　对。不过开始并没有写新诗。这有一个原因，那时我在听俞平伯先生的课，俞先生讲词，每次讲完，就让学生练习填词。我第一次填的是《菩萨蛮》：

春来半是春将暮，花开好被风吹去，日远水悠悠，闲花逐水流。　凭栏无限意，何事重相记，瞑色敛寒烟，鸦啼风满天。

填完这首词后，过了两天，我就拿给朱自清先生看，他看了以后说：“哦，你填得很好。”同班的一个同学说：“你真是写词的，我没法跟你比，光是‘春来’两句还可以，可怎么忽然就跳到‘日远水悠悠’了呢？怎么就开了那么一个境界呢？”其实我自己也不知道怎么就蹦出来这么个句子，怎么忽然就“日远水悠悠”了。我记得还写过一首《谒金门》：

伤离别，此恨悠悠谁诉，重岭关山风烈烈，雪晴千里月。　望断天涯愁绝，横笛一声吹彻。古寺颓垣红映雪，远灯青未灭。

我父亲说“雪晴千里月”是很自然的句子，浑然天成，信口脱出，别人的词里就没有这样的句子。

不过，我渐渐地觉得，不管怎么说，写词总还是在前人的范围之内，比如我写的词，还是前人的意境，而不是我自己的意境，即使有“雪晴千里月”这样的句子是自己的，毕竟太少了，我就没有“此恨悠悠谁诉”这种东西嘛，“横笛一声吹彻”，也不是我自己的，这些东西终究还是前人的意境，是念诗词时得到的感受。后来，我转向写新诗，对填词就渐渐失去兴趣了。

张　鸣　您后来转向写自由体新诗，1933 年出版的《夜》是您的第一部诗集吧？其中作品都是在清华读书时写的吗？

林　庚　对，这个诗集就是我的大学毕业论文嘛。

张　鸣　您在序中提到当时写《夜》这首诗的时候，您的兴奋是无法比拟的，现在您还能回忆起当时的那种感受吗？

林　庚　自由诗使我从旧诗词中得到一种全新的解放。前面我说过，写旧诗词总还是在前人的范围之内，而自由诗，则使我找到了一种充分表达自己感受的形式。所以我说当我第一次写出《夜》那首诗来时，我的兴奋是无法比拟的，我觉得我是在用最原始的语言捕捉了生活中最直接的感受：

夜走进孤寂之乡
遂有泪像酒
原始人熊熊的火光
在森林中燃烧起来
此时耳语吧？

墙外急碎的马蹄声
远去了
是一匹快马
我为祝福而歌

这首诗的跨度比较大，而所谓自由诗，它的最突出的特点就是跨度比较大，它的自由，不仅仅是散文化，它比散文还自由，因为散文总还得讲究个逻辑，而自由诗就可以不讲逻辑，可以跳得很远。像《夜》中这句："夜走进孤寂之乡，遂有泪像酒。"人们读了会问：泪为什么会像酒？泪像酒是不符合逻辑的，可这不需要解释，就是泪像酒，没有什么根据，也没有什么理由，但是你是可以意会的。

张　鸣　您还说到它是"用最原始的语言捕捉到最直接的生活感受"。

林　庚　对，你想呀，这"原始人熊熊的火光，在森林中燃烧起来，此时耳语吧？"可不就是最原始的语言嘛。所谓的"最原始"指的是没有什么逻辑，不是从什么东西推论出来的，而是像无中生有似的，在《夜》中，每一段诗句，都像是一幕戏，第一幕是"遂有泪像酒"，第二幕是"原始人的火光"，第三幕是"快马"，这三幕都是突如其来地出现的，没有什么逻辑，字面上也没有什么关联，所以它就是最原始的。实际上它表现了我当时的一种真切的感受，从夜深进入了孤寂之乡后，想象着原始人的熊熊火光，又从对原始人的幻想中回到现实，便仿佛听到墙外有马蹄声，而马蹄声正是自己生命的一种呼唤。这种感觉在白天是绝对没有的，它却是我的最真实最直接的生活感受。《夜》这首诗在写的时候，很快就完成了，句子非常自然地就流出来了，不像后来写诗时那么斟酌。

一首诗，如果跨度大的话，就要求暗示性很强，因为人家读你的诗，不一定会按你的跨度从这点跳到那点，所以必须有暗示性。一首诗之所以成为好诗，就在于它不仅有跨度，而且有暗示。有暗示，读者自然也就跟着来了。那首《夜》，似乎跳得太过了点儿，这可能就是所谓"矫枉必须过正"吧。在那个年代里，我们所要做的就是打开一个完全不同于古人的一个新天地，要从旧诗那种习惯里解放出来，摒弃前人的表现方式，寻找一种自己的表现方式。我们也会写旧诗，也会发思古之幽情，但我们更需要的是我们自己的心得，而不是从古诗中得来的感受，也不是从同时代人的诗中得来的感受，也就是说，要有真正的创造性，而不是模仿。像我以前写的"雪晴千里月"，是不错，是好句子，但那是古人的表现方式，是古人的心情，而《夜》则是我自己的一种表现方式，是一种真正富于创造性的表现方式，这样的作品，才是最有生命力的。

张　鸣　您说新诗最大的特点是它的跨度大，而且运用最原始的语言、原始的感受，这是一个最基本的认识，那么您觉得古代诗歌所表达的古人的感受和新诗所表达的现代人的感受，有没有本质上的不同？

林　庚　我觉得很难说有本质上的差别，我们并不以为我们现在的诗就比唐诗写得更好。我们与古人只是时代不一样，古人在他所处的那个时代也是新的，非常新的。所以我常常说，我们要比诗新不新，不在于有新的形式新的内容，而是诗给读者的感觉要新鲜。新诗之所以要有大的跨度，就是要让诗中的这种感受来得十分新鲜，而读者从中得到的感觉也非常新鲜。唐诗为什么好？就是因为唐诗直到现在都还能使我们读来感到新鲜，一千多年下来还是新鲜的。

张　鸣　那么这种新鲜，就是指内在的感觉的东西？

林　庚　对了，它不在于表面上使用一些奇特的句子。不同时代的写作当然有不同的东西，白话和文言就是不一样嘛，但如果现在的白话诗没有新鲜的东西，这种形式也是站不住的。唐诗能经得住时间的冲洗，恰恰就在于它为读者提供了新鲜的东西。我把它称为“新鲜的认识感”，这其实就是艺术语言不同于概念的地方。例如孟浩然的《春晓》：“春眠不觉晓，处处闻啼鸟；夜来风雨声，花落知多少？”一种雨过天晴的新鲜感受，把落花的淡淡哀愁冲洗得何等纯净！我们在读这首诗时，常常会觉得前后两段没有什么关系，其实，没有后两句，前两句就没有那么好了，为什么呢？因为“花落知多少”本来是一种感伤，春天来了，花开了，本来是很美好的，可是夜里的风雨却把美好的花打落了，这确实很令人伤感。而这花开花落的哀愁又被鸟叫声、被雨过天晴的那种非常爽朗的气氛给冲洗干净了，你说它没有哀愁嘛，它却是“花落知多少”，而你说它有多少哀愁嘛，“处处闻啼鸟”又使人非常高兴。于是它就给了我们一个启示：我们的世界就是这样的一个世界，春天正是在花开花落这样的状况下进行着的。所以，这首诗实际上不仅仅是在写天一亮鸟就叫，也不仅仅是在写感伤于花落，而是在无意间启示你对世界有一个新的认识，好就好在它有新鲜感。

张　鸣　您后来出的《北平情歌》中，有一首《古意》、还有一首《冬眠曲》，跟您早期的自由诗不一样。

林　庚　那是新格律诗了。1935 年以后，从《北平情歌》开始，我已经很少写自由诗了。我跟“新月”那些人还不一样，有人说新月是豆腐块，它就是求整齐，中间没有段落，没有断句的地方，而我的新格律诗是按中国诗歌的特点写的。我发现中国古诗，不管是五言、七言，句子中间都可以稍有停顿，用一个逗点把句子分为上下两部分，五言一定是二、三，七言一定是四、三。

张　鸣　这不是您后来提出的中国诗歌的“半逗律”规律吗？

林　庚　是的，不过“半逗律”的说法是后来概括总结的。我最早尝试写新格律诗时，并不是从半逗句开始的，而是从音组开始的。我发现，在许多自由体诗歌中，念起来很顺口的诗行里，都有一个五字的音组，反正由五个字组成的东西就很流畅，很上口。于是，我把五个字的音组放在诗行的下一半，然后在它前面加上三个字，加上五个字，加上六个字。我就这么地做着各种试验，这两本诗集就是这么做试验做出来的。

以后，我又发现有个规律，中国的语言多是双音词，所以中国诗歌的一个发展趋势就是往长里去，比如四言诗，然后是五言诗、七言诗，五言诗从建安开始出现，到隋唐开始流行。到后来，我才意识到，我的这个发现对我写文学史非常有用。因为文学史要解决的一个问题是：为什么四言诗和五言诗只差一个字，却不同处于一个时代？而五言诗跟七言诗差了两个字，却同处于一个时代呢？别人的文学史是不讲这个问题的，但我得讲，我得解决这个问题。从这个实践中我就开始明白了，四言是以二字音组作为它的主要形态的，而五言诗是以三字音组作为它的主要形态的，七言呢，它的基本音组也是三个字，五言是二、三，七言是四、三，不管它的诗行长短，它的基本音组就是三个字，所以五、七言诗基本上是同一个时代的，而四言的音组是二、二，它与五言的关系就比七言与五言的关系要远得多。

张　鸣　没想到您写新诗的经验对解决文学史问题会有这么直接的作用。

林　庚　不过那时候我还没有将全部精力都放在写文学史上，那时还是创作，做各种各样的写作试验，写文学史则是在1937年以后的事情了。抗战后，我到厦门大学教书去了，当时也没什么刊物了，写诗也就少多了，才把精力放在了写文学史上。而这之前，我就是在做着二五、三五、四五、五五、六五、七五各种诗型的写作试验。经过一段时间的试验后，我发现，五五是最容易普遍化的形式，也就是十言诗了。后来我从写作中又发现，九言诗中的四音组比五音组更容易口语化。经过这样的实践，我发现四字音组也是很好用的。为什么会有这样的感觉呢？这就要从文学史上找缘故了。我们从二字音组到三字音组，现在忽然到了五字音组，中间是不是应该有一个四字音组的阶段呢？我已经试验过五字音组，证明它是可普遍的，那是不是可以再试一下四字音组呢？于是，我又开始试验五四体。你看，我就是这样，总是创作在先，总结规律在后。就说我提出的“半逗律”吧，其实我早就在按着“半逗律”做了，只是当时还没有明确提出这个说法。

张　鸣　您曾经说过，探索新格律诗是为了建立现代诗歌自己的阵地，这是为什么？

林　庚　在当时的情况下，新诗的写作面临一个困境，自由体往往跳跃很大，人家根本念不懂，谁也不懂它是什么，而另一种就干脆散文化了。自由诗跳得太远，那它就失去了表现力；同样的，走向散文化，它也没有了诗的魅力，成了分行的散文。如果我们既不想做分行的散文，又不想让别人都读不懂，那就得有一个阵地，有了这个阵地，我们就能恢复诗歌的魅力。诗歌是有节奏感的，有了几言诗那种节奏，它就可以跳跃，诗歌恢复了它的自由的跳跃性，也就恢复了它的艺术魅力了。可惜很多人在这里都搞不通。

张　鸣　可不可以这么说，您的新格律诗，关键是要建立典型诗行，由几言的形式构成的最具有普遍性的典型诗行？

林　庚　对，普遍的，有节奏的，具有跳跃能力的，它有助于跳跃。写自由诗就是平地跳跃，靠你的思维去跳跃，而几言诗有节奏，就等于帮助你去跳跃，你写完第一行之后，好像第二行就要跳出来似的。这就是一种期待感。头一行这样，第二行这样，第三行也这样，就是说，一行等于一万行，有一种后浪推前浪的效果。这个期待感就是跳跃感，它推动你思维的飞跃，而散文就没有这么明显的期待感。你想想看，古代诗歌不就是这样的嘛。

张　鸣　我明白了。您从探索新诗创作道路的立场来研究古代诗歌，有许多发现都是非常独到的。您觉得古典诗歌还有什么是值得新诗借鉴的呢？

林　庚　我们要借鉴的不是文言诗的阵地，而应该是它的艺术性，比如它的飞跃性呀，交织性呀，各种形象互相的交织等等。比如“曲终人不见，江上数峰青”，后一句就是从前一句跳出来的，你在读“曲终人不见”时，想不到会有一个“江上数峰青”，因为这是一个飞跃，这个“青”不是我们平时所能了解的“青”，不是用颜色能说明的，而是一种形象，这就是它的飞跃性。再说它的交织性,就是各种形象交织在一起。我举一个例子,王维有两句诗:“漠漠水田飞白鹭,阴阴夏木啭黄鹂。”李嘉祐也有“水田飞白鹭,夏木啭黄鹂”。这两句哪个好?我说是王维的比李嘉祐的好得多,为什么呢?因为“水田飞白鹭,夏木啭黄鹂”,写的是夏天的环境,两句诗没有联系,白鹭在水田里飞它的,黄鹂在夏木上叫它的,两个东西连不到一块,缺乏交织性。而“漠漠水田飞白鹭,阴阴夏木啭黄鹂”就把这两个东西连在一块了,“漠漠”和“阴阴”形成了一种明暗的对比,就像一幅图画,这边是阴的,那边是亮的,“漠漠”之中的白鹭的形象特别明亮,两个东西之间就有互相陪衬互相交织的关系。

张　鸣　好像把两幅本来不相干的画变成了一幅完整的画了。

林　庚　对,就成了一幅完整的画面。“漠漠水田飞白鹭”,读起来能感觉到白鹭在飞,并不完全因为“漠漠”,还因为有“阴阴夏木啭黄鹂”在陪衬,这就是诗歌语言的运用而不是什么形式的问题了。像刚才说的飞跃性也是这样,“曲终人不见,江上数峰青”,并不在于你是不是会写几言诗,几言都是一样的,但你就写不出这样的好句子来嘛,所以,这就不是形式的问题了。不是说你会写九言诗、十言诗,你就可以写出好诗来了。一个人如果没有诗的才情,没有真正的创造才情,就是用白话写,也都是旧诗的情调。我自己也是经历过不断纠正的过程的。新诗当然要汲取旧诗中好的东西,但不能再用旧的语言来写。旧情调也要避免,你如果还是风花雪月那一套,就陈腐了。比如月亮,旧诗里很多,可是我们的感受就不一样了。

张　鸣　人类都登上月球了。

林　庚　对啊,那你对月的感受怎么还可能跟古人一样呢?你还用古人的那种情调写,当然就显得旧了。

张　鸣　您是在什么时候把主要精力放在古代文学研究上的呢?您从清华大学毕业以后留在中文系担任朱自清先生的助手,是不是从那时候开始,新诗创作和古代文学研究就是同步进行的呢?

林　庚　不,不,那时的主要精力还是写诗。我在清华做朱先生的助手,事情不多,有很多时间写诗。1934 年春天,我想当作家,就去了上海。后来发现,靠稿费不能维持生活,四个月后,又回到北京来了。正好当时的北京民国学院要找能教文学史的教员,他们来请我,我就在民国学院教了三年书,后来在女子文理学院、师大还兼了一些课。一边教书,一边写诗。

上课的时间并不多，只要钱够我糊口的，我就写诗，所以大部分时间都用来写作了。“七七”事变以后，我去了厦门，在厦门大学任教，因为课比较多了，主要精力就转到研究和教学上来了。当然，诗歌也还在继续写。

张　鸣　您在厦门大学出版的那本《中国文学史》，是为上课写的教材吗？

林　庚　在厦大我教了十年书，写了那本《文学史》。那个时候没有什么刊物，所以我很少写什么文章，集中全力写《文学史》。那时上课没有教材，我的《文学史》在出版前，就已经油印给同学当讲义了。1947 年，有条件出版了，就拿了油印的讲义去付印。朱自清先生为我写的序说，郑振铎有《文学史》，刘大杰有《文学史》，第三本就是我的《文学史》，但风格跟他们的不一样。我是从一个写新诗的人的角度来研究文学史，跟他们不搞创作的人写的《文学史》是不会一样的，思路就不一样。

张　鸣　您在这部《文学史》的序中提到有两个方面的考虑：一个是为了沟通新旧文学的愿望而写；二是为了探寻文学的主潮，参照过去文学主潮的消长兴亡来寻找我们今后的主潮。这两方面的动机，都和别人不一样。当时您具体着手思考文学史的时候，这两个动机中，哪个更重要些？

林　庚　说是两个方面，实际上也很难分开。一个是参考过去的历史经验，整个的文学发展是靠什么样的一种力量，什么时候产生高潮，什么时候衰落，这个起伏也可以做我们新文学起伏的参考。另一个是如何把文学史与新文学连起来。就拿《红楼梦》来说，它与新文学有什么可以衔接的地方呢？我在写《红楼梦》的文章时，我总强调在《红楼梦》中，贾宝玉是代表新意识形态的人，可能是一个“多余的人”，他可能自己也不明白自己要追求的是什么，但他又意识到确实有个新的东西在他面前晃着，这东西就是我们新文学要寻找的东西。当然到了新文学史，是比较明确了，因为不只有我们自己的经验，我们还可以参考世界各国文学发展的经验。贾宝玉有一种朦朦胧胧的意识，他确乎就是在向往着一种新的东西，所以他是个“无事忙”，这个“无事忙”就跟“多余的人”一样，在封建社会里是多余的，但他思想里反映的这个新的东西，跟我们新文学发展能衔接上。

这个想法，越写到后来自己也就越明确了。开始我还是按西洋文学史的方式来写，什么“启蒙时代”、“黄金时代”、“白银时代”，到后来我就比较明确了，我抓住了两个东西，一个是“寒士文学”，二就是“市民文学”。我总结出一条，社会就是不断解放的过程，文学也是一个不断解放的过程。实际上战国时代就是从农奴制解放出来到地主制，这在封建社会是个很大的发展，这就是一种解放，所以先秦诸子那一段的百家争鸣就是如何把这种解放的思想通过学术表达出来，进行这样的活动、表达这种思想的就是寒士。这个阶层的人成为文化的真正代表。比如先秦诸子，就是要面对人生的一切问题，有一种责任感。没有知识分子的参与，社会不仅是文化建设不行，经济建设也是不行的，市民文化担当不起这个任务，所以知识分子的任务是很重的。到了"五四"以后的新文学，作家都出在知识分子中，真正取得成就的还是知识分子。

张　鸣　您为了新文学的发展而研究文学史，从这个思路出发，您最关注的东西是什么呢？

林　庚　什么时代创造性最强，那个时代就是我最感兴奋的时候，认为这是文学最有希望的时候。我把创造放在第一位了，所以我去掌握文学史的资料时，也是去寻找那些能说明创造的资料。比如说，我也研究屈原，从整个中国诗歌的发展来说，屈原的《离骚》、《九歌》都非常重要，还有他的《天问》也很重要，但那个时候我没有那个力量，也不愿花那个力量去做，所以我的《〈天问〉论笺》是做得很晚的，直到上世纪80年代才写完，如果我命短一点我就写不出来了（笑）。即便是关于楚辞的研究，最早也是从文学创作的角度来做的，探究楚辞在整个诗歌发展中起到什么作用，像《〈天问〉论笺》那样资料性的东西，我就留到其他问题都做得差不多了才去做。

张　鸣　在厦大版的《文学史》中，您特别提到了"少年精神"的概念，好像主要是指建安文学？

林　庚　我在研究建安时代的文学时，发现从楚辞之后差不多就没有好的文学作品了，而楚辞又只有那么一个作家，实际上就是说《诗经》之后，诗坛就很沉寂了，一直到建安时代才恢复。所以我认为那个时代对诗歌来说，就是文艺复兴时代。代表人物曹子建是富于"少年精神"的，他的人物性格，他写的诗，比如《野田黄雀行》，他的方方面面，都是带着一种"少年精神"。我讲"少年精神"，最初就是从建安时代讲起，到了唐朝就更充分地发挥了。"少年精神"的内涵，就是有朝气、有创造性、蓬勃向上的，充满青春气息，即使是忧伤痛苦，也是少年的忧伤痛苦。我主张"少年精神"，所以我讲唐诗跟别人常有很大的不同。比如说对王维，很多人包括陈贻焮在内，他们都欣赏王维后期的东西，就是《辋川绝句》那样的作品，都是很安静的东西。而我认为王维的真正价值是他的“少年精神”，是他早期的《少年行》，是“大漠孤烟直，长河落日圆”这样一类早期的作品。虽然他的边塞诗不多，但他年轻时的作品才是他的真正代表作，“唯有相思似春色，江南江北送君归”，这才是真正代表王维的。“晚来唯好静，万事不关心”，这不代表王维，那已经是他的末期了，人老了，当然比较安静了，已经不是创造的高潮了嘛。他创造的高潮还是那些在民间传唱的，如“红豆生南国，春来发几枝，劝君多采撷，此物最相思”，“清风明月苦相思，荡子从戎十载余”，人家唱的都是他的这些诗嘛。《辋川》诗也不是说不是好诗，但不是最可宝贵的东西。

张　鸣　“大漠孤烟直，长河落日圆”这样的句子，用您的话来说，就是很新鲜。这个新鲜有两个方面，一是初到边塞的人对边塞的新鲜感，一是“直”和“圆”的印象，带有一种童心的感受，一个很年轻很有童心的人对大漠对落日的感受。如果是一个老气横秋的人来写，可能就不会是这样的感觉了。

林　庚　对，没有人写得这么单纯，非常新鲜。我对王维的评价跟很多人都不一样。一般人都把他当做“诗佛”，说他主要的特点是那种安静的东西。但那不是他最有代表性的东西，他的代表作品是属于蓬勃朝气的：“新丰美酒斗十千，咸阳游侠多少年。相逢意气为君饮，系马高楼垂柳边。”

我在到厦门大学之前还没有写《文学史》，上课时也就写点讲稿。后来到了厦大才开始写，分期的题目也是到厦大以后才有的，以前也没有那些奇奇怪怪的题目，什么“文坛的夏季”呀，“知道悲哀以后”呀，像这些东西，在北京讲课时还没有呢，只是一般地按着时代去讲就是了。到了厦大后，我把精力集中到文学史上了，光是这些题目就很能吸引同学，所以有好些外系的学生也来听课，因为题目很吸引人。我上课时，把题目写在黑板上，写上“文坛的夏季”，台下的学生就很兴奋。我讲汉代是“夏季”，在它之前是讲先秦时代，我把先秦时代一讲称作“知道悲哀以后”，就是说，《诗经》那样的作品还是属于童年阶段的东西，还没有多少真正深刻悲哀的东西，到了战国时代呢，人们开始真正认识到悲哀了，我举了墨子的“悲染丝”、杨朱的“伤歧路”，这才是真正地认识悲哀。认识悲哀是青春的特点，是少年时代的特点，儿童时代是认识不到这么深的。所以我觉得战国时代就是动荡的、开始认识人生悲哀的时代。到了两汉呢，好像是最痛苦的时期过去了，最热闹的时期过去了，取得成果了，天下也统一了，也安定了，就像是到了夏天，有点疲倦了。春天的时候太劳累了，东看西看，美不胜收，到了夏天就进入“沉沉好睡”的状态了。我用这样的形象来讲课，学生很愿意听，所以只要题目一写出来，台下就会有很强烈的反应，这都是到厦大以后才有的。

张　鸣　上世纪50年代初，您出版了学术论文集《诗人屈原及其作品研究》，1954年又出版了《诗人李白》，1958年又发表了《盛唐气象》一文，您的一些主要观点，比如“盛唐气象”，比如“布衣感”，比如浪漫主义是中国文学的最高境界等等说法，都是在这个时候就提出来了。《诗人李白》在当时受到了严厉的批判，您能不能说说当时的情况？

林　庚　我在写完《诗人李白》后，受到了很多批评。“盛唐气象”的提出，是为了坚持我关于李白的意见，批判《诗人李白》的一个理由就是我强调了盛唐，认为李白代表了盛唐，而盛唐又是中国历史上最好的一个时期。持反对意见的人认为，在阶级剥削之下，人民只有苦难，根本不可能有什么盛唐。不承认历史上有过盛唐，更不承认什么盛唐气象了。他们一个劲地批，我就一个劲地写文章，我也不能沉默。比如有人说陈子昂是现实主义的，可我认为陈子昂是浪漫主义的，他有建安风骨。你批你的，我写我的。

张　鸣　《诗人李白》是在什么情况下出版的呢？

林　庚　解放前冯至写了一本《杜甫评传》，把杜甫说成现实主义，这比较好办。解放后，提倡现实主义，如何评价李白就成了问题，上面的一个什么部门找到中国科学院文学研究所，当时的所长是何其芳，他就委托北大写一本关于李白的书，因为我提倡浪漫主义，又在北大讲唐诗，结果就把这事交给我了。书稿完成后，在北大的临湖轩做报告，讨论过，在讨论时，我就跟何其芳有了分歧。因为我提出了一个“布衣感”的观点，我说，知识分子是政治上的一个力量，这个力量无非就是要求开明政治。所以我当时总结了这么一句话：我肯定李白的理由就在于他对抗权贵，反权贵。

什么叫“布衣感”？就是不在权贵面前低头，要想有开明的政治，就必须反对权贵，权贵是必然会使封建统治腐朽下去的，一个好的封建王朝必然就是反对权贵的。“贵者虽自贵，视之若尘埃。贱者虽自贱，重之若千钧”，这是中国古代知识分子传统的一种精神。这种力量是可以使封建王朝变得开明的。所以我以为这个“布衣感”很有好处，对李白就应该从这个角度来肯定。当时何其芳就反对我的观点。不过我们是老朋友了，从20世纪30年代起写诗时就是朋友，所以尽管在学术上有不同看法，朋友还是朋友(笑)。当时批判我，主要就是批判我这个“布衣感”，就是这么个情况。后来我又写了一篇《盛唐气象》，更系统地强调浪漫主义。

张 鸣 “文革”以后，您出版了好几本书，《问路集》、《〈天问〉论笺》、《唐诗综论》、《〈西游记〉漫话》，然后是关于《水浒传》的考据文章，然后是1995年，您的《中国文学简史》出版，这是您学术成果出得比较多的时期了。这些著作都是影响比较大的。

林 庚 要是没有这段时间，这些东西还真是没法整理了，那么《文学史》就只是半本了，《天问》研究了一半也拿不出来，关于诗歌的理论以前也没整理过，我的格律诗，要不是出了《问路集》，也都散掉了。所以这些年对我还是很重要的，把我一生的工作都整理了一遍。

张 鸣 1995年出版的《中国文学简史》，可不可以说，是您数十年研究古代文学的总结？我最近重读了一遍，觉得这是真正以文学为本位的文学史。过去读的时候，没有特别注意这一点。

林 庚 我主要把重点放在创造性上，没有什么创造性的地方，我就少讲，像汉赋，我讲得就很少，而在创造性多的地方，像唐诗，我就花很多力气去讲。所以在我的《文学史》里，对整个中国文学、中国文化的态度就是，什么时候最富于创造，我就重点强调，什么时候创造性弱了，我就谈得简单。先秦时代的散文，我谈得很多，宋诗，我讲得就比较少，宋词讲得又比较多，因为宋词相对于宋诗来说，它更富于创造性。戏曲小说，我也谈得多一些，特别是小说，主要是那几部小说，因为唐以后，文学的主要成分是市民文学，很多作家投入其中，把市民文学的品位提高了，《三国演义》、《水浒传》、《西游记》直到《聊斋志异》，都是提高了的东西，都富有创造性。当然词也属于市民文学，从词发展到曲，然后发展到戏剧，成为整个市民文学的潮流，同样富于创造性。我之所以这样来写文学史，在有创造性的地方多讲，没创造性的地方少讲，因为只有这样，才可以看出中国文学史起伏的地方，看出它发展的脉络。

张 鸣 那就是说，您的这部《文学史》是以文学创造性为中心的，这是您的灵魂。的确，在读您的文学史时，感觉到时时都处在文学本身的发展中。

林 庚 是这样的。重点就是在于文学本身的发展。但光是这样的话,也还是资料的积累,所以在这里头,你还得强调它最富于创造性的一面才行。对作家也是这样,看谁是有创造性的,就多讲谁。像"元嘉三大家",颜延之、谢灵运、鲍照,我的文学史中,对颜延之就不讲,因为在我看来,他没有创造性,尽管他当时是大家。而鲍照在七言诗上有创造性,谢灵运在山水诗上有创造性,我就要讲他们。文学要是没有创造性,严格地说,就不是文学,就没有价值了。

张 鸣 您在一篇怀念吴组缃先生的文章里说过您是"以教学为业而心在创作",您的文学史研究,同样也体现了"心在创作"的学术个性。

林 庚 (笑)我那个"心在创作"嘛,是说那时我写新诗,讲古典文学时,当然是"心在创作"上;照你现在说的,其实我在研究文学史、研究古典文学作品时,也是在看它的创造性,也还是"心在创作"(笑)。

张 鸣 我觉得您这句话可以帮助我们理解您的古代文学研究。不过,在古代文学研究领域里,持有您这样一种动机的学者并不多。

林 庚 那是因为搞创作的人不会去讲古代文学,搞古代文学的人又不从事创作,而我是"兼差"的人,又搞古代文学又搞创作,一直都没有间断过,古代文学,我一直讲到现在,文学史是前几年刚出齐的,一辈子都在搞古代文学嘛。诗歌呢,这两天刚刚交了关于新诗理论的书稿,在新诗创作上也没有停止过。

张 鸣 也可以说,正因为您"心在创作",所以搞学术研究的出发点也在于创造性,您所关心的就是揭示文学创作的奥秘。

林 庚 你说我这是以文学为本位的《文学史》,还可以补充一点,就是我关注的创造性是指作品而不是作家,作家是因作品而定位的,李白之所以讲得多,是因为他的作品高,杜甫、王维,也是因为他们的作品地位高。但他们的生平我都讲得很少,在我的文学史里,没有一个作家是有生卒年的,我并不特别注意这个方面,我是觉得这些东西用不着写在文学史里,可以放到参考资料里边。作家生平,什么时候生的,做了什么官,这跟创作没有太多的关系。当然有些作品要解释它,跟作家生平有点关系,像辛弃疾、陆游,那是当时跟战争有关,解释他的作品不能避免他的经历。如果他的作品涉及他的经历,我们再提,他的作品没涉及,就不必提起。在文学史上,有好多作品连作者是谁我们都不知道,可它仍然是好作品。像张若虚,我们对他的生平是不大清楚的,但不清楚又有什么关系呢?他的《春江花月夜》就是首好诗嘛。如果花很多篇幅来讲作家生平什么的,反而打断了讲述文学发展的思路,因为作为文学,最可宝贵的东西主要是作品,没有作品,作家有什么可宝贵的?如果屈原没有《离骚》、《九歌》这些作品,他顶多是个政治家,跟别的政治家没有什么区别,他之所以成为了不得的作家,就是因为他有这些作品啊!只有文学作品才体现了作家的文学创造,作家的生平、官职什么的,并不能体现他的创造。

张　鸣　不过要搞清楚什么作品有创造性,并不那么容易。

林　庚　那是因为搞古代文学的人不搞创作嘛,本身没有创作经验。比方说,我的《谈诗稿》,大家都很喜欢看,我能写这样的《谈诗稿》,是因为我有创作经验呀,你没有创作经验,你怎么能分析它呢?你只会写旧诗,只会照猫画虎,你又怎么能体会出那些不照猫画虎的作品的好处呢?

张　鸣　我想,您的《中国文学简史》应该说是您的性格、思想的一种体现吧?

林　庚　如果说体现了我的思想或性格,那也是自然流露的,我总得有个思想来指导我写《文学史》嘛。我没有依附别人的思想,因此我的思想就比较鲜明比较突出,这个思想是属于我的,它当然也跟我的性格有联系了。

犹有壮心歌伏枥

——钱仲联先生访谈录

涂晓马

苏州大学教授钱仲联先生，初名萼孙，字仲联，中年以后以字行。原籍浙江吴兴，后占籍江苏常熟，1908年生。曾师从唐文治、朱文熊、曹元弼等著名学者，1926年冬，以第一名毕业于无锡国专，先后任教于大夏大学、无锡国专、中央大学等。1958年任江苏师范学院（即今苏州大学）教授，博士生导师。著有《梦苕庵诗话》、《梦苕庵论集》，编纂《人境庐诗草笺注》、《韩昌黎诗系年集释》、《剑南诗稿校注》、《沈曾植集校注》，主编《清诗纪事》等。《文艺研究》编辑部特委托涂晓马博士，就有关治学之道求教于钱先生，整理出这篇访谈录，以飨读者。

涂晓马 先生，我受《文艺研究》的委托，就您的学术经历和有关的学术问题来请教您。

钱仲联 这要看什么问题。有的人来信，问我钱钟书先生的国学到底如何。你说，这样的问题叫我怎么回答。钱先生的学问当然了不起，他在世时对我有知己之感，我怎么能在他去世后对他妄加评论？

涂晓马 请先生放心，我请教的问题不涉及对与您同时的人的评价问题，而是治学经验或者治学方法一类的问题。

钱仲联 这没有问题，你尽管问好了。

涂晓马 刚才提到钱钟书先生，外界有些人以为你们是同一个家族的呢。

钱仲联 我是浙江湖州的钱家，钱先生是江苏无锡的钱家。要说到渊源，钱先生的父亲钱基博先生曾在无锡国专任过教，我也在无锡国专任过教。

涂晓马 还有学者以为你跟清初常熟的钱谦益有远亲关系呢。

钱仲联　这是日本学者在《金陵学纪》中说的，钱牧斋（谦益）的学问，虽然我一向景仰，但是彼吴我越，家谱却联不上。

涂晓马　但很多人都知道清末宰相常熟的翁同龢是您的舅公，而且您有个斋名就叫“望虞阁”，不就是望常熟的虞山吗？自然把你也当成吴人了，难怪人家认为您跟钱谦益有远亲关系。

钱仲联　我另外有个斋名叫“梦苕庵”（用手指着挂在墙上的匾额），还是陈石遗先生题的。中华书局1993年出版我的论文选集也叫《梦苕庵论集》。苕溪、霅溪都是湖州的水名，以“梦苕”为名，就是为了不忘先世渊源。1937年、1941年我先后请黄宾虹、杨无恙为我绘《梦苕庵图》，夏敬观先生为题五古一首，张尔田先生为填[念奴娇]《仲联依其大母占籍虞山绘梦苕庵图属题效吴蔡体赋此》云：“破山一角，喜药炉依旧季鹰家世。曾说樊南兄弟好（君祖楞仙司成与弟毡仙同注樊南文补，曾以玉溪兄弟自况，见《示朴斋集》），今见孙枝蔚起。甥馆糕环，外家枣栗，清远吴兴水，夜来归梦，结庐人境还是。　我亦两世论交，南冠憔悴，击筑燕台市。故国扁舟聊一系，回首云山千里。碧浪三潭，苍烟五亩，此愿何时遂？对君图画，幼舆空想高致。”一诗一词，都写在两先生诗集词集刊行以后，张词是最后绝笔，弥足珍贵。

涂晓马　从张先生的词来看，您的家学很深。据说，“五四”时的钱玄同是您的叔父。请您谈谈家世，好吗？

钱仲联　我家原籍浙江湖州，自高祖以上都是农民。曾祖父孚威，字港汰，始读书成秀才。我祖父钱振纶才在文坛上崭露头角，他字楞仙，道光十八年戊戌（1838）二甲进士，与曾国藩为同年，曾是三甲同进士出身。我祖父是清体仁阁大学士翁心存之婿，协办大学士翁同龢的姊夫。中进士后，官翰林院编修，出任四川乡试正考官，曾国藩与同往。回京后，升国子监司业。丁母忧，回湖州，终制后未出。不久，翁心存做了宰相，我祖父为避免裙带之嫌，所以不再去北京做官。以后长期在扬州梅花书院、淮阴崇实书院任山长。祖母翁端恩嫁到我家后，长期与祖父同甘苦，同流寓。所以我祖父是一位两袖清风的中级官吏，并不显赫。祖父秉性狷介方刚，我少时常听父亲讲到祖父在扬州掌教书院时，一次某盐商宴客，祖父被邀往，盐商忙于招待显贵，原约的开席时间已到，客人尚被冷落一边。祖父拂袖而出，大声说：“我不能受盐商的气！”这虽是小事，对我的影响却很强烈，我一生性不随和，怕与此有关。我家在常熟，住引线街，老屋三进，是祖父客死他乡后翁同和购赠我祖母的。这样，我家就寄籍常熟，不再回湖州。

涂晓马 您的祖父、祖母都很有学问。

钱仲联 祖父是晚清著名骈文家，曾注《鲍参军集》、《樊南文集补编》，从《全唐文》中选出骈文为《唐文节抄》十大册。自著有《示朴斋骈体文》、《示朴斋骈体文续》、《示朴斋随笔》等。谭献在《复堂日记》、张之洞在《书目答问》中，都曾把他作为清人学唐骈文的典范而加以推许。祖母翁端恩也擅长诗词，叶恭绰曾选其《簪花阁词》入《全清词钞》，伯母单士厘曾选其诗入《国朝闺秀正始再续集》，徐世昌选其诗入《晚晴簃诗汇》。

涂晓马 您小时候就是由他们启蒙的吗？

钱仲联 说到我的启蒙教育，难忘我的双亲。我母亲是常熟人，是著名诗人沈汝瑾的从妹。我四五岁时，常依母怀，听母亲柔声唱吴语山歌、吟诵唐诗、讲弹词故事。我至今记得第一首歌是母亲唱的“白米饭好吃田难种，鲜鱼汤好喝网难扳”的吴歌；读到的第一首诗，是贺知章诗“少小离家老大回”那一首，都是母亲教的。“青灯有味是儿时，童心来复梦中身”，深深在我脑海中留下烙印，成为一种永久的记忆。父亲于光绪年间随同我从伯父钱恂到日本，伯父那时任留日学生监督，随他到日本留学的，有我从叔钱玄同、我从兄钱稻孙、钱燧孙等人。我父亲留学时从小学读起，可是后来病了，不能续学，中途回国。回国后病居家中多时，所以我童年在小学读书时期，每天放学回家后，就在父亲督责下自学。我家是中产者，并不富裕，而祖父母遗下的楹书却堆满一楼，加以父亲从日本带回的日文书籍，新旧都有。父亲却不教我读日文，偏要我读祖父的书。把祖父的著作稿本叫我抄，作为课余时间的作业。日写两三页，抄完一部又一部。在这过程中，对古奥艰深难认的旧体诗由不懂到渐懂，由略知一二到广泛深入的掌握，由动手试写到写得像个样子。这时，我的姑父俞钟銮，也是翁同龢的外甥，治顾亭林之学，诗文都学亭林。在我治学之初，得到他的不少指授。十七岁师范毕业后，又经他的介绍，进人无锡国学专修学校就读，从此，我走出常熟，开始人生的新旅程。

涂晓马 您的诗作在青年时期就受到当时诗坛耆宿陈衍和金天翮先生的称誉。陈先生将您的诗收进《石遗室诗话续编》，金先生在为你的诗集写的序中说：“仲联之诗，其骨秀，其气昌，其词瑰玮而有光芒，盖骎骎乎造作者之堂矣……异日者，图王即不成，退亦足以称霸。”沈轶刘《繁霜榭词札》中说：“民初四家词外，尚有三大名家，窃准汉末成例，拟为一龙，以夏承焘为龙头，钱仲联为龙腹，龙榆生为龙尾。”足见您的诗词创作的造诣。您作为作手，觉得在新时代文言创作还有生命力吗？

钱仲联　前辈先生都对我有奖拔之感。在我看来，旧体诗词并不像有些人所认为的那样已经生机断绝，将被新体诗所替代。理由是自绩溪胡适之先生倡导新体诗以来，新体诗卓然可以与古人诗争胜者极少。而新体诗人之前驱如俞平伯、沈尹默诸先生，不久就转而从事旧体诗写作了。这证明古诗的生机还在。

涂晓马　我在您的指导下完成并出版了《1919～1949 旧体诗文集叙录》，在成书的过程中，也关注当下的旧体文学创作。但总觉得，虽然全国有不少诗社，有不少旧体文学的创作人员，其中包括著名的画家、文史工作者、建筑学家、将军等等，但由于生活的环境，所受的教育跟以前毕竟大不一样，他们的诗味已在渐渐丧失。何况就作诗的体裁和方法而言，实在难以翻出前人的手掌心了。那么，是否可以这样说，旧体文学创作的生机虽不绝，但佳作实在太少呢？您平时对我谈到当下旧体作品时不也认为从你们这一代以后，作者都是玩玩的吗？如果身体许可，您是否会继续写《梦苕庵诗话》，或者用“点将录”的方式，对当下的旧体诗作家进行品评呢？

钱仲联　清代人对诗的体裁和作法还有翻新之处。眼下的人虽然难有佳作，但是，诗词作为传达作家心声的载体肯定是有其存在的价值的，作为老一辈人，我还是要勉励后学努力其事的。诗话或者“点将录”是不会写了。

涂晓马　诗人为前人诗集作笺注，会少很多隔阂。冯振先生在为您的《人境庐诗草笺注》写的《序》中说过：“往者钱牧斋以诗鸣一代，其笺注杜诗，论者谓多得少陵微旨，盖知人论世与以意逆志，非诗人注诗莫能合而为一也……仲联自造掐擢肝胃，不懈而及于古，并世胜流固多称之矣。以诗人而注公度诗，吾知其必有当也。”

钱仲联　诗歌创作不仅是抒志言情的得心应手的工具，而且是文史研究者的基本功夫，陈石遗（衍）曾批评钟嵘不能为诗而妄评诗，因而语多悖谬，评次失当。可见研究诗词最好会写诗词。眼下有些人号称鉴赏诗、注释诗、研究诗而不通音律，不能为诗，甚至不辨平仄，致使其对诗歌的理解和阐说往往是雾里看花，隔靴搔痒，有时还闹出常识性的笑话来。

涂晓马 您在笺注方面取得巨大的成功，跟您自身是诗人有很大的关系。

钱仲联 不错。

涂晓马 王元化先生在《积跬步以成千里》（载《学海图南录——文学史家钱仲联》，南京大学出版社2000年版）中比较了中国和日本研究中国传统学术的现状，认为“传统笺注之学，则大陆允为大宗。而仲联先生的成果在其中极为突出。我常常提到钱仲联先生，他们（引者按：指台湾学者）没有不由衷佩服的。所以我说钱先生是当今中国文化的弥足珍贵的国宝级人物”。“仲联先生的诗学名著如《人境庐诗草笺注》、《韩昌黎诗系年集释》、《鲍参军集补注》以及《清诗纪事》等，可以说是乾嘉朴学的新楷模，是20世纪中国传统学术的绝唱”。请问，先生是否以为在新世纪的中青年学人中一样能产生笺注学的大师呢？

钱仲联 王先生的过誉之词，我实在是愧不敢当。辈分高于我或者同辈人中，治学成绩高过我的大有人在。何况新世纪的中青年学人中同样可以产生笺注学的大师。

涂晓马 笺注学需要有非常广博的知识。您天资聪颖，幼承家学，长遇名师，固然得成伟业。但现在的人生长的环境不同，真正阅读古籍甚至要等到读研究生才开始，何况受经济大潮的冲击，学风比较浮躁，很难有人能沉潜进去，怎么可能产生笺注学的大师呢？

钱仲联 你问的问题要分几个方面来说。首先，现在的人要研究传统学问，当然没有我们小时候的环境好，这是时代发展的趋势。其次，经济大潮的冲击固然有产生浮躁学风的一面，但是，它也有好处，就是产生了新技术并使新技术得到广泛的利用。比如，你背的诗当然不如我多，你知道的典故也不如我，但是，你会用电脑，一句话，不管它见于哪本书，你一打开电脑，一下子就能找出它的出处。听说，现在有一种《四库全书》的版本，可以检索三千多种书的每句话、每个字。我虽然背了一些书，总背不出《四库全书》。要是善加利用这些新技术，你们不就超过我了吗？不过，这还要第三个条件，那就是沉潜下来。现在有很多人喜欢做时髦的学问，什么学问热闹，就往什么地方凑。结果呢，好像显学里到处都能看到这个人，都有他的文章，实际上，很难有自己的建树。

涂晓马 沉潜非常重要，它是否包括了两个方面：一是要玩味，二是不要旁骛。电脑检索固然方便快捷，但毕竟是外在于人脑而存在的。如果本身知道得太少，只是靠外部力量，还是离学术太远。先生以前说过“作为一个真才实学的人，重要的是刘知几所说的‘才、学、识’。那些为了一个问题写考订文字，临时翻检一些工具书或相关的材料，拼凑成篇，看似‘渊博’，实在不过外袭，谈不上什么学术研究”（《治学篇》，载《梦苕庵论集》，中华书局1993年版）。至于不要旁骛，常人也知之而不能为之。且不说评职称要与已出版的成果挂钩，何况很多学术成果（比如笺注）因为太专门，不但出版社因为经济效益而退避三舍，就是出版了，还被一些单位或个人不认作学术成果至少是当做学术层次较低的成果。

钱仲联 做学问是长期的事业，眼光要放得长远一些，不能只看到一时的得失，也不能只看到一己的得失。有很多学术成果是通过前后数代人的努力才完成的，个人在其中只是起到一个环节的作用、局部的作用。这样看待学问，就会摆正一己的位置，不会为了一时的利益忘记自己终身的追求。再说，学问成果不能很快出版也有好处，可以多向师友请教，精益求精，尽量减少错误。我做《人境庐诗草笺注》，始于1931年，1936年出版，到1957年、1981年再版和三版时又分别作了较大规模的补正充实，直到前年，我还在做修订。一个课题做了六十多年，也印证了“笺证不易”这句古训，《人境庐诗草笺注》是完成以后很快就出版的。而就工作之艰辛，投入精力之巨大而言，《沈曾植集校注》还要远远超过《人境庐诗草笺注》。该书20世纪40年代初着手，持续了四五年才完成初稿，有一部分连载在《学海月刊》上。80年代，国务院古籍整理出版规划小组才列入出版规划，而直到2001年才得以出版。其他的像《吴梅村诗补笺》、《钱牧斋诗补笺》都是我在四十岁左右完成的，一直以手稿的形式保存在家中多年而没有正式出版。“文革”中都被抄家者劫走，所幸《吴梅村诗补笺》录有副本，1984年与我的另一部著作手稿《李贺年谱会笺》一起，由中国社会科学出版社冠以《梦苕庵专著二种》的书名出版行世。至于《钱牧斋诗补笺》，由于未录副本，原稿已无从查找，家中虽留有一些零碎底稿，但已无力去重新撰写了。这对于我本人和学术界都是一个损失，为了尽可能弥补这一损失，我在七十五岁后接受上海古籍出版社之请，历时十多年，对合计一百六十卷的《牧斋初学集》和《牧斋有学集》作了悉心的标校整理，撰写校语两万多条，分别于

1985、1996年出版。今年我又受上海古籍出版社之请，将钱谦益的《投笔集》、《尺犊》等整理完毕，准备冠以《牧斋杂著》的书名出版。这样钱谦益的东西差不多齐了。你看，我做的笺注很少是一完成就出版的，往往历时较久，甚至六十年后才得以出版。

涂晓马 那得像先生这样高寿才经得起对一部书的反复磨勘，并看到它寿世。

钱仲联 不错，要做学问，最好能长寿。长寿没有什么秘诀，心里少装一些功名利禄，坦荡一些，不仅把学问当做知识来吸收，还要让它潜移默化到你的心灵，把它当做修养。你看我也不做什么运动。生活起居倒是蛮有规律的。但我有个臭脾气，一有不高兴的事，就会像雷霆一样发作。这还是因为我心里装不住事。

涂晓马 我也有个想法，跟先生刚才讲的有相似之处。那就是，作为研究者不仅要有知识还要有文化。知识懂得多的人，如果不受知识的熏陶化育，也就是不转为文化，那他读书还只是一个谋生的手段，并没有完成自我的提升。有些学者知识丰富，但道德成问题，就是这样造成的。同样，有些人知识并不多，甚至不认识字，但从小受到好的熏陶和为人的教育，他仍是为我们的传统文化所孕育的。说到这里，我还有问题向先生请教，你认为人品与文品（学品）是一致的吗？

钱仲联 当然是。作品与人的道德品质是不可分离的。我在无锡国专的时候，唐文治先生不仅传授学问，还特别看重人品和文章的关系。无锡国专的校训中有"栽培树木如名节"这样的话，校内礼堂里悬挂的则是"为天地立心，为生民立命，为往圣继绝学，为万世开太平"之类的格言，激励学生把德育放在首位，以天下为己任，做对社会、对时代有用的人。

涂晓马 人品与文品（学品）是否一致这个问题，历来说法不一。有人认为不一致，较早的像萧纲在《诫当阳公大心书》中说："立身之道，与文章异；立身先须慎重，文章且须放荡。"当然，大多数学者认为是一致的，可是，又不能否认历史上确实有不少人品成问题却成为了不起的作家的，如潘岳、王维、赵孟頫、阮大铖、钱谦益等。这是否与中国是一个非常强调政教的国家有关？六朝时有一种将文学的标准与社会伦理标准分离的趋向，可惜没有获得成功，中国数千年的历史中，文学大多是为政治服务的，所以，人们也习惯将社会伦理标准用到文学中来。这是否本身就意味着政治对文学的“侵犯”?

钱仲联 这不能说是侵犯,恰恰是中国文学的特色,你刚才说“熏陶化育”,不也是说明情操的重要性吗?你所举的人品不好的“大家”,只能算得上是名家。以他们的造诣,如果人品端正,就会取得更大的成就。学问越往高处走,要取得进步就越难。写好诗不容易,离高峰越近越不容易,而诗为心声,如果人品不好,要取得这最后一点的进步就太难了。作品与人品虽然是统一的,但是,应该注意到诗文创作是一种异常复杂的主客观统一的精神生产活动,在实践中,要求人品与文品绝对统一是不现实的。就以潘岳来说,元好问在《论诗三十首》中说过:“心画心声总失真,文章宁复见为人。高情千古《闲情赋》,争信安仁拜路尘。”写出高情千古的《闲情赋》的潘岳是个趋炎附势之徒,《晋书·潘岳传》载他“谄事贾谧,每候其出,与崇辄望尘而拜”。他之所以写《闲情赋》,就是为了掩饰自己,给人造成人品高尚的假象。也有人人品很好,但写不出好诗,就不列举了。

涂晓马 您在《近代诗钞》(江苏古籍出版社1993年版)出版后,多次向我提及:因为没有选入郑孝胥、溥心畬两家的诗而感到遗憾。因为就诗而言,这两家在近代都是呱呱叫(非常好)的。但是因为郑做了汉奸,溥是清室后裔,因为政治原因,两家都没有选。2001年,我帮您整理《文集》二十五卷,交由河北教育出版社出版时,您还是将两家选进去了,而且选录得比较多。请问是否除去了思想顾虑吗?您是如何考虑的?

钱仲联 以前是有顾虑,比较多的考虑政治影响。现在改革开放,解放思想,不能因人废言。郑孝胥、溥心畬的诗确实写得好,这在当时就有了定评。所以,我要选进来,也了却一桩心事。

涂晓马 您在您的著名文章《近百年诗坛点将录》中有这样一段话:

军中走报机密步军头领四员

地乐星铁叫子乐和　郑□□

林庚白《今诗选》,附录元恶巨憝三人,谓“皆不与同中国者”,“盖寄斧钺于诗史中也”。今益三人为四,不加评骘。

地耗星鼓上蚤时迁　汪□□

地狗星金毛犬段景住　梁□□

地贼星白日鼠白胜　黄□

其中的郑□□应该指郑孝胥，汪□□指汪精卫、梁□□指梁鸿志，黄□指黄濬。他们都是汉奸，所以，你当时不予置评？

钱仲联　不错。

涂晓马　外界有一种说法，说您曾经做过汪精卫的秘书。但就您平日对我所讲的往事和您自编的年谱来说，应该是子虚乌有的事。

钱仲联　没有做过。1941年冬，我到南京兼任过中央大学课务。之后不久，被聘为专任教授，并一度继龙榆生之后担任该校文学院院长。因为我只是上课和著述，主编《学海月刊》，撰写《海日楼诗集注》，补注《鲍参军集》，并没有参加过政治活动。汪精卫是在我的《人境庐诗草笺注》出版后知道我的，给我来过一些信讨论诗学问题，其中讨论得最多的是陶渊明的诗，另外还有杜甫。这些信件现在我一封都没有留，上交给了档案馆。

涂晓马　在20世纪40年代后期到50年代后期，你没有在大学执教，而是在常熟县支塘中学、沙洲中学任教，而且也备受学生的欢迎，您那时的学生写过《钱门学诗识小录》，登在《常熟文史》1996年第24辑上，是吗？

钱仲联　是。1952年夏，我还到无锡参加了苏南中学教师暑期学习会，并在会上介绍了自己从事中学语文教学的经验体会。1957年，江苏省教育厅就调我到南京师范学院工作，第二年秋天，再调到江苏师范学院工作至今，算起来在苏州已有四十五年了。

涂晓马　您在大学讲坛上也是备受学生欢迎，培养了不少出色的学生。可是，我在学习和讲授《中国古代文学史》课程的时候，一直感到很困惑。按教材讲吧，蜻蜓点水，难以留下深刻的印象；按作品讲吧，不可避免地走进"文学鉴赏"的俗套，也容易成为过眼云烟。何况先生您一直告诉我们，鉴赏一路算不得学问。

钱仲联　首先，不能说鉴赏不是学问，关键是看你怎么去鉴赏。鉴赏要了解这首诗的写作背景，诗人写作时的心态，前后的变化。要清除文字障碍，也就是要全面地笺注。然后再分析它的好处和缺点。这样的鉴赏当然是学问。但是有的人只是由其中的一句列举出与该句意思差不多的不同作者的作品，也不管别人的作品是在前还是在后，与该句有什么联系。这样讲鉴赏，让初学者头昏眼花。旁征博引，固然容易震慑初学，但这只是炫博，与这诗相关的太少。而且让初学者更不得要领。

涂晓马 您当初是如何学习和讲授古代文学的呢？在这方面有哪些经验？

钱仲联 我在无锡国专学习时，国专主要讲授"五经"、"四书"、宋明理学、桐城派古文、旧体诗词，旁及《说文》、《通鉴》以及先秦诸子等，学生却可以就性之所近有所选择偏重。当时，大多数学生喜欢考据、文学、作诗填词。国专特别重视基本功的培养。，如《文字学》就以《说文》作为教材。历史课也不另编讲义，就讲《史记》、《汉书》。再如诗歌，则讲授《唐宋诗醇》、《十八家诗钞》之类；古文，则讲授姚鼐《古文辞类纂》和王先谦所选《续编》之类。唐文治先生教学的一大特点是注重诵读，通过朗诵来表现对于古文辞思想内容的深刻理解。他当时已经双目失明，上课时用助教。助教朗读一段，他阐述发挥一通。但这样的做法仅限于讲授《论语》、《孟子》之类。讲授古文辞时，即使是长篇巨制，也多由他自己全文背诵。唐文治先生的示范朗诵，抑扬抗坠，阳刚阴柔之文不同其调。学生们都仿效其读法，每日渊渊金石声充盈天地之间，我们号称"唐调"。当然，朗诵并不是死记硬背，而是要反复熟诵。由于我当时在反复熟读上多下工夫，不少诗文名篇至今倒背如流。通过熟诵，才能融会古人的精神于自己的面目中，得心应手地具有写作骈散文、诗词的技巧。后来，唐先生又派我和同学王遽常、唐兰、吴其昌等人每周一次到苏州曹元弼先生家学习《仪礼》和《孝经》，我的一些国学基本功，就在这时打下了。等我留在国专当老师，我的诗选课每周三课时，共授三个学期。第一个学期用《古诗源》作教材，重点讲曹植、陶渊明。第二学期专讲唐诗，五古以陈子昂、张九龄、李白、杜甫及王、孟为主；七古以李、杜为主；七律以杜甫、韩愈、白居易、李商隐为主；绝句讲得较快。第三学期专讲宋诗，以陈衍先生的《宋诗精华录》为教材，而以我自编的《宋诗选》作补充。我还每周抽出一节课讲清诗，通过系统的清诗教学，指导学生如何向古人学习，提高写作水平。

涂晓马 那您又是怎样指导硕士和博士的呢？

钱仲联 从 1982 年我招收博士以来，已经二十多年过去了，如果总结一下这些年的教学实践，我以为主要有以下几点：第一是必须注重基本功的培养，必须攻读原著，而且是限定时间读完，到时候，我亲自检查读书笔记，不许有半点马虎。第二，活教。即通过教学引导学生认识一些规律性的东西，学会触类旁通、举一反三的本领。例如，同样是讲诗歌，我绝不按高校常规教学的疏通词句、介绍背景，然后按政治标准、艺术标准贴上标签就完事的路子，而是遵循诗歌艺术嬗变演化的内在规律，尽可能将每一首具体作品都放到特定的诗歌发展史背景中加以考察。如讲董以宁《闺怨》“流苏空系合欢床，夫婿长征妾断肠。留得当时临别泪，经年不忍浣衣裳”一首，则指出龚自珍《己亥杂诗》之一所云“欲浣春衣仍护惜，乾清门外露痕多”，构思正从此诗中来。而龚诗借以表达忠于皇帝的封建士大夫情感，反不及董诗纯粹抒发夫妻离别之情来得感人。这样上冲下突，梳理串联，引导学生深入思索考察诗歌艺术蜕化演变、异同优劣的内在规律，所获自然较丰。第三，给学生压担子，泼冷水。压担子，就是逼迫他们上项目，围绕项目去阅读、思考、写作。泼冷水，就是很少有人当面受到我的夸奖、表扬。这样可以使他们保持清醒的头脑，永不自满。

涂晓马　拨乱反正以后，你给留在身边的学生压担子大多是通过编纂《清诗纪事》进行的。《清诗纪事》是大项目，出版后，获得了学术界的一致好评，著名学者钱钟书、周振甫、王元化、季镇淮等人先后来信或撰文给予极高的评价。

钱仲联　国家也给了很高的荣誉，《清诗纪事》先后获得了四个大奖：1990年9月，《清诗纪事》荣获第四届中国图书奖一等奖；1992年，荣获中华人民共和国新闻出版署颁发的全国首届古籍整理图书一等奖；1994年1月，荣获中华人民共和国新闻出版署颁发的第一届国家图书奖提名奖；1995年12月，荣获中华人民共和国教育委员会颁发的全国高等院校首届人文社会科学研究优秀成果一等奖。

涂晓马　如此浩大的工程，又获得了这么多殊荣，但从着手到全部出版才花了八年的时间，实在不容易。我们现在处于生活节奏不断加快的时代，一个人申请一个项目，花十几二十年的时间去完成，似乎不被允许。利用集体力量，在短时间内高质量地完成项目是被广泛接受的。因此，《清诗纪事》应该为我们提供了很多有借鉴意义的经验。请您具体谈谈，好吗？

钱仲联　你问的这个问题太大，要讲的东西很多。还是提炼出几个问题吧？

涂晓马 科研的首要问题就是选题的确立。历来对清诗的评价并不太高。那么，就请您先谈谈为什么选定这个题目吧。你认为清诗的价值可以跟唐宋媲美吗？

钱仲联 清诗究竟有没有超越前代的成就？有没有值得后人借鉴的地方？更具体地说，清诗写了些什么内容？表达了什么思想？这些思想内容同产生清诗的时代、社会又有什么关系？对于诸如此类的问题，只有清诗本身方是最好的回答。清诗作家之众多、作品之繁富、流派之纷沓、诗论之精探，固然已非前代所能比拟，而清诗叙述史事、反映现实的突出成就，尤其应当得到足够的认识和充分的评价。中国古典诗歌创作思想历来以"言志"、"缘情"为传统，重抒情而不重叙事。这种情形只是到清代方有了明显的改观。从钱谦益、吴伟业、顾炎武、钱秉镫等人以易代之际政治历史为主题的作品，到施闰章、赵执信、胡天游、蒋士铨等人以抨击朝政、留心民瘼为主题的作品，到朱琦、鲁一同、姚燮、金和等人以鸦片战争、太平天国农民革命为主题的作品，乃至黄遵宪、丘逢甲、康有为、梁启超等人以清末朝政和国际时事为主题的作品，皆以诗歌叙说时政，反映现实，蔚为有清诗坛总的风气，十朝大事往往在诗中得到表现，长篇大作动辄百韵以上。作品之多，题材之广，篇幅之巨，都达到了前所未有的水平。叙事性是清诗的一大特色，也是所谓超明越元、上追唐宋的关键所在。基于对清诗的这种认识，促使我下决心选择《清诗纪事》作为我所主持的苏州大学中文系明清诗文研究室的首要科研项目。从中国文学发展史的高度出发，全面总结清代诗学的经验、成就，通过检阅清诗的独特成就来确立其在中国文学史上的恰当地位——这就是我为《清诗纪事》这一巨大工程所设定的工作目标或学术意义。

涂晓马 编写《清诗纪事》，非常不易。今天看起来，单是清人的别集就有一万多种，清代的诗话著作，据台湾吴宏一主编的《清代诗话知见录》(2002 年台北出版)，多达两千多种。如此浩繁的著作，又散藏在全国各地，查阅不便。您是如何克服的呢？您当时觉得具备编写《清诗纪事》的条件吗？

钱仲联 作为编写《清诗纪事》的主观条件，首先是我对中国古典文学的全面研究，尤其是对清代诗歌的深入研究，从而得以对《清诗纪事》的编纂工作作出科学而又可行的规划，以充分发挥集体科研的优势，保证科研成果的质量。此外，作为清代诗歌活动的一个重要舞台，在苏州编纂《清诗纪事》具有得天独厚的方便。苏州大学图书馆和苏州市图书馆的线装书藏量各有二十万册左右，其中有好多珍贵的清诗资料。同时，苏州地处长江三角洲的中心，方圆三百公里以内，都邑相望，高校林立。线装书藏量在十多万册到一百多万册之间的大中型图书馆不下二十余处，为编纂《清诗纪事》提供了极好的物质条件。

涂晓马 可是，体例的确定，具体的编纂都不容易。大型项目很容易比预定的时间拖延多年，您是怎么克服的呢？

钱仲联 项目确定以后，我组织明清诗文研究室全体参编人员阅读前人编纂的六种诗歌纪事著作，了解、比较各家体例的优劣得失，在汲取各家之长的基础上统一编写思想。并指定学生周秦依据我口授的提纲，执笔起草了《清诗纪事前言》和《清诗纪事编写体例》初稿，后在编纂过程中反复修改，终成定稿。我还率先写为示例若干家，使大家有矩可循，严格按照统一的体式进行制卡编写。从1981年春开始，在我主持部署下，《清诗纪事》收集资料的工作从苏州大学馆藏书籍人手，逐步推开到苏州市以及郊县常熟、吴江等地图书馆。从1983年起，研究室成员分几路跑遍了京、津、沪、苏、浙、皖、赣、闽、鲁、豫、秦、蜀、辽、吉等地各大中城市和高等院校图书馆，查访清诗资料，或摘抄，或复印，累计查阅清人及近人所著的诗话、词话、笔记、稗史、尺牍、日记、碑传、年谱、档案、方志和诗文总别集等有关文献一千二百余种，制作卡片八万余张，从而保证了《清诗纪事》具有必要的丰富性和全面性。按计划在1984年基本结束了大规模的资料搜集工作，转入整理、考订、编纂、补充的阶段。我为研究室青年助教指定的工作定额是每学期制作卡片两千张。以平均每张卡片三百字计算，总字数约六十万，这就意味着平均每个月（含寒暑假）的工作量是十万字。由于各种古籍文献中所含与《清诗纪事》有关的资料多寡不等，有时花几天时间看完整整一部书却连一条有用的资料也没有找到，就不得不利用休息时间加班。即使如此，我对他们依然抓得很死、很严，每到月底，总是亲自验收，逐条过目。我要求每张卡片都由制卡人签名盖章，发现有写错字、点错标点甚至字体不规范或字迹不清楚，都毫不留情地退回改正或重新誊写。青年助教们有时背地里也有怨言，但他们每每看到我也跟他们一样坐班，那些怨气就消散了。那段时间，我有时要参加会议，或是要上医院，我总是让家人送去格式正规的请假条,向全室同仁请假。

涂晓马 您要求极严,而又以身作则,难怪进度那么快。也难怪钱钟书先生来函盛赞"宏编巨著,如千尺浮图,费时无多,竟能合尖。钱先生与诸君子之愿力学识,文史载笔,当大书而特书。举世学人,受益无穷。不才蒙启迪之深,更非言辞可谢矣"。(钱钟书1989年11月11日致苏州大学明清诗文研究室函)

学术界对您的熟悉大都是由于您笺注的自六朝至晚清的一系列作家别集,当然,还有刚才提到的《清诗纪事》以及系列普及读物。而现在的学者一般都注重理论研究,以您的学生为例,很多人都在写诗歌史,比如《清诗史》、《中国近代诗歌史》、《光宣诗坛流派发展史论》等等。学术界对您在理论方面的研究似乎关注得不够。请您谈谈您的理论研究,好吗?

钱仲联 理论研究当然很重要,因为没有理论,研究就成了没有系统的一盘散沙。科学研究本身就是要得到规律性的认识。只是理论研究的成果形式有所不同罢了。比如,在编写过多部普及读物之后,我写了《关于古代诗词的艺术鉴赏问题》一文,从"披文以入情"与"字句声色"两方面对这个问题加以阐述发挥,将诗词鉴赏提高到学问和理论的高度。如《文心雕龙识小录》就刘勰关于"文心"、"般若"二词的用法和本义作了详赡的考索论证。《文心雕龙创作论读后隅见》,则是关于王元化先生所著《文心雕龙创作论》的评论,文章充分肯定了该书考订精确,论说深刻,"经纬贯通,妙绪纷披","根底无易其固,而裁断必出于己",尤其是在运用古代文论、引进西方文论阐释评介《文心雕龙》方面做得极为成功;同时也直率地提出了一些补充材料和商榷意见,以供作者和读者参考。《清代学风和诗风的关系》,从大处着眼,将清代学术发展分成三阶段:即以顾炎武为代表的前期,主要趋向是通经致用;以翁方纲为代表的中期,主要特点是考据饾饤;以龚自珍为代表的后期,主要趋向又回归到经世致用。不同趋向的学风对同时诗风产生了或好或坏的影响。这是一个很少为人注意、很难谈清楚但又确乎很有意义的学术问题。

涂晓马 您刚才提到"只是理论研究的成果形式有所不同",是否还指您的成果形式一般是以论文或者诗话的方式来表现,而没有用专著的形式来表现?

钱仲联 对的。我还是喜欢用比较传统的表达方式。拿清代诗歌理论来说,它是清诗研究的重要内容。这种理论,就分散于作家的诗文集作品里,诗集前的序跋文章里,作家的书牍里,以及大量的论诗诗,尤其是论诗绝句等作品里,更蕴藏在各种“诗话”里。

涂晓马　在《梦苕庵清代文学论集》、《梦苕庵论集》等论文集和《梦苕庵诗话》中,可以看到您敏锐深邃的理论目光。您在许多方面的研究,都具有开创的性质。许多结论,历久弥新,至今无人能够突破。您的学生实际上是沿着您开辟的道路加以扩大、修饰,而且他们用新的形式来表现理论。

钱仲联　我是盛名之下,其实难副。没有取得什么成就,而受到大家的谬奖。

涂晓马　谢谢您接受采访!您今年高寿九十六,思维仍然如此活跃,对往事的追忆还是如此清晰,真让人仰慕。

钱仲联　二十五年前我和陈兼于先生的诗有“犹有壮心歌伏枥”之句。这么多年,在党和国家的照顾下尽己所能,做了点力所能及的工作。今年还有我带的学生毕业。但是,已经感觉衰惫咯。

涂晓马　衷心祝愿您健康长寿!

“书生报国成何计，难忘诗骚李杜魂”

——叶嘉莹教授访谈录

祝晓风

叶嘉莹教授是加拿大皇家学会院士，不列颠哥伦比亚大学荣休终身教授，南开大学中国古典文化研究所教授，从事中国古典文学的教学、研究和创作已近六十年之久，曾在海内外多所著名学校任教，所著《迦陵论词丛稿》、《迦陵论诗丛稿》、《杜甫秋兴八首集说》、《王国维及其文学批评》、《中国古典诗歌评论集》、《中国词学的现代观》等，产生了广泛而深刻的学术影响。本刊特委托祝晓风博士就叶教授的学术成就和人生经历做此访谈，以飨读者。

谈到儿时的读书经历，首当感激的自然是我的父亲和母亲。

祝晓风 叶教授，这次叶言材学长知道我要来天津采访、看望您，托我带给您的一份报纸，上面有台湾作家席慕蓉女士记述你们去年一同到吉林去“寻根”的事。大家都知道您姓叶，而熟悉您的人却知道，这个叶是由“叶赫那拉”姓简化来的称呼。提到“叶赫那拉”，大家都知道西太后，西太后是满族人，所以有人认为您是满族人，是这样吗？

叶嘉莹 其实这个说法不是完全正确的。我们家是旗人，但我的祖先不是满族旗人而是蒙古旗人。我家与著名的纳兰性德是同一氏族。“纳兰”与“那拉”是同一蒙古语的译音，在说到纳兰性德的时候，经常说纳兰，但说到慈禧太后的时候，则说成是那拉。纳兰氏族生活在不同地区。纳兰性德居住在叶赫地，我们家的祖先与纳兰性德是同一氏族，也是叶赫地的纳兰。我的祖先是几时入关的，我不清楚了。我在写《论纳兰性德词》的时候，曾写过一首诗，开端就说“我与纳兰同里籍”。国民革命后，清朝覆亡，我们就把叶赫纳兰四个字只取一个字，改姓叶，这就是我家姓叶的由来。

祝晓风 缪钺先生在《〈迦陵论诗丛稿〉题记》中提到您的时候，说您“生长燕都，少承家学，卒业名庠”，请您大致谈谈这方面的经历。

叶嘉莹 谈到儿时的读书经历，首当感激的自然是我的父亲和母亲。先父讳廷元，字舜庸，幼承家学，熟读古籍，其后考入北京大学英文系。毕业后任职于航空署，从事译介西方有关航空的著作，及至中国航空公司正式成立，先父遂进入航空公司服务，曾历任人事科长等职。先母李氏讳玉洁，字立方，自幼年接受良好的家庭教育，青年时代曾在一所女子职业学校任教，结婚后乃辞去教职，侍奉翁姑，相夫理家。我是父母的长女，大弟小我二岁，小弟则小我有八岁之多。大约在我三四岁时，父母乃开始教我读方块字，那时叫做认字号。古人说“读书当从识字始”，父亲教我认字号时的严格教导，对我以后的为学，无疑产生过深远的影响。

祝晓风 后来，您在国外相当长的时期内用英文教书、写作，从事学术研究，据说您也是从幼年就开始学习英文了？

叶嘉莹 我大约五六岁的时候，父亲就开始教我和我的弟弟学习英文，教我们唱英文的儿歌，One two，tie my shoe，three four，close the door。当年，父亲还用一种拼字游戏教我们学英文。后来父亲送我读小学是读的笃志中学附属小学，这是女校，男校叫崇德中学，都是同一个教会办的，杨振宁当时就是在崇德小学读的书——不过当时我们谁也不认识谁。1992年，杨振宁在南开过七十岁生日的时候，我在台上说，今天来参加寿诞的都是物理学家，而我是学中文的，但我和杨先生却有“一半同学”的因缘，说的就是这个。为什么我父亲送我上笃志，就是因为笃志小学从五年级开始学英文。我小学六年级就没有上，就以同等学力考上了北京第二女子中学。

初二暑假一开学，也就是“七七事变”刚过，日本人来了，我们上学第一天，就是先改课本。那会儿历史、地理呀，都要重新涂过。所以头一天老师就告诉我们，第二天要带毛笔和墨盒。第二天新书发下来，老师告诉你打开第几页第几行，要怎么涂，要怎么改，什么“东三省”改成“满洲国”，等等。你们不是都学过法国都德的《最后一课》吗？亡国之后就是这样。

很多人说我们国家怎么样怎么样，这不好那不好——当然我们有很多缺点，但我们从那个时代走过来的人，觉得中国现在很难得，能够有这样的国际地位是很不容易的。

祝晓风 后来为什么上了辅仁大学呢？

叶嘉莹 我是以第一名的成绩高中毕业。考大学时面临两个选择，一个为了实用,就想考北大的医学院,一个为了兴趣,就想考辅仁的国文系。辅仁招生在前,我就先考了辅仁。没有考北大还有一个原因,因为北大当时是敌伪,所以我根本没有考北大,就上了辅仁的国文系。

我的一生中,投注精力最多的就是教书。从 1945 年,我一直未曾间断地教了六十年书。这六十年,真的和人家比起来,我等于多教了一倍,人家教一个学校,我教三个学校,在北京是三个中学,在台湾是三个大学。

祝晓风 在辅仁大学,您遇见了您到今天还经常提起的顾随先生。您当年听顾先生的课,做了大量的笔记,多年以后,1992 年 11 月,台湾桂冠图书公司出版的《顾羡季先生诗词讲记》,就是由顾先生的女儿顾之京教授根据您当年的听课笔记整理的。1995 年,天津人民出版社也根据您当年的笔记,出版了《顾随诗文丛论》,这本书当时您就送过我一本。最近我为了准备这次访谈,又把这两本书读了一遍,确实受益极大。您后来多次提到顾老先生对您一生的影响,那么顾先生的这种影响主要是什么呢?

叶嘉莹 顾随先生的才学和兴趣,方面甚广,无论是诗、词、曲、散文、小说、诗歌评论,甚至佛教禅学,他都留下了值得人们重视研读的著作。但作为一个曾经听过先生讲课有五年之久的学生,我以为先生平生最大的成就,还并不在他各方面的著述,而更在他对古典诗歌的教学讲授。因为先生在其他方面的成就,往往尚有踪迹、规范的限制,而唯有先生的讲课则是纯以感发为主,全任神行,一空依傍。一般学者的著述和讲授,大多是知识性的,理论性的,而先生的著述和讲授,则大多是源于知识却又超越于知识以上的一种心灵之智慧与修养的升华。

祝晓风 您从上世纪 70 年代末回国,就开始在内地各著名大学还有其他一些单位讲课或讲演。1987 年,您应北京五个文化团体的邀请,在国家教委礼堂讲了一共十次的"唐宋词系列讲座",曾轰动一时。您那种讲词的方法和风格,令听者耳目一新。在您的生活中,是不是讲课、教学花去了您最多的时间?

叶嘉莹 我的一生中,在教书,研究,还有诗词创作这三者之中,是教书花去了我最多的时间。我常常说自己天生是教书的。我大学毕业以后,就先后在北京的几所中学教过书，佑贞女中，志成女中，还有华光女中，我都教过。从那时到如今，快六十年了。这些年，我在北京，还常常有我当年教过的学生来看我，她们现在也都有七十多岁了。

祝晓风 20世纪50年代在台湾，您好像也是从中学开始教书的。但在台湾的教学活动，当时也是在一种特殊的历史环境中进行的。现在内地学术界对这些还不是十分熟悉。

叶嘉莹 我是1948年3月结婚，11月就因丈夫赵东荪工作调动，随他去了台湾。1949年夏天，长女言言出生，这一年的圣诞节，就是12月25号，我先生就被抓了。那天他放假，从他们海军的左营的军区到彰化——我当时在彰化女中教书——来探望我们。就在那天刚刚破晓的时候，他就被海军抓走了。第二年，也就是1950年6月，彰化女中刚刚考完试，又来了一群人，把女校长，住在校长家里的我，还有其他六位老师都抓走了。这就是当年的所谓“白色恐怖”。国民政府在解放战争中失败后，觉得从大陆来的每一个人都有“匪谍”的嫌疑，他要“保卫”台湾嘛。

我因为带着吃奶的孩子，而且从未参加过任何政治活动，所以不久被放了出来，但却成了一个无家无业、无处可归的人，就投奔了个亲戚，带着吃奶的女儿晚间打地铺睡在她家的走廊地板上。直到暑假快开学的时候，我的一个堂兄，他本来在台南一个私立女中教书，后来他找到一个公立中学，待遇更好一点，就辞去了原来任教的学校，他问我要不要去那所私立女中，我说好，就带着女儿去台南这个私立女中教书了。那时只求有一个谋生的地方就是了。那会儿不要说书柜书架，我连个书桌也没有。

不过，我对于古典文学那是真的有感情，也真的有兴趣。不管那个私立女中的学生程度有多么低，我要讲的时候，一定要把古典诗词的好处讲出来，至于他们懂不懂是另外一回事。我觉得这不是我对得起对不起学生的事，而是对得起对不起杜甫、辛弃疾的事情。所以那时我生活虽然很艰苦，我还是尽我的力量教书。

祝晓风 后来，您到台湾大学教书，好像也是与辅仁的师友有关系？

叶嘉莹 四年以后，我先生被放出来，证明我们没有“匪谍”嫌疑。这时，因为一个机会，我和我先生都到了台北二女中教书。到台北之后，就见到原来在北京时我的一些老师、同学。你不是在北京到过察院胡同我们家，见过我家外院的一排南房吗？当年，有一位许世瑛先生，他是许寿裳先生的儿子。许世瑛的第一个夫人郭立诚是郭琴石的女儿，郭琴石先生是我父亲和我伯父的老师，许世瑛刚结婚的时候，没有地方住，就住在我们家的外院，那时我还在念中学，所以当时与这位许先生并没有来往。后来我在辅仁念书，他也在辅仁教书，教男生班，没有教过我，但是很熟知我家情况。这次在台北遇见他时，他就在台湾大学教书——在许世瑛之前，盛成先生也在我们家住过。他是上个世纪初最早留学法国的，是著名的语言学家、教育家、翻译家，1971 年我到欧洲旅行，在法国还遇见了盛老先生。他晚年定居北京，我也去看过他。老先生已于前几年走了。

祝晓风 我觉得这些事情，其实都有一种学术史的意义。

叶嘉莹 还有一位是教我大一国文的戴君仁先生，号静山。现在，在我个人的网站上，还有我大一的国文作业，上面还有戴先生的批语。他们两位见到我，知道了我被关的不幸遭遇。当时台湾“光复”不久，他们两位老师说，台湾大学需要国语讲得比较标准的老师来教国文。于是，我兼职教台大一个班的大一国文。我兼了半年，他们就把我改成专任了，教两个班。两年后，许世瑛先生到淡江大学做了中文系系主任，他说你要到淡江来教书。我不好意思拒绝，因为他是我的老师。我就开始在淡江教诗选、词选、曲选、杜甫诗。所以，我所谓兼任，其实比台大专任的课还多。又过了两年，辅仁大学复校了，中文系第一任系主任就是戴君仁。他说，辅仁是你的母校，你怎么不来教？所以，辅仁的诗选、词选、曲选，也都归了我去教了。三个大学，说是两个兼任，其实都是专任的工作量。后来，淡江又有夜间部，也要我教。现在台湾有个作家陈映真，写小说的，就是当年淡江大学夜间部听我课的学生。其他像白先勇、吴宏一、陈若曦、林玫仪等，也都是这一时期听过我课的学生。我现在都难以想象当时怎么会教了那么多的课。

许世瑛先生那时还担任台湾教育广播电台的大学国文的课。他本来就是深度近视，后来越来越严重，就让我替他教，所以我又教了大学国文的广播的课程。几年之后，成立教育电视台，又把我拉去讲《古诗十九首》。从 1945 年，我一直未曾间断地教了将近六十年书。这六十年，真的和人家比起来，我等于多教了一倍，人家教一个学校，我教三个学校，在北京是三个中学，在台湾是三个大学。后来在加拿大，虽然没有长时间的兼课，但是我就开始经常回国，又在国内教课。每年三月下旬 UBC（不列颠哥伦比亚大学）放假，我就回国讲课，有的时候是利用休假一年的时间回国讲课。所以，我的一生中，投注精力最多的就是教书。

我的一生都不是我的选择。我去加拿大不是我的选择，我去台湾也不是我的选择，谁让我结了婚呢？我结婚的先生也不是我的选择。

祝晓风　后来您到北美，好像也是因为教书的缘故。1966年，您到北美，是否可以看做一生中一个重大的转折？当时是怎样一种机缘，直接就到哈佛去教书了？我觉得这次转折，不仅对您本人有着不同寻常的意义，而且，对于20世纪的中国古典诗词研究和中西文化交往甚至也有着某种特殊的意味。

叶嘉莹　不错，这里的确有一段因缘。当时大陆是不跟资本主义国家来往的，而那时资本主义国家研究汉学的人，主要都是学古典的，对中国的现当代文学不是很看重，以为中国的文化就是古典，所以研究汉学的大多是学古典的。他们当时不能到大陆，就只能到台湾来。跑到台湾，就不得了，三个大学，都是我在讲，诗、词、曲，杜甫诗、苏辛词，还有大学的广播国文，电视的古诗，都是我在教嘛。他们就跑来听我的课。那时台大与美国的密歇根大学有一个交换计划，密歇根大学就提出要把我"交换"去，钱思亮校长就同意了，我也答应了。钱校长要我补习补习英文，我就真的补习啊，学了差不多半年多。

当时凡是要交换到美国去的人，都有一个interview，就是面试嘛。当时美国在台湾有个"在华协会"，协会的主任是台大历史系的教授，叫刘崇鋐，面试由他安排。去美国的人很多，都在那天用英语面谈。与我面谈的，是哈佛大学远东系的海陶玮教授(James R. Hightower)。海陶玮是研究中国古诗的，他问了我很多这方面的问题，这些我很熟悉，当然不成问题。下午，刘先生叫他的秘书给我打电话，说刘先生约你晚上和海教授一起吃晚饭。晚饭时，海教授就和我谈了更多关于中国旧诗的问题。晚饭后，刘先生叫了一辆计程车送海教授和我，那时海陶玮全家都在台湾。在车上，海教授就问我，将来你愿不愿意到哈佛大学来？我想哈佛大学这么有名，有机会我当然愿意去了。我回家了，但是海教授却没有回家，他叫计程车又开回刘崇鋐那里，他说哈佛要请叶嘉莹。刘先生就叫秘书通知我这件事，并且说，如果我愿意去哈佛，就去跟钱校长说一声，叫另外一个人去密歇根。

第二天我去找了钱校长。当时在台湾，中文系也是有很多人愿意出国的。但是钱校长很生气，他说，你怎么这样？我从去年就告诉你，我们交换的是你，现在都快要走了，你要改变，可是我不能跟密歇根失信。于是我就告诉海教授，说我不能去哈佛。当时海教授正在研究陶渊明，正在写一本书，所以急着让我去，可以和他讨论嘛。海陶玮说，密歇根不是9月才开学嘛，台大6月就放假了，你就先到哈佛去两个月。1966年的那两个月，我就在哈佛跟海教授一同研究陶渊明。本来，海陶玮是研究中国古典文学的，会讲汉语，可是我们在一起做研究，他不讲汉语，而是要我讲英语。这样倒使我的英语有了提高。

9月到密歇根，一年后期满，台湾派另外一个人来，我没有延期，按海陶玮教授所说，又回到哈佛。这次就不仅是研究，而且还讲课。

第一年我去北美的时候，我先生就叫我把两个女儿带出去了，这主要是他要离开台湾，因为他被关了很久，而且他确实反对国民政府，一天到晚骂国民政府，所以他被关很有道理。1967年，我把我先生也接到美国去了。1968年夏天，我来美国两年，按规定我就要回台湾了。海教授挽留，说台湾对你们这么坏，你为什么要回去呢？——这就是我这个人跟别人不一样的地方。我说，也许政府对我们不是很好，可是这三个大学的系主任都是我的老师，人家当年对我这么热心，这么多功课让我教。现在那边就要开学了，我不能把三个学校所有的古典文学课都撂下，给人家出这样的难题。还有，我老父亲已经八十岁了，现在一个人在台湾，没人照顾。所以我一定要回去。海教授就说，那你回去把那边的事安排好，明年再过来吧。就是这时，我写了《留别哈佛》三首七言律诗。

祝晓风 诗中说："又到人间落叶时，飘飘行色我何之。""早是神州非故土，更留弱女向天涯。浮生可叹浮家客，却羡浮槎有定期。"十多年前，天津人民出版社的谢景林先生写过一篇关于您的长篇报告文学《明月东天》，说到1969年您"准备再度飞往哈佛之际，却遭到意外的打击，因种种阻难未能成行"，您本人在一些叙述中，对这一节好像也讲得比较含糊。我倒是记得多年前您曾对我讲过，当时是因为一些偶然的事情，没有直接去成哈佛。

叶嘉莹 第二年，哈佛是给了我聘书，我就到美国在台湾的领事馆办签证。我本来第一次出国有签证，而且是多次出入的签证，所以如果我一个人去美国，是不需要再签证的。可是这次我要接我父亲，要给他办签证。

可是签证官说，你们全家都走，那就是移民了。我不能给你用这个访问的签证了——他说着，就把我的签证取消了，我父亲的签证根本就不给。我就把情况告诉了哈佛大学，哈佛就建议我申请一本新护照，先去加拿大，到了加拿大，再到美国就很容易了。

所以，前些时候在香港，有人说我很会选择，选择了温哥华这么一个好地方定居——我就对人家说，我的一生都不是我的选择。我去加拿大不是我的选择，我去台湾也不是我的选择，谁让我结了婚呢？我结婚的先生也不是我的选择，因为我先生的姐姐是我的老师，是我的老师选择了我——所以我这一生都是被动的，没有主动的选择，把我扔在哪儿，我就自生自灭去成长。

当时人们对美国比较熟悉，我是连温哥华都没听说过，不知道 Vancouver 怎么拼。反正从台湾出来，到加拿大最近的城市就是温哥华。到温哥华第二天，我就拿着美国的聘书，到美国领事馆去办签证，但没有成功。我回去就给海教授打电话，说我到了温哥华，还是过不来啊。海教授他是一心想把我留在北美，好跟他合作。于是他就打了个电话给 UBC 亚洲系的系主任，叫普立本，Pulley－blank，说有某某人，你们学校有没有机会。普立本教授一听非常高兴，因为那一年，UBC 的亚洲系开始有了研究所，招研究生。而当时有两个学生，是美国加州大学的，都是研究古典诗歌的，是为了逃避越战的兵役跑到温哥华来的。普立本说，我们正找不到教这两个学生的导师呢，这不是天上掉下来的嘛！就这样，我就留下来了。

这两个学生，其中一个硕士论文写的是韩愈，后来博士也跟我念的，论文写的是杨万里，另外一个学生写的是孟浩然。他们原来都是加州大学东亚系的，当然会说中文了。可是系主任普立本说了，你做专任教师，不能只带两个研究生，还要教其他班的课，那就是大课了，是全校都可以选的，“中国文学概论”，Chinese Literature in Translation，那就必须用英文讲了。前两天我去白洋淀看荷花，其后又到河间市看毛公遗址，我还开玩笑说，当年我在温哥华讲中国文学，是 from Mao to Mao，就是从《诗经》毛传讲到毛泽东诗词，其实就是中国诗歌简史。为了用英文讲课，我又被逼着晚上备课，查生字，经常到半夜两点，所以几十年来，我夜里十二点以前没有睡过觉。

祝晓风　您的这些经历都在您的诗词中有所表达，可是您创作的这些诗词却很少公开发表，至少前几年河北教育出版社出版的那套书，就只收有您学术研究的著作，而没有您创作的诗词。我本人也只有您当年亲手送我的一本油印的《迦陵存稿》，却没有见过正式出版的诗词集，这是为什么？

叶嘉莹 我创作的诗词中，纪实的作品并不多。另外我以为，为了发表而写诗，那一定是二流的东西。我写诗，是因为我觉得心里有诗，不得不写。上世纪50年代，我的先生被释放之后，闲居无事，就向学校借来蜡纸和钢板，为我抄录了一份诗词稿，并且油印了十余册加以保存。到了50年代后期，有一位名叫陈国安的淡江同学，又为了我印了三十余册打印的诗词稿。到60年代中，当我又到辅仁大学去兼课时，又遇到了一位也在辅大兼课的南怀瑾先生。因为我们授课的时间表相同，经常同乘一辆校车往返，并在同一间教员休息室休息。我们谈话中，偶然谈到了我的一些诗词作品，南先生颇为欣赏，就极力鼓励我将其付印，并亲自与台湾的商务印书馆联系，将我的这一册《迦陵存稿》编入了该馆的“人人文库”，于1969年正式出版。我把这本集子题名为《存稿》，意思是说这不过只是一些旧稿的保存而已。此后又陆续写出了不少作品。20世纪80年代中，有一位我以前教过的学生，现在台湾淡江大学任教的施淑教授，又将这些作品抄录整理，由她自费为我刊印了一册《迦陵诗词稿》，将以前《存稿》的作品编为“初集”，将以后的作品编为“二集”，而总题为《迦陵诗词稿》。施淑本名施淑女，也早已是有成就的学者了。她的两个妹妹都是著名的作家，一位是施淑青，一位是写《杀夫》的李昂。

中国古典诗歌可以唤起人们一种善于感发的富于联想的活泼开放的更富于高瞻远瞩之精神的不死的心灵。

祝晓风 上世纪70年代，您出版了《王国维及其文学批评》，您以前曾提到这与您幼年即曾接触王国维的作品有很大关系，除此之外，还有什么直接的原因呢？是不是也和去哈佛有关系，因为这本书是在哈佛完成的。

叶嘉莹 1968年，当我要返回台湾时，海教授要我拟写一篇研究计划，为的是第二年暑期可以借此再申请重回哈佛来做研究。当时匆促间想不起什么适当的题目，于是多年前对静安先生治学途径的转变，及其自沉而死的两点困惑，就重新涌现脑中，再加上我以前曾写过一些评说静安先生的词和词话的文字，因此遂拟定了一篇有关静安先生的研究计划。不过，当时我所完成的却实在只有原来计划中的前两部分，而对于第三部分则在

80年代后期我曾写过一篇《论王国维词——从我对王氏境界说的一点新理解谈王词之评赏》。

祝晓风 有研究者认为，您对王国维的研究，不但使您在学术研究上有了一个重大转折，从那时起，您开始从学术角度，以一种更开阔的理论眼光来反思中国的传统词学及文学理论。

叶嘉莹 我自己常说我好为人师，喜欢教书，其实我更喜欢学习，对于新东西，我不知道的，我很愿意学习。所以在密歇根，我就旁听英文诗歌课，后来到温哥华，就旁听西方文学理论。旁听之后，知道有某种理论，我再找来这位学者本人的著作来读，反正我查生字也查惯了，接着查就是了。我不但读，而且是有兴趣地读，因为我觉得，在读这些西方的文学理论的时候，常常能够解决我原来在研究中国诗学、词学的时候没有办法说明和解决的很多问题。王国维在《人间词话》中解说南唐中主《摊破浣溪沙》词，说"菡萏香消翠叶残，西风愁起绿波间"一句，"大有众芳芜秽，美人迟暮之感"，那么王国维凭什么这样说？这样说是不是可以的？《人间词话》中，王国维又用三句词来比喻"古今之成大事业大学问者，必经过三种之境界"，但是他却又说："此等语非大词人不能道，然遽以此意解释诸词，恐晏欧诸公所不许也。"这又是怎么回事？所谓作者未必然，读者何必不然。那么，读者对作品有没有"想"的权力？读者的阐释的边界又在哪里？这些，在中国传统理论中都没有答案。中国传统的文学批评一向是只言其然而不言其所以然，所以用中国传统的词学，是无法从理论上说明这些问题的。

祝晓风 中国的古典文学本身发展成熟很早，而且有举世瞩目的成就，传世的作品浩如烟海，中国的文学批评也出现得很早，但始终未曾发展成一套体系精严的批评理论，古典文学中，除了刘勰一部《文心雕龙》略具规模纲领以外，一千多年以来，似乎没有一部更像样的具有理论体系的专门著作出现，这究竟为什么？您以前就曾提到，这对于一向以文学历史之悠久及文学遗产之丰富自豪的中国人来说，当然乃是一件极值得自我检讨的问题。您认为这与汉民族固有的思维方式有关，除此之外，还有什么原因？

叶嘉莹 中国文学批评的特色乃是印象的而不是思辨的，是直觉的而不是理论的，是诗歌的而不是散文的，是重点式的而不是整体式的。因此，像齐梁之间刘勰的体大思精的巨制《文心雕龙》这本专著之出现，在中国文学批评史的发展中，实在是一种意外的收获。中国人喜欢从个别的事例来观察思考，而不喜欢从多数个别者之间去观察一种秩序与关系，以建立抽象的法则，所以中国的《诗话》、《词话》大多是对于一个诗人的一首诗或一句诗甚至一个字的品评，或者竟然只是一些与作品无关的对诗人之逸事琐闻的记述，而却从来不愿将所有作品中的个别现象归纳出抽象的理论或法则。总之中国人忽视客观的抽象法则之建立，是中国文学批评缺乏理论精严之著述的一个重要原因。另外，中国人的思想乃是以儒家思想为根本的，重视实践的道德，也重视文学的实用价值。这种思想影响及于文学批评，所以衡定作品既往往以其经世致用的价值为准，而发言立论也往往喜欢尊崇往古、依托圣贤以自重。这种崇古载道的文学观，无疑也是限制了中国文学批评理论发展的另一个原因。

祝晓风 您曾说过，中国传统词学已到了不发展就不足以自存的地步。如何面对时代的严峻挑战，关键不在于传统方法或现代理论，而在于掌握理论、运用理论的人，在于我们怎样在总体上正确看待传统批评的历史合理性，同时又扬弃它。我认为，罗伯特·姚斯(H. R. Jauss)的观点有特别的启发意义，他认为，“一种曾经指导过文学研究的范式，一旦不再能满足研究作品的需要，就要被一种新的范式，一种更适应于文学研究的、独立于旧范式的新范式所取代，直到这种新范式又无法实现其对旧作品作出新解释的功能为止”。

叶嘉莹 现在年青一代写旧诗的人，已经一天比一天减少，可是注意到旧诗的价值，想用新方法、新理论来对中国旧诗重新加以评析和估价的作者，却在一天比一天增加。在这种写作之人日少，而评说之人日增的两歧的发展情势下，有一些很值得我们反省和思考的问题，那就是我们的生活、思想以及表情达意、用词造句等等的习惯方式，都已远离了旧有的传统，而我们所使用的新方法与新理论，又大都取借于西方的学说。在这种情形下，我们对旧诗的批评和解说，是否会产生某种程度的误解，这种误解又究竟应当如何加以补救，都是最值得反省的重要问题。

祝晓风 您在《中国词学的现代观》中，运用西方文学理论对词及词学做了透彻的解释。缪钺先生曾这样评论《中国词学的现代观》，称它是“继静安之后又一次新的开拓”，对您创造性地运用西方女性主义理论研究中国词学的《论词学中之困惑与〈花间词〉之女性叙写及其影响》一文，他也给予很高的评价，“体大思精，目光贯彻古今中西，融会西方女性主义文论，反观《花间》诸词”，“确实是一篇杰构”。该文运用西方现代理论，进行了成功的批评实践和理论建设，打通诸家隔碍，跨越古今鸿沟，在中西文论之间架起了一座桥梁。可是，近年来，听到许多年轻人都说，叶教授所提及的这些西方理论，我们也都曾涉猎过，可是我们从来没想到把它们与中国古典诗歌联系起来——

叶嘉莹 我以为是由于这些青年们虽然热衷于学习西方的新理论，但却对于自己国家的古典文化传统已经相当陌生，而这种陌生就造成了要将中西新旧的多元多彩的文化加以选择去取和融会结合时的一个重大的盲点。所以他们不能将这些理论和术语在实践中加以适当的运用，这自然是一件非常遗憾的事情。前些年，台湾有人把李商隐的“蜡炬成灰泪始干”，解释为性的象征，就是牵强附会。用西方理论来解说中国古典诗词，不能背离传统，不能扭曲传统。我运用西方理论，不是拘于一家，而是取其适用者，为我所用。

祝晓风 我认为，您的这些工作，是从词学研究的角度，站在现代立场审视传统文化，为中国文化寻找其历史存在的价值，一方面保存古代传统固有的精华，一方面又使之得到理论化的补充和扩展，使其具有时代的生命力。您站在现代立场，激活了古典诗词的内在意蕴。可以说，中国古典诗词，不仅会常有新的意蕴，而且应该有对新意蕴的新阐发。

叶嘉莹 我认为，首先，诗可以有多重的意蕴，多重的意蕴又出于多重的原因，而其中主要的则在于诗歌之中，词句之间、语言文字符号之间彼此的关系结构和作用产生不同的意蕴。所以要用西方的语言学和符号学来分析，因为语言就是一种符号。在诗歌中，存在一种 micro-structure，就是一种“显微结构”。例如“菡萏”就是荷花，“翠叶”就是荷叶，但是，荷花，荷叶，都是一种日常语言，Daily Language，而“菡萏”出于《尔雅》，予人古雅之感，“翠叶”突出了一种对美好品质的描述。“菡萏”和“翠叶”都表示出一种美好的品质，“翠”不仅表示绿，还使人联想到翡翠、翠玉等珍贵的物品；而“香”字，也表示一种美好的品质，“香消”二字是双声，读来，更是从语音上让人感到怅然。这句话中，有这么多美好的词语表示美好的事物，中间仅有的两个动词却是“消”和“残”，于是在这种珍贵美好的品质与消逝和摧伤的哀感的重复出现之中，这两句词所写的荷花荷叶之零落凋残的景象，就具有一种象喻的意味。

至于词的富于联想的特质，在于最初的《花间》词所形成的“双性人格”。为什么那些小词，写的是女子梳妆，却给人以其他的联想呢？“小山重叠金明灭，鬓云欲度香腮雪，懒起画蛾眉，弄妆梳洗迟。”为什么就给人丰富的联想，联想到人生呢。我认为，《花间》词中的女性形象，是作为主体，作为一个主体的人，在感受，在表达。而作者却是男性，所以读者就会把词中所写的“画眉”、“照镜”都联想成是作者的托喻。所以说，小词之容易引发读者联想，是由于小词中的双重性别。

而王国维以联想说词，乃是以作品的文本所传达的感发作用之本质为依据的。所谓“感发作用之本质”，这是我自己所杜撰的一个批评术语。我以为对作品中“感发作用之本质”的掌握，是想要理解王国维词论中的“境界”及“在神不在貌”诸说的一个打通关键的枢纽。王氏之所谓“境界”，并不指作品中所表现的作者显意识中的主题和情意，而是指“作品本身所呈现的一种富于兴发感动之作用的作品中之世界”。由此而言，只有伟大的作家，才能在作品中创造出这样的世界。

祝晓风 在谈到《现代观》的主旨时，您曾说该文“就是想从一个较广也较新的角度，把中国传统的词学与西方近代的文论略加比照，希望能借此为中国的词学与王国维的词论，在以历史为背景的世界文化的大坐标中，为之找到一个适当而正确的位置”。

叶嘉莹 我以为，真正的精神和文化方面的价值，并不是由眼前现实物欲的得失所能加以衡量的。近世纪来西方资本主义过分重视物质的结果，也已经引起了西方人的忧虑。1987年美国芝加哥大学的一位名叫布鲁姆(Allen Bloom)的教授，曾出版了一册轰动一时的著作，题目是《美国心灵的封闭》(The Closing of the American Mind)。作者在书中曾提出他的看法，以为美国今日的青年学生在学识和思想方面已陷入了一种极为贫乏的境地，而其结果则是对一切事情都缺乏高瞻远瞩的眼光和见解。这对于一个国家而言实在是一种极可危虑的现象。

至于学习中国古典诗歌的用处，我个人以为也就正在其可以唤起人们一种善于感发的富于联想、活泼开放、更富于高瞻远瞩之精神的不死的心灵。关于这种功能，西方的接受美学也曾经有所论及。按照西方接受美学中作者与读者之关系来看，则作者的功能乃在于赋予作品以一种足资读者去发掘的潜能，而读者的功能则正在使这种潜能得到发挥的实践。而且读者在发掘文本中之潜能时，还可以带有一种“背离原意的创造性”，所以读者的阅读，其实也就是一个再创造的过程。而这种过程往往也就正是读者自身的一个演变和改造的过程。而如果把中国古典诗歌放在世界文学的大背景中来看，我们就会发现中国古典诗歌的特色实在是以这种兴发感动之作用为其特质的，所以《论语》说“诗可以兴”，这正是中国诗歌的一种宝贵的传统。

我相信，宇宙间确有一种属灵的东西，我不但相信，而且感觉得到，也体会得到。

祝晓风 您近些年花了很大力气教儿童学习中国古诗词，几年前还在天津出版过一本有声读物《与古诗交朋友》，您做这些工作，主要是精神寄托，还是认为这项工作有实际的效用？

叶嘉莹 我这个人不需要假借任何外物来寄托我的精神。我做这些工作，还是觉得中国古典诗词的内在精神和兴发感动的生命，不应该中断，在中国传统文化价值越来越不受重视的今天，通过认真地学习古典诗词，可以让传统获得一种新的生命力。

祝晓风 您方才曾说，您认为顾随先生平生最大的成就，在于“他对古典诗歌的教学讲授”，这种讲授“纯以感发为主”，是“源于知识却又超越于知识以上的一种心灵之智慧与修养的升华”，这是否也是您所追求的目标？1948年3月，您南下之际，顾先生曾有诗相赠，云：“蓼辛荼苦觉芳甘，世味和禅比并参。十载观生非梦幻，几人传法现优昙。分明已见鹏起北，衰朽敢言吾道南。此际泠然御风去，日明云暗过江潭。”多年来，您在讲台上讲授古典诗词，让人联想到顾随先生。

叶嘉莹 我之喜爱和研读古典诗词，本不出于追求学问知识的用心，而是出于古典诗词中所蕴含的一种感发生命对我的感动和召唤。在这一份感发生命中，曾经蓄积了古代伟大诗人的所有心灵、智慧、品格、襟怀和修养。所以中国传统一直有“诗教”之说。我一生经过了很多苦难和不幸，但是在外人看来，却一直保持着乐观、平静的态度，与我热爱古典诗词的确有很大关系。现在有一些青年人竟因为被一时短浅的功利和物欲所蒙蔽，而不再能认识诗歌对人的心灵和品质的提升的功用，这自然是一件极可遗憾的事情。如何将这些遗憾的事加以弥补，原是我这些年来的一大愿望，也是我这些年之所以不断回来教书，而且在讲授诗词时特别重视诗歌中感发之作用的一个主要的原因。虽然我也自知学识能力都有所不足，恐终不免有劳而少功之诮，只不过是情之所在，不克自已而已。

我女儿说，唐诗宋词是我妈妈最爱的，她一生都在与诗词恋爱，而恋爱的人总是年轻的。我一生经过几次大的打击，我最早受到的一次打击是1941年母亲的逝世。那时我的故乡北平已经沦陷四年之久，父亲则远在后方没有任何音信，我身为长姊，要照顾两个弟弟，生活在物质条件极为艰苦的沦陷区，困难可以想见。第二次则是1949年外子在台被拘。第三次是1976年3月，大女儿言言和女婿宗永廷遇车祸罹难。其实苦难并不只这些。当年，我在台湾很多学校兼课，每天下课回来，胸部都隐隐作痛，好像肺部的气血精力全部耗尽，连每一呼吸都有被掏空的一种隐痛，还要以未曾做好家事的负疚的心情，接受来自于夫权的需求和责怨。我那时对于一切全都默然承受，这还不仅是因为我过去在古老的家庭中，曾接受过以含容忍耐为妇女之美德的旧式教育而使然，也因为当时我实在再也没有多余的精力可以做任何的争论了。而在这一段生活中，我最常记起来的，就是静安先生用东坡韵咏杨花的《水龙吟》词的头两句："开时不与人看，如何一霎蒙蒙坠。"我以为自己便也正如同静安先生所咏的杨花一样，根本不曾开过，便已经零落凋残了。不过我的性格中却另外也有着极为坚韧的一面，我可以用意志承受许多苦难而不肯倒下去，更不愿在不幸中接受别人的怜悯和同情。因此多年来我未曾向任何人透露过我不幸的遭遇，而外表上也一定要保持住我一贯的和愉平静的表现。

祝晓风　这与您信仰宗教是不是有关系？因为宗教使人谦恭。许多人虽然知道您在中国古典诗词研究方面及中国传统文化研究方面的成就，但大多数人并不知道您在上个世纪50年代信仰了基督教。作为一位成长于中华传统文化，并且对中华传统文化有着最深刻体认的中国人，作为一位真正文化意义上的中国人，您为什么选择了信仰基督教？当时是怎样的一种情况？

叶嘉莹　我接触宗教很晚，我们家也都不信教，而且也从不和信教的人来往。上大学以后，顾随老师讲课，经常引用禅宗语录，使我对佛教开始有了一些兴趣，后来就自己找来《传灯录》看。上大学时，曾有广济寺的和尚讲《妙法莲花经》，我去听过，多年以后，我给赵朴初老先生写的一首词里，还提到这件事。1946年初，我在报上看到消息，说某教堂有个春节布道会，我就跟一个亲戚去听。记得那个教士姓毕，是个女的。我当时听了毕教士的所讲，觉得有道理，心里也有些感动。当时，我并不知道教士、牧师在布道的时候，也在传教，发展信徒。那天毕教士就说，刚才有谁听了我讲的，心里受了感动的，请举起手，站到前面来。我这个人一向诚实，当时确实受了感动，就举了手，又站到了前面，但当时并未接受洗礼。其后，我正式接受洗礼是在台南，1954年春天，我和我先生一起接受了洗礼。不久小女儿言慧出生，周岁时自然也接受了洗礼。我也曾做过“主日学”的教师，教最小一班的孩子，讲《圣经》的故事，也在姊妹会讲过。但是我女儿小慧总说我是不虔诚的基督徒。

其实，我开蒙读的书就是《论语》，《论语》对于我做人的思想影响巨大。当时听到“朝闻道，夕死可矣”，被深深地吸引，心中有一种很强烈的冲动。道是一个什么样的东西啊，怎么有那么重要，以至于宁可死去。总之我相信，宇宙间确有一种属灵的东西，我不但相信，而且感觉得到，也体会得到。我这个人天生注重精神、感情，不注重物质、身体，也许这是个缺点。但我生性如此，也只好把缺憾还诸天地了。顾羡季先生曾说：“一个人要以无生之觉悟为有生之事业，以悲观之心情过乐观之生活。”一个人只有在看透了小我的狭隘与无常以后，才真正会把自己投向更广大更高远的一种人生境界。诗歌的研读，对于我，并不是追求的目标，而是支持我走过忧患的一种力量。

知识分子精神与社会责任

——葛一虹先生访谈录

高新生

中国艺术研究院原顾问兼外国文艺研究所所长、话剧研究所所长、研究员葛一虹先生，1913年生于上海嘉定。1927年在上海三育学校上学期间，即对新文艺发生兴趣，1932年进入上海私立大同大学理学院学习自然科学，翌年即与瞿白音、田鲁合写了剧本《转变》，参加左翼剧团活动，以后为中国的话剧事业作出了重要贡献。新中国成立后，他先后担任中国剧协理事、常务理事、书记处书记，《剧本》月刊编委、《戏剧报》编委、中国戏剧出版社社长兼总编辑等职务，兼任田汉研究会会长、秘书长。《文艺研究》编辑部特委托高新生先生，就其文学活动与学术思想求教于葛一虹先生，整理出这篇访谈录，以飨读者。

高新生　葛一虹先生，您作为一位戏剧家、出版家、翻译家、文艺理论家、社会活动家，一生为国家和人民作出了重要的贡献。但是长期以来您一直保持低调，使很多人对您不甚了解，甚至还有一些您参与的重大工作不曾被人知晓。比如说，抗日战争期间，您受中共的委托，在香港与孙科接触，促成了中苏文化协会香港分会的组建，此段历史至今尚未公之于世。

20世纪80年代末，听说有关领导要把您主办的一本学术性刊物，搞一个通俗版。您闻之大怒，说了句："宁作玉碎，不当瓦全!"您能介绍一下当时的情况吗?

葛一虹　不假，确有其事。那是中国戏剧家协会的季刊《外国戏剧》，一直由我主办，是"文革"结束后，最早大量介绍国外当代戏剧艺术的一份刊物，办得很认真，其影响也远远越出了戏剧界，在文艺界拥有很多读者。但是，在社会上大刮"通俗风"、"赚钱风"的时候，剧协某领导来找我，说要把这本专业杂志改一改，搞成登一期通俗读物，登一期专业文章的杂志。我搞了一辈子出版，没见过这么个搞法，把好好一本杂志糟蹋了。听了，着实生气，说了那句话，后来那本杂志还是被停办了。

高新生 您这种在重大原则问题上观点异常坚定、观点毫不含糊的性格在年轻时就表现得很突出了。20世纪40年代那场民族形式大讨论中，您就旗帜鲜明地表达过自己的观点和立场。今天，有人这么评价您，说您和胡风勇敢地捍卫了知识分子的话语①。“勇敢”两字，凸显了您的个性。

葛一虹 那些都是时过境迁的往事，不提也罢，我们还是书归正传吧。

一、出身书香名门结缘进步话剧

高新生 您一生在文化事业方面成就卓著，这和您早期受到良好的教育并打下牢固的文史底子分不开。听说您出身江南名门世家，自幼就受到书香熏染，您能介绍一下这方面的情况吗？

葛一虹 我是江苏嘉定人，现嘉定划归上海了。说起我的家世，《嘉定县志》上有记载：葛姓是嘉定的望族，又分成两支。我所属这一支是在清康熙初迁入嘉定的。据说七世祖葛锡祚，精通数学；八世祖葛桐衔，咸丰三年(1853)进士，曾主上海善后局；其弟葛起鹏，金石钱币收藏家，有九种著述传世；我是1913年春天出生的，算来是葛氏的十一世了。

高新生 在这样的书香传世之家，您接受的老式门馆传授呢，还是学校教育？

葛一虹 应当说我们家还是很开明的，我是以接受学校教育为主。大概七岁的时候，上了附近的一个小学校——企云小学。毕业后，我随父亲到上海进了三育学校。一年后，即1928年，我改入南洋中学学习。它是当时上海一个比较具有规模的私立中学，功课紧，学生用功读书，是很保守的。

高新生 南洋中学是中国早期话剧史上一所很有名的学校，在上世纪初学生们就自己编演出了一些新戏剧。您一生与话剧结缘，与上这所学校有一定关系吧？

葛一虹 这只能说是一种巧合吧。不过在中学时代，我对新文艺发生了兴趣。经过了“九一八”事变，有了比较鲜明的爱国主义思想。我阅读过

① 参见李新宇《硝烟中的迷失——抗战时期中国文学中的知识分子话语》，载《中国现代文学研究丛刊》1999年第2期。

左翼人士编印的《文艺新闻》，思想上受到了一定的影响。我以一个青年读者的身份曾经和他们通过信。

高新生 不光是您上的这所中学与话剧有缘，听说您考的大学也与话剧关系密切。

葛一虹 是的，是的。我喜欢文科，自己考上了远在北方的天津南开大学，那确实是一所令人向往的话剧名校。校长张伯苓和其弟张彭春都是戏剧家，周恩来在这所学校演了许多戏，剧作家曹禺也是这所学校培养出来的。不过我虽然考取了，但并未去成。因为在中学里我理科的成绩也还好，我父亲的意思让我学理科，这样我就进了上海私立大同大学理学院学自然科学，这是一所以理科著名的大学。

高新生 虽然您与南开那样的话剧名校失之交臂，但是这并没有妨碍您参加戏剧活动，是这样吗？

葛一虹 不错。在大同大学，我参加了大同剧社。顾而已那时在附中学习，也是这剧社的成员。1933年初，我和瞿白音、田鲁合写了一个以反映学生反日斗争的剧本《转变》，这算是最早的国防戏剧之一，曾普遍演出过。从这时候起，我和左翼戏剧家联盟开始有了联系。这年的四月，为了实现戏剧到农村去的口号，我和瞿白音把当年在上海很活跃的一个左翼剧团“骆驼演剧队”请到嘉定去演出，参加的有陈鲤庭、徐韬、王为一，剧目有《帝国主义的狂舞》、《东北火线》、《放下你的鞭子》，以及临时编成的《嘉定三三》（描写日军占领嘉定的暴行）等。在演出的同时，举行了木刻展览会，木刻家胡一川也随同剧团前去。

这一年的五月，我又把“骆驼演剧队”请到大同大学的游艺会上演出了《谁是朋友》、《放下你的鞭子》等剧。这些有着进步思想的戏剧的演出，使学校里国民党特务学生对我注意了，以致原定由大同剧社演出的《乱钟》，不得不中止上演。

在这段时期里，我还认识了章泯、赵铭彝、宋之的、于伶、赵丹、辛汉文等著名戏剧人。我和朱今明等成立了法南区剧联的一个小组，有时写些关于戏剧和电影的文章在报纸上发表。

高新生 看来，您已经深深地卷入了进步戏剧的大潮之中。不过当时搞戏的外部环境还是十分险恶的，是吗？

葛一虹 是这样的。“九一八”、“一·二八”事变后，抗日反蒋运动高涨起来了。1933年11月又发生了福建事变。蒋介石担心政权动摇，白色恐怖更加严重，在这年年底，国民党反动派对全上海各大学的学生进行了一次大清查，一下逮捕了左倾学生近百人，关在龙华警备司令部内特设的牢狱里。我因搞左翼剧运受到特务学生的告密，也被逮捕了。作家周而复也在被捕之列。

这次国民党反动派非法逮捕上海各大学学生一事，引起了中外各方人士的抗议。在压力下，反动派也就不能不草草收兵。同时，我的父亲又托我的堂兄葛祖望设法营救，他那时候在上海统税局办事，在北伐前后曾参加过国民党，认识上海国民党方面的人，他大概又转托了人，事情也就搞通了，由铺保保释释放。

在狱中的六个星期，我对国民党的罪恶有了进一步的认识。听说就在龙华的这处牢狱外的一片广场上，革命作家胡也频、柔石等遭杀害。我们经常伫立在窗前，望着窗外的景色，感到无限愤恨。最使我感到切肤之痛的是，我的父亲在我出狱后不久就与世永别了！他本来体弱多病，我的被捕更使他十分着急，终至卧病不起。

二、参加左翼剧联投身时代大潮

高新生　牢狱之灾，家门不幸，不仅没有扑灭您心中的追求光明的火焰，反而促使您更加积极地投身到革命的时代大潮之中，从中又看到您“宁作玉碎，不当瓦全”的刚直性格。

葛一虹　天生犟种吧。出狱后，我参加过的剧联小组有章泯、白薇、荒煤等，并与主持剧联南京分盟的瞿白音等有着经常的联系。我经常去剧联领导下的为辅导学校工厂和农村演剧而组织起来的“艺术供应社”。1935年春我通过大同大学一个同学的关系，组织了一次到南汇去的旅行演出，参加的有徐韬、魏鹤龄、刘斐章等。我还翻译和写作些关于戏剧和电影的文章，做过所谓“影评人”，也曾学习写了一个短篇小说《旱》。1935年初，我接手印行过一本《文学新辑》，这是左翼作家联盟办的刊物。《文学新辑》和之后的《木屑文丛》，这两册书可以说是当年左翼文学工作突破了反动派的“文化围剿”，在鲁迅先生的旗帜下掷出来的手榴弹。

高新生　“左翼剧联”存在的时间好像不太长，请您谈谈它是怎么结束的。

葛一虹　情况是这样的。在日本帝国主义者不断侵略和国民党政府的继续屈服的情势下，救亡运动逐渐高涨起来。为了服从抗日民族统一战线，“左翼剧联”就结束历史使命了。但随着提出了国防戏剧的口号，以广泛团结戏剧界的力量进行斗争，在1936年成立了“剧作家协会”，它是一个并不公开的团体。我们每隔一两个星期总要借了旅馆举行会议，讨论剧作上的问题，并交换些关于演剧方面的意见，经常参加的有张庚、章泯、于伶、陈鲤庭、周钢鸣和徐步等。这个团体在“七七事变”以后便扩大组织，成立了中国剧作家协会。

高新生 那段时间里，您具体做了哪些工作呢？

葛一虹 我写了一个儿童剧《野孩子们》，在《光明》半月刊上，介绍了苏联儿童戏剧，1935年下半年曾和徐韬合编了《电影演剧》杂志（中华杂志公司出版）。还和田鲁合作编译了《苏联艺术讲话》，第一次给国内读者介绍了十月革命后的苏联戏剧。从1937年6月起，我与章泯创办并主编了《新演剧》杂志（半月刊）。除了发表国防戏剧的文章外，还以很大的篇幅介绍外国戏剧，尤其是苏联戏剧。我自己译了苏联演员和剧作家创作体会的文章，出了四期。“八一三”战事爆发，日寇进攻上海，刊物被迫停刊。这年年底，我从上海到达了汉口。在武昌，住在凤凰园。当时抗战已经全面展开，用戏剧宣传民族抗战如火如荼，需要大量的剧本。我们也心急如焚，克服了重重困难，终于在第二年5月，使《新演剧》得以在武昌复刊，凤凰园也就成为《新演剧》的编辑处。为了这本杂志的复刊，我放弃了去武汉国民政府三厅田汉那里就职的机会，也中止了去延安的计划。这本杂志在汉口出了五期，战火又燃向武汉，被迫终止。

三、拿起理论武器功过后人评说

高新生 在民族生死存亡的关头，在全民抗战的洪流大潮中，戏剧已然成为宣传民众最有力的武器，您则出现在这个时代大潮的前列。这是您在历史关键时刻的一次自觉的选择吗？

葛一虹 国家兴亡，匹夫有责。我走上戏剧救国的道路，既是历史的必然，也是一次自我意志的自觉抉择。先天下之忧而忧，要把中国从日本帝国主义的铁蹄下拯救出来，就要发动全民抗战，要发动民众，戏剧是最有效的武器。对我来说，让抗战戏剧健康地发展就是最重要的任务。

武汉沦陷，我到了重庆，和章泯、宋之的、罗烽、白朗住在一起。杂志出不成，就搞了一套《新演剧战时戏剧丛书》。为了缓解“剧本荒”，丛书首先出了一批创作剧本，有章泯的《生路》，舒非的《民族公敌》和罗烽的《国旗飘飘》。我则出了论文集《战时演剧论》。这套书出了六七本，由读书生活出版社印行。1939 年，我又在上海杂志公司编印了《新演剧丛书》，介绍了许多急需的戏剧基础知识，以提高演剧水平。其中有刘露著的《舞台技术基础》、章泯的《戏剧导演基础》，以及我的《战时演剧政策》和《苏联儿童戏剧》两本小册子。后者是根据了一些材料译述而成的，算是我国第一本介绍苏联儿童戏剧的专书。

到重庆以后，我开始经常为《新华日报》写稿，有《评中国万岁》和《确立战时演剧政策》等篇。《战时演剧论》和《战时演剧政策》这两本书里收集了我发表的论文，主要阐述了中国新演剧运动与民族革命事业的关系，以及我对抗战戏剧的特征、趋势和实践等问题的看法，竭力为抗战戏剧的健康发展奉献自己的意见。我在那时被选为中国戏剧界抗敌协会的监事。

高新生 说到您在理论战线上的贡献，就不能不提及 1940 年春天，您在大后方参与的那次“民族形式”问题的大论辩。这场中国现代文学史上著名的大论辩在十几个城市，四十余种报刊上展开，发表了约二百篇文章与专著，召开了十多次大型座谈会，有近百名作者参加了讨论，涉及从理论到创作的一系列重要问题。事隔六十四年，今天的文学史界和理论界还在反思那场争论，可见其意义之深远。作为一方主将，您能介绍一下这场论战当时的情况吗？

葛一虹 介绍一下情况责无旁贷，但正因为我是一方主要代表，所以是非功过还是留给他人去评说吧。

民族形式问题的讨论，可以看做是“左联”时期文艺大众化运动在抗战新形势下的一个发展。其中心是要解决新文艺如何与群众更好地结合起来的问题。由于宣传抗日与动员群众的需要，文艺的大众化，利用旧形式等，受到广泛的重视。作家、戏剧家为了使文艺创作为群众所喜闻乐见，从内容到形式都作了新的尝试，涌现出一大批形式短小、内容通俗的抗日作品，利用旧形式的通俗文艺创作十分风行。但在利用旧形式的过程中，有不少作品往往生搬硬套，甚至无批判地接受其中落后和庸俗的东西，或者将旧形式和新内容作了极不协调的结合。

高新生 在这方面，您好像耳有所闻、眼有所见、心有所感，有着切身的体会？

葛一虹 是的。当时倡导作家深入生活，提出了“文章下乡，文章入伍”的口号。1939年6月中旬，我参加了一个作家访问团深入战区，体验抗战现实生活。作家访问团由王礼锡担任团长，成员有宋之的、杨骚、袁勃、白朗、罗烽、杨朔、叶以群等。出发时原定到敌后方去作三个月的访问，以深入体验抗战现实生活。我们取道成都、西安，到达洛阳，而在陕县渡过黄河进入了中条山。在中条山里，访问了抗日部队和人民。原来打算在那里工作一些时候，然后深入到晋东南一带八路军活动的地区，不料中途王礼锡染病身亡，致使所定计划不能实现。在折回洛阳办完了王礼锡的丧事后，除了杨朔和袁勃进入解放区外，我们分两路在这一年底先后归返重庆。这一路上看到的、听到的，使我对新文艺旧形式的利弊得失深有所感。正是在这样的时候，回到重庆，读到了向林冰发表在《大公报》上的文章，根据他的观点，民族形式的中心源泉当然不是“五四”以来的新文艺，而是民间文艺的旧形式。因为在他看来：“‘五四’以来的新兴文艺形式，由于是缺乏口头告白性质的‘畸形发展的都市的产物’，是‘大学教授、银行经理、舞女、政客以及其他小布尔的恰切的形式’，所以在创造民族形式的起点上，只应置于副次的地位。”①在当时的讨论中，这种观点并不是个别的，不少人都曾直接指责“五四”新文学割断了历史的优秀传统，割断了与人民大众的联系。他们把“五四”文学革命受外国影响看做不可容忍的错误，提出要“完成对‘五四’文艺运动的否定”②。向林冰的结论是：如果“新文艺要想彻底克服自己的缺点”，就“不得不以民间文艺形式为其中心源泉”③。他无视在现实中传统和民间文艺文化存在的许多封建渣滓，从根上否定了“五四”以来中国新文学的成就，对新文学的形式做了几乎全盘的否定。我感到自己有责任匡正是非，于是立即提笔撰文，在《文学月报》上发表了《关于民族形式》和《民族遗产与人类遗产》两篇短文，在《新蜀报》发表了《民族形式的中心源泉是在所谓“民间形式”吗？》，首先对向林冰的“民间形式为创造民族形式的中心源泉”理论进行了批评。这之后便在白区展开了历时一年余、极其热烈的、广泛的文艺理论上的大论争。在这次论争里，我还写过《鲁迅论大众文艺》等篇论文，并参加了《新华日报》、《文学月报》和田汉为《戏剧

① 向林冰：《论“民族形式”的中心源泉》，载重庆1940年3月20日《大公报》副刊《战线》。
② 黄绳：《当前文艺运动的一个考察》，1939年8月《文艺阵地》第3卷第9期。
③ 向林冰：《论“民族形式”的中心源泉》，载重庆1940年3月20日《大公报》副刊《战线》。

春秋》所召开的几个座谈会。

关于民族形式问题，虽然我在批评向林冰的理论以及捍卫“五四”以来的革命文学的传统上还可以说基本上是不错的，也得到了诸如胡风、郭沫若、胡绳、罗荪、戈茅、黄芝冈、光未然、潘梓年等人的认同，他们都强调了民族形式与抗日内容是不可分开的。不过当时毕竟年轻，对于问题的实质是认识不够的。直到后来，大概在 1943 年，学习了毛主席的《在延安文艺座谈会上的讲话》，才算有了些体会。对于这次抗战时期最大的一次论争的意义及其积极成果，茅盾在第一次文代大会上曾经作过评价。

高新生 六十多年后，这次论争再次被今天的学人重提，那是因为历史发展诚如恩格斯所言，有时会出奇的相似。其实对今天的中国而言，选择了现代化道路，就进入了传统与现代冲突的语境，您当年所作的思考就被赋予了新的时代的意义。

葛一虹 盖棺方能定论，是非功过，后世评说吧。

四、参加“中苏文协”介绍先进文化(上)

高新生 您在重庆的日子里，除了积极投身于戏剧活动之外，还参与了一件对您一生来说非常重要的事，那就是加入了中苏文化协会，介绍了大量苏联的戏剧和文学艺术。比如，您翻译的苏联著名剧作家包戈廷的名剧《带枪的人》，这个剧本后来传入根据地，让列宁、斯大林的形象出现在延安和各根据地的舞台上，转化为巨大的精神力量。那么，您当初是怎么会投身到的建设中苏友谊、介绍苏联戏剧这项工作中来的呢？

葛一虹 一切都是自然而然发生的。我在上海搞《新演剧》的时候，就已经开始译介苏联戏剧。

高新生 中苏文协确实做了大量的工作，这对在战争中精神生活极度匮乏的民众来说，不啻是个巨大的福音。不过，据我了解，中苏文协不但在重庆大后方做了许多工作，它的影响还扩展到了香港，但这方面的材料很难找，几乎空白。您能介绍一些中苏文协在香港活动的情况吗？

葛一虹 你问的问题，恰恰是我的亲身经历。事情是这样的：1941 年 1 月皖南事变发生。居住在白区的进步的文化工作者在党的布置下纷纷秘密出走。徐冰(邢西萍)给我了具体的帮助，大概在三月间我继宋之的、章泯、盛家伦、以群等之后，和戴浩、潘祖训(即卫禹平)作伴，一路经贵州、广西，潜行抵广州湾。改搭轮船到达香港，已经是6月初了。

到了香港，我就见了党的负责人廖承志同志，随后经常向他请示工作问题，有时也通过叶以群、孙钿而取得联系。在这时期里，我和宋之的、章泯、盛家伦等同住在九龙，完成了苏联贝・贝尔采可夫斯基的四幕剧《生命在呼喊》的翻译，并整理了在重庆时期所翻译的《马克思论文学》等篇论文，汇编成《作家与社会》，两书都由孟夏书店出版。

叶以群和戈宝权等这时在搞"中外文艺联络社"，这是一个通讯社性质的组织。我和他们经常在一起，并写了些文章由"联络社"分发到香港和南洋一带的报刊上发表。

1941年6月22日，纳粹德国军队突袭苏联。7月间，在新的国际形势下，廖承志同志给我一个任务，去找孙科，设法接近他，推动他在香港成立中苏文协的分会。我说，在重庆时我只是在公开场合见过他，找他不容易。廖承志同志就说，要设法打开局面，并说孙夫人（宋庆龄）已经在他面前把你介绍过了。事情大概是这样的：在6月间法西斯德国背信进攻苏联以后，在香港上层社会里酝酿着要成立一个中英美苏四国协会之类的组织，不知道为什么一时搞不起来；可能就在这个时候，孙夫人和孙科谈到了组织中苏文协香港分会一事，据说当时孙科说没有人来做实际工作，孙夫人便提出了我的姓名。而事实上，那时我也不认识孙夫人。她的提名当出之于党的布置。

高新生　显然，那时候如果在香港能成立这样一个机构是可以做些工作的，尤其在苏德战争初期，苏联处于不利的情况下，香港聚集了大批文化工作者的时候，更有特别的意义。

葛一虹　于是我以一个中苏文化协会的工作人员的名义贸然去拜访会长孙科了。我装作完全不知道要组织分会的事，只是听说他来香港避暑（这也是廖承志同志告诉我的）前去看他。现在似乎还记得，开始谈话时双方都有些勉强，但扯上了国际问题、中苏问题时便显自然些了。接着我就乘机提出可否成立香港分会的问题，他回答考虑一下再说。我把这次谈话的内容告诉了廖承志同志后，他指示我可以多找些人去看他，从而影响他。经过大家研究，夏衍、乔冠华和沈志远三人由我介绍去和孙科漫谈过一次。

高新生　孙科怎么当上中苏文化协会会长的呢？

葛一虹　当时一般的看法认为，孙科是国民党左派领袖之一，与冯玉祥、邵力子等都是主战派，在政治上比较开明，在外交上主张亲苏，又是孙中山先生的所谓“哲嗣”，影响也较大。因此，大家对他不免有些幻想，把他当做朋友，希望把他争取到民主阵营一方来，他也就当上了中苏文协的会长，中苏文协在全国活动范围很大，有十多个分会（延安分会也在其内）。对孙科的这种期待一直持续了相当一个时期，直到后来事实证明，我们太天真了。

高新生　香港分会什么时候成立的？

葛一虹　最终，孙科同意出面搞香港分会了。在9月中旬开了成立大会，选举了宋庆龄为名誉会长，著名的外交家颜惠庆（解放后任华东军政委员会副主席，已故）为会长，我被选为常务理事并兼秘书长，主持实际工作。

米克舍拉夫斯基代表（他同时是大使馆的一等秘书）这时从重庆来到了香港，我把这件事向他说了，他表示很满意。我们一起商谈了工作，他要求我设法安排他和宋庆龄先生会面，和廖承志同志会面，我也给他办到了。此外，还为他邀请了在香港的十几位文艺界的朋友夏衍、以群、戈宝权等举行过一次宴会，还介绍他去看了颜惠庆先生。

分会成立之后，我忙着找会址组织机构，满以为在这个英帝国主义者的殖民地上，可以利用它展开一系列的工作。殊不料12月8日太平洋战争突然爆发，日军偷袭香港，一切便化为泡影。

香港战争时期，我和章泯、盛家伦、戴浩等在一道，几经迁居，屡濒于难，直到1942年1至2月间，我们幸得东江游击纵队大力营救，经过九龙，回到大陆。在游击区里和韬奋、茅盾先生以及在香港的许多文化界同志一起辗转转移，以躲开日军和伪军的追寻。这样过了数十天后，负责行程安排的人把我和宋之的夫妇等编成一队，结伴同行，离开游击区向桂林出发。在桂林停留了一下，我便回到了重庆。

高新生　战争环境中搞文化工作，真是命运多舛。中苏文协后来的情况又怎么样了呢？

葛一虹　1942年5月中我到了重庆，周副主席即约我在孙师毅寓所见面。他听取了我的汇报以后，指示我应该设法仍回中苏文协这个“合法”的机构里去。于是我去找了孙科，表示我愿继续为沟通中苏文化而工作。他当时虽然是答应了，但并没有谈到具体的工作。意外的是，在不久之后的中苏文协的一次扩大理事会上，议决凡从香港回来的理事、常务理事均为总会的理事、常务理事；在这次会上，还作了些机构和人事上的安排：所属研究委员会由郭沫若任主任委员，我为副主任委员。编译委员会则由西门宗华和曹靖华任正副主任。这样,我回中苏文协工作的问题也就顺利地解决了。

不过,当时协会的经费十分拮据,苏联方面的帮助也很有限,研究委员会无款可用,因此由孙科在他当院长的“立法院”里给我搞得一个挂名的“专员”的名义,领取了一年多的干薪。后来,协会又设置了特稿编撰委员,有了经费,便算解决了问题。于是,我就这样安顿下来,仍旧住在张家花园,宋之的和叶以群回重庆后也住在那里。郁文哉、史东山和郑君里也同住在一楼。这些朋友在张家花园一直住到抗战结束才离开。叶以群那时在中苏文协也搞到一个编辑的名义,他在做着党的工作,我和他的联系是比较多的。与戈宝权也常有来往。

在这个时期里,我还曾试图以我在中苏文协的地位推动一下工作,希望通过这个团体能够切实地把苏联先进的文化介绍到我国,把我国进步的文化介绍到苏联去。然而事情显然不像我这样一个青年人所想的那么简单,作为突然冒出来的一个新生力量,在这个官僚机构中,我是感受到了排挤的。比较顺利的,就要算是使一个徒有空名而没有实际工作的研究委员会终于能够活动起来!我先在郭沫若指导下草拟出了研究工作的提纲,经与苏联对外文化协会道劳菲也夫代表商量,得到苏联方面每月二百元美金的帮助,从而解决了经济问题,才稍具规模地开始了工作。此外,在郁文哉负责编《中苏文化》杂志的时期,我们的合作也是良好的。

在这时期里,我在写作方面的活动主要是翻译了斯坦尼斯拉夫斯基的《演员自我修养》两章,先在《新华日报》上发表,后与章泯、郑君里所译的合成一书,由新知书店出版;翻译了雷夫琴科的小说《新时代的黎明》,由北门书店出版;翻译了《苏联要求什么》一书,由五十年代出版社出版;与茅盾、戈宝权和郁文哉合作译成了《高尔基》,由北门书店出版。前两书列为编译委员会的丛书,后两册则列入研究委员会。我还翻译了许多篇文章,如日丹诺夫的《俄罗斯文学与俄罗斯人民》、吉洪诺夫的《苏联战时文艺》以及关于论述旧俄及苏联作家托尔斯泰和马雅可夫斯基等篇,在《中苏文化》等报刊上发表。我曾经把我所翻译的论文于 1944 年编成一本《文学与人民》的书,准备出版,但是未获国民党图书审查会的通过。

我还翻译过一本英国莎士比亚专家所著的《莎士比亚论》,那是为了配合我学习这位文豪的剧作而译出来的。但由于战时出版条件很困难,并未找到出版的机会。同样的理由,我还整理过 1939 年以后所写的发表在报刊上的一部分有关演剧艺术问题的论文集，也未出版。在这时期里，我参加了文艺界抗敌协会和中苏文化协会的许多社会活动。

高新生 条件那么困难，您却译、著颇丰，令人钦佩。听说，在那些艰难的日子里，您与毛泽东的见面，给予您极大的精神力量。

葛一虹 是的，这是我生平难忘的事情：1945 年 8 月底，在日本宣布无条件投降以后，毛主席来到重庆和国民党进行谈判。他到重庆的第二天，就到中苏文化协会里来参加了庆祝“中苏友好同盟条约”的酒会，我生平第一次见到了我所景仰的革命巨人！而尤其使我兴奋的，接着他又约我去谈话，地点是张治中的寓所桂园。那次一同晋见的还有巴金和曹靖华，王炳南在门口等着迎接。伟人亲切的关怀和热情的鼓励，给了我无限的力量。

苏联的对日宣战，为期三十年的中苏友好同盟条约的签订，以及由于苏联红军的英勇作战而使抗日战争提前胜利结束，这一系列的事件使我有了幻想，认为中苏之间的关系至少在一定时期内会趋于好转，运用中苏文协这个机构还可以做些事；同时，又听说将在收复地区的许多城市里，要建立中苏文协的组织，于是我便以上海人地相熟为理由征得孙科和邵力子的同意，决定回上海去。行前我找到了徐冰，他告诉我在上海可以和夏衍多联系。苏联对外文化协会的道劳菲也夫代表也希望我早些成行。

五、参加“中苏文协”介绍先进文化(下)

高新生 抗战的胜利让每个中国人心里都充满了阳光，您所勾画的未来蓝图确实令人兴奋。到了上海后，您的抱负顺利实现了吗?

葛一虹 胜利的喜悦再加上自己年轻，对未来充满幻想。但现实很快教育了我。我于 1945 年 9 至 10 月间回到了离别八年之久的上海。为了中苏文协，我去见了颜惠庆和抗战前分会会长黎照寰两位老先生。我促请过他们出面邀请一些当时在上海的中苏两国人士来商谈筹备复员工作。至于正式成立分会一事，原打算等到这次南返以后才举行，但是，后来由于时局的日趋恶化，国民党反动派的反共反苏的活动日益剧烈，始终没有能够开成；甚至连一个正式的工作机构也搞不起来。

不过虽然如此，在这一时期里，我在上海摆脱了中苏文协的人事上的纠纷，而在苏联对外文化协会佛拉德金和克里可夫代表的直接领导下(包括工作计划的确定和活动经费的供给)，在姜椿芳、戈宝权、叶以群、郁文哉、阳翰笙等同志的协助下，克服了许多困难，动用了中苏文协的名称，放手做了一系列的工作。主要如下：曾经组织过“苏联诸民族生活照片展览”、“苏联首都莫斯科照片展览”、“苏联集体农场照片展览”、“今日的苏联照片展览”和“苏联木刻漫画展览”等展览会，借青年会大礼堂展出，每次为期十天左右，吸引了数以万计的观众。为配合展览，还曾出版过《苏联集体农场》和《苏联木刻》两本图册。

我还组织过高尔基逝世十周年纪念大会和普希金逝世一百二十五周年纪念大会，借上海的大戏院举行，会上请郭沫若等报告演说，每次都有千人以上参加，气氛十分热烈。为配合纪念会的举行，我和戈宝权合作编译了《高尔基画传》和《普希金画传》两书。在普希金纪念会上的门票收入则捐给了上海苏侨重建普希金铜像委员会。

曾经组织过两次拥有千人以上听众的大规模的音乐会：俄罗斯与苏联著名作曲家“交响乐演奏会”和“铜管乐器演奏会”，邀请留沪的苏联音乐家表演，在会上第一次介绍了肖斯塔科维奇的新的乐曲和苏联著名作曲家格里埃尔的作品。此外，还组织过多次“俄苏音乐唱片聆赏会”。

在出版工作方面，还印行过几期《中苏文化》杂志的上海版，研究委员会的研究丛书《苏联计划经济》、《苏联财政制度》、《苏联要求什么》和研委会的大众科学丛书十二册，以及在《中苏文化》杂志上发表过的《苏联社会国家人民》、《苏联工业史纲》和苏联少年儿童读物《绿木箱的故事》等两种。为了能够顺利出版这些书都用了“天下（意即‘国际’）图书公司”这个堂皇的招牌，而实际上只有一个邮局信箱作为对外的通讯处。

高新生　在如此困难的环境下，您主动地做了很多具体的工作，落实了那么多项目，确实令人难以想象。

周扬到上海时也在您家活动。我读到刘厚生的回忆，他说：“在文艺界好多活动就在一虹同志家里，我记得是愚园路，在家里进行活动。那时延安来了这么个大共产党的中央同志（指周扬），在上海活动，而他居然把自己的家，公开住的地方借出来搞这些活动，那是很需要一点胆略的，需要一点精神的，那个时候是非常不容易做到的。”①

葛一虹　是的，周扬自北方来到上海，就在我家召开会议，作过报告。

① 刘厚生1993年4月2日在“庆贺葛一虹从事革命戏剧工作八十周年”座谈会上的发言。

随着国内战争的开展,国民党反动派对人民的镇压也日益凶狠了。在这种情势下,我所从事的这项工作愈来愈困难了,看形势将无法继续下去,因此曾屡次和佛拉德金、克留可夫谈起,和姜椿芳、戈宝权等谈起,拟即离开上海,并曾一度和已远去香港的郭沫若通信作过表示,且有一次经由以群布置准备取道青岛转入山东解放区,但大家的意思都希望我如有可能再坚持下去。

我记得,那是在一次"俄苏音乐唱片聆赏会"以后不久,一次文艺界协会理事会以后不久,大约在1948年10月初,姜椿芳来通知我必须迅速离开上海,因为他获悉国民党反动派最近的一次四五人的黑名单上就有我。往哪里去呢?我和我的爱人陆一旭商量这个问题,觉得应该设法及早地进入解放区去!这样可以更好地学习和工作。于是我去找了戴浩,要求他为我多买一张飞机票,作为他的一名职员带到北平去。因为在这之前盛家伦来上海时曾经跟我谈起取道北平可以去石家庄进入解放区的;而这时作为东北电影制片厂厂长的戴浩刚好在上海准备北返。第二天我就随着戴浩夫妇匆匆北上了。

到了北平,由盛家伦介绍我见到了地下党城工部的石岚,他答应为我解决进入解放区的问题。当谈到在上海编译的有关苏联问题和介绍苏联科学成就的书籍的时候,他认为这类书在解放区也是十分需要的,可以将纸型运来。11月初,我爱人陆一旭带了三个孩子和郁文哉夫妇也到了北平。她告诉我在我走后不久利群发行所就被国民党反动派查封,并逮捕了人。这期间盛家伦又到了一次上海,旋即偕同田汉搭轮归来,我们的行李杂物(包括纸型)是托他从海道运来的。于是我们就积极准备潜行到石家庄,田汉、安娥出发了,郁文哉夫妇也成行了。我们因为要安顿一个初生的婴儿耽搁了些时候。恰在这时,通往解放区的道路突然由于战争的迅速发展而告中断。但是不久,北平宣告解放了。我以极大的喜悦迎接了解放。

六、投身出版事业 打开文化窗口

高新生 全国解放后,您的工作好像有所变化,把主要精力投入到出版事业上来了,是这样吗?

葛一虹 事情是这样的。解放后,我被邀为《中苏友好》杂志的编委之一,但出席了一次会议后,便无下文了。一时空闲下来我又想起千辛万苦从上海运出的那套介绍苏联情况的丛书来。我曾和周扬商量过这套书的出版，他认为这些书是有价值的，值得加以印行；也曾和齐赫文斯基总领事谈过，他更肯定地认为有必要。这套书有十六副纸型——四本有关介绍苏联的书和十二本大众科学丛书，就这样沿用了“天下出版社”的名义，陆续付印了。在出版工作上，石岚作了多方面的帮助。

7月间，我参加了第一次文代大会。在会上，遇到了文艺界的许多新旧朋友。有人向我建议出版一些解放区作家的创作，于是就开始搞了一套大众文艺丛书。这方面的稿源是充足的，因为在以前战争环境下，许多稿子都难于得到出版的机会，而当时也只有“天下”可以承受印行。这些反映解放区斗争生活的和解放战争的文艺作品，它们的作者是赵树理、马烽、杨朔、秦兆阳等，同样也受到了广大读者的喜爱。

在文学理论方面曾经出版过《苏联文艺科学》、《谈苏联文学》、《社会主义的现实主义》和《文学的人民性》，译者是郁文哉、戈宝权等。还出版过艾青的一本《新诗论》。

在戏剧方面曾出版过《苏联名剧译丛》，介绍了十多个苏联著名的剧本，如《莫斯科性格》、《莫斯科的黎明》、《难忘的一九一九》、《带枪的人》、《光荣》、《阴谋》和高尔基的《布利乔夫》等三个剧本，译者有瞿白音、焦菊隐、安娥、萧三等。此外，还有中央戏剧学院创作室的《戏剧创作丛书》，出版了《牧羊姑娘》和《花开满山坡》两种。在期刊方面出版了《新戏曲》六期、《新演剧》译丛一册。

在音乐歌曲方面，曾经出版过北京人民艺术剧院所编的《音乐丛刊》，有李伯钊、梁寒光创作的歌剧《长征》、冼星海、光未然的《黄河大合唱》、聂耳的歌曲集和抗美援朝歌曲集等。此外，还出版了《活页歌选》，有郭沫若的《保卫和平歌》，盛家伦、郁文哉译配的《斯大林万岁》、《消灭侵略战争》、《争取和平歌》等。

在苏联研究方面，也有了发展，曾经陆续出了十余种。《苏联历史》和《苏联地理》是两本大型的、引人注意的参考书；列宁著作《社会主义与宗教》一书在当时处理宗教问题上，有过良好的作用。自然科学方面的小册子，则发展到了二十多种。其他方面还有少年儿童读物，即贺宜、陆一旭改写的《少年英烈传》、《指挥官的命令》等数种，曾大量地供应了农村图书馆。还出版过画册两种：《丁聪漫画选》和《方灵漫画选》。

大约在两年多的时间里，天下出版社先后印行了一百五十六十种书刊。

不知道的，往往以为这是一个至少拥有几十以至百人左右的出版机构，实际上负主要责任的就只有我、陆一旭和郁文哉三人，此外就是搞会计发行的和几个勤杂工罢了。

高新生 听说刚解放时，一些事情尚未走上正常轨道，一些知识分子的生活无着。您曾经以预支稿酬的方式接济过一些人，其中就有周作人。

葛一虹 他的情况较为特殊。他 1945 年以叛国罪被判刑入狱，1949 年出狱后，定居北京，生活无着，希望并只能以文为生，罗念生告诉我说，周作人正搞希腊戏剧方面的翻译，国内搞希腊戏剧的人是凤毛麟角。我看了他拟出的准备翻译的篇目，决定给他一定的资助，帮他完成文稿。于是一方面，我以预支稿酬的名义，每月支给他钱，加起来有一千多元；另一方面约请罗念生、缪灵珠和周作人共同担任希腊古剧的全部译事。20 世纪 50 年代后期，人民文学出版社出版的《欧里庇得斯悲剧集》等几部古希腊戏剧集，就是那时准备下来的稿子。后来，周作人的书稿在人民文学出版社出版，出版后拿了稿费又把预支的钱退还给我。我还约请朱光潜翻译柏拉图《对话集》，请游国恩撰写《中国文学史》。

高新生 周作人翻译希腊文学的事，郑振铎、叶圣陶都在文章中说到过。郑振铎在《惜周作人》中就说："囚禁着他，但使他工作着，从事于翻译希腊文学什么的。"

葛一虹 在解放前白色恐怖笼罩下，我排除艰难，组织并印出了些当时并无出版家愿意接受的二十多部稿子，在解放后又在那种情势下依靠仅有的几副纸型开始了工作，先后印行了一百几十万册书，在社会上曾发生了相当的影响。

1951 年 9 至 10 月间，我给周扬写了一封信，建议成立一个戏剧电影和音乐的专业出版社，并愿将"天下出版社"捐献出来。周扬复信说我们的工作是有成绩的，同意"天下出版社"向这个专业方向发展，并指定沙可夫、张光年和我商谈此事。我和张光年谈过两次，交换了些意见，不久便因"三反"运动展开而告停顿。1952 年春北京市委宣传部长廖沫沙介绍我和陆一旭去见出版总署的陈克寒，请他考虑天下出版社的发展问题。出版总署认为此事应由中央来决定，随后作出了一个决定：天下出版社并入人民文学出版社。

天下出版社结束后，周扬与田汉商量决定将我调到戏剧家协会工作。1953 年夏，我加入剧协，担任《剧本》月刊编委兼编辑部副主任，是年冬，第二次文代会后，《戏剧报》创刊，改任《戏剧报》编委兼编辑部主任，主持日常编务工作。1957年又参加创建中国戏剧出版社，田汉任社长，我任副社长兼总编辑，出版了大量剧本和戏剧理论著作，比如：梅兰芳的《舞台生活四十年》、《洪深文集》、《中国话剧运动五十年史料集》、《高尔基剧作全集》、《王国维戏剧论文集》、《孤本元明杂剧》等。

高新生 共和国成立后，屡屡经历了左的风暴的袭击，文艺界是重灾区。但您主持工作的戏剧出版社，在那样的气候下，依然抱着较为开阔的胸怀，想办法打开窗户，把西方的戏剧现状和理论介绍进来。今天看来，这几乎是一种奇观。比如说，上世纪60年代"文革"前，您主持编译的一套九册的《戏剧理论译丛》，全面介绍了国外戏剧最新理论，将梅耶荷德、布莱希特一些重要文章完整地翻译过来，这在当时闭关锁国的情况下，是相当难得的。

葛一虹 做出版是要对读者、对国家、对后代负责的。我做了一辈子出版，深深懂得，作为学人一定要有广阔的视野和宽阔的胸怀，对于现代中国来说，只有了解世界，才能迎头赶上。现在回想起来，我这一辈子都介绍外国文化的工作，只有看到了，才能有判断、有鉴别、有取舍、有吸收。虽然有风险，但也值得去做。这也是性格使然吧。今天访谈开始时，你问到我《外国戏剧》杂志的一段往事。这本杂志是改革开放后最早介绍外国现代戏剧的，引起了戏剧界内外广泛的关注。其实，对外国现代戏剧的工作早在20世纪60年代初已经比较系统地在做了。那时我在剧协主持研究室的工作，编印了《外国戏剧资料》，出了十七期，那就是"文革"后季刊《外国戏剧》的前身。你看看，这就是1962年出版的两期杂志。

高新生 （阅杂志）这期杂志里面的文章有：《尤涅斯库或荒诞的戏剧》、《英国戏剧的"新潮流"》、《先锋派和先锋》、《戏剧的实验》、《关于"椅子"》、《保罗·萨特论"犀牛"》、《法国戏剧点滴》、《意大利近年来上演的戏》、《总体戏剧国际圆桌会议》等等，还有剧照。真是不可思议，80年代初期，我们年轻的戏剧人饥渴地向外寻求这些国外戏剧情况，只要有一点材料，大家就传看分享；没想到他们想看的东西，其实早在60年代就已经大量介绍进来了，这又一次显示了您对知识分子社会责任的自觉。

葛一虹 是的，出版事业不正常的状况令人痛心。不过历史毕竟是公正的，时间证实了我们曾经付出的努力是有价值的。

高新生 您的辛勤工作创造的价值在今天得到了社会高度的肯定。

中国艺术研究院前党委书记苏一平先生对您有过这样的评价:"从这些事情很可以看出一虹同志的远见卓识,他看得远,他知道我们这个国家还很贫穷,传统的东西很多,但是应该借鉴的东西也很多,过去由于战争环境,各种各样的原因,这些东西到不了中国来,所以一旦现在有条件,有个环境,他总想把这些东西全盘地想办法介绍到中国来。""可是居然有人告他状,告他'大、洋、古'吧,实际上这些事情是很有意义的。""他是老老实实地、埋头苦干地为我们的戏剧事业总想做出一些事的。"为了排除"左"的干扰,无论是您,还是整个社会都付出了重大的代价。令人欣慰的是我们毕竟迎来了一个开放的时代。在新时期中,您在学术领域中,又做了一些具开创性意义的工作,并引起了海内外学界的关注。请您再谈谈这方面的情况。

葛一虹 "文革"结束后,我到中国艺术研究院担任顾问,兼任外国文艺研究所所长,在上世纪70年代末组织所里的情报室编辑出版《外国文艺资料》。80年代初,又调任话剧研究所所长,同时还担任中国戏剧家协会书记处书记、中国戏剧出版社社长、《外国戏剧》主编。被选为田汉研究会会长、秘书长,中国外国文学研究会的名誉理事和中国话剧文学研究会的名誉会长。1980年,加入了中国共产党。

在1983年至1986年,我承担了《田汉文集》十六卷本编辑出版工作,又担任国家重点科研项目《中国话剧通史》的主编。这本书结束了中国话剧百年却无史录的局面。这本书的编写正值"重写文学史"的风潮兴起之时,"六经注我"之风正盛,我坚持了两条:一条是这是一本戏剧史,不是单纯戏剧文学史,必须要全面地反映戏剧演出和活动的全;第二条坚持以科学的史学态度研究中国的戏剧历史现象。正是这两条使之成为一部"信史",在海内外被广泛接纳为戏剧专业的教材。这一时期,我还主编了《中国新文艺大系1937—1949·戏剧卷》,主编了《中国左翼戏剧家联盟资料集》。

高新生 作为后学,我们将永远珍惜您留给我们的学术财富和精神财富。在今天访谈结束之际,您还有什么话要对读者说的吗?

葛一虹 我想用鲁迅的两句诗与大家共勉:"横眉冷对千夫指,俯首甘为孺子牛。"作为一个知识分子,要有这样的勇气和襟怀。

俯仰无愧　风骨文章

——贾植芳先生访谈录

张洁宇

贾植芳先生，现代著名作家、翻译家、学者。1916年生于山西，20年代末开始文学创作，1936年留学日本，就读于日本大学社会学系，并成为“七月派”重要作家之一。抗战期间回国从军抗日，并坚持文学创作和翻译。1946年定居上海，曾主编《时事新报》副刊《青光》。1950年起在上海震旦大学任教，1952年调入复旦大学中文系任教授至今。1955年因“胡风案”入狱，1967年出狱，1980年被平反。代表作有小说集《人生赋》、《人的证据》；社会学论著《近代中国经济社会》、译著《住宅问题》；译著《契诃夫手记》等，并参与和领导了一系列现代文学史料编集工作，晚年出版散文集《狱里狱外》、《不能忘却的纪念》等。本刊特委托中国人民大学张洁宇博士就贾植芳先生的人生经历与文学创作做此访谈，以飨读者。

张洁宇　贾先生，您一生经历曲折丰富，故事很多，而且这些个人的故事还多与时代相关，实在是说来话长。我们这个访谈虽然无意做成从头谈起的流水账，但您曾说过，您的出生地的“地理人文环境和民情风习”，对您“顽劣不驯的叛逆的生活性格的塑造和定型”以及审美观念，都具有“深刻的影响力量”，所以请您还是先简单谈谈您早年的生活和教育经历吧。

贾植芳　我生在山西南部的偏远山区，襄汾吕梁山区。乡音到现在都改不了。后来在教会学校做礼拜唱圣歌：“耶稣生在伯利恒”，我就把歌词改成了“贾植芳生在山西省”。

我出生于一个地主家庭，我们家是个庄园，有七十六间房子。我是背叛了家庭追求革命的，完全是追求思想的进步，从没有其他目的，从没想过要捞个一官半职。

我们那个小山村，是个贫穷、闭塞的世界。民风淳朴强悍，好武斗，不好文斗。这种生活环境和民情风习，的确深深地影响了我的性格和文学审美观念。小时候村里迎神赛会时演社戏，是一种我们晋中南特有的“蒲剧”，我就喜欢看武戏，不喜欢看文戏。蒲剧很有地方特色，它音乐和唱腔高昂、悲凉，又热情、豪迈，很适合表现历代政治和社会悲剧，演喜剧或者闹剧就有些装模作样，显得不那么真实可看了。我喜欢看武生、武旦，看那些绿林好汉的行侠仗义，看他们视死如归，讲信义，重然诺，这都是我心目中的英雄豪杰、人生楷模。对于那些文丑、摇着小扇子的角色，无论他是陪大人员外饮酒赋诗，还是插科打诨，那种胁肩谄笑、溜须拍马、自轻自贱的样子，或者为官府出谋划策、陷害善类和小民的阴险奸诈，都是最让我感到厌恶和反感的。我少年时候就从这些戏剧中建立了这样的性格和观念，反感假正经，厌恶奴才相，崇尚那些重气节、明大义、轻生死的人物。

我从小生性顽劣，在家里闹事，在外面闯祸。上私塾、读小学都特别顽皮。老师让我背课文，我背得倒是流利：“大狗跳，小狗叫，大狗跳一跳，小狗叫三叫，汪汪汪汪汪……”本来是叫三叫，我就一个劲儿地叫下去，不是老师拍桌子，我还会“汪汪”下去，叫得特别积极卖力。后来“文化大革命”中，红卫兵批斗我的时候，我就总会想起我那份“汪汪汪”的积极性来。

我对新文艺感兴趣，是在太原上中学的时候，同时开始接受社会进步思潮的影响。1928 年我和哥哥贾芝一起考上太原市成成中学。开始是从一个同学那里借了一些石印本的旧小说，比如《彭公案》、《七侠五义》之类，后来到了初中三年级，学校里来了一些北师大的年轻教师，他们开始在课堂上介绍马克思主义和新文学作品。我记得有一位姓杜的老师，指导我们看《呐喊》、《彷徨》、《女神》、《少年漂泊者》、《胡适文存》等等新文学作品，还介绍一些外国翻译文学作品和政治读物给我们看。这些书使我真正从“话说”、“且听下回分解”的旧文学世界进入了一个崭新的天地。同时我自己也开始试着写新文学的各种体裁文学作品，给《山西日报》、《太原晚报》的副刊投稿。我的第一篇小说，题目叫《一个兵的日记》就登在《太原晚报》上。

张洁宇　是日记体的小说吗？

贾植芳　是。第一人称的日记体。写的是阎锡山旧式军队生活的野蛮和腐败。那时已经是“九一八”事变之后，学校里也掀起抗日救国的热潮，请阎锡山部队的一些中下级军官来给学生上军事训练课。这些家伙说话粗鲁、作风粗暴，动不动就动手打人、用脚踢人。我们那时本来出于爱国抗日热情，自动参加军事训练，但没上战场先挨了这些小军官的拳头，我就把这种感受写成了这篇小说。在报纸上连载了好几天,大概有两千多字。

张洁宇 这就应该算是您文学创作的开始了吧?这让我想起一个问题。您曾经说过自己不是为创作而体验生活,而是由生活走向创作。这个开端好像很能说明这个问题?

贾植芳 这篇习作直接来自我对生活的感性认识和体会。它的发表的确对我的文学写作有很大的鼓舞,激发了我的兴趣。而且确实从那时起,我开始认识到文学是一种改造社会、改善人生的武器。

张洁宇 您后来的文学创作延续了这种风格,您自己说过,是“在写作中去探索人生的意义和思考中国历史与社会”。说得简单些,您是一个以现实主义手法为主、关注现实题材的作家,您能更具体地解释一下您的文学创作与现实之间的关系吗?这是否也受到过胡风提倡的现实主义理论的影响?

贾植芳 后来的文学道路的确受到胡风的影响。我向来不搞文学理论,也没有什么大的兴趣,所以对胡风的理论一直不甚了然,但我尊重的是他正直的人格力量,是与他几十年来生死相连的友谊,更难忘的是他曾在我最困难的时候给予我帮助。我在 1982 年出版的我的小说选的《后记》里就说过:“对于胡风同志在漫长的历史岁月中,给予我在文学上和生活上的热情扶植和无私的帮助,我将永远感激!”当时把《人的悲哀》作为那本小说集的首篇,就是为了表示对他的纪念。因为我们最初的相识和交往,就是因为这篇小说。

张洁宇 您能具体说说吗?

贾植芳 我和胡风认识,是通过投稿的关系开始的。1935 年我逃亡日本,虽然在日本大学读社会学,但我热爱文学,课余时间也不放弃文学写作。那时我常常去神田区的内山书店,那个书店专门经营中国新出版的图书。1937 年初,我在那里看到上海生活书店出版的《工作与学习丛刊》的第一、第二两本。这个刊物从编辑风格和撰稿人员的阵容上看,都是一个坚持和发扬鲁迅的战斗文学传统的严肃文学刊物,因此我就把《人的悲哀》这篇小说投稿给他们。当时我并不知道编者是谁,只是投稿。后来过了不到两个月,我就收到了《丛刊》的第四本,上面刊登了我的小说。此外还收到三十多日元的稿费和作为编者胡风的一封非常热情的来信。

这就是我们最初的交往。后来抗日战争开始,我也在 1937 年秋天从日本弃学回国,投身于战争。先是在山西中条山一带作战的部队里担任日文翻译和宣传工作,1939年又辗转来到重庆。到重庆之后我给胡风寄过一篇稿子,是我在山西战地访问一个八路军支队长的报告文学《嘉寄尘先生和他的周围》,我在附言里告诉胡风说,我已到了重庆,被朋友安排在一家报馆里工作,但我在信里没有写明是哪一家报馆,因为我那时性格孤傲,不愿意拜会名人。同时也觉得文学创作在我来说,是一种业余活动,那时没有要进入文学界圈子的想法。所以在这之前,1938年夏天,我和胡风都在武汉的时候,我也没有打算过去拜会他。我们之间的关系就是"以文会友"、"文字之交"。

但是胡风这个人热心肠。他接到我的信不到三天,就自己跑来找我来了。他说因为我没有写明报馆的名字,害得他几乎跑遍了重庆大大小小的各家报馆,最后才找到我。他说,我在山西战地给《七月》写稿,还有一些稿费,战地寄钱不方便,他就存着,这一次给我带了来。

胡风这次来访,是我们第一次见面。他使我很激动,我看到了他作为一个平民知识分子的朴素形象,而且也体会到他的热情和纯真的为人和作风。那次我在重庆住了不到三个月,我们经常联系,一起聊天、吃饭,我们海阔天空地什么都谈,谈文学、谈个人生活,也谈抗战形势,那些日子留给我一段非常美好的回忆。在他的身上,我看不到任何利己、虚伪、圆滑之类的庸俗市侩习气。他也从没有任何盛气凌人、自视高人一等的官僚文化人的样子。他是个讲信义、重感情的知识分子,是一个可以相交、相信、相托的真正的朋友。

1946年,我到了上海,其间我们各自又经历了很多事情,就不在这里多说了。我到上海时三十岁,在这个城市里住了五十九年了。我来的时候身上只有八分钱,这八分钱花了五十九年还没有花完。哈哈。为什么这么说?是因为到了上海以后,很多朋友在经济上帮助我。胡风就把他经手发表的我的小说作品收集成一个小说集,题名《人生赋》,作为他主编的《七月》文丛之一,1947年春天由上海的海燕书店出版。

1947年9月,我因应当时复旦大学学生办的一个报纸《文学窗》之约,写了一篇题为《暴徒万岁!》的短文,被国民党中统局特务逮捕,罪名是"煽动学潮"。关了半年多,他们向我提出以我带他们去抓胡风,或者将胡风住址告诉他们作为释放我的条件,我拒绝了。后来他们又改为让我在国民党的《中央日报》发表《反共宣言》作为释放条件,我又拒绝了。所以我在监狱一直被关到1948年冬天,才被保释出来。出狱以后我才听说,胡风为营救我四处奔走，到处写信托人。1955年发表关于所谓“胡风反革命集团”的第三批材料中，还有相关的信件，成为断定“胡风及其集团分子同国民党特务们的密切关系”的凭据。

至于建国后我和胡风的交往，和我在胡风事件中的经历和遭遇，已经说过很多，不重复了。从我1955年5月16日被捕起，到1966年3月底以“胡风反革命集团骨干分子”罪名被判处有期徒刑十二年，此后押回复旦大学印刷厂“监督劳动”，直到1980年平反，“撤销原判，宣告无罪”，恢复政治名誉和工作职务，前后一共二十五年，我完成了我自己的苦难的历程。我和胡风也通过这场灾难的考验和磨难，加深了理解与友情。这种经过生死大难的苦难考验的友谊，是永恒的友谊、真正的友谊。

张洁宇　为了这份珍贵的友谊，您也的确付出了极大的代价。不过我想，这和您的性格也许很有关系。您的鲜明个性影响了您的一生，至少，在灾难临头的时刻，您的性格决定了您最后的抉择。

贾植芳　是的。我在1954年曾经回北京探亲。自从1935年从北京的监狱出来亡命日本之后，那是第一次再到北京。那次去北京探亲，完全是私人的目的，只是后来发生很多奇怪的事情，使我的北上变得神秘起来了。

那次在北京，去看胡风，我发现他的情绪很烦躁，神经也更加敏感。我在胡风及其对手之间，处于一个很特殊的地位。一面是我的哥哥贾芝，老革命，他在文学研究所当支部书记，当然跟何其芳他们站在一个立场，他们希望我能和胡风划清界限，或者像舒芜那样反戈一击；但另一方面，我和胡风是生死与共的朋友。我看到他的精神状态，心里实在为他担心。后来有一天，我哥哥邀我到他家吃饭，饭后我独自在他的小房里抽烟的时候，门外进来几个人，为首的是何其芳。

何其芳对我说：“老弟，我们谈一谈。”

我说：“有什么好谈的？”

他说：“你与胡风是朋友，应该一起帮助他。”

我问他胡风到底犯了什么错误，他说：“据现在情况看，胡风至少有四个错误，一是反对毛主席在延安文艺座谈会上的讲话；二是反对党的统战政策；三是反对知识分子思想改造；四是反对中国传统文化遗产。”

我那时性格很暴躁，一听这种扣大帽子的做法，心里就反感。我就对他们说：“我与胡风相识多年，解放前他在重庆、上海都与国民党政府作斗争，国民党特务把他视为眼中钉，对他想方设法地迫害。我亲眼看到他怎样千方百计地出版解放区的革命文艺作品，千方百计地推出反映人民革命情绪的好诗歌、好小说，也亲眼看见他是在怎样艰苦贫困的环境下生活，现在解放了，这是他一生追求的理想实现了，他为什么要反党反毛主席？他那么受苦和被国民党迫害所为何事？你所说的四条，我看不出来。”

那次谈话最后不欢而散，何其芳最后说：“我希望你和我们合作。”说完就走了。我心里很明白，我这是失去了一次可能改变自己人生道路的机会。为此我将会付出悲惨的代价。

1955年5月15日我被捕，复旦大学的党委书记杨西光亲自来接我，说是到上海高教局开会。

到了高教局，局长陈其五对我说：“贾先生，你看了《人民日报》没有？”

我说：“看了。”

他问：“关于胡风反党集团的材料看了没有？”

我说：“看是看了，可是我看不懂。”

他说：“怎么会看不懂呢？”

我说：“字都认识，但是整个的意思我不明白。”

他说：“那我念给你听。”他就把按语中分量很重的话念了一遍。然后问我：“这回听懂了吗？”

我干脆就对他说：“你这么一念，我更糊涂了。”

那天他们也是要我交代问题，问我历史上的种种经历，问我与胡风的关系，我都很坦然地回答了。到了晚上，他们终于开口对我说：“我们苦口婆心挽救你，你还是没有任何悔改的表现，你既然和我们不合作，那么好吧，你就到公安局去交代吧。”

张洁宇　您不后悔当时所做的这些选择吗？

贾植芳　我在第三看守所里受审的时候，一个苏北口音的审讯员很遗憾地对我说：“你看你现在关在这里受审查，人家舒芜在家里舒舒服服地喝老酒呢！本来你也是有机会的，你自己不干，要不你自己也在家里喝老酒呢。”

可是我想，不出卖朋友，这不过是做人，尤其是一个知识分子最基本的做人道理，不背叛友谊是中国传统做人的基本信条，而“卖友求荣”又向来为士林所不齿。难道这还需要费心去作选择吗？

张洁宇　那后来您又见过舒芜吗？

贾植芳　见过。平反以后我去看过他。他请我吃饭，还请了牛汉、绿原作陪。他还说起我以前给他写信时把他的名字写错了的事。他的本名叫方管，竹字头的“管”，我写成了草字头的“菅”。舒芜说：“你怎么把‘管’写成‘草菅人命’的‘菅’了？”我说：“我写对了，你就是草菅人命啊。”

张洁宇 作为知识分子，您看重做人的气节，作为作家，您强调要敢爱敢恨。我印象最深的是您说过的这样一句话：“可以自我告慰的是，在上帝给我铺设的坑坑洼洼的生活道路上，我总算活得还像一个人。”能不能告诉我们，您所说的“活得还像一个人”的标准和原则是什么？您觉得经过了这么多年的磨难，您的做人的准则和性格有改变吗？

贾植芳 我的性格也一辈子都没有变。你看我在上海住了五十九年，但还是一口山西话，上海人说听了像外国话。而且我的生活、饮食方面也还是保持北方人的习惯。这大概能说明我的“顽固”，虽然坐了很多年监狱，但我还是没有被“改造”好啊。

我还说过要把“人”字写得更端正一些，这和“活得像一个人”是同样的意思。像尼采说的那样，“爱惜自己的人不是跌倒就是站起来的”憎恶虚伪的人，“越是在最郁闷的时候，愈是能力最丰沛的时候”那样讲创造的人。不妥协，不投降，做一个没有虚伪的“真人”，坚持人的价值和尊严。人就应该这样，越是危险越是困难的时候，头脑越要清醒和坚强，我的磨难造就了我的“钢筋水泥”的精神。

张洁宇 是不是因为这种对“真人”的执著，使得您在文学创作和翻译中一直围绕着“人”的主题？我是说，从您的第一篇小说《人的悲哀》到后来的《人生赋》、《人的斗争》，以及您翻译的《尼采传》，这里面好像都很明显地有一条对“人”的认知的思想线索，不知我这样理解正确不正确？

贾植芳 很正确。除了这些，还有一个契诃夫。他是我所偏爱的俄国作家。他不是一个为艺术而艺术的人，甚至也不是一个职业作家，他首先是一个医生，并且为自己有这份崇高的职业而自豪。他曾经送给高尔基一块表，上面刻着“契诃夫医生赠”。医生的身份使他总是生活在普通人之中，自觉地为人们解除各种病痛与苦难，他的关心人、了解人的一颗爱心，正由此而生。这种品性很让我尊敬。其次，由于他在生活中熟悉各种各样的人，养成了他深刻的观察力和概括力，所以一提笔就能简洁有力地深入到人的本质中去，不仅写出人的性格，而且活画出人的灵魂。所以我 1951 年翻译出版了巴鲁哈蒂的《契诃夫的戏剧艺术》，1953 年又翻译出版了《契诃夫手记》，都是文化工作社出版的。

契诃夫说："一个人没有什么要求，他没有爱，也没有憎，这样的人是成不了作家的。"这句话一直是我在漫长而坎坷的人生道路上跋涉的精神支柱。

张洁宇 怪不得啊，即便回忆是痛苦的，但您从来都不回避。我记得您曾经说过："作为一个知识分子，我是认真地付出过生命的代价的。我在这个世界的追求、爱憎、信念以及种种个人遭遇，都可以作为历史的见证，为青年及后代提供一些比正史、官书更加丰富和实在的东西。"

刚才说起您 1947 年坐过国民党的监狱。您在回忆录《狱里狱外》中说过，您"每经过一个朝代就坐一回监牢，罪名是千篇一律的政治犯"。国民党那次是第三次吧？

贾植芳 坐监狱也是一种人生。我第一次坐监狱，是 1936 年 1 月，在北平坐国民党政府的监狱，原因是 1935 年参加了"一二·九"学生爱国运动，散发传单、参加游行、带头喊口号、和警察发生冲突。我是农历大年初一的夜里被捕的，北平警察局来抓我，那是我第一次坐汽车。我的罪名是"共产党嫌疑犯"。那一次被关了两个多月，出狱以后就亡命日本了。

第二次是 1945 年 5 月，我以"策反"罪被徐州日伪警察局特高科逮捕，关在徐州的日伪的留置所。到 8 月 15 日日本宣布无条件投降，我 16 日就被释放出狱了。

第三次刚才说到了，是 1947 年 9 月到 1948 年冬天，是国民党中统局特务以"煽动学潮"的罪名逮捕的。先关在亚培路二号上海中统局本部，半个多月后，转移到南市蓬莱路警察局看守所，先后关了一年多。

最后一次，是 1955 年 5 月 15 日在上海高教局被宣布拘捕审查的。这是在 13 日《人民日报》刊登了《关于胡风反党集团的一些材料》和"编者按语"后三天的事情。15 日当晚我就被送到建国西路的上海公安局第三看守所。1966 年 3 月 30 日在上海中级人民法院被宣判，以"胡风反革命集团骨干分子"的罪名被判处有期徒刑十二年，当时已经被关了十一年了。

张洁宇 我想，这最后一次入狱是时间最长，同时也是对您的理想信念摧折得最为惨重的一次。因为包括胡风，您，还有其他很多人，都是为这个新中国的理想奋斗过的，为革命不惜献身的，但最后却以"反革命"的名义关进了新中国的监狱。这应该是你们最无法接受的事情吧？

贾植芳 是想不通。入狱，对我这个闯荡社会二十多年的人来说，并不陌生，也不新鲜。我一生经历了各个时代不同地域的铁窗生活，还有一些日子虽然没有入狱，却时而在枪林弹雨中狂奔，时而在月黑风高夜逃命，九死一生，也形同牢狱。但是，过去这种种苦难，正是我作为一个不安分的知识分子在封建专制社会里的必然报应。每想到自己在风里泥里爬滚了二十多年，好容易看到了一个新的政权诞生，也曾欢欣鼓舞地写文章讴歌这个因为解放而变得美丽的"早晨"，激动得流着眼泪写道："我们竟还能活到这个美丽时日的来临！"然而，太平岁月还没有过满七个年头，理想还没有施展，就被现实击得粉碎！自己也随之成了"人民的敌人"、"反革命分子"，同自己一生与之斗争的魍魉成了同一营垒里的"东西"。这就像做梦一样，无论如何，也是心不安、理不得的。

鲁迅先生说过一句话，"胡风耿直易于招怨"。当然这并不能概括胡风遭遇政治性灾难的本质。恩恩怨怨隔了三十多年以后，现在平心去想，胡风案的发生在当时并不是偶然的事件。它和批判电影《武训传》、批判俞平伯《红楼梦研究》等等，都是"知识分子改造"一系列步骤中的一环。

我们这一代知识分子是在抗战中成长和成熟起来，在革命的洪流中，吃过了许许多多苦头，从思想渊源上说，与中国共产党领导的革命发生亲近以至认同，是必然的事；正因为这一代知识分子不仅是从理论中，而是从实践上和感情上认同了革命，就理所当然的视革命为自己的一部分。或者说，视自己为当然的革命一分子。革命的胜利也就是我们的胜利。真正的问题在于，这一代抗战以后起来的知识分子，吸收"五四"新文化的营养，在抗战炮火中锻炼，有一种反抗一切压迫的个人主义冲动。在国共两大政治力量对峙的时候，会毫不犹豫地同情、偏向共产党的一边，在客观上帮助或有利于反对国民党政权的斗争。可是到 1949 年以后，新政权建立，新权威发生作用的时候，这一代知识分子与生俱来的个人主义的热情与冲动，则难免碰壁的厄运。一是与生俱来的个人主义本能，二是来自后天的趾高气扬，都使这场"知识分子改造"运动成为弦上之箭。

胡风和胡风的朋友们，大多数都是国民党白色恐怖下的"乱臣贼子"，都是天然的"叛逆者"。我哥哥贾芝就说过："你在旧社会造反造惯了，什么也敢反！"他们的狂妄是与他们曾经有过的奋斗经历联系在一起的，他们理所当然地认为自己是这个世界的主人。但他们没有意识到或者忽视了自己所代表的"小资产阶级"也在要站在被"改造"的行列。所以，他们一方面感到时代大变革的鼓舞和献身的热情，另一方面又时时感到一种不被信任的阴影。我直到 1978 年重新回到阳光之下，恢复了人的权利和尊严，开始对中国古代文人的命运有了切身体验，增加了对我们这个古老国家的文化传统的认识。

张洁宇 您总是说胡风是一个“书斋”里的“书生”，而您自己是一个“社会知识分子”，穿越在时代的风沙之中，而且“关心人生社会甚过文学”。这是否与您在日本留学时学习社会学专业相关？您在1949年1月曾写过一本《近代中国经济社会》，这是一本社会学方面的著作。当时为什么会有这样的想法，是借古讽今吗？

贾植芳 我在日本大学学的是社会学。曾经跟园谷弘教授学习中国社会史。园谷弘教授是专门研究中国社会性质、结构和组织有关理论的著名学者。他的教学方法很独到，不仅使我掌握了研究社会学的基本原理和知识，也使我对中国社会历史保持着长期的兴趣。特别是在抗战期间我困居西安的一段时间里，读了不少有关中国历史、社会方面的书，同时也关心过30年代关于中国社会性质论战的那一类文献。1948年底出狱以后，更想对自己的命运、中国的命运做一番透彻的思考。当时的社会正处于一个特殊的历史时期，旧社会的腐烂已经毕现于天下，怎样迎接新型社会的到来呢？我就是怀着这种情绪来写这本书的。

我主要利用了内山完造先生送我的一些日文书籍，包括平濑巳之吉的《近代支那经济史》，当时的环境根本不容我翻阅更多的资料，我只能在有限的参考书中发挥我的观点，探讨我对中国近代史的看法。

我之所以选择清代，特别是清末社会历史作为解剖对象，的确是包含以古鉴今的意义的。因为清代是中国封建社会的最后一个皇朝，他的灭亡与辛亥革命的发生，与1949年社会转型是存在内在联系的。所以我在这本书的前言中说，这本书“意图解释并探求清代经济社会的意义所在，侧面则在批判地说明一个政权的兴亡的必然性法则，予我们以警惕和勇气，以坚定建设新中国的出发点。”

应该说，出于这样的动机，很难说这是一本纯粹的学术著作，我在写作以及选择材料过程中带有大量的感情因素，甚至“非学术性”的议论。

张洁宇 您觉得社会学的研究思路和文学的角度有什么相同与不同？统一在您这样一个知识分子的身上，算不算是一种自觉？后来您还涉及过社会学研究的领域吗？您有没有把那种方法引入文学研究当中？

贾植芳 我一直是把文学当做认识社会的武器的。我一直有一种习惯和嗜好，就是关注和探讨中国社会历史、现状、性质、结构和组织机制。

当然，我过去和现在的精力集中在文学方面，解放前创作，解放后在大学讲授文学课，对社会学专业是渐渐隔膜了。这二十年来集中精力从事文学研究和培养学生，但我对于社会学科始终保持着持久的兴趣和关注，现在还为有关社会科学方面的著译写些序跋文章。

至于文学和社会的关系。胡风对我的文学创作和生活方式曾经有过评论说："贾植芳来上海安家一年了，家是安下了，新旧朋友也真不少，但时间可就在聊天会友中度过了。我曾多次和他说，希望他能安下心来从事创作。这几年他的生活内容很丰富，见识的也多，不写下来太可惜了。他自己也一再许诺要好好写。"

胡风的感慨是有道理的，因为我与他对人生意义的看法不完全一样。胡风是纯粹意义上的诗人、文学理论家，他热爱文学，视文学为生命，他一生除了非常时期以外，只要稍有可能，都是与文学打交道。而我在当时并不把文学创作视为职业，也从未认定去当专业作家那条路，我关心人生社会甚于文学，虽然早在20年代就开始发表创作，但我始终把文学看做业余爱好，把它看做自己人生感受的一种记录，它第一位的意义仍在人生社会本身。我不是为创作而体验生活，而是由生活走向创作。对我来说，生活是第一义的，创作是第二义的。

梁漱溟在他的《自述》中有个自我评价："我不是学问中人，我是社会中人。"其实这句话更适合我。我是一个社会型知识分子。到现在我仍然关注社会现实，电视报刊都是我望社会生活信息的窗口，朋友和学生还把网上的一些信息打印了给我看。我对外界的消息很灵通的。知识分子如果不关心政治经济、社会现实，那就只能成为一个工具，一个技术性的人物，称不上是知识分子。

张洁宇 您所说的现代知识分子精神传统，让我想到鲁迅那一代人。胡风是鲁迅精神的重要的维护者和继承者，那么，您是否也受到鲁迅的影响呢？

贾植芳 我在前两年与沈建中的对话时就说过：鲁迅是我唯一始终崇拜的中国现代作家。

我是1936年5月到日本的，一到那里就遇到两件大事，一件是6月高尔基逝世，还有就是10月鲁迅先生逝世。在东京的留学生都举行了纪念会和追悼会。鲁迅的追悼大会是11月17日举行的，地点在神田区日华学会会堂，由当时居留在东京的萧红主持，郭沫若和日本作家佐藤春夫都参加了大会。当时留学生办的报纸《留东新闻》为鲁迅先生逝世编了个悼念特刊，但拿到会场散发时，都被在场的日本警察没收了。鲁迅先生逝世，让我感到像失掉了依靠似的悲痛，为此我写了一篇散文诗体的悼念文章，题目叫《葬仪》，也登在这期特刊上了。

如今在我饱经人生忧患的暮年，每每重温鲁迅的小说、散文、诗歌、杂文，就有很深切的现实感受。可以说，鲁迅的思想境界和艺术高度，到目前为止，还没有一个作家超过他。他的作品不仅可读，而且耐读。即使是《呐喊》、《彷徨》和《野草》，我在年轻时读它们和到了现在 80 多岁再重读，都有新的体会和收获。

20 世纪 70 年代末，我恢复自由之初，和同难友人一起去虹口公园瞻仰鲁迅墓，后来还陪同胡风的夫人梅志去过。每次去都非常感慨。前年我又到鲁迅故居，瞻仰了先生的书房、卧室。站在鲁迅像前，我的眼泪就要落下来，我很久都没有这么激动了。那天我感慨地想到我们这代人的命运，想到我认识的朋友，像冯雪峰、胡风、萧军，他们都走了。我也 80 多岁了，我觉得我自己对得起鲁迅，我始终都是清醒的，我敬仰鲁迅，不仅因为他的文章，首先因为他是中国现代知识分子的典范。

前几年中央电视台“东方之子”节目来采访我，在上海拍电视，拍我到鲁迅墓扫墓献花，鞠了三个躬，还在墓前流连不忍离开。我确实是由衷地认识到鲁迅的伟大。在他早期的小说里描绘了清末民初社会大变革前后知识分子的种种色相，既有孔乙己、陈士成这类仕途热衷者和没落者；更有“狂人”、夏瑜、魏连殳、吕纬甫这类在封建专制重压下经历了觉醒、挣扎、追求、斗争、牺牲以至落荒而走者；也有“假洋鬼子”那种投机者，涓生那样的“梦游者”。我们看到鲁迅如炬的目光，对传统知识分子的鞭辟入里的分析和精当的历史评价。

鲁迅的伟大之处就在于他对中国的现状和历史了解得最深刻、最透彻。

我们还要学习鲁迅的做人。他没有丝毫的奴颜媚骨，他有最为独立的人格和操守。他关心国家，忧国忧民，爱憎分明，从来不见风使舵，不投机。这就是鲁迅精神。

张洁宇 您从新中国建立后一直在高校工作。1950 年在震旦大学，1952 年起至今在复旦大学任教，虽然中间经历了您一生中最为痛苦的二十五年。能不能简要介绍一下您主要的研究方向？

贾植芳　我是1950年秋天到震旦大学教书，那时我是一个“进步教授”。在上海的历史舞台上，我就是一个“演员”。根据“革命需要”，我在不同的时期担任不同的角色。刚解放，我是“进步教授”，1955年以后，我变成“反革命分子”了，1980年平了反，去年又给我评了一个“文学艺术基础贡献奖”。

在震旦我第一学期讲一门苏联文学，每周两个钟点，拿二十元钱。第二学期又加了一门现代文学作品选读。1952年院系调整，震旦大学是法国人办的天主教教会学校，被取消了，我就调到复旦大学。

我刚到复旦时是担任中文系教授，又兼新成立的中国现代文学教研室主任，这是学习苏联学制的产物。这个教研室过去是没有的，为了适应新民主主义革命历史教育，现代文学史也被重视起来，成了一门专业性学科。但现代文学史的教学必须被纳入整个革命史教育的轨道，也是作为这门学科存在的前提，这对于我们这一代自身参与了新文学史的人来说，是一个很大的考验。其考验的结果，就是要摒弃个人阅读与写作经验以及文学史本身的发展事实，使之成为现代政治斗争学说的一个注脚。当初教课时还没有统一的文学史课本，我在课堂上下说话都比较随便，任意谈出一些对现代作家作品的个人看法，也酿成了以后被揭发为“宣传胡风思想”、“毒害青年”的“罪行”的证据。

我在复旦开设了四门课，“现代文学作品选读”和“苏联文学”，那是在震旦时开过的。后来又加了一门“世界文学作品选读”和一门“写作”。

从1952年8月到1955年5月，在复旦的将近三年的时间里，总的说来，无论是与师友相处，与学生相交，无论教学、写作，还是个人生活，都是比较愉快的。我一生颠沛动荡，很少有连续几年以上的安定日子，而这几年的教书生活，对我来说是难能可贵的。当然，作为胡风的朋友，作为一个对人生与文艺有独特感受的知识分子，当时的大气候给人带来的压抑与学校里的愉快气氛正好成为一种对比。我指的是一年胜过一年的批判胡风的暗潮，虽然起初还仅仅局限在文艺思想方面，但给人造成的压力决不仅限于此。

张洁宇　可以说，是您参与创立了复旦的现代文学学科，培养出大量的人才，比如陈思和、李辉，从他们的治学思路中不难看出您的影响，比如陈思和提出“重写文学史”，比如李辉研究胡风问题，前者可能受到您的文学史观念影响，后者则干脆是从对您的经历的兴趣开始的吧？现在，复旦的现代文学学科阵容强大，您觉得有什么特别的经验或教训么？

贾植芳 李辉研究胡风冤案，是和我有关。他那时常来，我和朋友们喝酒他也参加，认识了一些人。后来我给他写了很多介绍信，介绍他认识我哥哥贾芝、牛汉、曾卓等人，这对他的研究有帮助。

至于特别的教训啊，就是我的问题牵连了一些学生啊，和我接近的学生都受了罪，有的开除党籍，有的送到外地劳改。他们又不认识胡风，就是因为接近我就受牵连。我教书三年和很多学生建立了很深的友谊，大家经常一起聊天、喝酒，后来这些都被说成是"拉拢学生"、"腐蚀学生"。但后来我被捕入狱，这些都成了我在复旦大学搞"阴谋活动"的"罪状"，和我比较接近的同学，也给扣上一顶"胡风影响分子"的帽子受苦受罪，一共牵连了二十几个学生。这是最让我难过的事情。

张洁宇 还是谈谈经验吧。我记得您曾经批评当年关于胡风那些材料中有些违背史实之处，没有进行考证和查实。我觉得特别有意思的是，您是以一种很超脱的心态来谈这个问题的，而且您还指出，这种"以主观需要来剪裁史实"的学风，"影响了一代人的思维方式、价值观念与学风，遗祸无穷"。这让我想起您在70年代末80年代初被安排在复旦大学中文系资料室，做了很多资料方面的工作，那时编的很多资料——比如《赵树理研究专集》、《闻捷研究专集》、《巴金研究专集》、《文学研究会资料》等等——到现在都是我们研究的重要依据。您能否谈谈这种重视史料的态度与当下学风建设之间的关系问题？

贾植芳 20世纪70年代末，在新的政治形势下，有关方面以"未再发现新的罪行"为由，让我告别了十多年的体力劳动，到中文系资料室坐班。当时为了清除此前以一时的政治需要，人为地干扰破坏使许多珍贵史料被摧毁、历史被任意地篡改的流弊，出于专业教学和研究的需要，在全国开始大规模的现当代文学资料的搜集和整理，我先后以"中国现代的文学社团资料丛书"编委身份参与了几部大型资料的编纂工作。

编书是一门学问，不是简单地把一些资料搜罗在一起就完事，需要编者有深厚的学术功底。我想既然是研究性的书籍，就应该从文献学的角度，以历史的观点从事编辑工作。无论是作家自己的自述性作品的选录还是评论家的评介文章的收用，必须严格地采用初次发表时的原文，才有真正的学术意义和历史价值，符合古往今来编辑研究性资料书籍的一般惯例。

我当时特别强调一个编辑原则，就是“在选文内容上应比较客观、全面，应打破‘三讳说’”，即“为尊者讳，为长者讳，为贤者讳”，“从学术研究、历史观点的严格要求出发”。是想有意纠正一些由于政治原因所造成的谬误、残缺不全，甚至编造历史的现象。

学术上有许多东西是会速朽的，但史料工作永远不会过时。搜集发掘、整理保存现代文学史料，是我们义不容辞的责任，而资料又是学术的基础工程，没有比较扎实、丰富的资料储备，很难设想会有高质量的学术成果。

现在有些不良的研究风气，有些人置基本的研究程序于不顾，避重就轻，不愿在繁多的第一手材料上多花力气，或辗转引用，或断章取义，争走捷径。做资料工作要有坐冷板凳的坚忍毅力，不能急功好利，更容不得半点浮躁。搞理论的人要重视史料工作，搞史料的人也要提高理论素养，从事各种断代性文学史料学的学者之间也要多交流。

张洁宇　您除了文学创作、学术研究之外，还是一位翻译家。从 1949 年翻译恩格斯的《住宅问题》、奥勃伦的《尼采传》，到 1950 年编译《人民民主主义长成和发展》和《中俄袖珍字典》，以及后来的《俄国文学研究》、《契诃夫手记》等等。可以说，在翻译和比较文学领域您的贡献也是人所共知的。请您谈谈您多年从事翻译的最大的心得和体会。在您看来，翻译引进外国文学，是否有利于中国文学创作和研究的发展？

贾植芳　当然是有利的。从鲁迅开始的那一代现代文学作家，无不从翻译文学中吸取到珍贵的养料。可以说，没有翻译文学也就没有自“五四”发端的中国现代文学。翻译文学理应是中国现代文学的一个有机组成部分。

复旦大学中文系率先开始比较文学课程，设立了教研室。我从 1981 年底在全国开始招收比较文学硕士生，确定“20 世纪中外文学关系史”的研究方向，主持“20 世纪中外文学关系资料汇编”等科研项目，参与组建中国比较文学学会和上海比较文学学会。

我认为，比较文学的一个基本精神是开放与交流。中国现代文学固然是对传统文学的继承，但还是“五四”开放和接受外国文学影响的结果。马克思主义也是在当时开放性文化环境下引进来的。

20 世纪初，我国一些先进知识分子，在严复、林琴南、梁启超等人译介外国社科理论和文艺著作的推动下，注意到中外文学的对比和互证。比如鲁迅的《摩罗诗力说》就把屈原和西方浪漫派诗人作过比较。最初运用这种方法来从事文学研究，并不是自觉的，所凭借的仅是感性认识。30 年代，更多的人开始运用比较研究的方法，既有对西方文艺理论、批评方法的介绍，也注意到东西方文化之间的异同与比较。新时期以后，比较文学终于形成了一门独立的学科，现在的研究偏重于运用超越民族与国家界限的比较方法研究我国古典文学、现代文学、甚至当代文学，把它们纳入世界文学的框架中加以研究和评价，都是很有价值和启发性的工作。

张洁宇　感谢您接受我的采访，您的学识、性格与精神，能给新一代的学人很多有益的启示。再次谢谢您！

“路漫漫其修远兮，吾将上下而求索”

——刘纲纪先生访谈录

聂运伟

刘纲纪先生，武汉大学哲学学院教授、博士生导师，前中华美学学会副会长，1933年出生于贵州。1956年北京大学哲学系毕业，分配到武汉大学，一直从事哲学、美学的教学和研究，在马克思主义哲学、马克思主义美学、中国美学史、中国书画史论、中国传统思想文化及西方现代美学方面，均有深入独到的研究成果。其代表性著作有《中国美学史》（第一、二卷）、《艺术哲学》、《〈周易〉美学》、《“六法”初步研究》、《龚贤》、《书法美学简论》、《文徵明》；代表性论文有《关于马克思论美》、《实践本体论》、《马克思主义美学研究与阐释的三种基本形态》、《毛泽东〈在延安文艺座谈会上的讲话〉解读》等。本刊特委托湖北大学文学院聂运伟教授，就中国当代美学问题求教于刘纲纪先生，并整理出这篇访谈录，以飨读者。

一、安顺　未名湖　珞珈山

聂运伟　刘先生，您是中国当代著名的美学家，亲历了半个世纪以来中国美学界的风风雨雨，所以，我想这次采访一定是一次有趣的人生和美学巡礼。据说您一生有三个地理坐标：贵州安顺、北京大学、武汉大学，它们是您生命旅程中的三个驿站，其间的生命感受肯定各具特色，若把它们作为三个纯粹审美对象，不知您是否会作出等量齐观的评价？

刘纲纪　（笑）纯粹美只存在于康德的想象中。坦率地说，我钟爱北大，钟爱未名湖。今年北大哲学系出了一本系友回忆录，名为《苦乐年华》，我也写了一篇，题目是《说不尽的感谢》，就两个意思，一是“逝者如斯夫，不舍昼夜”，时光过得太快太快；二是谢谢北大的老师和同学们，他们永远是我记忆中最瑰丽的珍宝。

聂运伟　我很理解您对北大的一片深情。在中国现代历史上，北大代表着理想的开端和归宿。当您从偏僻的贵州奔向北大的时候，是否就有了研究美学的志向？

刘纲纪　我对美学的喜爱说来话长。小时候，我喜欢书画、诗歌、音乐，十三岁时，还拜了一个私塾老师学绘画，老师叫胡楚渔，贵州遵义人，他的画很有创造性。在他的影响下，我有了当画家的想法。父亲不赞成，因为当时的艺校收费很贵，又得不断购置绘画材料，家里的经济承受不了。学不成绘画，又摆脱不了对绘画的喜爱，我就在课余的时候跑到县图书馆里去，找来一些绘画史和绘画理论的书，囫囵吞枣地读起来，如《石涛画语录》等。由绘画理论到一般艺术理论再到美学理论，这个兴趣的发展过程是自然的，也是逻辑的结果。我读初二的时候，班主任很赏识我的读书兴趣，常常借书给我看，并在贵阳买了本朱光潜先生的《谈美》送给我，这本书是我接触美学的启蒙读物。进入高中后，我又对哲学发生了兴趣，开始了解和崇敬美学、哲学方面的名人和学者。

聂运伟　从您的成长经历看，当年的贵州在文化上看来并不封闭。

刘纲纪　我青少年时期恰逢抗战，许多文化人逃难到贵州安顺，把进步的新文化传播到我的家乡。巴金的《家》、艾青的诗，给了我走出封闭的最初冲动，对美学、哲学的兴趣又强化了"五四"启蒙思想对我的影响。解放前夕，我开始接触马克思主义读物，如艾思奇的《大众哲学》，对现实怀疑、不满，算是一个思想左倾的学生吧。

聂运伟　您为什么要将北大作为高考的首选学校呢？

刘纲纪　1952年，我高中毕业之时，全国高校正在大搞院系调整，原来全国高校各个哲学系的著名学者大都集中到了北大，从当年的招生目录上看，只有北大哲学系招生。我当时的想法其实很简单，要研究美学，就得学哲学，考上北大哲学系，我就到了北京，就可以看到我所崇敬的哲学、美学方面的名流学者，也可以有机会到故宫博物院去看我非常喜爱的中国历代书画原作了，所以，我决心为考上北大而奋力拼搏，结果真的考上了。这自然是我个人人生道路上的一大转折，一大幸事。

聂运伟　前不久，我读了台湾学者傅伟勋从1988年至1995年间给您写的二十七封信札，其中有对您学术造诣的高度评价，也有对您书画兴趣的生动描述："刘纲纪是今日大陆美学界的佼佼者……他又擅长书法，他在我面前当场挥毫，书下柳宗元的一首《江雪》：'千山鸟飞绝，万径人踪灭；孤舟蓑笠翁，独钓寒江雪。'并赠我留念，至今挂在我的客厅门上。他的书法有独特的个性，有'天马行空'之势，颇富奇才之气。"您到北大学哲学，是否依然没有放弃对中国书画的兴趣？

刘纲纪 就兴趣而言，对中国书画的喜爱，我是终身未改，在我家里，书案远大于书桌。就美学研究而言，西方的传统偏重哲学，中国的传统更强调敏锐的、丰富的艺术感染力和艺术感受力。在关注文学艺术现象这一点上，我确实深受中国传统的影响。在北大读书时，我还参与创办"北大诗社"的工作，邀请丁玲、艾青、田间、臧克家来讲演，我们自己也写诗，出诗刊，还让外文系的同学翻译外文诗歌，搞得很红火。记得谢冕的诗歌处女作就是在我主持的"北大诗社"的诗刊上发表的。中国老一辈研究美学的学者，其实都精通某些艺术门类，有很高的艺术品位。像邓以蛰、宗白华、马采、王朝闻等先生，都可谓艺术鉴赏大家。从他们的言传身教中，我受益匪浅，也正是因为书画，我得以更多地接触了这些著名学者。

聂运伟 您从北大毕业后到武大，一开始就讲授美学吗？

刘纲纪 我是当时的武汉大学校长李达要到武大的，他要我跟他搞辩证唯物主义，我说我想研究美学。李达很开明，他说武大哲学系也是要开美学课的，你干脆回北大再进修美学吧。这样，我在武大只呆了两个月，1956年下半年重返北大进修美学，直至1958年上半年才又回到武大。回来后，我就自编美学讲义，开办美学讲座。1962年，又到北京参加王朝闻先生主持的《美学概论》一书的编写工作。"文革"结束之前，因极左思潮的影响，我的美学研究无法系统展开，"文革"结束后的二十余年，中国学术研究迎来了春天，我也在珞珈山下为中国的美学事业贡献了绵薄之力。

二、薪火相传

聂运伟 刘先生，在汉语文献中，尽管早在1904年，王国维就在《〈红楼梦〉评论》一文里使用了"美学"这个概念，其后几十年，虽有少数学者研究美学，但大学里却一直没有开设美学课。您在北大念书时，上过美学课吗？

刘纲纪 没有。在我毕业之前，北大哲学系始终没有开过美学课，连讲座也没有。

聂运伟 为什么会如此呢？"五四"以来中国美学界的前辈学者当时

都在北京，邓以蛰、宗白华、马采在北大哲学系，朱光潜在北大西语系，王朝闻、蔡仪也在北京工作，北大不开美学课的原因究竟何在呢?

刘纲纪　要说原因，我想一是当时还不认为美学有什么特别的重要性，二是因为即使想开美学课也还没有苏联专家的著作为范本。后一个原因可能更重要。在向苏联"一边倒"的背景下，除了中国哲学史课程外，其他的课程基本上是在当时苏联哲学的框架下讲的。虽然这时北大哲学系集中了许多曾留学海外专攻西方哲学的著名学者，但这门课自始至终没有中国学者参与。所以，我认为当时没开美学课的原因，不是因为没人授课，而是谁来讲、怎么讲的问题一时难以解决。现在回想起来，邓以蛰、宗白华、马采先生之所以从不因我的叩门打扰而厌烦、不快，相反，总是热情接待我这样一个热爱美学和中国书画的青年学生，这说明他们关心呵护青年一代的成长，同时也折射出他们内心的焦虑，他们一生从事的美学研究已被弃置一边，他们是在默默地瞩望着中国美学的后继者们。

聂运伟　上世纪五六十年代，中国哲学研究在诸多领域都是在"克隆"苏联的哲学话语，相比之下，1949年后的中国美学，情况很有些特别，虽然确立了马克思主义的主导地位，但在对美的本质的讨论和美学方法论上，中国美学显然有自己的相对独立性，如50年代的美学大讨论，以实践为本体的审美本质论就历史性地超越了苏联人以认识为本体的反映论美学；在美学方法论上，中国传统哲学、美学的方法至少也是一种潜在的存在。具体地说，"五四"以来美学研究的传统在新的历史条件下仍在延续，这也是80年代中国美学大繁荣的学理性基础和知识学背景。

刘纲纪　中国马克思主义美学的产生直接受到苏联的马克思主义美学的强烈影响，但实际上，中国当代美学的主流是建立在马克思主义实践观基础上的，大不同于苏联忽视实践、只强调精神是物质反映的那种美学观。苏联马克思主义美学有其不可否认的合理性，但它并未能够正确深入地理解审美与艺术区别于一般哲学认识论所谓"认识"的根本特征。在整个苏联美学中，"反映"始终被看做是比"实践"更重要、更根本的东西，因此它也就不可能越出本质主义的反映论、认识论美学的理论框架和对"现实主义"的片面理解与推崇。

中国传统的美学是艺术家的美学，不同于西方哲学家的美学。"五四"以后，西方哲学家的美学理念和方法引进国内，朱光潜先生的美学研究和马克思主义美学的引进开启了中国哲学美学研究的新天地。但是，就像西方也有诗性哲学一样，中国艺术家美学的理念和方法在“五四”之后依然有着顽强的生命力，如宗白华、王朝闻的美学研究。在某种意义上，这两种传统的融合，不仅是美学课题，更是马克思主义中国化、中国文化世界化的大课题。

聂运伟 就美学研究而言，您对上述两种美学理念和方法都有所承继，这一点在您众多研究中是很明显的，这也体现在您和上一辈的美学家的交往方面，请您谈谈这方面的情况。

刘纲纪 我主要谈谈和宗白华、朱光潜、王朝闻三位先生的交往。我在北大念书的时候，宗先生住在未名湖畔健斋的二楼，那是我常去的地方，有时晚上九十点钟，兴头来了，也跑去拜访。他收藏有许多珍贵的书画，对我有极大的吸引力，现在想来，在交谈中，我得到了知识的熏陶，当时无课可上的先生或许也得到一种快慰。我感到宗先生虽然不是一个喜欢交际的人，但却是一个热情而健谈的人。他对康德、歌德有深入独到的研究，对中国传统哲学也有深刻的思考，特别是对《周易》的研究颇深。他原是诗人，喜欢用散文的形式表达思想。研究宗先生的美学思想，看似容易，其实很难，对传统文化、对宗先生的思想缺乏深度的了解，就很难将他的言简意赅的思想讲透。我觉得，在对中国美学特征的体悟上，他比朱光潜先生要深入一些。

在北大的时候，我没有拜访过朱光潜先生，当时有一个很简单的想法，宗先生是哲学系的老师，我作为哲学系的学生去拜访，先生不会拒绝，朱先生是西语系的，他是否乐于接待我呢？直到1958年看到朱先生翻译的黑格尔《美学》第一卷，觉得黑格尔《美学》的翻译出版是中国美学界不可小视的一件事情，我给朱先生写了一封信，向他表示祝贺与感谢，他也回信给予我鼓励。1962年，我到北京参加王朝闻主编的《美学概论》，王先生请朱先生为编写组的同志专门讲美感问题，这是我第一次见到朱先生。我感到他的论述十分精到，且是一位可亲可敬的老师。随后，我去燕东园拜访他。我记得朱先生很热情，很关心我，和我谈了不少事情，还希望我努力学习外语，但说来惭愧，我学了英、德、俄三种语言，没有一种是坚持学通了的，只能借助字典吃力地阅读。现在我还保留着他给我的几封信。朱先生在介绍西方美学方面做了很多的工作，对中国美学学科的建立起了重要的作用。他的思维和表达方式都是西方分析性的，这一点和宗先生不同。另外，就对西方美学的吸收来看，朱先生接受维柯、克罗齐的东西较多，宗先生主要是承继了德国美学的传统。上世纪 50 年代,朱先生的美学思想转向马克思主义的实践观,这是一个了不起的自我超越。

我与王朝闻先生认识得较早,读书期间,我开始发表一些美术理论的文章,引起了他的注意。他常常让我参加一些学术活动,从编美学教材看,他是主编,是我的上级,从年龄上讲,他是我的前辈,但我们又是"忘年交",直到现在还经常联系。王先生本来是搞雕塑的,《毛泽东选集》上毛主席的雕像就是他的杰作,我以为在所有毛泽东的画像中,这个是最成功的。他是一个完全中国化的美学家,善于从平凡的现象中看出美的东西来,作品美还是不美,他往往能讲出许多道理来。有人以西方哲学家的美学来评判王朝闻先生的美学思想,这是隔靴搔痒。他继承的是中国艺术家美学的传统,他的艺术评论不同于一般的艺术评论,能在具象化的评论中提出带有普遍性的美学观点。"文革"结束后,我提议将他的论文编成集子,后来,上海文艺出版社出版的他的三卷本的论文集,就是我帮助编的。

聂运伟　听了您的这么多回忆,我想,可用"薪火相传"一词来描述中国当代美学的发展过程,其中某些内在的东西,既充满矛盾,又充满张力,推动了当代中国美学的发展,但怎样从理论上说清这一点?

刘纲纪　说简单一点,如何接受、消化西方美学资源,使之本土化和如何发掘、阐释中国传统美学资源,并使之世界化,这是一个完整命题的两个方面,我的立场就是以马克思主义的实践美学对此加以研究。

三、关于实践美学

聂运伟　1995 年,在答《中华美学学会通讯》记者问的时候,您说自己的美学研究思路是:"首先是作一些哲学研究,把马克思主义哲学搞清楚。只有搞清了马克思主义哲学,美学研究才能有科学的理论基础。在马克思主义哲学的本质问题上,我是主张实践本体论的。更准确地说,应称为社会实践本体论。近期内的目标就是争取对社会实践本体论作一些论证。然后,在此基础上,尝试整合中西美学,对现当代美学问题的解决提出一些看法。"您的研究思路有什么变化吗?

刘纲纪　这一点是永远不会变的。我理想中的美学需要符合五个条件:(1)它是以马克思主义的实践观为指导的;(2)它是为人生,为人民群众的;(3)它是批判地吸取改造了西方 19 世纪以来现当代美学的研究成果,回答和解决了它提出的种种问题的;(4)它是继承了中国当代美学的优秀传统,具有中国民族特色的;(5)它是以社会主义、共产主义的实现为根本目的的。其中,第一条最重要。没有它,其余各条就做不到或很难做到。我在上世纪70年代末、80年代初曾致力于毛泽东哲学的研究。毛泽东以《实践论》为他的整个哲学的根本,这比斯大林的哲学要高明得多,和列宁的《唯物主义与经验批判主义》相比也有重要的继承和发展,更符合马克思哲学的精神。80年代后期至90年代初,我从本体论角度研究了马克思主义哲学,1988年发表了《实践本体论》一文,之后又发表了相关的一系列论文。我提出马克思主义哲学的实践观点具有本体论意义,不同意前苏联许多哲学家把马克思主义哲学的本体论仅仅理解为物质本体论。我认为马克思主义哲学既批判继承了过去的唯物主义的自然物质本体论,以之为前提、基础,同时又从自然物质本体论进展到社会实践本体论,并使两者内在地、有机地统一起来,这就是马克思主义哲学在本体论上的划时代的贡献。这一基本观点虽然已包含在马克思的哲学中,但过去没有人如此明确地提出和论证过,也许可以算是一个新观点、新看法吧。与此同时,我还从马克思对人的本质问题的解决的角度提出马克思主义哲学是"以物质的自然界为前提的实践的人本主义"。我的观点发表后引起了我国哲学界的广泛关注,还意想不到地引起了日本《唯物论研究季刊》的强烈反响。

聂运伟 是否可以这样说,只有以马克思主义哲学的实践观为基础,才能构建起真正的马克思主义美学大厦?您能描述这个大厦的基本框架吗?

刘纲纪 我最初学习研究美学,深受毛泽东的《在延安文艺座谈会上的讲话》、周扬译的车尔尼雪夫斯基的《生活与美学》、王朝闻的《新艺术创作论》的影响。到北大哲学系之后,我认识到马克思主义哲学是从批判继承德国古典哲学而来的,而美学在德国古典哲学中又占有很重要的地位。由此可以推想,马克思主义的美学也是从批判继承德国古典美学而来的。依据这样的思路,我对马克思主义美学的研究,经历了一个从马克思上溯到黑格尔、席勒、康德,再返回马克思的过程。经过翻来覆去的思考,也不知写了多少笔记,最后终于形成了我对马克思主义美学的理解,并确立了一个基本的理论构架:实践(首先是物质生产劳动)——创造——自由(在实践创造的基础上,作为一个漫长历史过程来看的人类从"必然王国"向"自由王国"的飞跃)——自由的感性表现——广义的美与审美——艺术。

这一理论构架不同于卢卡奇忽视实践的作用和本体论意义，仅以物质本体论为前提的反映论、认识论美学，也不同于李泽厚忽视黑格尔对马克思主义形成的重大影响，而以康德为主要依据的“人类学本体论的美学”。“马克思主义实践观的美学”，这是我在马克思主义研究上的一家之言，自以为或许有助于对马克思主义美学的实质的理解和马克思主义美学理论体系的建立。我在 1986 年出版的《艺术哲学》一书中对此作了系统详细的论证。我写过许多关于马克思主义美学的文章，但我自己比较满意，认为最能集中代表我的观点的就是《艺术哲学》。

我想在这里顺带说一下上世纪 50 年代开始的美学大讨论。在这次讨论中，李泽厚较早提出要从马克思主义的实践观来解决美的本质问题。可能在时间上差不多，朱光潜先生也很明确地转到实践的观点方面来了。尽管追溯起来，周扬在 1937 年发表的《我们需要新的美学》一文中已明确提出了要从马克思主义的实践观点出发来解决美学问题，把它看做是新美学区别于旧美学的根本，后来毛泽东的《在延安文艺座谈会上的讲话》也是以他的《实践论》为基础的；但在 50 年代开始的美学大讨论再次提出和明确地强调和坚持这一观点，我认为仍然功不可没，并且可以说是中国学者对美学研究的一大贡献。这只要和苏联的马克思主义美学和西方马克思主义美学一加比较就会明白。上世纪 50 至 60 年代，苏联也开始了对美的问题的大讨论，争论的中心问题是：美是自然的产物还是社会的产物？由此形成了所谓“自然派”与“社会派”的对峙。从马克思的实践观点来看，自然与社会既是有区别的，又是不可分地统一在一起的，统一的基础就是实践，因此不可能单从自然或单从社会去说明美的产生。其中属于“社会派”的某些学者（如万斯洛夫）也讲到了马克思的实践观点，但只是为了证明美是社会的产物，而没有认识到不论是社会生活或自然界的美最终都是人类改变世界、创造自身生活的实践活动的产物，没有明确地把马克思的实践观确立为马克思主义美学的根本观点，以消解“自然派”与“社会派”的对立。再看西方马克思主义的美学家，据我所知，没有哪一位学者是从马克思的实践观点出发来解决美学问题的（也许有，但我还不知道）。这是因为他们在哲学上本来就是对马克思的实践观点采取否定或很大的保留态度的，如英国的伊格尔顿主张从“身体”或“肉体”（body）出发来解决美学问题，但和美或审美相关的“身体”或“肉体”显然不是单纯动物性的，而是马克思早就指出的，在人类社会实践中“人化”了的。我们虽然不能脱离人的自然欲求的满足来讲美，但作为马克思主义美学的根本出发点的东西不是自然的"身体"或"肉体"，而是人类社会实践。更何况在西方19世纪后期，我们就已经看到了许多从"身体"或"肉体"出发来讲美学的流派，如生理学的美学、生物学的美学、进化论的美学，以"性"为中心的弗洛伊德的美学，等等。我决不认为这些美学流派毫无可取之处，但能说它们已合理地、科学地解决了美的问题吗？总之，从上世纪50年代开始，世界各国的美学，有哪一个国家的美学像中国的美学这样强调马克思主义实践观点的重要性？没有。我认为这并不是一件小事情。确立了实践的观点，就找到了解决美学中各种争论不休的问题的根本途径，同时也使我们能够批判地认识和理解美学史上一切流派中包含的合理的东西，将它吸收和改造过来，以建立马克思主义的科学的美学。但是，在确立了实践观点之后，随之而来的一大问题是：怎样用实践的观点来解释美的产生和美的本质？这在不同的研究者之间是有不同的想法和看法的。上世纪80年代之前，李泽厚的看法主要集中表现在1962年发表的《美学三题议》一文中。当时我们正在一起参加王朝闻同志主编的《美学概论》一书的编写工作。我感到他的这篇文章虽有新意和创造性，但在理论和逻辑上又经不起推敲。他在此文中提出美是真与善的统一，但实际上并不是所有既真又善的东西都是美的。他又把"善"理解为人的实践活动，这样一来，美作为真与善的统一又成了真与人类实践的统一，美与不美就决定于人类的实践活动是否与真相符合。既然如此，又如何能说美是产生和决定于人类的实践活动的呢？此外，他把"善"理解为实践，看来是以列宁的《哲学笔记》为依据的，但他所引述的话只是列宁对黑格尔《逻辑学》的解读，目的是要从中剥取黑格尔接近实践的思想，并不意味着列宁自己也认为"善"就是实践。实际上，不论是马克思、恩格斯或列宁，当他们论到"善"（不论道德意义上的或一般功利意义上的"善"）的时候，都把"善"和与之相反的"恶"的观念的产生看做是人类社会实践（首先是物质生产实践）的产物，因而也是随着人类社会实践的变化而变化的。人类对"真"的认识也同样是如此。因此，只有首先承认马克思主义认为人类对真与善的认识和依据这种认识而采取的行动都是由人类社会实践的发展决定的，这样才能从实践出发来解决真、善与美的关系问题，并找到美产生的实践的根源。当人类意识到他能通过自己的创造性的活动克服各种困难，掌握客观必然规律以取得自由时，这种自由在人类实践的过程和结果上的感性表现就会引起一种既同功利的满足有关，又与由功利的满足而产生的愉快不同的精神的愉快。这就是原初意义上的美感，也就是康德首先提出，以后又由席勒、黑格尔进一步加以阐明的“自由的愉快”即美的愉快的真正的实质所在，而引起这种愉快的对象，就是在人类在语言中称之为“美”的对象。所以我把美定义为“人类在自身生活的实践创造中取得的自由的感性表现”。李泽厚在《美学三题议》中提出的理论框架，主张美是真与善的统一，虽然也是从马克思主义来讲的，但在我看来已很受康德哲学、美学的影响，也是后来他从80年代初起，不断走向“康德加马克思”的理论思路的最初表现。

聂运伟　近些年来，美学界有了“后实践美学”的提法，其矛头所指的正是实践论美学，您对此作何评论？

刘纲纪　我对“后实践美学”的出现是完全真诚地持欢迎态度的，因为它对实践美学的批评可以推动持实践美学观的人想一想，实践美学有哪些弱点？哪些东西还没有讲清楚？或者我们自以为讲清楚了，可别人还是不清楚。这都有利于实践美学的发展。但是直到目前为止，从读到的“后实践美学”的文章（包含直接点名批评我的文章）来看，我感到其理论缺少学术价值。一是它的理论的建立缺乏对西方哲学史的比较系统准确的理解；二是它没有细读和正确理解与实践美学相关的马克思主义的经典文本；三是以西方现当代哲学（主要是生命哲学和存在主义哲学）作为立论的根据，但却没有比较仔细地研究这些哲学，更不必说以科学的批判的态度去对待这些哲学了；四是对所批评的对象的著作、观点没有如实的、仔细的理解；五是回避由上述各点而产生的问题，滔滔不绝地讲自己主张的观点如何正确，对方的观点如何错误，但却没有理论上和逻辑上的比较周密的论证。给我造成的印象是：作者写文章的目的不是为了进行一种探求真理的学术讨论，而是为了大力宣扬“后实践美学”，以取代实践美学。因此，我除了曾应约在《光明日报》上发表过一篇对“后实践美学”作了概略性的评论文章之外，以后就没有再写和“后实践美学”进行讨论的文章。有时觉得应当回应一下别人对我的批评，但总是下不了决心提笔写。今天你问到我如何回答“后实践美学”的问题，我想完全撇开它对实践美学的批评，如认为马克思主义是一种理性主义之类不谈，单来说它的正面的主张。如它认为审美属于超理性活动，超理性指超经验的形而上领域，这样一来审美活动就是超经验的活动了。我不否认审美可以使人得到某种哲理上的感悟，但离开了对对象的感觉经验怎么可能有审美活动呢？如果审美活动是超经验的，为什么西方20世纪会有那么多以“审美经验”为研究中心的美学呢？再说到“理性”，我认为世界上只有人才有“理性”，离开了人就没有什么“理性”可言。而且这种理性不论看起来如何抽象，如何“形而上”，最终都是发源于人的以实践为基础的感觉经验的。既然如此，“超理性”、“超经验”是什么意思？是否说世界上存在着一种与人和人的实践经验无关的“理性”？我认为只要我们愿意面对事实，答案就只能是否定的，再如它认为超理性就是自由精神，只有通过超理性才能通向自由，这也是很奇怪的。我们的“神舟五号”上天无疑是我们在航天上取得了自由的表现，但它是不是“超理性”的结果？那么多的研究航天的科学家夜以继日地进行测量、设计、试验，生怕哪一个最小的数据出了差错，他们的活动是一种“超理性”的活动吗？就人的生存来说，能说只要“超理性”就能获得自由吗？诸如此类的理论，都是从西方现当代哲学中搬过来的，但在西方，它还或多或少包含了反抗由资本主义发展而来的理性对人的自由的压制的意思，并且有较系统严整的论证；在今天的中国，则不过表现了市场经济条件下的一部分人想追求一种不受任何理性约束的绝对自由，这当然是一种幻想，从这样一种“自由”里是产生不出真正有意义、有价值的美来的。

聂运伟　一个学者的生命力就在于他是否留下了值得人们不断讨论、争论的问题。在许多学术会议上，每每看见年轻学者与您讨论不休，我都会联想到马克思笔下那个无法被彻底打倒的“黑格尔”的形象。

刘纲纪　我从事学术研究是以追求客观真理为最高目的，我一向强烈反对在学术上搞宗派，而且从不考虑自己怎样才能在理论上“独树一帜”，只考虑我的看法是否合乎真理，是否能经得起反驳。因此，我乐于听取各种不同的批评意见，如果我认识到自己的看法的确错了，我就改正，决不为了能“自成一家”而继续坚持已被证明是错误的观点。对于别人的观点，包括我自己多年的老朋友的观点，如果我觉得是错的，而且事关重大，我也同样会公开地提出批评。你提到黑格尔，在西方哲学史上，除马克思以外，我最崇拜的哲学家就是黑格尔，受他的影响最深。我常在马克思与黑格尔之间来回运动，有时为了理解马克思而读黑格尔，有时又为了理解黑格尔而读马克思。黑格尔是古今罕见的大思想家，我是远远不能同马克思笔下的那个永远打不倒的黑格尔相比的。在学术上，从青年时代开始，我的最高目标就是做马克思主义的一个忠实的阐释者，我努力要做的阐释，是一种我认为有深度的、有独到之见的阐释。

四、关于中国美学

聂运伟 对中国古代美学的研究，您花的气力最大，成果的影响也最大，对此，您作何评价呢？

刘纲纪 最早比较系统地思考研究中国美学史，要追溯到我在1962年参加王朝闻同志主编的《美学概论》的编写。那时这书的绪论设有一节讲"美学史上的唯物主义与唯心主义的斗争"，西方美学部分是由刘宁同志写的，中国美学部分则分给我来写。由于中国美学和中国哲学史是密切相关的，所以稿子写出来后我还请我在北大时的老师任继愈先生审定，得到他的认可，以后又在编写组内传阅修改和经王朝闻同志审核同意，印入了《美学概论》(讨论稿)。"文革"后我参加修改此书时，考虑到种种情况，绪论中的"美学史上唯物主义与唯心主义的斗争"这一节全部删去了。

1980年，我参加李泽厚主编的《中国美学史》的写作，开始我只承诺写某些部分，以后他极热情地要我和他一起主编，实际上全书都是我独立撰写而成的，他只负责通读、审阅我写的稿子，并且只作了极个别的文字上的更动。即使我的观点与他的观点不同的地方，他也不作改动。全书只有绪论的最末一段是由他加上去的。此书之所以能较快地写成，和他对我的热情的鼓励和不断的催促分不开。我写完一章就寄一章给他，当时他自己正在写收入《中国古代思想史论》中的文章，后来我感到在某些文章中他参考吸收了我写的稿子中的一些看法和材料。讲到对这部书的评价，我认为它的意义主要在于不仅填补了"五四"以来还没有一部系统的《中国美学史》的空白，并且注意尽可能作一种较深入的哲学解剖和贯彻马克思、恩格斯提出的历史与逻辑相统一的原则。在写这部书时，我还多次翻阅黑格尔的《哲学史讲演录》，因为黑格尔此书的写法也是以历史与逻辑的统一为原则的，尽管它的哲学基础是唯心主义的。在体例上，我参考了冯友兰先生的《中国哲学史》，即先大量引用原始的文献资料，然后再加评说。在这过程中，我发掘出了不少过去被忽视了的资料，而且凡是我觉得与美学有关的人物的思想，我都写进去了。如东晋的佛学家慧远，我认为他的思想也与美学有重要的关系，所以就用一个专章的篇幅来讲他。我当时有一种想法，要趁写这书的机会，尽可能详细地把和中国美学史有关的文献资料集中起来。这样，即使读者不同意我的分析，我总还为他提供了资料。除《中国美学史》外，我还写了一系列关于中国美学的文章和《〈周易〉美学》这本书。从文章说，值得一提的是我把中国古代美学划分为六大思潮：儒家美学、道家美学、楚骚美学、玄学美学、佛学美学（主要为华严宗与禅宗，特别是后者）、明中叶后已具有近代人文主义气息的自然人性论美学，并对每一思潮的基本特征作了阐明，指出它们既各不相同，又相互影响，相互渗透，由此形成中国古代美学多样的变化与发展，这对分析把握中国美学的整体发展也许可供参考。《〈周易〉美学》一书，我尽可能详细地分析了《周易》一书所蕴含的重要的美学思想，包括卦象的构成在美学上的意义。但从大的方面看，主要有两点，一是指出中国美学是一种以天地阴阳变化为本的生命美学，二是指出中国美学对艺术创造与现实的看法不是古希腊的"模仿说"或西方现代的"表现说"，而是主体与客体"交感说"。

聂运伟　在对马克思主义美学中国化的思考中，毛泽东的《讲话》似乎是您特别看重的一个理论文本，在《马克思主义美学研究》第6辑(2002)、第7辑(2003)上，您连续发表了两篇文章《〈讲话〉解读(上)》和《〈讲话〉解读(下)》，估计有七八万字吧，花了这么多的精力，想必您有什么深层次的考虑？

刘纲纪　我的考虑是，一是《讲话》看似好懂，没有什么艰深难解之处，但其中又包含着深刻而丰富的、至今仍有重大理论意义和实践意义的思想，非常需要作深入的解读；二是因为《讲话》发表以来，中国和世界的情况都发生了巨大变化，因此需要做出新的解读，使《讲话》包含的极为深刻而丰富的思想不至于湮没在五花八门的各种思想中，而能在新的历史条件下得到坚持和发展。

但要对《讲话》做出新的解读绝不是一件容易的事，因为它必然要涉及与文艺相关的众多问题，而所有这些问题在现在又都是充满争论的。所以，我从以下几个方面进行了解读。第一，从《讲话》与马克思主义的联系来解读；第二，从《讲话》发表的历史背景来解读；第三，从《讲话》的发表对解放区和国统区的文艺的影响来解读；第四，从《讲话》与当时苏联的文艺理论、美学的比较中来解读；第五，从《讲话》与西方马克思主义的文艺理论、美学的比较中来解读；第六，从《讲话》与西方马克思主义之外，其他现当代文艺理论、美学的对比中来解读；第七，从《讲话》与中国传统的文艺理论、美学的联系中来解读。总之，这种解读要直面当代的各种思想，决不回避任何问题。此外，这种解读决不否认过去所作的解读已取得的成绩，特别是王朝闻同志的解读包含了许多很深刻、很精彩的思想，所以我近来又在阅读他的著作，希望把他的这些思想吸取融会到我的解读中来。

聂运伟 我觉得您对《讲话》的阐释还有一个目的，就是想把以毛泽东思想为代表的中国马克思主义美学与苏联马克思主义美学、西方马克思主义美学之间的原则性区别从理论上讲清楚，能具体谈谈吗？

刘纲纪 我在《马克思主义美学研究与阐释的三种基本形态》一文中把马克思、恩格斯去世之后马克思美学研究与阐释的基本形态区分为苏联的、西方的、中国的三种，并论述了它们之间的区别。尽管我的这种论述还是纲要式的，不少问题只简略地说了个大概，但我自己觉得这三种基本形态的区分是有根据的，能够成立的。我并不否认苏联的、西方的马克思主义美学都各有它们的贡献，但以毛泽东的《讲话》为代表的中国的马克思主义美学确实又与它们不同，它有优于苏联的和西方的马克思主义美学的地方。以毛泽东的《讲话》为代表的中国马克思主义美学的产生，就是毛泽东所说的马克思主义的普遍真理与“五四”以来中国文艺发展的具体实践相结合的产物。它不同于苏联和西方的马克思主义美学的特征，集中到一点，就是我已说过的，鲜明地确立和深刻地论述了“以人民大众为本位的马克思主义实践观的美学”。毛泽东不论讲文艺的源泉、文艺对生活的反映、文艺的功能等等问题，都是以他的《实践论》为基础来讲的。而他所说的“实践”的中心又是指人民群众改造旧世界、创造新世界的革命实践。因此，在他的思想中，实践观点和文艺为人民大众服务的观点是不可分地统一在一起的。他的这种美学也可表述为以马克思主义实践观为基础的人民大众的美学。当然，《讲话》也有它的不可避免的局限性。但就是它的那些有历史局限性的观点，也包含有值得我们继续进行研究的思想。如《讲话》提出的文艺服从于政治、为政治服务的思想，今天看来是不够科学的。但与此同时，它又极其鲜明地提出了文艺与政治的关系这个我们至今仍然需要予以深入研究的重要问题。把文艺与政治互不相容地对立起来，视政治为文艺的死敌，我认为这是不符合从古至今中外文艺史上的事实的。在这个问题上，我倒是赞赏属于西方马克思主义美学的一些学者，他们不仅不讳言这一问题，而且还把它作为一个重要问题来加以研究，尽管我对他们研究所得的结论并不完全赞同。就在这个问题上，我认为毛泽东的理论也有比西方马克思主义的讲法更合理、更深刻的地方。如他不把“政治”简单等同于“权力”，强调马克思主义所讲的政治不是少数人的政治，而是集中反映千千万万群众利益的政治，因此，文艺的政治性与真实性能够统一。这在今天看来，也仍然是正确的。

聂运伟 您认为毛泽东建立的以实践论为基础的人民大众的美学在今天需要大力坚持和发展，但对于怎样发展，你有些什么看法和设想？

刘纲纪 我很乐于比较详细地谈谈这个问题。这个问题显然和我们今天讲的理论创新密切相关。对于马克思主义，我们既要坚持又要发展。但我认为这种发展应当坚持理论联系实际，从实际出发的原则，不是脱离实际地去生造一些新名词、新概念，或作一些抽象晦涩的概念上的推论。这里可以附带说一下我的一次写作经历。记不得是哪一年了，人民出版社的程亚明同志约我为她主持策划的"大学哲学丛书"写一本美学，我答应了，并且决心要对我自己过去已经建立的理论框架有所突破。于是我就大量阅读西方现当代的各种哲学、美学著作，又重读马克思主义的经典文本，写了许多笔记，在理论的建构上拟出大纲、方案，并动手写作。一稿又一稿，加起来我想恐怕至少有 20 多万字了，但始终感到不满意，觉得还是跳不出我原先已有的理论构架，实际上也就是觉得原先的构架还是有道理的，难以突破。写作时间整整延续了十年（其中自然也还作了一些别的事），最后只有不了了之。现在回想起来，如果不是一个劲地想搞什么新的理论构架，而是把注意力放在多多研究思考当代社会历史条件下审美与艺术的实际所发生的种种新变化，努力来从理论上说明这些新变化，解决实际生活所提出的各种新问题，也许就能写出一部较好的著作，原先自己的理论构架也可能在基本不变的情况下，更完善、清晰和有血有肉一些。这次写作的流产说明我受黑格尔的影响太深，把理论体系的建立看得比对现实的实际问题的思考解决更重要。有了这次教训，所以你现在问我今天要怎样来发展马克思主义实践观的人民大众的美学，我首先想到的就是要坚持从实际生活所发生的重大变化，以及由这种变化引起的审美与艺术的变化出发来解决这个问题。据我看来，我们过去讲的实践美学是革命战争年代及其后以阶级斗争为中心、实行计划经济体制下的美学，现在我们所讲的实践美学，则是以经济建设为中心、实行社会主义市场经济条件下的美学。如何既继承前者已取得的成果，又向前推进它，使之与建设中国特色社会主义的新的历史时代相适应，我认为就是实践美学在当代发展的关键、根本。在邓小平提出改革开放、发展社会主义市场经济之后，中国社会发生了巨大深刻的变化，相应的，人们的审美观念和艺术也发生了巨大深刻的变化。我认为最大的变化就是个体摆脱了过去对国家、“单位”的依赖而取得了独立，这确实是中国近代以来走向现代化的过程中所发生一个空前巨大的变化，没有这个变化，中国就不能成为一个富强、文明、民主的现代化国家。但是，市场经济的实行使个体摆脱了对国家、“单位”的依赖而取得了独立，这又使人们产生了种种困惑。这是因为，从一方面看，市场经济的发展和个体的独立为每一个人的发展打开了广阔的天地，使每一个人都能发挥自己的聪明才智去创造富裕优越的生活；但从另一方面看，上述个体的独立化又是与市场经济下劳动力（包含体力与脑力）的商品化分不开的。就业不再像过去那样由国家的“分配”包下来，而是通过“人才市场”来解决，因此，和过去相比，每一个个体虽然获得充分发挥自己的聪明才智的广阔天地，但人与人之间的生存竞争加剧了，人的生存的机遇性、偶然性增长了，不同的人所从事的职业和拥有的财富对各自生存状态的影响空前地凸显出来了，由上述变化引起的，是令人感到深为困惑的审美意识与艺术的变化。这种变化的最引人注目之处，就是相当多的人把拥有金钱，使个人的物质消费和感官生理欲望获得最好的满足视为“美”。这样一来，过去那种把个体为群体、阶级、国家、民族、人类的解放而献身视为最高的美的观念发生了动摇，甚至遭到嘲笑，“消费主义”和弗洛伊德式的“快乐主义”膨胀起来，使审美与艺术出现了种种庸俗化、低级化的现象，过去实践派美学自以为至少已在基本上做出了科学回答的“什么是美”这个问题也成了一个令人深感困惑的问题。去年出版的《健康与美容》杂志上的一篇文章写道：“美如今已成一种说不清、道不明的东西。”从美学界来说，“后实践美学”应运而生，它对市场经济条件下“美”被大幅度地个性化、感官化看来是很欢迎的，所以它指责实践派美学是“理性主义美学”，否定了人的感性、生命，不能说明美的本质。但另一方面，它也看到了美的大幅度的个性化、感官化带来了人的价值与尊严的丧失，因此它又提出要从“超经验的形而上的领域”中去寻找美，并借用黑格尔美学的概念，宣称要为保持个体的“独立自主性”而“战斗”；或主张要“为美学补‘神性’（爱心）”，认为“只有悲悯、仁慈、爱心才是美学的温床”，也只有它“才能使平庸的美学论坛重获尊严”，等等。说法各有不同，解决的方案也不一样，其实，归结到一点就是：如何看待和解决在个体已取得独立的市场经济条件下审美与艺术问题？“后实践美学”直面这一问题是对的，但它宣称实践派美学根本无法解决这一问题是错误的。此外，从世界范围看，西方19世纪的美学早已提出并试图解决这一问题，到了“后现代”时期更是闹得沸沸扬扬。所以，“后实践美学”很难说是什么特别“新”的美学。从中国来看，被认为是实践派美学最重要的代表人物李泽厚，在上世纪 80 年代初期就已提出黑格尔是否定个体的，继承了黑格尔的马克思也是这样，因此必须回到康德，从康德出发来重新解决马克思所说的美的问题。李泽厚实际上是“后实践美学”的先驱。这里，我不想来辨明黑格尔是否真的完全否定了个体，更不想来证明马克思从来就没有否认个体，也不想再次重复我过去对马克思实践观美学已作过的种种论证，只想说一下今天马克思实践观将如何来解决市场经济条件下，即整个社会不断趋于个体化的条件下的美的问题。

聂运伟　佛教从印度传入中国，而后与中国本土文化相融合，形成了完全中国化的佛教哲学和艺术、美学形态，从时间上看，这是一个相当漫长的历史过程。建立在马克思主义基础上的实践论美学，如何与本土的学术资源融合会通，如何解释现实的艺术实践和审美经验，恐怕还有许多问题要解决。

刘纲纪　我在研究中国美学史以及中国书画史论时就常常在想这个问题。我在写《〈讲话〉解读》时，这个问题更是时时浮上心来。我想，马克思主义实践观的美学与中国本土的美学学术资源是完全能够融会贯通的。你讲到印度佛教传入中国后与中国本土文化相融合的问题，这从东汉末年开始，经历了很长的时间才做到的。这就是说，在一个很长的时间内，中国人总觉得印度佛教与中国本土文化是格格不入的，两者之间发生过多次的摩擦以至斗争。马克思主义则不同，它在传入中国后，“五四”前后几年间很快就为中国不少进步的知识分子所接受，以后又很快地发展起来，成为中国最进步的、占主导地位的思想，这是为什么？我想不只是它符合中国革命的需要，还因为它与中国传统的思想文化本来就存在着能够融合会通的地方，不像历史上从印度传入的佛教与中国本土文化之间那样存在着诸多格格难入之处。从历史和社会的背景看，我以为中国的原始氏族社会存在的时间很长，发展到了很成熟的程度。因此，在进入文明社会（阶级社会）之后，原始氏族社会的思想与风习被大量地保存了下来，其中许多思想都可与马克思主义相通，如儒家的仁爱、民本、大同的思想，道家对“耕而食，织而衣，人人无有相害之心”的社会的歌颂，对阶级社会中统治阶级所讲的仁义道德的虚伪性的无情揭露与批判，都有与马克思主义的相通之处。从哲学的层面看，我过去多次指出，充分肯定人与自然、个体与群体、主体与客体、有限与无限、感性与理性是必须统一、应当统一和能够统一的,两者之间不存在什么无法跨越的鸿沟,这是中国哲学的精华所在。此外,如大量丰富深刻的朴素辩证法思想,相信一切危难最终都是可以克服的思想,高度重视人自身的作为与努力的思想,认为“行”高于“知”、重事功而反空谈的思想,也都是十分宝贵的。上述这些古代哲学特有的精华与宝贵的思想,显然又都可以和马克思主义的哲学相通。从美学的层面说,既然整个中国传统思想文化包含着许多能通向马克思主义的东西,中国传统的美学又是传统思想文化的一个重要组成部分,那么它当然也是能通向马克思主义美学的。也就是说,马克思主义美学能够通过批判地继承中国传统美学而实现中国化。这不是一种仅仅从逻辑上的推论得出的看法,毛泽东的《讲话》中的美学就是鲜明地中国化了的。毛泽东对文艺中各个重大问题的看法,与中国古代对美与文艺的看法有一种很深的、内在的渊源关系。这里只说毛泽东讲文艺是生活的“反映”,这“反映”一要能表现工农兵的思想感情,二要比生活“更高”,都与中国古代美学传统有内在的联系。在中国自古以来的“诗言志”的传统中,从来就是把文艺家对生活的反映同时看做就是文艺家思想感情的表现,这也就是刘勰《文心雕龙》“感物咏志”,“感物”与“咏志”是统一而不可分的。中国古代美学还高度强调文艺对生活的反映的能动性,如陆机《文赋》说“笼天地与形内,挫万物于笔端”,清代画家石涛说以“一画”而“贯山川之形神”,“搜尽奇峰打草稿”,等等。前面说过,我国从上世纪50年代开始的美学大讨论提出实践的观点是一大贡献,但现在看来,中国化的程度很不够,并且忽视了毛泽东的《讲话》,误以为它与苏联的反映论美学是一样的,没有联系《讲话》来阐发马克思《手稿》的思想,没有把《讲话》中强调的“生活”的观点和马克思《手稿》的实践观点统一起来讲。美不可能脱离“生活”而存在,“实践”之所以成为美产生的根源,就因为人类的“生活”是由人类的“实践”创造出来的。所以,我虽然主张实践派的观点,但不直接地说实践创造了美,而说“人类生活的实践创造”产生了美。讲“劳动创造了美”也必须同“人类生活的实践创造”联系起来讲,这样才能讲清。和《讲话》发表的时代相比,今天的中国和世界已发生了巨大的变化,因此马克思主义实践观美学已被看做是需要消解并且必然会被消解的理论,当然也就完全不必谈什么中国化的问题了。但是,马克思主义实践观的美学是消解不了的。从理论的层面说,马克思主义有充分的理论装备,完全能够有理有据地将消解论所持的理由一一驳倒。从现实社会的层面说，不仅在中国，而且在全世界，我认为只有马克思主义实践观的美学才能符合实际地、科学地解决当代社会中的审美与艺术问题。今天西方的美学，除了某些应用性的研究之外，有哪家哪派的美学真的解决了当代人在审美与艺术领域所碰到的种种问题与困惑？又有哪家哪派的美学在理论的深刻性和论证的严密性上足以同历史上的康德、席勒、黑格尔、尼采、海德格尔、杜威等人相比？我认为今天马克思实践观美学的中国问题，同时就是美学在中国以至在世界的发展问题。这里我只能提出几点很粗略的看法：第一，要紧紧抓住当今世界的前沿问题，即由于“后现代”和消费社会的出现而引起的人的存在的意义与价值的消解问题，当代审美与艺术的问题是和这个问题直接相连的。我们要在马克思主义指导下去找到解决这个问题的现实道路，这同时也就是对马克思主义及其美学的发展。第二，要继承中国古代美学从人与自然、个体与群体、主观与客观、有限与无限、感性与理性的统一中去寻找美的优秀传统，同时又要看到古代所追求的这种统一在长时期内是建立在封建的小农经济基础之上的，因此就不可避免地具有压抑以至否定个体发展的一面。近代以来，由于各种原因，中国没有经历西方那样长时期的摧毁封建主义、发展资本主义的历史阶段，这就使得马克思主义在传入中国后，一方面从总体上说成功地实现了中国化，另一方面又产生了对马克思主义（包含美学）的某些不正确的理解，以致犯了像“文革”这样严重的错误。因此，我认为对以上所说中国古代哲学与美学所追求的统一，既要充分肯定它的合理性和深刻性，同时又要在当代科技和生产力发展中重建这种统一。所以，我对那种非历史的、无条件歌颂古代的“天人合一”，并且把它讲得十分神秘的说法，总是感到难以接受。古代的那种田园牧歌式的生活有它令人欣赏的地方，但黑格尔在《美学》中就已经尖锐地批判了把这种生活看做是人类的理想状态的观点。马克思批判继承了黑格尔的看法，从历史唯物主义出发肯定了古代的美与崇高的价值，同时又指出了一切想回到古代去的看法，都是一种反历史的浪漫幻想。马克思主义意义下的“天人合一”，不是使人沉没到自然中去，进入到一种人与自然混沌不分的状态，而是既意识到自己是区别于自然的主体，同时又意识到自己是自然的一部分，并且意识到自己的自然的本质同时也就是生活的人的本质。第三，马克思主义实践观美学的中国化还牵涉到一个如何将中国古代美学的一系列概念、范畴、定义、命题加以改造，以应用于对马克思主义实践观美学的阐述问题。这问题的解决需要做长期的努力，需要“打通中、西、马”。限于时间和篇幅，这个问题看来无法详谈了，就到此为止吧。

聂运伟 感谢您接受我的采访。

刘纲纪 我也感谢在你的推动下，使我对自己目前的想法作了一些反思和清理。对马克思主义实践观美学的探索永无止境。借用屈原的话说：“路漫漫其修远兮，吾将上下而求索。”但这里所说的“吾”，我认为不仅是指某一个人，而应指过去、现在、未来一切在探索马克思主义实践观美学的路上前行的人。

寻墓者的足迹

——蓝英年教授访谈录

张先飞

蓝英年先生，北京师范大学苏联文学研究所教授，1933年生，江苏省吴江人。1955年毕业于中国人民大学俄语系。曾在北京俄语学院、山东大学外语系、河北大学外语系执教，后在北京师范大学苏联文学研究所指导研究生。1989～1991年赴苏联讲学两年。1993年离休。长期致力于俄苏文学教学、翻译、研究工作。主要译著有《滨河街公寓》（与人合译）、《阿列霞》、《库普林中短篇小说选》、《果戈理是怎样写作的》、《回忆果戈理》、《亚玛街》、《日瓦格医生》（与人合译）、《邪恶势力》（与人合译）和《塞纳河畔》等。随笔集有《青山遮不住》、《寻墓者说》、《冷月葬诗魂》、《被现实撞碎的生命之舟》、《苦味酒》、《利季娅被开除出作协》、《历史的喘息》和《回眸莫斯科》。本刊特委托河南大学文学院张先飞先生就中国当代俄苏文学研究与翻译等问题采访蓝英年教授，并整理出这篇访谈录，以飨读者。

张先飞 以前您以翻译家闻名。您译的库普林的《亚玛街》和《阿列霞》、帕斯捷尔纳克的《日瓦戈医生》曾在读者当中产生过很大的影响。但自上世纪90年代初《读书》和《博览群书》两家杂志为您开辟“寻墓者说”和“邻里相望”专栏后，便经常看到您的文章，而看不到译作了。如果我没记错的话，2000年群众出版社出版过您译的皮库利的《邪恶势力》，以后再没见到过您译的书了。去年《收获》杂志也曾为您开辟“历史的喘息”专栏。整个90年代您只译过一本书，却出了七本随笔集，写作的影响超过译作的影响。您是怎样走上写作道路的？

蓝英年 你说“写作”，未免太冠冕堂皇了，不如说“写文章”，写文章当然也是写作。我们就用“写文章”吧。我写的文章是我对苏联文学反思的结果，也是我对苏联体制反思的结果。从盲目热爱苏联文学和崇拜苏联到对之进行冷静的思考，经历过漫长的过程。这得从少年时代说起。

大约在1946年冬天，我开始接触苏联文学。读的第一本书是左琴科的《列宁故事》，曹靖华先生翻译，张家口新华书店出版。我读得津津有味，特别像列宁“吃墨水瓶”那样的故事。读过之后，觉得列宁非常可爱。进人宣化察哈尔中学后，又读了瓦西列夫斯卡娅的《虹》、聂维罗夫的《不走正路的安得伦》和卡达耶夫的《我是劳动人民的儿子》。老师和同学都说这几本书好，我也觉得好，但吸引我的只有《虹》。1947年我从察哈尔中学转到晋察冀边区联中，在这所学校里又读了《表》、《团队之子》、《日日夜夜》、《恐惧与无畏》和《钢铁是怎样炼成的》。这便是1949年进北平之前我所读过的苏联小说。《钢铁是怎样炼成的》这本书给我的影响最大，保尔成为我心目中的英雄、学习的榜样。

1951年我考入中国人民大学俄文系，教师都是苏联人，那时称苏联专家。据说他们到中国之前同斯大林握过手。他们教学认真，态度和蔼，除教俄语外，还向我们介绍苏联科学、文学和艺术的杰出人物。如门捷列夫、法捷耶夫和西蒙诺夫、夏里亚平和乌兰诺娃、列宾和克拉姆斯科伊、斯坦尼斯拉夫斯基和涅米罗维奇-丹钦科等等，我们听得兴高采烈，对苏联的科学、文学、音乐、舞蹈和绘画崇拜得五体投地。1952年学《联共(布)党史简明教程》，是我们从理论上认识苏联的开始，从落后的俄国到幸福的苏联，伟大的成绩来之不易，全靠伟大的斯大林的英明领导。我对苏联的憧憬，对斯大林的崇拜，从这个时期真正开始。我深信，只要我们学好本领，建设祖国，苏联的今天就是我们的明天。

这时苏联的小说像狂潮一样涌进中国，俄文翻译家各显神通，把凡是歌颂苏联的书，不管是否对我们有利(甚至像《旅顺口》那样成问题的书)，通通翻译过来。那时对我影响最大的有:《大学生》、《三个穿灰大衣的人》、《远离莫斯科的地方》和《勇敢》等。《大学生》和《三个穿灰大衣的人》写的是苏联战后大学生的生活、学习和爱情，在我们中国大学生中间引起强烈的反响。到处都在谈论这两本书。我们组织讨论，写读书心得，非常羡慕苏联大学生。《勇敢》中来自苏联各地的青年自愿前往远东建设共青城，他们放弃都市生活，在阿穆尔河(黑龙江)畔的森林中建设城市。这些青年团员忘我劳动，克服难以想象的困难，终于把城市建立起来，怎能不让我们感动?《远离莫斯科的地方》中的工程师、工段长和工人铺设一条穿越西伯利亚的石油管道，克服重重困难，胜利完成任务。书中写的总工程师和塔尼娅、副总工程师阿列克谢和任尼娅的爱情格外感人。特别是阿列克谢对远在莫斯科的任尼娅忠贞的爱情，对她的刻骨相思，给我留下极深的印象，五十年后仍记得书中的一些细节。

当时看的电影也都是苏联的，像《乡村女教师》、《政府委员》、《幸福生活》和《攻克柏林》等影片，我们是怀着过节的心情去看的。多么平凡伟大的女教师，战后苏联集体农庄幸福得令人羡慕。在《攻克柏林》中斯大林指挥若定，把漫画式的希特勒打得落花流水。后一点与联共(布)党史讲得完全一致。马列主义教师讲第二次世界大战胜利的三个因素，第三个，也是最重要的一个，就是斯大林大元帅的英明领导。我们唱的是苏联歌曲。先是唱《共青团员之歌》、《祖国进行曲》、《喀秋莎》、《假如明天战争》、《海港之夜》等苏联卫国战争时期的歌曲，后来唱更为抒情的歌曲，如《红莓花儿开》、《山楂树》、《有谁知道他》和《灯光》等。我唱歌跑调，唱不好，但记住了很多歌词，大部分还是俄文歌词。《灯光》的三段俄文歌词至今还记得。《红莓花儿开》的中文歌词是："田野小河边红莓花儿开，有一位少年真使我心爱，可是我不能对他表白，满怀的心腹话儿没法说出来。"写得多美！但歌词没有伊萨科夫斯基的原诗美，这大概与配乐有关。我们也非常喜欢苏联油画。1954 年北京的苏联展览馆(今北京展览馆)举办苏联油画展，我去参观的那天，正好碰见刘少奇陪同赫鲁晓夫和布尔加宁从展厅里出来。周围似乎没有警卫，赫鲁晓夫还向我们招了招手。这是我第一次看苏联油画。展品琳琅满目，目不暇接，我难以用语言表达出参观时的惊喜。19 世纪俄罗斯伟大画家的作品就不说了，只说给我印象最深的两幅当代苏联画家的作品。一幅是《又是两分》。画的是战后苏联家庭生活中常见的一幕。看来是个普通的单亲家庭。母亲坐在当中，显出无可奈何的样子，姐姐是进步的共青团员，用斥责的目光看着得两分的大弟弟，小弟弟则在一旁幸灾乐祸地看着哥哥，只有狗扑向肩上背着冰鞋的不及格的中学生。得两分的学生的表情像羞愧，又像满不在乎。四个人的表情各不相同。很多中国观众围着这幅画看，不肯离开。另一幅画是《会议之后》。一个青年团员，双手捧头坐在桌前，一副愁眉苦脸的样子，桌上的烟灰缸里堆满烟头，椅子乱七八糟地放着。这是一次青年团会议，大家严厉地批评了这个团员，他犯了错误，不像大错误，看样子有点像中国 50 年代团员过组织生活。大家走后，挨批评的人很难受，也许很委屈，思考大家刚才说的话。画家没画开会的情形，烟灰缸里的烟头就把会场的气氛烘托出来了。这幅画我至今不忘，我参加过不知多少次这样的会，也挨过无数次的批评。我们被歌颂苏联和斯大林的苏联文学艺术紧紧包围着，怎能不向往苏联、崇拜斯大林呢。何况那时受的是革命传统教育，决不会怀疑《联共（布）党史简明教程》是一部严重歪曲历史的书，就是当时中共党史，涉及共产国际（即斯大林）对中国革命的负面影响也讳莫如深。

但这时发生的两件事引起我对苏联和斯大林的疑惑。1953 年 3 月斯大林去世，我们晚上坐在大教室里，一遍又一遍地听广播。大家都哭了，我也哭了。第二天我代表我们班到苏联教师那里去慰问，她房间里还坐着另一位苏联女教师，都是四十五岁以上的中年妇女。她们两人的表情十分冷漠，看不出一点悲痛的样子。我说出我们事先准备好的话，她仍没有任何悲痛的反应，没接我的话，却问我明天的课同学们准备好了没有。我感到她对斯大林的感情反而没有我们深。50 年代中期，一批在苏联生活多年的中国人回国了，他们当时都是二三十年代去苏联的。我认识其中三位：吕先生、曾先生和"马克思主义者"。他们当时都已四十五至五十岁了。我至今不知道"马克思主义者"的姓名，跟着大家叫他"马克思主义者"。前两位毕业于中共办的海参崴工农中学，后一位上过莫斯科中山大学。我是为了练习俄语口语才同他们接近的，渐渐熟了。他们讲的在苏联的经历令我震惊。吕先生说，红杠子队（格伯乌，即克格勃前身）厉害极了，1938 年海参崴黑头发的没剩几个人，都被抓走了。曾先生和新婚妻子在一家饭店吃饭，红杠子队到饭店抓人，把他们和所有顾客一起抓走，押到几百公里以外的克拉斯诺亚尔斯克原始森林伐树，他伐了七年木头，才不明不白地放出来。"马克思主义者"说，他们说的是亚戈达当头头时候的事，叶若夫接替了亚戈达后，更厉害了。我记得有一次陪苏联教师到王府井国际书店买书，我忘记说了句什么话，反正不含任何政治意义，因为那时我说不出那样的话，她陡然变色，厉声对我说："你怎能在街上说这种话！"她大概吓破了胆。亚戈达、叶若夫、克拉斯诺亚尔斯克这些人名、地名，我在 1956 年以前就知道了。当时心里产生了巨大的疑惑。因为这三位老同志都是联共党员，没有必要欺骗一个青年学生。1956 年我读了赫鲁晓夫的秘密报告《关于个人崇拜及其后果》，极为震动，证实了三位老同志的话。我对苏联、苏联文学和斯大林开始怀疑起来。

以后中国一个运动接一个运动，中苏关系恶化，中国批判赫鲁晓夫，肯定斯大林是伟大的马克思主义者，错误三七开。接着十年动乱，我沦为"牛鬼蛇神"，自顾不暇，没有心思想苏联和斯大林了。但疑问仍留在心里。

1989 年我到苏联海参崴市远东大学教汉语，接触到苏联真实的生活。我整天同俄国人在一起，到他们家里做客，有时就住在俄国朋友家里。除行政官员和海员外，所有居民，包括大学教师、中小学教师、科技人员、医生、教辅人员、工人和农民等各阶层，日子过得都很苦。想买牛奶、香肠和酸奶油等食品，都得排队。每个食品店前排成一字长龙。俄国人排队神态悠然，或看书，或看报，或同身边小孩轻声交谈，看不出有任何怨恨。这是多年练就的本领。俄国人从第一次世界大战以来就没过过好日子。第一次世界大战和十月革命后的内战，对生产力造成极大破坏，俄国人像弹尽粮绝的战士，靠信仰和热情支撑着。20 年代末开始的农业集体化是对农民的浩劫，割断了千百年来农民对土地的感情。法西斯德国对苏联的入侵给经济造成更大的毁坏。苏联人对生活的要求很低，只要半饥半饱，有个遮风避雨的地方就能过活。

我的苏联大学同事和朋友们的住宅都很狭窄，一般两室一厅，四十多平米。老房子破旧不堪，新楼房的电梯十之八九不能启动。楼道肮脏与室内整洁形成鲜明对比。苏联一直闹房荒，党和政府对居民的居住条件并不关心。海参崴的许多楼房还是赫鲁晓夫时期盖的简易楼，俗称赫鲁晓夫楼。据说这是赫鲁晓夫做的功德无量的一件事。电器设备匮乏，1989 年有电话的家庭还很少，汉学系只有两家。海员从日本运回报废汽车，在海参崴倒卖，经济比其他居民宽裕，但住房条件和他们一样。因为政府不盖房，也不允许私人盖房，有钱也买不到。我所到过的家庭陈设大同小异，像电影《命运的嘲弄》所表现的那样。每家都摆着一张沙发床。白天折起坐人，夜里拉开睡觉。大多数俄国人不关心政治，只为自己的生活操心。我教的大学生勤奋的极少，都想到在苏联经商的中国公司当翻译挣钱。2001 年我第三次到远大教书的时候，苏联早已解体多年了，学生的质量更差，旷课的学生占一半以上。

农业集体化残酷的真相现在没人怀疑了。我的朋友谢尔盖是海参崴市的著名作家。他告诉我，农业集体化时，父亲被镇压，全家被赶往西伯利亚，他只身逃到堪察加，同先期逃到那里的乌克兰人一起开荒种地。他说当时的征粮队就是抢粮队，见粮食就抢，不管农民死活。他说的仅仅是个人的经历。后来许多揭露农业集体化对农村摧残的文章所披露的内容，比他的经历更悲惨。

卫国战争胜利后，苏联大学生虽充满热情，但生活很苦。谢尔盖就是战后的第一批大学生，他说几乎没有一天吃饱过，《大学生》写得极不真实。作者特里丰诺夫后来自己说，一想起《大学生》是自己写的，便万分羞愧，生前决不再版。《远离莫斯科的地方》从工程师到工人全部是劳改犯，连作者阿扎耶夫本人也是劳改犯。他晚年写的、90年代以前未能出版的小说《车厢》，里面坐着的便是押往远东铺设输油管道的劳改犯。北海—波罗的海运河和北方第一大港纳霍德卡海港都是劳改犯修建的。这便是我到苏联所看到和读到的。回国后，同董乐山先生和舒展先生闲谈时，把我的看法对他们说了，他们要我一定写出来，这便是我写文章的开始。

张先飞 您刚才说，您是在朋友的建议下才利用这些资料写文章的。也就是说，您当年查阅这些资料，完全是非功利的。收集资料是沙里淘金，是一件苦差事。您当时利用在俄国讲学的机会，短期内集中阅读如此大量的解密档案，肯定是一件极其艰苦的工作。您的目的是什么？

蓝英年 1989年我到苏联教汉语之前，对苏联文坛现状已有所了解。比如对回归的作家和一度在苏联文坛叱咤风云的正统作家的重新评价，我了解得很肤浅，很想多了解一点。但一到苏联就被苏联国内动荡的形势吸引住了。我把"关心国家大事"的传统带到国外。订了几份报，一边读一边做笔记。说出来你可能不信，我给俄国人讲过苏联形势。现在看起来纯粹是浪费时间。后来我才到图书馆看书。我原先没有回国写文章的打算，只想弄清自己感兴趣的问题。比如法捷耶夫吧。1957年春天我就知道他是自杀身亡的。是苏联老师悄悄告诉我的。什么原因她没说，那时她也未必知道。我想弄清原因。我翻报刊，凡是有关法捷耶夫的文章都读。碰到我感兴趣的其他作家，如左琴科、西蒙诺夫、肖洛霍夫等人的文章，便记下发表的报刊、页码，但先不去读。等到弄清法捷耶夫之后再读，那时材料便手到擒来，不用披沙拣金了。困难之处在于如何确认文章中的材料是否可靠。写法捷耶夫的文章很多，如果不同观点的作家都谈到一件事，便可确认这件事确实存在过。法捷耶夫说过最爱母亲和斯大林，也最怕他们。爱伦堡等几个作家都提到过，并且都是党外作家。又有几位党员作家说法捷耶夫同他们说话打官腔，同党外作家有时倒能敞开心扉。所以爱伦堡等人的话基本可信。法捷耶夫的《遗书》几篇文章都引用了，相互对照，发现有小的出入。我想再找几篇引文，最后确定《遗书》的正确文本。我找到《苏共中央通报》（1990年第10期），上面刊登了手稿的影印件，问题解决了。我读文章的时候，还注意文章中的注脚，注脚能提供线索。除作者引用的段落外，还有他没引用的材料，对我也许有用。记下注脚的期刊、页码，按图索骥，找起来方便，也找到不少有用的材料。

搜集材料是件苦差使。除需要坐功外，有时还得挨冻。一次我要查一份70年代的杂志，图书馆管理员打开一扇房间的门，告诉我第几个书架，让我自己进去。我暗自得意，以为对图书馆管理员的工作没白做，取得了他们让我独自进书库的信任。哪知里面没有暖气，冷得要命。我在冬天没有暖气的屋子里冻了一个多小时。我为了借书方便给管理员们买糖果点心，三八节送她们鲜花，这对收入微薄的管理员们是不菲的礼物。同他们搞好关系，可以直接到书架上翻书，还可以把刊物带回宿舍看。

张先飞　您的文章有一种厚重感，确实称得上是厚积薄发。没有丰富的资料支撑，是很难写出这样的文章的。请您谈谈资料在您写作中的意义。

蓝英年　资料对写文章极为重要。正如你所说，文章的观点是靠材料支撑的。没有翔实可靠的资料空发议论是文章的大忌。当然，你对要写的作家的作品和传记也得熟悉。中国古人治学重史料是不错的。我觉得还应加上史识和史胆。我所使用的材料都是公开发表的，机密档案材料我无法看到。苏联最机密的档案——总统档案至今尚未解密。那些都是有关政策和政治家的档案，不看也罢。

张先飞　您的文章虽然分别写不同作家的悲剧命运，但总体看来，您是通过这些作家的命运反映一个时代，或是作家与时代的关系。

蓝英年　作家与时代的关系，即与政权的关系。从苏联作家同布尔什维克政权的关系上看，大致可以分五类。第一类是坚决反对布尔什维克的作家，十月革命后他们流亡国外。代表人物是吉皮乌斯、梅列日科夫斯基、布宁、苔菲等人。他们反对布尔什维克，但热爱俄罗斯。德国占领法国后，除梅列日科夫斯基外，其他人都拒绝同德国人合作，不做有损祖国的事。他们的作品在80年代中期开始重返祖国。第二类是对布尔什维克的政策不理解、抵触甚至反对的作家。以柯罗连科、高尔基、帕斯捷尔纳克和阿赫玛托娃等人为代表。他们都留在苏联境内。柯罗连科的《致卢那察尔斯基的六封信》和高尔基的《不合时宜的思想》便是两位作家猛烈抨击布尔什维克政策的言论集。列宁并未惩治他们，他们的言论反而推动列宁实行新经济政策。后来帕斯捷尔纳克和阿赫玛托娃则遭受围剿，不过那已是斯大林和赫鲁晓夫时代了。第三类不接受十月革命，但也未公开反对十月革命，同路人作家就属于这一类。第四类是从工农兵当中涌现出来的作家，无产阶级作家，他们成立的组织就叫“俄罗斯无产阶级作家协会”，简称“拉普”。他们坚决拥护十月革命、苏维埃政权和斯大林。他们坚持“社会主义现实主义”的创作原则，歌颂斯大林，歌颂苏联伟大的成就。但他们之间也有很大差别。肖洛霍夫和法捷耶夫不可与潘菲洛夫和巴巴耶夫斯基同日而语。柯切托夫和索弗隆诺夫是打棍子的作家。第五类是反思苏联体制的作家。前有布尔加科夫和普拉东诺夫，后有索尔仁尼琴等。他们都受到不同程度的迫害。我这种划分也许很粗糙、不科学，因为这是一本书的题目，要用几句话说出来只能如此。

张先飞　由于历史原因，俄苏文学曾是我国外国文学的主流，俄苏文学作品的译介、研究对我国几代人的成长、信仰产生过巨大的影响。从改革开放以来，除了在“方法论热”期间，俄国形式主义、巴赫金的“对话理论”和90年代中后期有关《钢铁是怎样炼成的》的争论曾受到学界和社会的普遍关注之外，前几年的“白银时代”热和近年来的俄国宗教哲学热似乎都只是圈内热。不可否认，过去俄苏文学对我国的影响，政治因素起了决定性的作用。如今，这一因素已不复存在，俄苏文学影响力的下降也在情理之中。但俄苏毕竟是一个文学大国，它曾产生过许多伟大的作家，有不少辉煌的作品。如今我国俄苏文学研究如此式微，也是不正常的。

您的文章大概是个例外。您的文章中大多数是有关俄苏作家和作品的命运的，国内三家有影响的杂志为您开设专栏，您的文章被几家出版社结集出版，您的文集大概已经有七八本了。国内俄苏文学的萧条和您的文章的广泛影响形成了巨大反差。

蓝英年　说“俄苏文学研究如此式微”，是指读者和学术界对俄苏文学研究成果兴趣不大吧？但在俄苏文学圈子里还是很热闹的。听说他们经常召开讨论会，参加的人不少。如果说引不起圈外人的兴趣，恐怕是研究的题目过于冷僻，文章的风格十分艰涩，圈外的人看不大懂。当然，并不是所有从事俄苏文学研究的学者都如此，那样说便以偏概全了。我只说我所接触到的。《俄罗斯文艺》今年第三期发表了北师大张冰教授的文章《维谢洛夫斯基与奥波亚兹》。看题目莫名其妙。奥波亚兹是何许人？维谢洛夫斯基又是谁？维谢洛夫斯基的标准音译应该是韦谢洛夫斯基，19世纪著名的比较文学学者。奥波亚兹是“诗歌语言研究会”俄语缩写的音译。写文章标题应当醒目，如改为《俄国比较文学家韦谢洛夫斯基与俄国诗歌语言研究会》,读者还能看懂。但这样一改,也许便无法显示张教授的学问了。文章的第一句话:“众所周知,在鼓舞俄国形式主义进行文艺学探索的历史文化因素中,对于文艺学主体性的追求,曾是很重要的原因。”先不说句子佶屈聱牙,“众所周知”什么呢?是“对于文艺学主体性的追求,曾是很重要的原因”?有谁知道?怎么能说众所周知呢?用词不当。这篇文章到底讲的是什么,我没看明白。谁会对这样的文章感兴趣?林精华教授的大作《想象俄罗斯》,被他的导师夸得天花乱坠,我原以为有些新意,借了一本。翻开导言,只见标题是:“俄罗斯,只可想象不可分析。”不管他后面如何论证,他的立论我就无法接受。俄罗斯不是不可以分析,而是可以分析,世界上各个国家和各式各样的人一直都在分析。我又往下翻了翻,文字深奥,思路混乱,不是我辈能看懂的,便不看了。这当然与我本人缺乏理论修养有关。《博览群书》(2004 年第 12 期)发表了徐振亚先生的文章《评〈想象俄罗斯〉》。徐先生比我有毅力,顽强地看完“有些作者心气浮躁,急功近利,对待学术研究的态度非常轻率,学风极不端正”的“典型例子”——林教授的《想象俄罗斯》。徐先生说:“建立在子虚乌有基础之上的理论以及根据这个理论寻找到的想象通道岂不是都成了无本之木、无源之水?”说的也是林教授的立论没有根据。徐先生指出书中的一系列错误,有些属于常识性的。译文更是错误百出,错得离谱,真是“只可想象”了。徐先生为什么要写这篇评论呢?文章结尾处他自己回答道:“促使我提笔写下这些文字的原因,是与此相关的种种令人担心的不正常现象:为什么这样的东西居然由国家级出版社公开出版?为什么有人把这样的劣质品吹捧成我国俄罗斯研究的最新成果和最高水平?为什么这本书还‘列为比较文学系研究生读本和本科生教材’?为什么这样一位学养不足的作者居然能够同时主持五个国家级和省市级的社科项目(具体项目我省略了)?我想,这些问题才最值得深思。《想象俄罗斯》的出现,对我们是一个重要警示:打扫学术园地,防止不良学风的蔓延是当前俄罗斯研究界一项刻不容缓的迫切任务!”徐先生的第二个问题我可以回答,因为前言是他的导师写的,老师夸学生难免过分,这也是人之常情嘛!第一个问题对学术界现状略知一二的人大都能“无师自通”。后两个问题说好理解也好理解,说不好理解也不好理解。这样的著作或类似的著作读者不多,大概就是你所说的“式微”吧。其实他们可以互相阅读,互相欣赏,或指定研究生阅读,总会找到读者的。但他们的学风、文风像一道栅栏,挡住了普通读者。

我没有写过学术文章，也不会写，只把大多数人所关心的问题，用随笔的形式写出来，给关心苏联文学、苏联政治、苏联历史的读者看看。读者愿意看，我就满足了。

张先飞 您的人生经历很丰富，您曾上过晋察冀边区联中、中国人民大学，此后一直从事俄苏文学的教学、翻译、写作工作，“文革”期间，还当过“牛鬼蛇神”队的队长。请您谈谈您的人生阅历与学术道路的关系。

蓝英年 抗日战争胜利前夕，我随同父母来到晋察冀边区。先在冀察（即察哈尔中学前身）中学学习，后转到晋察冀边区联中。我编入九班，这个班的同学年纪小，所以被称为小九班。我们是一个团结友爱的集体。同学之间互相关心，对谁有意见马上当面提。老师、校长对我们非常爱护，从没听说整过谁。那时晋察冀边区的党员是秘密的，1947 年底才公开。同学当中表现最好的后来知道都是党员。思想有问题的时候，找班主任谈、找同学谈，但我从未见过“打小报告”之类的事。自己的问题自己谈，用不着别人谈。入党入团靠良好的表现，而不靠“反映别人的情况”。小九班出了不少人才，有院士，有教授，有表演艺术家，有司局级的行政干部。五十多年过去了，小九班仍很团结，在京的同学经常聚会。前年在北京有次大聚会，同学们从四面八方来了。当年的少男少女变成了白发翁媪。大家亲热亦如当年。小九班的传统可以用两个字概括：真诚。

上了人民大学后，同学之间不能说不团结，我们班也是团结的集体。但打小报告、整人的事出现了。1952 年，学校给我们开马列主义课，即联共（布）党史。对课程本身我当时并无看法，但不满填鸭式的授课方法。教师在课堂上照本宣科，我们在下面记，两堂课下来，手累得酸疼。我对同学发牢骚，说这样上课等于听写，不如把讲义印出来发给我们，我们读过后用上课的时间讨论。我的话不知被谁汇报到团总支书记曾真（张志新烈士前夫）那里，曾真马上让支部批评我，我不服，曾真又组织年级团员批评我，并说如果我再不服，就召集全系团员批评我。其实不止我一个人对用这种方式讲授马列主义课程有意见，可他们却一起批评我。这种事在小九班不可能发生。同学们不仅不会违心批评我，反而会支持我。老师如果觉得我的意见不对，也只会向我解释，决不会组织人批评。如果说人生经历对我的影响，那可能我还保存了小九班的一点传统：真诚。治学做人都应当真诚，绝不哗众取宠、投机取巧。我说过我不治学，从没想过写鸿篇巨制，但我写的文章都是我自己真正的观点。我翻译书的时候想到的是对得起作者和读者。至于水平的高低是学养的问题，不是一下子能改变的。

70年代末期，我开始为人民文学出版社译书。结识了翻译家蒋路先生。他的为人和治学都是我学习的榜样。80年代中期，蒋路先生赠送我八个字："只管耕耘，不问收获。"这八个字含义无穷，我觉得其中也包含我所追求的真诚。

张先飞　这几年，翻译质量的问题引起社会的普遍关注，《光明日报》曾开辟专栏讨论这个问题，可见其严重程度。您长期从事俄苏文学翻译工作，是有影响的翻译家，请您谈谈对这个问题的看法。

蓝英年　翻译问题是很多读书人关注的问题。许钧先生就曾为净化译苑、提高翻译水准大声疾呼。就俄语文学作品的翻译而言，我以为主要还是态度问题。译过书的人都知道，总会出现误译或不准确的地方。谁也不敢说他的译文没有任何错误，译者要做的是尽量减少错误。苏联翻译理论提出等值翻译，即传达出原文的神韵，中国人读译文如同俄国人读原文一样，这是最高的境界。但不等于不出错。现在的问题是：是该查的不查，该问的不问，随心所欲地译。闹出的笑话太多了。我曾经批评过两位先生翻译的《高尔基：去掉伪装的高尔基及作家死亡之谜》。他们把斯大林的私人翻译别列什科夫译成勃列日涅夫了，究其原因只能是不负责任。不知道别列什科夫没关系，尽管他的回忆录80年代在报刊连载后，引起轰动，他也成为名人。翻一下《俄语姓名译名手册》就可以弥补知识的不足。连最起码的工具书都懒得翻，又何必硬要翻译呢！把《癌病房》译成《虾壳》说明译者对苏联文学十分隔膜，大概连作者索尔仁尼琴也不知道。不久前我读了《斯大林私人翻译回忆录》，在第二章里不断提到豪华插图本《杰卡麦隆》，这个书名出现了五六次。译者竟不知《杰卡麦隆》是《十日谈》的俄文音译。又如把赫赫有名的老布尔什维克柯伦泰译成没人知道的"克罗塔伊"。这两个例子说明译者缺乏起码的文学常识和俄国文史知识。这类例子实在太多，其实只要译者不懒惰，不追求速度，不自以为是，很多问题都可以通过工具书解决。比上述译者态度更糟糕的译者还很多。他们对自己没有认识，盲目自大，甚至口出狂言："我看不懂别人也看不懂。"他们翻译的速度快得惊人，艺低人胆大。一天，我到一家出版社闲聊。编辑问我："您一天能译多少字？"我回答："一千五百字左右。"编辑笑道："您可真落后了！人家一天要译八千字到一万字。"这些人也许是天才，如果不是天才，那就是不把翻译工作当成严肃的事业，而是当成追逐名利的手段。现在的不少出版社也助长了这种恶劣的译风。编辑找译者时往往看重私人交情，而并非译者的水平。编辑自己不懂外语，缺乏文史知识，看不出错误来，有的编辑干脆不看，收到译稿就签发了。上世纪70年代末80年代初，我曾为人民文学出版社译过几本书。蒋路先生约我译俄国作家库普林的小说。我译了两万字，交给他，他看后决定采用，并让责编姚民友先生逐句对照原文看，有了问题跟我商议。这样的翻译机制是很有益的，可惜现在没有哪家出版社还愿意采用。翻译可以讨论的问题很多，但在翻译态度端正之前，什么都无从谈起。傅雷先生1957年6月在《文艺报》上发表了《翻译经验点滴》，结尾处写道：翻译家应"像宗教家一般的虔诚，像科学家一般的精密，像革命志士一般的刻苦顽强。"一天翻译八千字到一万字的浮躁"翻译家"听得进去吗？胡译、乱译、狂译的风气清除不了，与出版体制不够健全有关。我知道说这些话没用，只会得罪人。你既然问，我就说了。

张先飞　近年来，我国高校发生了很大的变化。高校的教育科研经费都有了大幅度的提高，扩招使更多年轻人获得接受高等教育的机会，硕士、博士研究生的人数也大幅度增加。但也存在着不少令人担忧的现象，如硕士生、博士生招生过滥，水平偏低；另外，对高校实行过于机械的量化管理，如硕士生、博士生的学位、教师职称的评定、重点学科的申报均要求在"核心期刊"上发文章，造成一种学术浮躁的风气。您长期在大学从事教育工作，也关注教育问题，能否谈谈您对我国当前高等教育的看法？

蓝英年　我离休已十二年，大学教学中存在的问题，多半是听朋友和学生说的，而且只限于外国文学范围。有位老学生申报教授，请我帮他向刊物推荐文章，我才知道学术刊物中分核心刊物和非核心刊物，核心刊物中又分一类和二类。如果能在一类核心刊物上发一两篇文章，再在二类核心刊物上发三五篇文章，便有可能评上教授。核心刊物不在于它影响的大小，发行量的多少，也不在于有无读者，而就在于它是核心刊物。核心刊物是谁规定的？学科太多，教育部门官员恐怕自己规定不了，得请各学科的"掌门人"规定。除专业刊物外，各大学学报多为核心刊物，名气大一点的学校属一级，小一点的属二级。一些没人看的学报成了香饽饽，没钱、没关系的人休想在上面发表文章。因为申报教授的人多，待发的文章排成长队，没关系"挤"不进去，有的核心刊物公开收取版面费，没钱也不行。说白了是花钱买版面。孔方兄不仅在其他领域大显神通，在教育领域也并不收敛。在社会上影响大的杂志上发文章不算科研成果，因为这些刊物未被定为核心刊物。今年又多出新花样:要有专著和科研项目。校方体谅教师,希望他们早日提升为教授,为学校争光,给他们一部分钱用来出版专著。出版社卖书号,有的明卖,有的暗卖,但要价远超过学校发的钱,老师自己还得添钱,有项目的自己有钱,用不着花学校发的钱,没项目的就得自己掏腰包了。至于什么项目,如何申请到,我就不清楚了。总之,这种做法大概对发展教育有积极意义吧。不然为什么一定要有专著和设立科研项目呢?买书号出书已成家常便饭。这是花钱买职称。申请提职称的人也有自己的算盘:钱并未白花,零存整取,提上教授增加的工资,很快就把买教授的钱捞回来。至于文章和专著的水平,则是次要的事。大部分是从硕士论文或博士论文中摘出来的片段。我参加过几次硕士或博士论文答辩会,论文枯燥乏味,没有一点鲜活的思想,毫不涉及人们所关心的现实问题和历史问题。这种机制能培养什么人才?只能培养出与博士生导师类似的博士生。一天,当博士生导师的张教授来向我"请教"治学方法,我吃了一惊,连声说不敢当,因为我从不"治学"。他一定要"请教",我只好建议他多读点书,视野开阔些。其实我想对他说,第一,下点工夫读懂原文书。从别人对他译文的批评上看,他连简单的外文句子都读不懂。林木先生在《一个一箭双雕的译本》(《中华读书报》2004 年 3 月 24 日)批评张教授领衔翻译的《阿赫玛托娃札记》,"如果说第一册中错误俯拾即是,在第二册中错误已无须再拾。他们像扑面而来的狂风,像兜头砸来的冰雹,让人无处逃遁……"第二,把中文写通顺,起码把意思说清楚。这些话自然不能对张教授说,他不但听不进去,还会伤面子,这点世故我还有。

张先飞　您的父亲蓝公武先生是梁启超门下的三少年,二十五岁就当了北洋国会议员,是中国近代史上有影响的人物。您的家学渊源对您做学问有什么影响?

蓝英年　虽然家里都是知识分子,但家学却谈不上。小时候没人教我国学,连小学都没上完。那时在日本人占领的北平,父亲不让我受奴化教育。我没学上,整天玩,就像我在拙文《童年》中所写的那样,捉蜻蜓,粘知了。十二岁便进入晋察冀边区,接受革命教育。但也不能说家庭对我没有一点影响。我从父亲的谈话中听到过他所接触过的人,很多都已成为历史人物,如梁启超、章太炎、张君劢、黄远庸、刘半农、胡适、张东荪、陆志韦、洪煨莲、何其巩、徐佛苏,北洋军阀袁世凯、黎元洪、徐世昌,日本人犬养毅和汉奸王揖堂、王克敏等。他们中间有父亲的师长、同学和同辈朋友。我家里原有北洋三任总统、梁启超和犬养毅的相片,“文革”时烧毁了。父亲对梁启超很敬佩,前期同张君劢、黄远庸、徐佛苏、何其巩来往较多,这些前辈我都没见过,那时还没有我。后期来往的有张东荪、陆志韦和郭绍虞等人,我都见过。何其巩曾任中国大学校长,请父亲任教,父亲在课堂上宣传抗日,被日本人逮捕。父亲同犬养毅是日本东京帝大的同学,我降生之前犬养毅已被暗杀,我没听父亲怎么骂他。王揖堂和王克敏也是东京帝大同学,后沦为汉奸,父亲早已同他们绝交。王揖堂派人以老朋友身份给父亲送过米面,被父亲倒在大门口。这些人名我记熟了,对以后读《文史资料》一类的书有好处。看到徐世昌的名字,就想起他穿总统服的样子。家里有些书,可能是哥哥姐姐们留下的,小时候我看过其中的《木偶奇遇记》、《安徒生童话》和《格林童话》,也算是文学启蒙吧。看得更多的是剑侠小说。家学谈不上。父亲虽经历了四个朝代,但算不上历史上有影响的人物。

张先飞 您的书架上摆着许多中俄历史著作,这是否意味着今后您的研究写作要向历史方面偏斜?

蓝英年 随着年龄的增长,对历史的兴趣超过对文学的兴趣。中俄关系是个吸引人的题目,特别是俄国部分档案解密之后。但这个题目太大,要读的书太多,无力研究,只想有重点地读几本书。中俄关系、中苏关系、共产国际同中共的关系、苏共(联共)与国民党的关系,过去被严重歪曲了。比如共产国际的问题,现在也越来越清楚了。共产国际是斯大林手中的工具,它的指示都是斯大林的指示。陈独秀、瞿秋白和李立三的错误,其实都是斯大林胡乱指挥的结果。过去的中共党史基于政治需要,没有实事求是地揭示斯大林的错误,现在应还其历史的本来面目了。俄国人在哈尔滨的活动也是一个有趣的题目,特别是从修建中东铁路到“九一八”事变这一段。我虽然没有研究的能力,却有看书的兴趣。现在这方面的书(包括俄文的)越来越多,够我晚年看的了。

“万卷蟠胸识自高，百川横地一峰尊”

——范曾教授访谈录

彭修银

范曾先生，我国著名画家、学者，南开大学文学院、历史学院教授、博士生导师，北京大学中国文化书院导师，中国海洋大学人文社会科学研究院院长，山东大学特聘教授，中国艺术研究院美术研究所博士生导师。1938年生于江苏南通，1955年考入南开大学历史系，1957年入中央美术学院美术史论系，半年后转入中国画系。1962年毕业后先后供职于中国历史博物馆、中央工艺美术学院。1984年回南开大学组建东方艺术系，并担任系主任。出版个人画集四十余种，诗、散文文集十余种，学术论著十余部。其代表性画集有《范曾的艺术——献给2000年》、《中国近现代名家画集·范曾卷》；代表性诗集有《范曾诗稿》、《范曾自书七绝一百首》；代表性散文集有《范曾散文三十三篇》；代表性的学术论著有《范曾谈艺录》、《抱冲斋艺史丛谈》、《庄子显灵记》等。本刊特委托南开大学文学院彭修银教授就艺术与科学、人品与艺术、东方美学等问题就教于范曾教授，写成这篇访谈录，以飨读者。

彭修银　范先生，您的丹青意境、书法笔意、诗文浩气、国学素养为世人称道；您的人生漫道、悠赫家风、至人德清、异域梦思、痴情至纯为时人大有仰之弥高之感。我想这次访谈对您的艺术、人生、治学将是一次有意义的巡礼。

一、艺术与科学

彭修银　我常听您说，您一生最大的幸事是结识了几位世界级的科学家，其中有国际数学大师陈省身先生。不幸的是陈省身先生前不久离我们而去，对于与您有二十多年交情的一位杰出学者的去世，想必您此时感受一定很多，我想我们今天的访谈就从您与陈省身先生的交往谈起吧！

范　曾　陈省身先生的去世，不仅是南开大学的损失，也是中国和世界的损失。他的创树是世界几何学史上的一座不朽的丰碑，巍巍乎高哉！他的名字正如杨振宁先生的名句："千古寸心事，欧高黎嘉陈"，已和古希腊的欧几里德遥接，和高斯、黎曼、嘉当并驾齐驱，杨先生的这两句诗已被世界科学界允为的评。

陈省身先生和杨振宁先生不仅是科学大师，他们对艺术也由衷痴迷，正是由于这一原因，我与他们由相识而相知，成为忘年交。

彭修银　据说陈先生生前，您经常与他还有杨振宁先生一起探讨艺术与科学中的美学问题。陈省身是国际数学大师，杨振宁是世界级的科学家，您是著名艺术家和学者，你们共同探讨艺术与科学中的美学问题，当能解开很多科学和艺术中的美学奥秘。

范　曾　陈省身先生对中国文学和史学的癖爱，几乎令人惊讶。他熟读姚惜抱《古文辞类纂》，出口成章，妙趣横生。而杨振宁先生对唐、宋诗词的了解之深，令人匪夷所思。信手拈来，顿生新境。两月前我在清华大学作《王国维的审美裁判》为题的报告，有杨振宁先生和李学勤先生之点评，李学勤先生博学鸿儒，切中肯綮，自不待言；而杨振宁先生对王国维"有我之境"与"无我之境"的剖析，亦可谓鞭辟入里，令人叹绝。

陈省身先生和杨振宁先生都谈美，但他们所谈的科学之美和他们所谈的艺术之美是两回事。他们对于这两片水域的挚爱和深切的了解，使他们不致将两片水域作牵强的拉扯。陈省身和杨振宁先生是科学家，不是艺术家，他们对那些身为科学家，而又试图引导艺术家的作为，一般不加评论，然而我能感觉到他们的不以为然。譬如陈省身先生认为李可染先生画的一根荒诞不经的线，题为"弦"，是"滑稽"的游戏。而对某科学家说屈原之《天问》为中国最古老的天文学著作，陈省身先生以为："恐怕屈原不会知道地球是椭圆形的"。

杨振宁则是用自己美妙而雄辩的文章，深情地描述科学之美，谈到"性灵"，他曾引用唐诗人高适的"性灵出万象，风骨超常伦"来描述狄拉克方程式和反粒子理论。科学家需要从"性灵"得到诗意般的启示，同时永葆决不与俗沉浮的"风骨"。

对于数学之美，陈省身先生有一次被我问得有些茫然了，他说："美极了”,“真是美极了”,很像俞平伯先生谈最杰出的宋词时说“好”、“就是好”一样。凡可诉诸语言者,皆不可尽其美。但我可以体会陈省身先生心灵中数学之美正是庄子“天地有大美而不言”的逻辑之美,秩序之美,而不是我们艺术家表现于声音、色彩或形体的可视可闻的美。

彭修银 您曾在一次讲演中谈道,科学家发现的美和艺术家发现的美同源而相殊,艺术与科学属于两片水域:在科学领域,美的存在是一种发现;在艺术领域,美的存在是一种临摹。科学家的灵性是理性的飞跃,艺术家的灵性是感觉的升腾。这些都是从科学与艺术的本体结构来谈的,那么它们的功能结构主要表现在哪些方面?未来的艺术何为?

范　曾 我们可以作如此说:科学之美是如实地描述的自然本体之大美,而艺术之美则是对自然本体大美的临摹。在临摹中因艺术家禀赋、天分和识见之不同,就有了天才与拙劣的区别。伟大的艺术家都热衷于对自然物象的游离,然而“游离”不同于“背离”。“诗有别趣,非关理也”(严羽《沧浪诗话》语)“非关”一词用得有分寸,不是与“理”为仇寇,而是一种艺术所必需的“游离”。科学家的公式是对自然大美的描述,不能强加给自然一个公式,而艺术家却被独许以特权,可以加进主观的“非关”于理的成分。

以上所述为科学与艺术所发现的美之不同,是指他们的本体结构,而其功能结构则恐怕是经常邂逅的。西斯廷教堂的穹庐般的美妙的天顶,不惟是科学家的“杰构”,建筑师的妙造,也同样是艺术家的灵感。可惊叹的是它出于既是建筑大师、更是艺术大师米开朗基罗之手,那科学和艺术得到最完美的结合是必然的。米开朗基罗的《最后的审判》和天顶画,当然“非关”于理,而它们却天衣无缝地附着于建筑之上,建筑一日不坍塌,米开朗基罗的艺术则一日不消失,本体结构不同而功能结构相洽,真是解释科学与艺术之间关系的最好范例。

科学一旦游离于天地的大美,便是谬误;而艺术游离于物象决不是与天地大美为仇寇。这种游离是艺术本身所必需,艺术有表现性,而表现性的不同形成不同艺术家的个性,人类的生活才从索然无味中得到慰藉和启示,这是心灵层面的事,却不是科学家的使命。科学没有表现性,你倘拉开舞台的帷幕,有位科学家坐在那儿想,或者专注地拿着试管在看,他们自己当然觉得美极了,观众哪里知道。天体物理学家开普勒所听到的六声部的宇宙交响,那种在时间的穿流中定出的界标,它不等于贝多芬的可听可感的《第九交响曲》，这就是科学之美与艺术之美的不同。

二、学者与画家

彭修银 我记得，您早在上世纪 80 年代就提出了“学者型的画家”。当今您不仅是闻名遐迩的书画大家，也是学术界公认的艺术史研究家。您现在一边在南开大学历史学院指导艺术史学的博士生和文学院指导文艺学博士生，一边还在中国艺术研究院指导艺术学博士生。您兼画家与学者于一身，可以说是一位典型的“学者型画家”。但对于一般画家（艺术家）来说也必须应该是“学者型”吗？

范 曾 这个问题的确是我在 80 年代初肇建东方艺术系时提出的。我有感于中国画家的日益手艺化所导致的浅陋粗俗之风弥漫，再回顾中国千百年的美术史迹，不通于文而成大家者从未之见，深感南宋邓椿所谓：“其为人也多文，虽有不晓画者寡矣；其为人也无文，虽有晓画者寡矣。”的确是切中南宋时弊的要言，至今仍可为警世之说。这些年我在带博士生的过程中，力图逐步实现自己的理想，希望他们能成为明于理而精于技的学者型艺术家或者艺术家型的学者。然而说时容易做时难，我的学生中往往博于学者疏于技，或者熟于技者浅于学。迄至目前为止，还没有令我完全满意的博士生，可是有几位会在未来使我满意，因为我看到他们的努力。

其实艺术是天才的事业，大师也不是能呼唤出来的。我与陈省身先生曾有一个共识：大师是冒出来的。不知何时、何地、因何种机缘、命运，天时地利人和，能冒出极少数的天才。叔本华所谓：“民万而始有诸侯一，民兆始有天子一，民京垓（京垓，中国古计量数词，谓十兆，一说万万兆，极言数之大也）而始有天才一耳。”艺术不是挣钱讨生活的手段，艺术更不是名利之徒的敲门砖，抱着这样鄙俗卑微的愿望，而欲成“学者型”艺术家，不过是痴人说梦，而距“天才”，则更不啻天壤。

彭修银 学术研究和艺术创作也可以说“属于两片水域”，那么您是怎样对待这两片水域？我觉得您的治学精神、方法和能力也充分地体现在您的书、画、诗词和散文之中。

范 曾 学术研究与艺术创作当然是两片水域，广义的学术研究包含着自然科学和人文社会科学，他们和艺术的区别，上面我已大体说清。我想你这儿问的是“这一个”，即——范曾的学术研究与艺术创作的关系是不是两片水域。我所探求的学术，大体是与人类的生命、心灵、思维、美感有关的形而上的理论，这些理论与自然科学（譬如数学、物理学、天体物理学）的区别在于，自然科学是“天人二分”的研究法，也就是推演法，而我所关注的形而上则是东方“天人合一”的研究法，也就是归纳法。这“天人合一”的研究法对我的学术与艺术的直接影响便是它们的水乳交融而不是牵强的捏合。有时看到几十年前的画、书法不免赧颜，文章诗词亦然。及至四十岁之后，不惑之境方到，那是成就任何艺术大师必需的自信。自信不等于狂妄，疯狂不等于艺术上的胆量。“卒然临之而不惊，无故加之而不怒”，这种心态不只适用于为人处世，同样适用于艺术。

三、人品与艺术

彭修银 您曾对您的博士生和一些年轻的画家讲道：学习中国画“岂能仅自笔墨下手，更当从人品修炼入门”，“一个伟大的艺术家，他们的代表作品，必定是其自身品德的最后完成”，“有美的心灵才会有美的发现，而一个空虚的心灵其中储藏的只能是荒芜和贫乏；一个丑陋的心灵则必然宣泄出令人憎恶的欲望和私心”。您如何以艺术家的人品来论其作品呢？另外，艺术家、特别是年轻的艺术家在当下应该如何加强自己的人格修养？

范　曾 当然，这些都是儒家所推重的“道德文章”，连苏东坡这样有着浓厚道家思想的人，论诗文时也讲：“有德者必有言，非有言也，德之发于口者也。”文艺史上不乏道德与文章割裂的例证，如诗人中的谢灵运、书家中的张瑞图等等，然则作为人类精神之担荷者，艺术家“纷吾既有此内美兮，又重之以修能”是一条大道。这样的榜样很多，我们不必舍近而求远，陈省身先生刚刚去世，新开湖边的烛光，已向全世界昭示了一代青年学子对真、善、美的追求，我希望于年轻人能有“三心”：一、感激之心，对祖国、人民的培育，对父母的深恩，对师长的呵护要永怀感激之心。二、敬畏之心，对宇宙本体、对大自然、对经典的人类文明、对学术上艺术上的先贤先哲，永远保持着虔诚的敬畏。那么，一切无由的膨胀，会立刻显其渺小。泰戈尔有言“一个人大为谦卑的时候，便是他接近伟大的时候”，这种谦卑不同于伪为谦揖，唯大心灵能有大谦卑。三、恻隐之心：对社会的弱势群体、对伤病残疾人员、对贫苦地区百姓，要保持自己广大的同情。以上讲的“三心”，莘莘学子都可对照一下，便会发现缺少一些什么。那么，我们可以从此下手，一步一步地使自己成为一个高尚的人，一个脱离了低级趣味的人，一个真正的人。

四、艺术本位

彭修银 您无论在艺术创作，还是在美学理论中，艺术、美是您一贯的坚守。您的坚守“艺术本位”的美学思想，在当今后现代文化汹汹来势比照之下显得更加可贵。后现代主义通过消解中心和规则，消解了对立的存在，使个性得到最肆意的释放。然而后现代主义文化环境下的个性张扬完全是无意识的、反理性的，个性的生成拒绝了理性的阳光。由于缺乏理性精神，虽然个性化因素使后现代文化呈现出五光十色、多姿多彩的灿烂景象，但是最终不可避免地走向荒诞。我知道近年来您对后现代主义文化一直比较关注，我想请您具体谈谈这个问题。

范　曾 我们知道西方的哲学自叔本华、尼采之后，发生了巨大的震荡，他们都是无神论者和唯意志论者，前者大体用于美学的层面，后者则用于伦理和道德层面，他们的理论没有本质的龃龉，只是根与干的关系。叔本华重天才，尼采重超人，这对人类都曾产生过巨大的影响。尼采死于1900年，他做梦也不会想到他的权力意志会成为三十年后希特勒的利器；叔本华更想不到他的天才说会成为后现代主义诸流派繁衍的依据。历史上的哲学创说者，被后人误解、利用是惯见的事，然而能改变人类的生存方式和艺术的命运，叔本华与尼采可谓造极者矣。

20世纪西方现代派与后现代派真可用范仲淹的“阴风怒号，浊浪排空；日星隐曜，山岳潜形”来比附。它们对古典主义作了一次釜底抽薪式的全面而彻底的颠覆。在后现代主义的大纛下，不惟形成了浩浩荡荡的艺术大军，同时更形成了无以数计的观众群体。群众一旦被谬误所蛊惑，其所迸发的盲动破坏，一似目下惊动世界的海啸。西方人都希望成为独立意志的人，然而殊不知，哲学不能带给他们所有的人富裕，尤其在社会的轭下讨生活的人群。在知道了尼采的“你是你自己”之后，现实同样会告诉他“你不是你自己”。西方是金钱的帝国，清高的后现代主义艺术家们难逃金钱制约的铁律。个性，我曾在一次讲演中称："一想个性便无个性"。其实后现代的艺术不过是想个性少，想花样多。而花样一离谱，便是怪诞，而怪诞的本质便是失序。失序之后，所有的后现代派艺术家沦入集体无个性的泥淖。"失序"就不是对宇宙大道的游离了，那是一种对秩序的破坏、亵渎和仇视。游离的目的是为了以自身诗意的裁判更接近宇宙本体的大美，而失序则是根本无视宇宙大美的所在。坍塌的废墟，是建筑物的失序，而废墟是大体相似的——赤葵依井、荒葛罥涂、破砖残瓦、野鼠城狐。那是丑的所在。而当心灵失序时，体现在作品中的景象，与此也大体相类，那是破败的、残缺的、黯淡的、淆乱的、死寂的，一句话，与生命的本质背道而驰。

西方后现代艺术家们与殉道者不是一回事，大体心中怀抱着无名怒火（佛家所谓"嗔"），或者心中一片苍白，在躁动与死寂两者之间跳腾徘徊。他们的说词是抗拒社会的不公与黑暗，然而那是一种极端自私的、狭小的、偏执狂的号叫，一如鲁迅先生《孤独者》一文中所写的魏连殳"……忽然，他流下泪来了，接着就失声，立刻又变成长嚎，像一匹受伤的狼，当深夜在旷野中嗥叫，惨伤里夹杂着愤怒和悲哀……"

后现代主义哲学家要使人们相信，往昔的哲学、语言学、艺术……施行着"词语的暴政"，使这些后现代的艺术家们的胡作非为带有了悲壮的色彩。中国也有一位以抄波洛克为能事的画家，发出了对"真的猛士"的呼喊，大有从容赴义之慨。事实上艺术的前进乃是一种不假言说的、不思不勉的自然生发过程，即使鸡不叫，天依旧会亮，人们不需要他们的絮絮叨叨和声嘶力竭。高贵鹰扬的品性不会属于欲壑难填的人，他只属于信奉回归古典、回归自然，对宇宙本体心存敬畏，抱着精卫填海的宏愿，一步步、一点点地使自己纳入人类自我赎救的伟大行列的人们。

彭修银　荒诞是后现代文化艺术的显著特色。荒诞把艺术创作推向极端不合理，极端无秩序，时空颠倒，是非不分，善恶倒置，一切因素都荒诞不经、不可理喻。荒诞的艺术彻底扬弃了理性因素，用非理性的形式表现荒诞的内容，形成了一种特定的荒诞模式。对于这种"荒诞模式"您是如何看待的？

范　曾　后现代必然最后沦为荒诞的模式，装着深刻、装着空所依傍，其实时时计算着如何引起社会轰动和画商的垂顾。他们不是独来独往的人，他们是攀附性的藤科植物，他们的精神绝对依恃着后现代哲学家费耶尔阿本的一面破旗，听说其唯一不抑制进步的口号是："怎么都行。"

彭修银 荒诞艺术在放荡和躁动中演变到混乱和颠倒的极致，人类终不能长期忍受颠倒和无序的痛苦和折磨，必然要求越过对立因素之间的鸿沟，实现一种更高的综合，在一种新的审美形态中寻求新的和谐。那么这种新的和谐型的艺术应该如何实现？我们又如何努力？

范　曾 你谈到新的和谐型的艺术应该如何实现？我们又如何努力。前面已然谈到，艺术史的生发过程既不会受胡言乱语污染太久，也不会听从某人的说教而革故鼎新，我们需要的态度是耐心和等待，静观其变。

五、回归古典

彭修银 在上个世纪末一些学者提出了"奔向东方"的口号，并引起西方学者的广泛关注。当历史的年轮刚刚为20世纪画上了句号——新世纪一开始，您提出了"回归古典"的口号。我想请您谈谈，您所提出的"回归古典"是否是对"奔向东方"的一种积极回应？另外，您曾在一篇文章中写道：20世纪之所以出现美的误区，是由于有丑的所在。20世纪的现代派艺术对丑的迷恋、对真的怀疑、对善的嘲弄，从根本上冲破了古典主义编织的真善美的罗网。您所谓的"回归古典"，是否重新来编织被现代派艺术冲破了的真善美的罗网？

范　曾 我所提出的"回归古典"不是东方主义的，这古典包含着全人类的经典文明，这是一个全球性的战略口号。我们面临着人类的文艺复兴这一个不争的事实。艺术史正依循着物极必反的铁律重新走上沧桑正道，"正道"是变化着的，沧海桑田便是自然生发的大变化。如果意大利文艺复兴时期所关注的是古希腊文明、希伯来文明，那么，我们所关注的则是人类往昔所创造的一切美好的经典的文明，从摩耶人到三星堆，从米开朗基罗到八大山人都是地球所共有。人类对真善美的天然趋近，那是人类生命的本质，忘却只是暂时的、局部的。

彭修银 美在新世纪的发展是与文化全球化的发展走向密切相关的。在20世纪最后二十年内，全球化以汹涌的浪潮席卷了世界的各个领域，特别是文化领域。文化全球化是一种世界性的文化熔融运动。然而这个时期的文化全球化对于后发展国家来说，特别是东方国家来说，表现为定位于寻求“现代化”前提下，而陷于“西方化”的可怜情形。由于缺乏异质文化之间交流互动的平等前提，所以东方文化的现代性建构往往是循着西方现代化制度的标准和框架来进行，以获得一种文化认同和价值肯定，自觉不自觉地走向“融入”或“纳入”西方文化制度的迷途。文化全球化在今天的发展亟需解决的问题，就是改变强势文化借“经济—文化”一体性的强权剥夺弱势文化话语空间的倾向，使异质文化之间的交流建立在文化自立身份的确认和文化地位平等的前提下，对自身的文化个性和价值观念进行反思和清理，在平等的基础上进一步完成异质文化及其价值观念的互补，生发出适应国家和时代需要的文化新形态。这个动态过程是否可以说就是美在当代走向新形态的文化背景？

范　曾　我们对“文化全球化”一词应该有一界定，什么是必须全球化的？网络文化、信息文化，还有属于全人类为了地球的生存、文明不致湮灭的最后契约，这些是所有的国家都必须奉行和遵从的，而且无商量：你必须如此！这些当然是大文化的概念。另一种文化是未必走全球化道路的，譬如“中国画”，有人说“中国画”必须有“兴奋”的品性，因为西方的“兴奋”使艺术五彩纷陈。这真是荒唐之言，无稽之考，不知所指。如果就“兴奋”一词的本义言，那是艺术家对外物的一种强烈感发，我想大概全世界没有更比中国画兴奋的了。法国巴尔扎克笔下的葛朗台老头和高老头都只对钱“兴奋”，中国的书画大师的兴奋，大体来源于他们最善于兴起对美的自然感发，他们具有亘古以还的“兴观群怨”的诗性人格。别担心，它不会如你说得那么悲观，它甚至具备了磅礴于天下的、潜在的文化品质优势。互补？也许。不过21世纪西方文化补我者盖少，东方文化补彼者盖多，谓予不信，请看文艺复兴的曙色正不动声色地在东方冉冉升起，黎明将至，我们需要拥抱它！

六、全球化时代的东方美学

彭修银　自20世纪80年代以来，全球化(globalization)作为一种话语已变得越来越普遍，从经济全球化、全球贸易、全球金融，到文化全球化——全球化在当代是一个不争的事实，它将全面而深刻地影响人类社会的现实与未来。而伴随民族主义、本土主义而日渐生成的带有强烈而浓厚的东方地域性话语的东方美学，如何审视自身，在扬弃地域性为其基本特征的基础上，着眼于人类社会生活的共性，凸显人类的共同价值和共同利益，建构一个用于解决21世纪整个人类社会生活问题的内在本质特征的全球化话语的东方美学？您作为一位东方艺术的创造者和东方美学的研究者，是否能给我们具体谈一谈？

范　曾　我不十分赞成你的说法，正如上述，全球化的文化观从整体而言是对的，但是它并不囊括一切文化，即以东方的美学而言，它在肇创之初即与西方分道扬镳。东、西方在这方面价值观的差异，正是它们独立存在的原因，固守各地域的特性而不是使各地域趋同，正是美术史家和美学家的使命。东方的美学由于有至少两千五百年的积淀，它一方面十分沉重，而同时又流水不腐，在时空的川流中，生生不息，成为一个既自足而又不断前进的体系。这种前进不是庸俗的进化，而是一种“天演”。“天演”者，不假外力的周赡而圆融的变化也，严复译西方之进化论为“天演论”，意即在斯。出现“西方化”，甚至一时一际甚嚣尘上，不足奇亦不足怪。究其缘由，皆来自对东、西方文化的不甚了了。对自身文明浅涉则止，对西方文明则趋之若鹜，非驴非马，势在必然。但是一切真正的、为人类所共有的大艺术，都根植于地域的沃土。全球的话语首先是政治、社会、制度、宗教、法律、科学、技术等等极广泛范围的谅解和寻找共同价值和利益的杠杆，取得一种人类的大和谐的共识。只有一种事物大体不需要全球话语，那就是艺术，即从中国古典诗歌而言，不要说叫西方人作律诗，即使是能读懂，就需要做三百年的启蒙工作。即使他们知道了意思，其中的诗心、诗韵、诗境、诗情，恐怕还不得其门而入。这里中国画就有了征服西方人的优势，因为可视、可感、可悟，只要不是笨伯，真正优秀的中国画，不难在西方找到知音。

彭修银　您曾在一篇文章中写道：“东方哲学的终极追求便是和谐，它是和谐的哲学。因为东方人深知，宇宙一切都处于至大无涯的和谐之中。和谐，是一切伟大的存在方式，顺之者昌，逆之者亡。”的确，“和谐”是东方各国、各民族文化价值的基本取向和东方各地区、各民族多元文化所整合的文化精神。中国古代的“天人合一”、古印度的“梵我一如”（即作为外在的、宇宙终极原因的“梵”和作为内在的、人的本质的我在本质上是同一的）以及古代近东、中东地区素朴的“生命宇宙观”（即人和自然万物都是生命体，人与自然统一于生命）等，都是这一精神的突出表现。而在这一根基上生长出来的东方艺术和美学，自然是表现了人与自然亲和关系及和合美学精神。那么我们如何来发扬这一“东方智慧”呢？

还有，东方美学的终极目的是人类的和谐，个体与群体、人与社会、人与自然的和谐。东方的美学与宗教、伦理相通，它超出美学之外作为一种治愈技术文明疾症的良药，其重人与自然亲和共生的特性有助于“生态伦理学”的形成。东方美学以不同的方式呈现了对生命、生活、人生、感性、世界的肯定和执著。主张为生命、生存、生活而积极活动，要求在活动中保持人际的和谐、人与自然的和谐（与作为环境的外在自然的和谐与作为身体、情欲的内在自然的和谐）。您认为我们今天自觉地运用这一生存智慧，可以有效地整合当代人类所面临的人与自然的紧张、人与社会的对峙、人与人的疏离等价值难题吗？

范　曾　谈到中国古代哲学中的和谐，那是儒、佛、道所共有的，儒家的“讲信修睦”成为《礼运·大同篇》开宗明义的大旨，儒家的天人合一，最初哲理上的意义不大，主要是证明统治者的合法性，从子思到董仲舒都是如此。但到了洛阳程氏兄弟和王阳明那里，就具有深邃的哲学意味，构成了感悟思维中宇宙本体论发展到极致的典型的东方智慧。当然儒家谈人际的和谐如“仁者爱人”、“推己以及人”、“己所不欲勿施于人”，言近而意远，无疑对人类的未来有着极重大的意义。庄子的“齐一”说，不只是说宇宙万有包括大而言之的时间和空间的齐一，也包含着贵贱智愚古今寿夭等等的“齐一”，连区别都是多余的，更何论矛盾和斗争。连蛮国、触国的战争，也不过是蜗角上的不足道的可笑的争斗。在这里，老子和庄子都是非战主义者。老子的反慧智、庄子的反科学，当然不利于科学的发展，然而当科学将成为对人类的全面暴力专政时，我们不妨回顾一下庄子对“机事”和“机心”的鞭笞，从而我们是否可以设想一门新的科学——限制科学，应在人类的新世纪创立，并且发挥它神圣的作用。

七、老庄美学

彭修银　对中国古典美学的研究中，您对老庄美学思想的研究花的气力最多，其影响也最大。您能具体谈谈您对老庄美学研究的情况吗？

范　曾　老子和庄子都表面上反对美的创造，其实他们所反对的是这些音乐、绘画背离了天地的大美，所以说："五色令人目盲，五音令人耳聋。"(《老子·第十二章》)庄子则更追求一种没有经过人为破坏的天地淳和之美，一种纯真不加矫饰的自然之美。当庄子听到曾子引吭而歌"商颂"的时候，他感到一种难以言喻的天地大美，那是洪亮的、清澈的、坚实的、宛若宇宙本体一样大朴无华的美。这是庄子对宇宙大秩序的另一种形象的描述。庄子以为当艺术家接近"天门"的时候，也就是艺术家接近了艺术本质的时候，这"天门"或许正是艺术家心灵的本身。"天人合一"的思维，在老庄那里是如此的自然，哲学的论述东西方之不同是：西方不厌其烦地推衍，而东方的感悟往往直抵灵府，要言不烦。我有一次与陈省身先生聊天，我咄咄追问到底数学美在哪里？因为他的"美极了！"三个字，应该还有诠释和细绎。他眯着眼睛，自言自语道："简洁！漂亮！"我从大师的只字片语中所感受到的，胜过了美学家们的千言万语，我隐隐感到那无穷极的宇宙的太初，一定是极单纯的存在，中国哲学家用"一"字来代表。这"一"字具有至大无涯的容纳性。先外祖缪篆先生在《老子发微》中谈到《老子》书中的"大"，那"一"字便是天，而与负阴抱阳的"人"结合，便是大，这真是石破天惊的妙人解语。我的《庄子显灵记》已有邵盈午先生的注本，它对了解我的思想会有很大的导读作用。

彭修银　您研究老庄美学的三部重要著作《老子心解》、《庄子心解》和《庄子显灵记》，这些著作不同于一般的文本研究，而是以一个艺术家对理论的敏感，以"心"去体悟老庄美学之奥秘，这也可以说是您研究老庄的一个重要特色吧？

范　曾　对《老子》和《庄子》，王弼和郭象都作过很好的工作，我只是作为一个艺术家的"心解"。"心解"云者，不是言古人之所已言。它们都是《老子》和《庄子》对我心灵的启示。每个人的"心解"都不同，它比迻译更主观而自由，也可以说是我自信心的一种表现。

八、"警世钟"——新世纪的呼声

彭修银　刚刚落下帷幕的20世纪是工业文明高奏凯歌、走向辉煌的时代，人类借助科学技术的力量创造出了空前的社会经济的繁荣。人类借助科学技术的力量不断地向自然界索取，自然受到拷问时是沉默的，然而，它却给予了人类巨大的回击。现在自然界已经不堪忍受人类的掠夺和蹂躏，从水土流失、土地荒漠化、水资源枯竭、臭氧层空洞、生物濒危等自然生态的恶化，到人类文化生态、精神生态、人文生态及艺术与审美生态被屡屡地扼杀与破坏……所有这些现象和现实告诫我们：科技的发展在给人类带来繁荣、幸福和欢乐的同时，也给人类带来了种种现实的或潜在的威胁。它就像高悬在头上的达摩克利斯之剑，逐渐威胁到整个人类的生存和命运。对于这种现象您以艺术家的敏感写了《沙尘，我奉上永恒的诅咒》、《警世钟——写在世纪末》等文章，发出了“拯救地球”的呼吁。请您谈谈您当时写这两篇文章的动机。还有，汤因比在与池田大作 1973 年 5 月的对话中，明确提出在未来的世纪里，应“寻求终极的实体”。所谓“终极实体”，既不是人，也不是神，而是包含在宇宙生命内部的“法”。这种“法”是宇宙的各种现象的根本规律，是在宇宙的森罗万象之间保持协调的各种法则的根本的实体——地球。在寻求宇宙的内在生命、寻求人与自然以及人与生态和谐共处的方案中，这些学者们不约而同地“奔向东方”。如汤因比说，如果可以按照自己的意志出生，他希望“生为印度的鸟”；如果必须要出生为人的话，他“希望出生在中国”，因为他感到中国对全人类的未来将会起重要的作用。他表示希望中国为世界的统一作出贡献，努力争取使世界的潮流从以物质为中心的方向朝以精神为中心的方向转变。罗素也指出，中国如能取得政治、特别是文化上的独立，发扬人道主义精神，就可以形成与近代西方的物质文明不同的新的文明。他确信，今后中国将在“最关键的时刻给予人类以全新的希望……这个希望是可以实现的，因此中国将取得最高的地位”。您是否能就此谈谈您的观点？技术文明给人类社会带来进步的同时也引发了生态危机。那么今天我们如何来协调人与自然之间的关系，“回归诗意的栖居”，使人类与自然达到一种更高级的融合状态？

范　曾　在上世纪末，我所写的《沙尘，我奉上永恒的诅咒》、《警世钟——写在世纪末》诸文，当时心境有些悲怆，忧思难忘，发而为文，在社会上引起的反响，更足证这些忧思不是我个人所专有。

早在两千五百年前老子称宇宙的智慧为“闲闲大智”，而人类的智慧为“间间小智”，“闲闲”者，言其博大无垠，自在无待；“间间”者，言者狭小有限，造作有待。在科学功利不居首位的 18 和 19 世纪，“怀疑”是科学之母，好奇心是所有伟大科学家的天性。然而事乃有大谬不然者，20世纪的两次世界大战和种种发生于东西方的局部战争，使科学的负面影响成了权力、野心和侵略、霸权的代言人，这不只是天才的科学家们始料所不及的，而且这种负面的影响正威胁着地球和人类的生存。现在已经到了危机的临界点，到了或者解决危机或者被危机所解决的时候，“到了最危险的时候”已不仅是中华民族的事了，因之，今年的海啸事件是造化对人类的一个警示，这警示当然和人类的科学负面影响无关，也不见得和人类的破坏生态环境有什么关系，地壳要抖一抖，那是谁也管不了的。即使亿万斯年以后，地壳还会在这里或那里抖一抖。但是，警示的本质意义在于：人是渺小的——不要讲在宇宙——在地球上也是十分渺小的。人除去相互之间发狠而外，还能“人定胜天”吗？还能“与天斗其乐无穷”吗？警示告诫全人类：同情和关爱应该赶快超越往昔的所有仇恨，同时在这次自然大灾之后幡然有悟，全世界有产者、无产者联合起来，放下各自的屠刀，化干戈为玉帛，共同预防、重建地球这为天厚爱的、独一无二的星球。“回归诗意的栖居”，那是何等美好的举世无双的神圣而伟大的事业。我们期待着这一天的早日来临。

“在人虽晚达，于树似冬青”

——卞孝萱教授访谈录

邵文实

卞孝萱教授，江苏扬州人，1924年生，自学成家。曾协助范文澜撰写《中国通史简编》，协助章士钊校勘《柳文指要》，协助匡亚明编辑《中国思想家评传丛书》。现任南京大学中文系教授、古典文学专业博士生导师，并任中国唐史学会顾问、中国唐代文学学会韩愈研究会名誉会长、柳宗元研究会顾问、江苏省六朝史研究会名誉会长、连州刘禹锡研究会名誉会长、洛阳白居易研究会顾问、安徽省桐城派研究会顾问、湖北省吴楚文化研究会顾问、清代扬州画派研究会名誉会长等。以中国古代文、史、艺为主要研究方向，论著有《刘禹锡年谱》、《元稹年谱》、《冬青书屋笔记》、《唐传奇新探》、《唐人小说与政治》、《郑板桥丛考》等30余种，发表论文200余篇。本刊特委托东南大学副教授邵文实博士就有关学术问题采访卞孝萱教授，整理出此篇访谈录，以飨读者。

邵文实　卞先生，您1999年出版的《冬青书屋笔记》，我读过多遍，里面涉及文、史、艺等方面内容，精义纷呈，令人目不暇接。请问您，为什么要将自己的书斋取名为“冬青书屋”呢？

卞孝萱　你知道，我曾研究过刘禹锡，他是我喜爱的一位唐代文学家。他给白居易的一首诗中有“在人虽晚达，于树似冬青”的句子，具有老当益壮之精神，我非常欣赏，用以自励，所以将自己的室名定为“冬青书屋”。

邵文实　香港《文汇报》2005年10月22、25、26日连续三期刊载普林斯顿大学比较文学博士陈珏先生介绍先生近作《唐人政治与小说》的文章有云：“在跨越上世纪和本世纪的会通文史哲诸领域的大师中，以九十和八十五高龄，仍有大量超一流成果问世而领导学术潮流者，自首推选堂饶宗颐和清园王元化。而在深入研究文史某一领域的专家中，以八十岁高龄而仍能在国际范围内开拓新境界者，则冬青书屋卞孝萱当之无愧。"应该说，您在古代文史研究方面的成就，国内外是有目共睹的。可否请您谈谈您是怎么达到这么高的学术成就的？

卞孝萱 那都是过奖之词，但我很愿意将我的治学经历告诉给大家。

一、扬州慢——艰辛漫长的自学成才之路

邵文实 我从一些有关您的文章中了解到，您是自学成才的，这段经历一定非常艰辛漫长吧？您觉得，自学成才需要具备哪些条件呢？

卞孝萱 是的，我没有读过大学，后来取得的一些成绩，都是通过自学达成的。说到自学成才的条件，我认为需要主观和客观两方面条件的契合，二者缺一不可。所谓主观条件，指的是自学者要具有坚忍不拔的毅力，勤勉刻苦的精神，坐得住"冷板凳"，甘于寂寞，坚持不懈，只有这样，才能最终有所成就。所谓客观条件，指自学者所处之社会背景、家庭环境以及所接触的人和物的影响等外在因素。

邵文实 先生以耄耋之年，在挥汗如雨的夏日枯坐图书馆查阅资料的身影，是我和周围许多人有目共睹的，所以我对您所说的自学成才的主观条件有比较充分的理解，能否请您谈谈自学成才的客观因素呢？

卞孝萱 我的家乡在扬州。那里是著名的历史文化名城，被称为"淮左名都"，自古以来就是人们所向往的胜地，清代有"扬州八怪"名扬天下，是著名的"扬州学派"的诞生地，又是扬州曲艺的故乡。

邵文实 是啊，一谈起扬州，就会让人想到古人的许多诗句，春风十里的扬州路，二十四桥的明月夜，不知为多少文人墨客所追忆和向往。先生生于斯，长于斯，一定会受到其历史文化的耳濡目染。

卞孝萱 我是1924年生，那时距抗日战争爆发尚有十二年，扬州城还未遭受战争炮火的摧残，旧文化保留尚多。当时扬州书画收藏之风很盛，大街小巷有许多裱画店。在装裱过程中，需将书画粘于板上晾干，装裱的书画不断更换，每个裱画店都无异于一个不断更新的画展。我小时候出门上街，喜欢在这些裱画店前浏览，遇到不懂之处，便回家查书或请教于人，因而从小培养了对书画艺术的兴趣。我在扬州中学读书时，上学途中，必经太傅街阮元故居。阮元是清代扬州学派的代表人物之一，学人誉他为

“一代经师，学界山斗”，还有的赞他为“一代名儒贤相”、“嘉、道间第一人”等等。阮元致仕后回扬州度过晚年。我清楚地记得，阮元故居与《红楼梦》荣、宁二府布局相似，有东第、西第，中为家庙，占据半边街道（先生一面说，一面在纸上画出简图）。我途经此处，先是好奇张望，后则探究其源，逐渐对扬州学派有所了解和认识，扬州学派兼顾训诂与义理，不仅讲究贯通群经，而且追求经学与诸子学及史学融会的做法，这对我以后的治学有很大的启发。

邵文实　先生出身于书香门第，这对您的影响也很重要吧？

卞孝萱　我出生于一个破落的书香之家，家世渊源对我的成长有很大影响。卞氏于东晋时避乱南迁，传承过程中，代有名人。远的不说，清末扬州卞氏就有“两世开府”之称。两世指我的族祖卞士云、卞宝第两代。卞士云幼孤家贫，后来考中进士，以此起家，官至署理浙江巡抚、浙江布政使，著有《退思斋诗存》、《省斋试帖偶存》。其子宝第，官至署理湖广总督、闽浙总督，勤政廉能，《清史稿》卷四四八《卞宝第传》中称他“扶植民愿，民尤感之”，著有《方岳采风录》、《闽峤𬨎轩录》、《抚湘公牍》、《卞制军奏议》等。其他亲戚、世交的前辈中，中过进士、举人，做过大小官员的人也很多。我虽因父亲早逝而家道中落，生活清贫，但与亲友依礼往来，自幼见到卞宝第的子、侄辈及其他人物，熟悉他们的言谈、举止、风度（先生略作停顿，拿出卞宝第之子卞昌等所赠书画相示）。这些人物与古代官僚文人是一样的，待我年纪渐长，阅史书中名臣、儒林、文苑等传时，便觉毫无隔阂。这些从书本和学校之外获得的知识，对于我成长后钻研古代文史大有裨益。

邵文实　尊先君很早就去世了？

卞孝萱　（先生表情凝重起来）说起这个，不免令人伤感。我二月而孤，与寡母相依为命，靠变卖家藏文物、亲友资助和母亲为邻居做针线的收入过活。母亲爱子情切，望子成龙，却无力为我提供好的受教育条件。在我五岁时，原本目不识丁的母亲，每日先向邻人学会几个字，然后回家教我，从不懈怠。

邵文实　我们都听过欧阳修母画荻教子的故事，殊不知尊堂处境更难，教子更勤，也是一段慈母教子的佳话呢。

卞孝萱　所以，“南社”创办人、著名诗家柳亚子先生在赠给我的诗中有云：“教儿先就学，即学即传人，此是弥天愿，宁关一室春。”这种“即学即传人”的教学法，南京大学教授、著名学者陈中凡先生认为是陶行知所推行的“小先生制”之始，极具意义(先生领我至悬挂柳亚子、陈中凡两先生所赠条幅处观看)。

邵文实　看来早年丧父的经历及母亲的教诲，都成了您发愤读书的巨大动力。

卞孝萱　正是这样。后来日军侵华，扬州沦陷，我到溱潼小镇的江苏省立第一临时高级中学就读。史学家柳诒徵先生在兴化养病期间，曾来我们学校参观。这件偶然的事，对我却有重大影响，柳先生成了我治学的榜样。由于抗战期间沦陷区社会动荡，物价飞涨，我家生活更加困难，因此在高中毕业后，我无力上大学，十八岁便独自到上海谋生，就职于一家小银行。工作之余，进夜校补习功课，多少个夜晚，都是青灯孤影，以书卷相伴。初时所学甚杂，后来将注意力渐渐集中在文、史、艺几方面。夜校传授的知识远不够用，于是我有空便去图书馆看书，并节衣缩食买书，遇到疑难问题，总是多方求教，自然而然地走上了治学之路。

邵文实　自学的道路是很艰难的，您觉得从中得到的最大收获是什么?

卞孝萱　自学最大的好处在于“转益多师”，因为求教于学术观点不同的前辈，就会形成不囿门户之见、不泥一家之言、博采众长的治学习惯。我在自学期间吃了不少苦，走了不少弯路，但正是因为这样，才使得自己的基础较扎实，根基较牢固，而且知识面也较一般人宽广，这都为我后来的发展提供了有益的帮助。

二、踏莎行——由近及古的文史研究之路

邵文实　先生以古代文史研究闻名于世，但据我所知，您的学术生涯却是始于中国近代文史的研究。

卞孝萱　我在读罢钱仪吉《碑传集》、缪荃孙《续碑传集》、闵尔昌《碑传集补》(当时汪兆镛《碑传集三编》尚未出版)后，有感于战火中文献惨遭燬失，急需抢救，就立志收集、整理辛亥革命前后政治、经济、军事、文化各方面人物的墓碑、墓志铭、家传、行状等。这是一项极为艰巨的工作，正如周一良先生在给我的一封信中所言，民国时期社会动荡，变迁频仍，加之对封

建思想的批判，使得资料散佚情况严重，搜集难度因之加大。我当时仅为二十岁出头的青年，利用银行工作之余，发此宏愿，惨淡经营。我充分利用晚间、假日去图书馆抄书，在书店地摊购买相关资料，或是想方设法访问相关人物。我曾购得袁世凯家的书信，择要披露，为人们了解辛亥革命秘事提供了宝贵的资料。我在这方面的工作，中国科学院近代史研究所研究员金毓黻先生十分重视，将我推荐到所里工作。辛亥革命八十周年之际，我所编的《辛亥人物碑传集》和《民国人物碑传集》两书面世，原件我赠给了华中师范大学。

邵文实 我读到过有关这两部书的一些评论。华中师大教授章开沅先生在序言里称："这两部书的出版，是钱、缪、闵、汪之后的一大继作，亦未尝不可以视之为碑传结集的余韵绝响。"上海社会科学院历史研究所研究员汤志钧先生也有序云："两书的出版，是学术界的大事，也是中国近代史、民国史研究者期望已久的资料书。""读者除能翻阅有关资料外，还可看到近代史学的发展、演变。"由此可见这两部书所具有的重要意义和学术价值。而且我知道，由于先生与文史、书画界前辈交游，两书中这方面的碑、传尤具特色。

卞孝萱 在进入中国科学院近代史研究所后不久，我又受知于所长范文澜先生，在其指导之下工作，从此转入古代文史研究，无暇兼顾近代文史了。

邵文实 您那时做了哪些工作？

卞孝萱 我主要是帮助范老搜集相关资料，还撰写了《中国通史简编》的部分内容，如《中国通史简编》第三编第七章第七节。当时是1964年，范老生病，医师让他卧床休息，他因此先委托我起草此节内容，他出医院后，依据我的原稿加以修改。后来他在《简编》第三编出版说明中专门提到此事。我帮助起草的这一节，内容涉及唐代史学、科学和艺术。这段工作经历，使我终身受益。我的第一篇古诗方面的论文，就是在范老的关怀、指导下写的，后来收入《胡笳十八拍讨论集》中。我从而领悟到研究古诗离开作品的时代背景、作家的生平而谈风格，是不够的，甚至要出错的。

邵文实 大概正是从这个时候起，先生将唐代文史定为了主攻方向吧？

卞孝萱 是的。我的突破点在中唐。我对中唐文学家的研究，有全面进攻与重点占领之别。

邵文实 什么是“全面进攻”与“重点占领”？

卞孝萱 所谓“全面进攻”（卞先生脸上浮现出笑意），指对前贤研究较少的作家从多方位、多角度进行研究。中唐文学家，“刘柳”并称，“元白”齐名，而历来研究柳宗元、白居易者多，研究刘禹锡、元稹者少，我对后二人全面进攻，先撰写了《刘禹锡年谱》、《元稹年谱》，后更撰写《刘禹锡》、《刘禹锡丛考》、《刘禹锡研究》、《刘禹锡评传》等，又校勘《刘禹锡集》，力求对刘禹锡的研究能深入而全面。

邵文实 我拜读过《刘禹锡年谱》，它是先生的成名之作，用功深厚，考校精当，颇多新见。据我所知，不但当时古代文史专业的研究生大多读过此书，至今研究刘禹锡的学者仍视为具有权威性的重要参考书籍。您觉得这本书中最得意的地方在哪里？

卞孝萱 我从北朝民族融合的背景入手，考出刘禹锡为匈奴族后裔，其祖先随北魏孝文帝迁都，加入洛阳籍。又从唐朝安史之乱时北方人口南迁的背景，考出刘禹锡出生于苏州地区。此观点一出，立即为刘大杰、钱仲联诸先生所肯定，王仲荦先生也欣赏这个考证成果，赞云“不易破也”。

邵文实 《刘禹锡丛考》的《交游考》，钩稽佚事，抉发隐情，揭示四百余人与刘禹锡的亲疏、敌我关系。《刘禹锡研究》阐述刘禹锡诗对晚唐杜牧、李商隐、温庭筠以及北宋苏氏一门、江西诗派的影响。此外，先生还考证《陋室铭》非刘禹锡作，《竹枝词》非作于朗州、连州而作于夔州，“司空见惯”、“四公会”等故事不可信，等等，都让人感到先生做学问功力深厚，论说有据，令人过目难忘。

卞孝萱 上海图书馆、北京大学图书馆所藏两种刘禹锡诗集上，有姚世钰过录的何焯批语，不同寻常，确有心得，但在书库中沉睡了二、三百年，我把它整理出来，在《唐研究》第二卷发表，为刘禹锡的研究者提供了珍贵的资料，常有同行引用。

邵文实 《刘禹锡评传》是“中国思想家评传丛书”中的一本吧？

卞孝萱 对，那是1996年出版的，是对前面提到的有关刘禹锡研究成果的综合，并力图对刘禹锡的政治思想、哲学思想、人生观和文艺思想等作更深层次的探讨。

邵文实 先生对刘禹锡研究的“进攻”，正如先生所言，可谓“全”矣。

《元稹年谱》是先生的又一力作,您能否也谈谈您对元稹的研究心得?

卞孝萱 我经过潜心研究,考证出元稹家庭真相,他是没落的鲜卑贵族之后,出生于一个父老母少家庭,父死姊嫁后,不容于异母兄,与寡母流落到凤翔,过着颠沛流离的生活。这对元稹思想和性格的形成,产生了重要影响。我还考出元稹中途依附宦官的"变节"真相:元稹曾于制科考试得中第一,足见主考官裴垍对元稹的赏识。在宰相裴垍的支持下,元稹敢于与权幸斗争。裴垍死后,元稹失去依靠,转而交结宦官。

邵文实 这样就解释了人们对于元稹行为方面的疑问。

卞孝萱 我又对与刘禹锡或元稹创作关系较为密切的李益、李绅、张籍、王建、南卓等进行研究,撰成年谱之类。如考出李益属于李逢吉、令狐楚集团,与元稹、李绅一方是敌对关系。又如:根据张籍《逢王建有赠》等诗,考出两人最初的相识地点是魏州,王建受张籍影响而创作乐府。这些结论多为同行所接受和采纳。

邵文实 以上是您对中唐文学家的"全面进攻"。那么"重点占领"又是指什么呢?

卞孝萱 所谓"重点占领",指中唐一些文学大家的研究成果已甚丰富,我不再重复劳动,只对尚未受人关注之处,加以研究,以填补学术空白。韩愈、柳宗元、白居易等人,就是我要重点"占领"的。韩愈在诗文中从不提及母亲,李翱、皇甫湜所撰韩愈行状、碑文中,也都没有提到韩愈母亲。这种罕见的现象,引起了我的注意。我从考察韩愈对其兄韩会为"宗兄"的称呼入手,推断韩会与韩愈非一母所生,韩愈乃庶出之幼子;进而推断韩愈生母身份卑微,在韩父去世后,或改嫁,或以乳母留在韩家,这样韩愈自然不会在其诗文中提及母亲。

邵文实 这样揭示韩愈身世之谜有何意义?

卞孝萱 这决非毫无意义的,而是有助于知人论世。很显然,韩愈这段不为人知的成长历史,对韩愈性格的形成有重要影响。由于是庶出,若不求上进,就不能自立,所以韩愈"自知读书为文"。由于得到兄嫂乳母的怜悯和抚育,才能长大,推己及人,故韩愈"颇能诱厉后进",乐于提携有才学的年轻人,对周围的贫弱者都愿意提供帮助。

邵文实 《平淮西碑》、《论佛骨表》是韩愈的两篇名文,而《碑》被推倒,《表》使宪宗发怒,将韩愈贬潮州。先生对此有何见解?

卞孝萱　我写过《韩愈贬潮原因探幽》一文，指出这两件事要放到当时李逢吉、令狐楚、皇甫镈集团与裴度、韩愈一方的政治斗争中去理解。宪宗抑制功高的裴度，韩愈也遭受不幸，却名扬后世。

邵文实　先生研究白居易，比较关注的是哪些方面的内容？

卞孝萱　我注意到他之所以与元稹友情深厚，与两人俱受知于裴垍、同登制科有重要关系。白居易为了配合宰相裴垍施政，创作《新乐府》，力求通俗，使唐宪宗看了能有所领悟。这对于解释"元白诗派"的形成，"新乐府"运动的前因后果都有一定意义。

邵文实　提到先生对于柳宗元的研究，就令人联想到先生帮助章士钊先生校勘《柳文指要》一事。章老曾向先生征询有关永贞内禅的资料，《柳文指要》中亦曾多处引用先生的研究成果，如在《二根潜通史迹》里，章老说："如此觅证，在逻辑谓之钢叉论法，百不失一。孝萱既从联锁中获得良证，而吾于子厚所云外连强暴之一大疑团，立为销蚀无余，诚不得谓非一大快事。"

卞孝萱　《柳文指要》写作过程中，章老曾和我讨论过一些问题。付梓前，章老曾请我协助他校阅全稿。我因章老专攻柳文，所以写了一些赏析柳诗的笔记，以拾遗补缺。我又从医书中发现《柳柳州救死三方》，予以披露，从而使世人获知柳宗元在永州的病情以及与刘禹锡交流医术之事实。

邵文实　经过先生这样一说，我比较了解先生所说的对中唐文学家"重点占领"的意思了。

三、阮郎归——独抒心得的扬州人物研究

邵文实　先生后来还写了一些与扬州有关的人物的文章。

卞孝萱　上世纪70年代末，我回故乡扬州工作了四年。扬州名人辈出，我对乡先贤很感兴趣。尤其是鉴真和扬州八怪，我先后写了不少文章。

邵文实　我知道，鉴真是唐代江阳人，也就是今天的扬州人，他前后六次"东渡"，终得到达日本，弘扬佛法，传去医药等知识，对日本文化产生了深远影响。先生研究鉴真有什么机缘吗？

卞孝萱　1980年4月，日本唐招提寺第八十一代和尚森本孝顺护送鉴真像回国探亲，被称为"千载一时"的盛事，我也因此对鉴真产生了兴趣，开

始深入研究鉴真。我没有循人老路,而是另辟蹊径,对鉴真冒死出国的历史背景做深入探讨,写成《佛道之争与鉴真东渡》一文,发表于当年《中国史研究》上。我在文章中指出,武则天崇佛抑道,佛教兴盛一时,此时鉴真出家;玄宗为强调李唐正朔,推行崇道抑佛政策,作为虔诚佛教徒的鉴真是在这样的背景之下前往日本的。文章发表后,引起学术界广泛关注。当时为纪念这位中日化交流的伟大使者,国内发表文章很多,只我这一篇为《新华月报》1980 年第 6 期全文转载。此外,我又发表《中日友好与鉴真东渡》、《寺院经济与鉴真东渡》系列论文。

邵文实 我在《冬青书屋笔记》中读到过您在这方面的文章,譬如《鉴真带到日本的王羲之真迹从何而来?》等,我发现先生在从大处着眼的同时,亦不忽略鉴真研究的细微之处。

卞孝萱 我对鉴真与天台宗的关系早有关注,但直到 2004 年,才将《鉴真与天台宗关系新探》一文付诸刊载。我在文章里运用陈寅恪先生所提出的"神游冥想"的治学方法,钩沉索隐,通过鉴真对天台宗祖师慧(惠)思、智的崇敬,对智满、弘(恒)景的师承,在天台宗中具有崇高地位的梁肃为鉴真撰塔铭,以及唐代僧人兼学律、天台二宗的风气,来解释鉴真和弟子们在日本弘扬天台宗之事。作为《中国思想家评传丛书》之一的《鉴真评传》接受了我的观点。

邵文实 前面已经提到,先生自幼便对书画艺术产生了浓厚兴趣。这也就不难解释先生何以会深入研究"扬州八怪"了。

卞孝萱 我对"扬州八怪"的研究始于上世纪 60 年代。"扬州八怪"历来有不同的说法,1962 年,俞剑华先生在《光明日报》发表文章,提出名列"扬州八怪"者,有十三人。1964 年,我在《文物》发表文章,利用俞先生所未见的凌霞《扬州八怪歌》和葛嗣浵《爱日吟庐书画补录》等书,综合前人记载,求同存异,提出列名"扬州八怪"共有十五人的看法,如今此看法已被普遍采用。

邵文实 "扬州八怪"中,先生对金农、汪士慎、高翔、李方膺等诸家均有精深探讨,而尤重郑板桥研究。郑板桥是人们研究的热点,想要出新可不容易。

卞孝萱 是啊。有感于郑板桥被人谈滥了,我从 1962 年发表第一篇郑板桥的文章起,就抱定宗旨:不写没有新材料、新论点的郑板桥文章。此后四十余年，我先后发表郑板桥论文二十余篇，汇为《郑板桥丛考》一书出版。

邵文实 我读过有关此书的评论文章，说书中多新材料、新论点，被誉为“采山之铜”之作，合于顾炎武著书之旨。您能就此谈点心得吗？

卞孝萱 我家中藏有清代徐兆丰《风月谈余录》一书，其中有《板桥先生印册》（即《四凤楼印谱》），为上海古籍出版社出版的《郑板桥集》所漏收。我于 1962 年先后在《雨花》和上海《文汇报》上发表文章，将此册介绍给世人。回扬州工作后，我又为印册作注，以印证史，订正了前人关于板桥印章记载之讹误。板桥有“青藤门下牛马走”一印，袁枚为何讹为“徐青藤门下走狗郑燮”？人们未能深究，我从袁枚讥板桥“诗非所长”，板桥针锋相地说“君有奇才我不贫”，又讽刺袁枚“女称绝色邻夸艳”等现象，说明文人相轻，袁枚故意把“牛马走”误为“走狗”，以发泄对板桥的不满。

邵文实 郑板桥绘画以竹、兰、石为著，此是人所共知，但他是否涉及其他题材？

卞孝萱 这个问题可以从板桥友人的记载中寻找蛛丝马迹。如杭州人沈心《孤石山房诗集》中乾隆十五年所作《留别郑板桥》称“赠我青山逸兴飞”，由此可知板桥曾画山水赠沈心。板桥能作山水，仅见于此诗，对全面了解郑板桥的绘画极有价值。

邵文实 郑板桥作为“扬州八怪”的代表人物，民间有许多关于他的奇闻佚事。您在这方面有没有考证研究？

卞孝萱 我曾于 1982 年发表《郑板桥轶事考》一文，对郑板桥生平中“童年曾寄养于姑母”，“微时曾在兴化竹泓、盐城沙沟设塾授徒”，“在扬州与饶五姑娘结婚”，“中进士后，在扬州卖画，岁获数百金至一千金”，“在潍县倡修城墙，得到绅商支持”，“请郭奶奶到潍县来生儿子”等六个方面加以介绍。如“在扬州与饶五姑娘结婚”就是郑板桥的一段韵事，如果拍成电影或电视，一定会很有趣。再如文中借郑板桥写给四弟的书信，解释“请郭奶奶到潍县来生儿子”之事，一见年已五十七岁的郑板桥不肯买丫头误人，二见郑板桥以利诱夫人郭氏来潍县之黠慧，虽属趣文逸事，却使人们对郑板桥的为人有了更多的认识。至于那些弄虚作假的东西，我撰文辨伪，以免读者受骗。如《〈郑板桥家书〉四十六通辨伪》一文为《新华文摘》1984 年第 4 期全文转载。

四、解连环——文史互证的唐传奇小说研究

邵文实 先生是什么时候到南京工作的?

卞孝萱 我在扬州工作四年后,又至北京工作四年,1984年应南京大学之聘,至中文系工作。此前,我在撰著《刘禹锡年谱》、《元稹年谱》等书时,主要是诗史互证,以小说证史不多。到这时,我已将研究重点从唐诗转向唐传奇。

邵文实 赵彦卫在《云麓漫钞》中说,唐人小说"文备众体,可以见史才、诗笔、议论",但"五四"以来,唐人小说的研究更多地注意了其"诗笔"的一面,而往往忽视了"史才"与"议论"的一面。

卞孝萱 是的,"五四"以来唐传奇的研究,主要是:考证作者生平、写作年代;进行分类,如分为神怪、爱情、豪侠等类;探讨思想性与艺术性;进行注释、辑佚、赏析等。我另辟蹊径,以小说写作的政治背景为出发点,从传奇作者的政治态度入手,专与通结合,文与史互证,旁推曲鬯,以意逆志,透过表面的藻绘,进入作者的心胸,探索作者的创作意图亦即作品的真正寓意。

邵文实 陈珏先生在其《初唐传奇文钩沉》之引言与后记,以及在《华裔学志》第五十三卷所发表的《唐传奇新探》书评,屡次提及先生在传奇研究方面的贡献,认为20世纪的传奇文研究:"少数别辟蹊径者,以陈寅恪、卞孝萱等的研究为代表,在上述范围之外,从唐人传奇文中,拈出政治、社会与文学的关系,以为研究的重心,别开'文史互证'的新生面,用如今西人习用的话来说,就是所谓'跨学科'研究,于是形成20世纪传奇文研究的'正'与'奇'两种风格的分流。"又云:"20世纪的南北学术,向有'京派'和'海派'之分,唐代传奇文研究的南方中心,不在上海,却在南京。汪辟疆先生设帷中央大学在先,刘开荣先生任教南京师大在后,名家辈出,传统悠久。卞孝萱先生上世纪80年代到南京大学后,不仅发扬光大前人的传统,而且独树以文史互证方法研究唐代传奇文的旗帜,声誉远播海内外。"可见您的研究成就已经得到海内外学者的公认。能否谈谈您是怎么开始这方面的研究的?

卞孝萱 我首先对《任氏传》、《枕中记》、《南柯太守传》、《霍小玉传》、

《上清传》、《辛公平上仙》六篇传奇的创作意图进行了新的探索。这组论文，收在《唐代文史论丛》中。如区别《枕中记》与《南柯太守传》虽皆为说梦而“立意”不同，前者以当时文官为模特，后者取材于当时武将；前者表示视富贵如梦，自己觉悟，后者以梦说教，劝诫别人。1988年的《唐代文学年鉴》对这些文章有过评论，说：“为唐代小说研究开辟一条尚未有人涉足的新途径，不惟新见叠出，发人深思，而且材料翔实，令人信服。”自此之后，我开始对唐传奇进行了比较全面的探索，其研究成果，已汇为《唐传奇新探》和《唐人小说与政治》两书。

邵文实 我细读过这两本书，深感对唐人传奇小说之研究，集中体现了先生专通结合、文史互证的治学方法。

卞孝萱 刘师培提出唐诗可以证史的意见，我曾撰文加以表彰。现代学者中，以诗证史取得重要成就者，当推邓之诚、陈寅恪二氏。邓氏有《清诗纪事初编》，陈氏有《元白诗笺证稿》、《柳如是别传》，如双峰对峙。而目前学界谈以诗证史，几乎无人涉及邓氏，我写了《邓之诚“诗证史”的理论与实践》一文，意在补阙。而梁启超、陈寅恪二氏都提倡小说证史，陈氏还写过以唐小说证史的文章。梁、邓、陈三氏文史互证理论与方法对我影响很大，但对我影响更大的，是范文澜先生传授的“专、通、坚、虚”四字。在那个时代，全国强调“专”，而范老提出“专”与“通”结合，使我领悟到专精与博通的关系。井水、江水都是水，而井水没有江水那样波澜壮阔，这是人人都知道的。以此为喻，专而不通者，不可能达到专而且通的学术境界。文史互证就是一种“通”，而要达到文史互证，就要具备文史兼通的学术修养和文史沟通的研究能力。

邵文实 在进行文史互证的工作中，要注意哪些问题？

卞孝萱 要注意六个问题，即：个性与通性，古典与今典，表层与深层，明言与暗言，正言与反言，言内与言外。如在研究《辛公平上仙》之前，我先论及唐德、顺、宪三朝禁中事，指出宪宗曾在宦官和藩镇的帮助下，先后去掉有号召力的舒王和有复辟可能的太上皇顺宗，以稳固自己的地位；继而考证，属于王叔文政治革新集团成员的李谅，在得知顺宗被害的隐事后，写成此传奇，借道家“兵解”之词，影射宦官弑帝。如果不具备对永贞革新前后史事的翔实了解，显然无法考知此传奇的隐情。这一观点被章士钊先生《柳文指要》、韩国磐先生《隋唐五代史纲》等书所采纳。

再如，我认为《喷玉泉幽魂》是“甘露之变”在文学作品中的反映。在论述过程中，我不但谈及“甘露之变”始末和“甘露之变”后政界的态度，而且引用白居易、李商隐、杜牧等人的诗歌，说明诗人对“甘露之变”的态度，并比较了记载“甘露之变”的野史《乙卯记》、《大和摧凶记》、《大和野史》、《野史甘露记》等，接着再考证《杜阳杂编》、《松窗杂录》及《阙史》，说明“甘露之变”后，文宗怀念李训、舒元舆，最终郁郁以殁。在直接讨论《喷玉泉幽魂》的作者李玫与传奇本身时，则先后考论了《喷玉泉幽魂》的出处《纂异记》的解题与特色，李玫与甘露四相、卢仝的关系，以及清人胡以梅对《喷玉泉幽魂》中的八首诗所作的笺注等。我还以《大唐传载》、司马光《游寿安诗十首·喷玉泉》、邵雍《八月渡洛登南山观喷玉泉会寿安县张赵尹三君同游》等诗来说明《喷玉泉幽魂》环境描写的真实性，进而表明李玫创作态度之严肃。经过以上多角度的论证，我认为：《喷玉泉幽魂》是当时为甘露四相和卢仝鸣冤叫屈的独一无二的文学作品，可与影射顺宗被弑的《辛公平上仙》先后媲美，都是用神怪故事来写历史题材的优秀的政治小说。

邵文实 陈鸿的《长恨歌传》与白居易的《长恨歌》一向被认为在文体上不可分离独立，先生则指出两者间的思想差异，认为这种差异是由于“文士之识”与“史识”存在区别。

卞孝萱 这是作家主体对待相同素材时的不同感悟。在谈这一点时，我拿出白居易的《长恨歌》和李商隐的《骊山有感》、《龙池》等诗为旁证，说明针对唐玄宗以儿媳为贵妃一事，不同诗人所具有的不同态度。白居易为何在《长恨歌》中对李杨悲剧流露怜悯之心？我以白居易《感情》等诗，说明白居易自身的爱情悲剧对其诗歌创作的影响。白居易此后又作《上阳白发人》、《胡旋女》、《李夫人》三首《新乐府》，亦咏及杨玉环，而其对待杨玉环的态度，却从《长恨歌》中的同情，变为三首诗中尖锐的批判。我又按照《长恨歌》、《长恨歌传》、《李夫人》的写作先后，列表举其异同，说明史家陈鸿对诗人白居易的启迪，白从“文士之识”演进为“史识”。在此研究过程中，我运用的都是文史互证的方法，这正是对我所敬仰的扬州学派“由专精汇为通学”的治学精神的实践。

邵文实 您研究唐人小说的主要追求是什么？

卞孝萱 《庄子·养生主》有一个庖丁解牛的故事，庖丁对文惠君说：“彼节者有间，而刀刃者无厚，以无厚入有间，恢恢乎其于游刃，必有余地矣。"在这段精彩的话中,"间"字是要害。庖丁肢解牛体时,能看准牛骨节之"间"下刀,刀刃运行于空隙中,所以大有回旋的余地。治学何尝不是如此?古人云:"读书得间。"前人读书、作文都重视"间",对我研究唐人小说是重要的启发:要得"间"。探讨作者的创作意图,发前人之所未发,力求得"间",这是我研究唐人小说所追求的方向。

邵文实 您可以举个例子吗?

卞孝萱 《唐太宗入冥记》出自敦煌遗书,以前专门从事敦煌学研究的学者,只将重点放在对文书的抄录、校注与文字的考释方面,未能对小说的具体写作时间以及小说所要传达的政治内涵做出说明。我从小说的标题、体裁、写作时间、内容、与《朝野佥载》的比较、影响五个方面,对《入冥记》进行了考证,得出"《入冥记》是一篇在佛教果报掩护下谴责唐太宗的政治小说"的结论。

邵文实 此文的"间"在何处?

卞孝萱 《入冥记》有一些看似违反常识或不合情理的地方,我就是从这些地方入手来进行研究的。如《入冥记》中称李建成、李元吉为"二太子",这一违反一般常识的称呼表明《入冥记》对元吉有好感,再进一步去考证,发现后来被太宗收继的李元吉妻系武曌姨姐这一鲜为人知的事实,这就可以推知《入冥记》在为元吉鸣"冤",是迎合武曌的产物。《入冥记》中描述崔子玉劝唐太宗"讲"《大云经》,"抄写"《大云经》,这又是一个违反时间顺序的错误,不是武曌建周称帝之前所能空想出来的,这对前一结论是有力的佐证。但这样还不够,我继续通过《入冥记》中否定太宗平定天下的武功等做法,再次证明《入冥记》当做于武曌建周、佛教昌炽之时。后面又通过揭露史书中自相矛盾之处,利用私家石刻等大量翔实可靠的文献资料,洗掉史书中对"玄武门之变"的涂饰,最终揭示"玄武门之变"的真相,指出只有作于武周代唐之初的《唐太宗入冥记》,才敢对太宗杀死兄弟、逼父让位的行为表示异议。

邵文实 我明白了,这都是先生"读书得间"的结果。这样的研究方法不仅对唐人小说研究有所贡献,更可为敦煌文学的研究提供新的思路。是不是每篇小说都与政治有关系?

卞孝萱 这要作具体分析。譬如中唐时期有四篇记载女报父仇的小说,只有崔蠡一篇是有为而作,因为作者也有家仇。识别小说有无寓意,仅看做品的表面是不够的，必须联系作者的家世、生平与政治立场、观点，才能进入作者的心胸。

五、长寿乐——耄耋之年的新探索

邵文实 先生在2001年出版的《唐传奇新探》的后记中说："我亲见章士钊先生于九十一岁时完成《柳文指要》出版，我今年才七十七岁，怎敢搁笔？对唐传奇还要继续深入研究下去。"您这种老而益勤的精神令人十分感动。今年先生已八十二岁高龄，依旧笔耕不辍，除了继续研究唐诗、唐传奇外，您好像还打算做些别的事？

卞孝萱 我出版了《现代国学大师学记》一书。书中共载包括章炳麟、章士钊、刘师培、黄侃、柳诒徵、陈垣、吕思勉、邓之诚、陈寅恪、章钰、卢弼、张舜徽等十二位大师的学术业绩、治学方法，独抒心得，务去陈言，取大师一事或一书详加论述。我写此书，注重材料收集，以大量的材料来显现十二位大师的学术风貌与学术价值。如今人多谈陈寅恪先生以诗证史，实际上清末刘师培先生《读全唐诗发微》，抗日战争期间邓之诚先生《清诗纪事初编》，分别以唐诗和明遗民诗证史，分别在陈寅恪先生《元白诗笺证稿》和《柳如是别传》之前。这都是发人所不知或忽视的地方。另外，《学记》在谈论学术的同时，对诸位大师的爱国情操和治学修身也加以介绍。如章炳麟于辛亥革命时期及抗日战争前夕，两次热衷讲学，意在呼唤民众的民族大义，晚年由尊经转向重史，以为"不读史书，则无从爱其国家"；吕思勉于抗日战争期间表彰陈武帝击退北方少数民族南侵、保存华夏传统文化的历史功绩，"意在激扬民族主义"等，这都体现了我写这本书的旨要：国学为立国之本、民族之魂。

邵文实 先生与钱钟书先生也有过一些交谊？

卞孝萱 我早年在收集近代碑传资料时，与钱钟书先生的父亲钱基博先生相识，继而与钱钟书先生有了交往。1991年，有学生到我家中，请我谈谈钱钟书，我写了《诗坛前辈咏钱钟书》一文，发表后，反响佳，被认为是"最先揭示李宣龚《硕果亭诗续》赋钱先生"，钱先生读之感喜，覆编者函有"卞先生文皆实录，弟早岁蒙拔翁辈过爱"云云。

邵文实 可见先生作文之审实，钱先生本人也为之赞叹。

卞孝萱 2006年7月，我在“中国诗学学术研讨会”上宣读《钱(钟书)冒(效鲁)诗案——兼论〈围城〉董斜川》一文，在介绍钱钟书、冒效鲁“文字定交”，从相识到成为密友的实况之后，首次提出二人既是诗友，又是论敌，互相尊重，“盍各异同”的关系，以二人对陈三立、陈衍、冒广生三诗翁的不同态度，进行论证。同时指出《围城》以董斜川影射冒效鲁，是借冒效鲁之口，讽刺陈三立、冒广生，与陈衍、钟书之论诗宗旨相呼应。文末附录三则，首次揭出钱钟书先生生于亦儒亦商家庭，首次披露叶恭绰先生评“钱学”如“散钱无串”，可为了解钱钟书先生之家世和学术之参考。我又在《寻根》发表《钱基厚笔下的钱钟书》一文，据钱钟书叔父钱基厚《孙庵老人自订五十以前年谱》中述及钱钟书早年生活的四条，加以注释，多为不为人知的细节。再如《怎样解读钱钟书〈沉吟〉》一文，通过《沉吟》诗中用全祖望《七贤传》之冷典，指出该诗着眼于群体而非个人，不是歌颂当时父兄为汉奸而子弟不同流合污者，而是叹息父兄为汉奸，子弟又同流合污者，认为1942年在沦陷区上海隐居的钱钟书，目睹一群熟识的人失节，尤其是父子、兄弟俱附逆，不胜感慨而作《沉吟》。所有这些，都可供海内外治“钱学”者参考。

邵文实 这些文章我都曾拜读过，所论详审有据，又不失风趣，于中可见先生对近代诗文掌故了然于心的过人之处。听说先生手中有一些启功先生的手迹？

卞孝萱 启功先生是我的朋友，我家中藏有他自述家世之资料(先生起身，拿出启功先生的手迹相示)。我准备在适当的时候加以整理披露。

邵文实 这真很令人期待。先生至南京工作后，除了继续潜心研究唐诗、唐传奇外，还做了一项非常重要的工作，就是呼吁关注六朝史研究，倡导成立江苏省六朝史研究会。您这样做是出于什么想法呢？

卞孝萱 由于各种原因，虽然南京是六朝古都，但一般人对六朝历史文化知之甚少。我认为应该改变这种状况，应该宣传、研究六朝历史文化。在多方努力下，1985年，江苏省六朝史研究会得以成立，我担任研究会会长十年，现仍为名誉会长。

邵文实 学会在大力推进六朝历史文化的学术研究方面做了哪些工作？

卞孝萱 一是酝酿、筹划编纂《六朝丛书》，目的是立足南京，面向全国，面向海外，依靠专家学者，组织广泛的社会力量对六朝史进行多渠道、多层次、多方位、多形式的研究和论述。1992年底至1993年初,《六朝丛书》第一批书籍由南京出版社正式推出。1996年,又由黑龙江教育出版社出版了《六朝文学丛书》八种。另外还有一项重要的工作就是着力培养新人,使学会保持较强劲的学术活力。

邵文实 据我所知,除江苏省六朝史研究会外,先生着力领导的另一学会是韩愈研究会,为推动韩愈研究做了大量工作。除此之外,您还担任多个学会的顾问或名誉会长,现在还在主持《南京晓庄学院学报》“书院研究”专栏。在人们的印象中,有名的学者都高高在上,不屑于做一些文化普及工作,您怎么看待这个问题?

卞孝萱 普及社科知识、提高人文素质对于国家的建设和发展都是十分必要和重要的,所以我也乐意带头做这方面的工作。我主编过《中华民族优秀传统文化丛书》(45种)、《中华文化百科》(100种)、《唐代文学百科辞典》、《中华传统优秀道德文化丛书》(8种)、《中国改革史鉴丛书》(6种)等书,意在弘扬中华民族传统优秀文化,促进公民道德建设;我还主编过《历代廉吏污吏史话》、《资治通鉴新编》等,目的是想探索普及历史文化遗产的新路子。

邵文实 除此之外,先生还做了重要的资料整理工作,最具代表性的,是先生于1989年接受《中华大典·文学典·隋唐五代文学分典》主编任务。

卞孝萱 《隋唐五代文学分典》乃《中华大典·文学典》的一个分典,作为试点而率先编纂,其学术理念与体例确立后,就要构成《文学典》的通则。我的编纂思想是:从传世文献入手,论从史出,述而不作,以现代学术思想来整理、建构中国古典文学。它所体现的,既是传统的文史结合,也是现代的文献与文艺学的结合;既重视知人论世,也看重后世的接受与重建。这部书的编纂历时十二年,选录资料一千万字,收录作家约两千人,引用古籍近两千种,属于一部大型类书。

邵文实 据我了解,这部书完成后,被誉为迄今为止有关隋唐五代文学资料最全、最精的一部。我还注意到,先生近些年不断开拓新的研究领域,在家谱研究方面取得了不少成果。

卞孝萱 家谱中的资料,注意者少,基本上未被发掘、利用,亦未去伪存真。我对此进行研究,意在抛砖引玉。我在写《郑板桥丛考》时,亲至板桥故乡兴化，仔细阅读了《昭阳郑氏谱》写本，发现了人们从未涉及的问题，补正了文献记载中的缺漏或错误，深化了对板桥诗文的理解，也有助于鉴别一些书画的真伪。我采用《谱》与史书、地方志、板桥诗文互相印证、比较研究之法，直抒己见，撰成板桥《家世考》。《昭阳郑氏谱》中称第一世郑重一、重二兄弟的名、号、配、出，郑从宜的生、卒、坟墓，俱不能详，乃“无谱之故”，我据此指出，所谓郑板桥为郑玄后裔、郑思肖后裔、《李娃传》男主人公之后裔及其与郑方坤等的关系，都无“谱”可证，不足为信；然后列昭阳郑氏“长门”一世至十六世，反映出郑板桥祖先由农民向士人的转变；又据此《谱》，知郑板桥祖先的葬地有四处，板桥及嗣子郑田、孙郑镕“葬于管阮庄”，与《重修兴化县志》合；继而考板桥祖母、父、母、叔父、堂弟、妻妾、子、嗣子、女情况，补《续纂扬州府志》等地方志之不足，文末还附《昭阳郑氏一世至十六世简历表》。我还写过一篇《利用〈卞氏族谱〉解读〈黄侃日记〉——家族文化个案研究之一》。《黄侃日记》家事部分，除了记其父、生母、慈母外，以记“九姊”静仪最多，且感情深挚，静仪夫之名不见于《日记》，至于湖北蕲春黄家怎样与江苏仪征卞家联姻？九姊夫是什么样人？过继的外甥是什么样人？读《黄侃日记》者虽多，无人能回答上述问题。我据光绪二十五年己亥(1899)重修《江都卞氏族谱》，先编制仪征卞氏四世主要成员简表，继据族谱考出静仪之夫、卞宝第第三子卞绥昌生平，知其与静仪同年，二十二岁卒；静仪乃四川永宁道黄云鹄女；嗣子喜孙，是绪昌第三子。静仪二十二岁丧夫，守节，命运比《红楼梦》中的贾珠妻李纨更为不幸。黄侃称赞九姊“有礼法”，“号为女宗”，“行为女师”，以封建礼教衡量，黄静仪是当之无愧的。研究黄侃及读其《日记》者，多为文史后辈，对于《日记》中频繁出现而不治国学的卞綍昌、卞缙昌(女)、卞斌孙、卞钚孙、卞寿孙等人，感到茫然，我利用《卞氏族谱》，解答了人们心存已久的疑惑。

邵文实 家谱中是否有弄虚作假的成分？

卞孝萱 有的，我也做过这方面的揭露工作，以免误人。我最近在《文献》发表文章，根据唐代史实、柳宗元家世、生平以及文献学、避讳学知识，揭露《河东柳氏宗谱》中之署名柳宗元《谱牒论》为伪作，即为一例。

六、满庭芳——尊师重道传佳话

邵文实 对先生治学影响较大的人有哪些？

卞孝萱　对我治学影响较大的有三个人：一是范文澜先生，一是章士钊先生，一是匡亚明先生。

范老是我的恩师。由于长期在范老身边工作，范老高风亮节的品格，广博贯通的学识，严谨务实的学风，都对我产生了重要影响，我对此充满感激。我以文史结合的方法研究唐诗和唐传奇的代表人物有收获，这应归功于受范老的启迪。我在范老身边工作时，一个重要的工作，就是为范老搜集唐、五代经济史方面的资料。我曾提供吴越、前蜀、闽以及后周都以秘色瓷器为最上品，南唐宫女以露水染碧制衣，也是秘色。范老用这些经济史的零散资料来说明大问题："南北统一的一些因素"。范老在书中写道："尽管诸国分立，秘色却为南北所共同爱好，这也是人们共同心理的一种表现。"我读后为之拍案叫绝，深为范老运用材料之目光和功力所折服。我曾撰写回忆范老的文章，分别被《新华文摘》1996 年第 7 期、2005 年第 4 期全文转载。

另一位与我有师生之谊的是国学大师章士钊先生。上世纪 60 年代初，章老年逾八旬，仍为充实修订《柳文指要》而收集资料。我在北京各图书馆看书时与章老秘书王益知相识，王秘书每有疑问，我总是一一认真思考作答，王秘书将此情况告知章老。应章老要求，我同章老晤面，章老对我多有奖掖之辞，并托我为他寻找有关永贞内禅的史料。进入 70 年代，章老已年届九十，在毛主席的关怀下，《柳文指要》交中华书局用大号字排印出版。章老自揆年老体弱，精力不济，乃给周总理去信，要求调我协助他校阅全稿。于是，我从下放劳动的河南干校奉调回京，全力帮助章老工作。《柳文指要》出版后，章老在赠书上亲笔题识："孝萱老棣指疵。此书出版，荷君襄校之力，甚为感谢。章士钊敬赠。一九七一年十月廿六日。"出于对后辈的关爱，章老又函陈周总理，夸奖我之才学，仍回干校，未免可惜，以留京发挥作用为好。因此，我未再回河南干校，而留京从事学术研究。章老以一位名高望重的爱国民主人士，对我如此提携帮助，这在知识分子饱受摧残的"文革"期间实属不易，是我一生中的一大幸事，我对此充满感激。

除范文澜和章士钊两先生外，我还协助南京大学名誉校长匡亚明编辑《中国思想家评传丛书》，亦在接触中得其言传身教。由匡老执笔的《孔子评传》是这套 200 部丛书中的第一部，匡老用了一年多时间，对旧稿进行增、删、改。他年老目力衰退，由他口述，夫人丁莹如教授笔录，她念给他听，边听边改，最后由匡老校阅定稿。研究孔子必须研究孔子的时代背景及其社会性质，而学术界对于古代史分期多有争论。匡老经过认真比较，以范文澜主张西周是领主封建制，春秋时期是领主封建制向地主封建制过渡的说法比较符合当时社会的实际情况和历史发展规律，因此采用了范说。这个例子，可以说明匡老追求真理，治学一丝不苟的精神，给《评传丛书》的全体作者起了示范作用。匡老还任人惟贤，他感到《评传丛书》的副主编人数较少，为了加强力量，加快工作进度，增设三位副主编，我是其一。我与匡老，非亲非故，也不是南京大学毕业的学生，只因为我为《评传丛书》撰稿、审稿，才与匡老有所接触，竟受到他的垂青，聘我为副主编，不久他就去世了。

邵文实 说到这里，我又想起了前面提及的普林斯顿大学比较文学博士陈珏先生在其《初唐传奇文钩沉》的重印后记中所说的话。他认为，我国传统的学者，往往重视其学术结论，而西方学者，则往往重视其学术体系。他说卞先生与他当年刚到普林斯顿大学求学时从学的浦安迪、孟尔康和杜希德等教授一样，也是一位拥有国际胸襟的学者。他提到，他与您从未谋面，却从您那里得到许多教诲，而且您不以他的不同学术观点为忤，还多有奖掖。可见，先生不仅具有中国传统学者对后进言传身教之风范，而且具有西方学者放眼世界的胸襟。

卞孝萱 那都是过誉之词。陈珏博士说明年也许会来看我呢，到时候就不是“从未谋面”了（先生脸上浮现出笑意）。

邵文实 谢谢先生接受我的采访。愿先生生命之树如冬青般长青不老，学术生命亦如冬青般久盛不衰。

他山有石

理解与阐释的张力

——顾彬教授访谈录

薛晓源

德国汉学家顾彬(Wolfgang Kubin)教授，1945年12月17日出生于德国下萨克森州策勒市，德国著名汉学家、翻译家、作家。1973年以论文《论杜牧的抒情诗》获波鸿大学汉学博士学位。1974年至1975年，在北京语言学院进修汉语。1977年至1985年间，任柏林自由大学东亚学系讲师，讲授中国20世纪文学及艺术。1981年以论文《空山——中国文人的自然观》获得教授资格。1985年起任德国波恩大学东方语言学院中文系教授，其后任该学院主任教授及院长。1995年至今，任德国波恩大学汉学系主任教授。先后在北京大学、清华大学、复旦大学、山东大学、香港中文大学用汉语和英语讲授中国和欧洲文化。顾彬目前主要致力于研究中国古典文学、中国现代文学及中国思想史。2002年，他开始主编十卷本《中国文学史》，并撰写其中的《中国古典诗歌艺术史》、《中国古代散文史》、《中国古典戏曲史》及《20世纪中国文学史》，2006年其汉译本将陆续出版。从1989年至今，他主编介绍中国人文科学的杂志《袖珍汉学》及介绍亚洲文化的杂志《东方视角》。

2004年11月28日，德国波恩大学访问学者薛晓源，就顾彬主编十卷本《中国文学史》以及他对中国文化的理解和阐释问题，进行了三个多小时的访谈，现将访谈记录发表，以飨读者。

薛晓源 顾彬教授，您好！我一到波恩，就听到很多人在谈论您正在主编的十卷本《中国文学史》，我还听说您主笔的《中国文学史》第一卷《中国古典诗歌艺术史》已经面世，我把相关的信息传送到中国，引起知识界和出版界的强烈兴趣，希望能进一步了解您主编的十卷本《中国文学史》的写作和出版情况，请您从总体上介绍一下。

顾　彬 20世纪80年代，德国出现了中国文化热，或者说是汉学热。

在德国的每个城市和大学,到处都能找到喜爱中国文化的人,尤其是年轻人对中国文学特别感兴趣,无论是汉学系还是其他系的学生,也包括许多青年教师在内,他们都对中国现代、当代文学感兴趣。很多人想了解中国文学的具体内容,了解中国文学有哪些独特之处。人们对中国文学的强烈兴趣促使我深思:我应该重新撰写中国文学史来满足读者的迫切需求,让德语世界的读者都能领略中国文学的魅力。这是我想写《中国文学史》的原因之一。

当初的写作计划和现已出版的书情况不一样,我当时是想写中国长篇小说史,我的博士论文和教授资格论文主要是研究中国诗歌艺术,我觉得我应该开拓另外一个研究领域。那时我还比较年轻,刚 40 多岁,正在主持编译六卷本《鲁迅选集》。1988 年,编译工作结束后,我觉得自己精力充沛,有很强烈的学术研究冲动。于是,我联合一些年轻学者准备撰写世界上规模最大的《中国文学史》,我的合作者对此非常兴奋。我和德国一家著名出版社苏尔凯普(Suhrkamp)的关系非常好,当说起这件事时,他们很感兴趣,立即决定要出版这套书,还要求我为每本书筹措 2～3 万马克的出版资金。20 世纪 80 年代西德的经济状况非常好,我以为会很容易争取到这笔出版经费。

在实施计划的过程中,碰到许多问题,比如时间问题。德国有一句谚语:“今日事今日毕”,这也是我做事的原则。而有些年轻作者时间观念不强,觉得今天的事拖到明天做也没什么关系,因此迟迟不动笔写作,最可怕的是,我发现一个好朋友十年内一个字都没有写。在这种情形下,我不得不经常寻找合适的作者。原计划《中国古典诗歌艺术史》由其他作者撰写,因为找不到合适的人,我只好自己写。不过值得高兴的是,我在波恩大学找到的那些学者,都能根据我的要求如期完成写作计划,比如托马斯(Thomas Zimmer),他写的《中国古代长篇小说史》长达一千多页,分上下两卷出版;另外波恩大学的一个同事莫芝(Monika Motsch)也写完了《中国古代中篇小说史》。2003 年出版的《中国古代散文史》也经历了很多周折。这本书一共有四位作者,其中三人是波恩大学的,另外一人是波鸿大学的学者。我本来并没有计划参与此书的写作,但在上世纪 90 年代中期,我的一个好朋友告诉我,他无法完成他曾答应写作的那部分文稿,结果只好由我来代替他;我的另外一个同事,他原计划写作此书的“笔记史”部分,但他发现这部分太复杂,问题太多,写作非常困难。所以,这部分文稿直到 2003

年初才完成。目前,我正在写《20世纪中国文学史》。这本书即将交稿,预计2005年出版。2005年我还准备写《中国古代戏曲史》。本来这本书也不是由我写,而是由德国一个有实力的研究中国戏曲的汉学家撰写,我还从DFG(德国研究机构)专门为他申请到一笔可观的研究基金,后来他还是没有动笔。我只好再找其他人,没有找到合适作者,无奈,我只好自己来写。

1999年,《中国古典诗歌艺术史》、《中国古代长篇小说史》和《中国古代中篇小说史》都已经写完,随即交给了出版社,出版社还没看内容,就先向我要10万马克的出版资助。由于东西德的统一,德国西部的经济状况没有原来那么好,出版资金比较紧张,出书都需要出版补贴,苏尔凯普出版社也不例外。为了让这套书顺利出版,我跑了很多家基金会,结果都是一无所获。后来,科学出版社的一个朋友告诉我,让我去找慕尼黑的绍尔(Saur)出版社,他说他们会出版这套丛书。于是,我就给绍尔出版社的一位出版家写了一封信,他对此很有兴趣,主动来电话要求和我见面。在我们的交谈中,他告诉我,这么大规模的一套中国文学史著述,世界罕有,可以说是开历史之先河,所以他们非常乐意出版。绍尔出版社出版图书的着眼点是把图书卖给世界上最大的图书馆,如果这套书出版了,不仅德国图书馆会收藏,而且欧洲其他国家以及美国、加拿大和日本等国的图书馆都会购买。我们2001年见面,2002年《中国古典诗歌艺术史》、《中国古代长篇小说史》和《中国古代中篇小说史》就相继出版问世,2004年我们又出版了《中国文学史》第四卷,即《中国古代散文史》。2005年还会有第五卷和其他卷次的出版。我计划在2006年完成《中国文学史》的全部书稿。

薛晓源 《中国文学史》皇皇巨著,有十卷本之多,可能是目前世界上规模最大的中国文学史著述,如果翻译成中文,大约有多少字?

顾　彬 在德国知识界,书的篇幅是通过页码来显示。原计划《中国文学史》每本书不超过300页,而现在出版的每本书大约在400页左右。《中国长篇小说史》就有一千多页,分上下两册。十卷本翻译成中文,大约有500万字左右。这些书印制得很好,它们使用的是那种一百年后也不会变质的高级纸张。当然,它们也很贵,每本书需要120～130欧元。我认为,今后几十年,在欧美世界,即使有其他学者撰写中国文学史,他们更可能撰写断代史,如:唐朝文学史、宋朝文学史,不太可能还写这样大规模的、以专题分类的中国文学史。所以,从长远来看,这套书具有收藏价值,可以永久保存。

薛晓源 我听了您的介绍，对您主编的《中国文学史》有了大致的了解。我们知道，从胡适先生《白话文学史》以来，近八十年的历史，中间有许多名家大师甘心寂寞，冶炼中国文学史。比较有影响的有郑振铎先生撰写的《插图本中国文学史》、刘大杰先生撰写的《中国文学发展史》、游国恩先生主编的《中国文学史》、袁行霈先生主编的《中国文学史》等十余部，这些著作多被作为大学的教材和参考书，多次再版，在中国现在的知识界和出版界流行。我想问的是，在主编和写作十卷本德文版《中国文学史》的时候，面对那么多中国现当代名家撰写的中国文学史，您是一种什么样的心情？也就是面对卷帙浩繁的中国文学史著作，你的写作心态怎样，您的写作的冲动和激情又是什么？

顾　彬 研究、著述和出版中国文学史的热潮出现在20世纪90年代末并延续到新世纪初。在这种热潮到来之前，我已经写完了《中国古典诗歌艺术史》。从1988年到1994年，在准备写《中国古典诗歌艺术史》的时候，我看了很多由日本学者、美国学者、德国学者和中国学者写的中国文学史。一方面他们的工作是非常了不起的，另一方面他们的著述中同样存在着不足：以往的中国文学史对文学的概念不清楚，文学史著述里面经常涵括了许多哲学著作和历史著作。在20世纪80～90年代，不少中国文学史的作者仍然喜欢把哲学著作、历史著作融入文学史的写作中。我写的《中国古典诗歌艺术史》出版以后，有一个学者提出批评，认为我在《中国古典诗歌艺术史》的前言中没有论及《史记》和《庄子》：难道《史记》和《庄子》就没有文学性了吗？我是这样答辩的：《史记》和《庄子》中讲的故事，有的非常有情趣，有故事性，但是他们讲的故事和文学家讲的故事不一样。对我来讲，庄子还是哲学家，司马迁还是历史学家，因为他们写作的出发点和目的与文学家的不同，他们赋文着墨的文学性也不鲜明。我认为哲学著作、历史著作不应该与文学著作混为一谈，而应该有所区分。虽然中国有这样的传统说法：文史哲不分。但是这在德国严肃的学术界就行不通，德国严格的学科研究有比较明确的分野，哲学是哲学，历史是历史。中国也有哲学和历史，并非只有文学。因此我认为应该写一部以分析中国文学作品为主的中国文学史。这也是我想写《中国文学史》的一个原因。

不少中国文学史的作者，其中包括中国、日本和德国的作者，他们在文学史中不分析文学作品。回顾一下德国知识界对中国文学史著述的发生史，就可以清楚地看到这种没有空间去分析文学作品的共同现象：德国第一本中国文学史是在 1902 年出版的，这本书基本是通过翻译来介绍中国文学史，根本来不及去分析作品；第二本是卫礼贤（Richard Wilhelm）在 20 年代撰写出版的，他也是通过把汉语作品翻译成德文来介绍中国文学史；第三本是在 60 年代出版的，是一个神学家通过一个日本学者的帮助完成的，这本中国文学史的著述可以说是把中国文学作品从日文翻译成德文，根本就没有分析作品；第四本是 80 年代出版的，是慕尼黑大学施密特（Schmidt-Glintzer）教授撰写的，他写了 700 多页，他撰写的文学史比过去的好得多，但是在著述中仍没有空间去分析文学作品。除了我主持的十卷本《中国文学史》以外，德国最近还出版了一部中国文学史，是明斯特大学的一位教授编写的，我刚买到，粗略翻阅一下，发现他的著作中已经有了对文学作品的分析，但是他仍然把哲学著作、历史著作融入文学史的写作中。

世界上不少中国文学史的作者还喜欢以资料编辑的方法来写中国文学史：某位作家某年某月某日在某地出生，写了哪些作品，有哪些影响，人们如何评论他们的作品等等。在这些文学史中，很多内容是互相抄袭的。这些篇幅很大、具有很强报道性的著作，只是在报道一些文学史的常识和信息，缺乏对文学作品深层次的分析和研究，因此缺乏深度。在中国文学史研究初创期，使用这样的著述方法、研究思路，是无可非议的，因为没有任何资料可供参照。但在一百年后，仍重复用同样的方法、同样的思路著书立说，则不得不令人深思。

另外，我认为中国古代很多文学家和文学作品非常有思想深度，如果不从思想史的高度去研究，而只停留在编辑资料，只停留在报道文学史的常识和信息，就会遮蔽文学家和文学作品的思想深度。文学史不应该包括哲学、历史等著作，并不等于不能用哲学的方法、历史的方法、宗教的方法等来分析研究文学作品。探讨中国作家和中国文学作品的思想深度，这是我想写《中国文学史》的另一个原因。

我写的《中国古典诗歌艺术史》在一定意义上，不只是中国古典诗歌艺术的发展史，还是中国古代思想史的流变和发展史。实际上，没有中国思想史的发展，就不可能有中国古典诗歌艺术史的发展。中国古代思想的发展是中国古典诗歌艺术发展的背景。但是我写《中国古典诗歌艺术史》的目的不是为了写中国古代思想史。

我现在正在写《20 世纪中国文学史》，目前中外有关著述非常多，我需要博览群书，尤其要阅读有影响的当代中国学者的论述。原因很简单，许多作品我是在20多年前阅读的，我不能靠原来的记忆写作，我需要重新阅读和思考，不少作家和作品应该重新审视。另外，中国现代、当代文坛也发生了很大的变化。不少20世纪80年代出名的作家，因为各种原因在90年代沉寂了。其中一些人曾写过有影响的作品，出了名就从事其他职业或者下海经商，长期不再写作，虽然他们至今仍很有名，但他们是真正的作家吗？在德国，一个作家要经得起时间考验，他的作品要经过五十年到一百年的考验，才能证明他是一个真正的作家。因此，中国当代一些作家在严格意义上说不是真正的作家，只能说他们曾经玩过文学。我应该不应该去写他们，应该不应该把他们当做作家去评论？还有一些作家，他们至今在中国文坛很有地位，他们的作品却很差，在德国也没有人想去注意他们或没有人知道他们。我不写或不多写这些作家，不想以他们来衡量中国20世纪的文学水平。不过，中国学者陈思和先生认为，其中一些人在现代、当代文学领域中还有影响，现代、当代文学史应该有他们的名字。我和他在对某些作家的评价上有分歧，有分歧也是件好事，它会促使我思考不同的意见和评论。我在中国也遇到一些作家和评论家，他们非常坦率地告诉我，在1949年以后，中国大陆就没有出现过真正的文学，尤其在1957年后的十七年中产生的文学作品，不值得花时间和精力去研究。但是，在某种意义和角度上，我又是一个历史学家。我有责任和义务去打量和审视这段文学发展史，外在评价不能使我回避对这段文学史的分析和评价。我还是决定写《20世纪中国文学史》，在写作前我也有一些顾虑：写出来以后可能会有很多人反感，都有那么多新的著述，为什么还写那批不再写作或已经没有影响的作家？诸如此类的问题还时时困扰着我，庆幸的是我到中国去讲学，认识了中国当代一些学者，和他们交谈，了解当代文坛上的一些情况，他们很赞同我把对中国现代、当代文学的一些切身感受写出来。

薛晓源 我们想知道，这十卷德文版《中国文学史》作者有多少，他们的知识语境和倾向与您有多大的差异？作为主编，您是如何把分别写成的各卷锤炼成一个比较完整的知识整体？是有一个比较统一的写作体例，还是有一个"道以一贯之"的方法论？

顾　彬 德国的学者都喜欢独立、自由，所以，每个人怎样写由他们自己来决定。我只关注他们的德文水平和文字驾驭能力。所以我们写文学史的出发点都不一样。例如，我写的《中国古典诗歌艺术史》，就有三个出发点：一是中国古典诗歌艺术与宗教的关系，二是中国古典诗歌艺术与

"愁"及"忧郁"的关联，三是提出中国古典诗歌艺术与"主观主义"的问题。这使我写的文学史有可能同时是一部思想史。其他作者也许就不会对宗教、愁、忧郁、主观主义感兴趣。例如，莫芝教授在写《中国古代中篇小说史》时，研究并使用了许多奇特、鲜为人知的资料，她研究的出发点是依凭钱钟书先生的观点。她是《围城》的德文译者，到北京采访过钱钟书先生，她一辈子都在研究钱钟书，她用钱钟书的观点来写作和梳理中国古代中篇小说的流变和发展。从某一个角度可以说，《中国古代中篇小说史》是莫芝教授根据钱钟书先生的思路写出来的。又如，托马斯先生为了写好《中国古代长篇小说史》，花费了大量的时间和精力，查阅了非常多的资料，他阅读了150多部中国古代小说，其中很多作品迄今很少有人问津。他解读并阐释这些作品的作者和主要内容，在编译精彩篇章的基础上，还对作品进行了深刻的分析。《中国古代散文史》由四个学者联合撰写，四个人的出发点都不一样。德国学者对散文的内涵和外延与中国学者理解不一样，我们认为古文包括散文，但散文不包括古文。而游记、笔记和书信会包括在散文里。中国学者撰写中国散文史一般都溯源到甲骨文，那么从商代流传下来的文学样态都可以说是散文了。我认为这样来写中国古代散文史，就会太空泛，就会失去研究的意义，我不认同这种写法。我从散文的"定义"写起，认为真正的散文是从唐朝开始的，从韩愈、柳宗元开始的。我为那部分富有文学性和哲理性的散文写史，我写了100多页，我关注的是散文纯粹的文学样态和典型性。其余三位学者分别撰写《中国古代游记史》、《中国古代笔记史》和《中国古代书信史》部分。有关中国古代游记、笔记、书信的资料太丰富了。在他们之前，不曾有西方学者对这些领域进行过如此系统的研究、著述，也不曾有西方学者为此写过史。在没有先例、没有参照的情况下，他们的出发点是更多地占有和阅读资料。他们只能通过对具体作品的翻译，以中国古代思想史为背景，通过报道性的著述来展现自己的观点和立场，没有更多的空间对作品本身进行深入的分析研究。我目前写《20世纪中国文学史》的出发点也与宗教有关系。在写作中我发现中国革命与基督教的世俗化有关系。我清醒地认识到我这样写有点危险，会招致许多不同意见，我将乐于听取和吸纳有益的批评和建议，从而丰富和拓宽我的研究视野。对20世纪中国文学，我掌握了比较丰富的资料，在介绍文学作品的同时，我将具体深入分析文学作品本身。接下来我要写的《中国古代戏曲史》也与宗教有关。我认为中国的戏曲发展史和中国宗教有比较密切的关系，因为我还没有动笔，暂不细说了。

概括地说，《中国文学史》的作者有10位。作为主编，我始终尊重每位作者的知识主张和理论建构。与中国学者著述的文学史进行比较，中国学者掌握的资料太多了、太丰富了。我们不可能掌握那么多资料，也没有时间和精力阅读那么多资料。与中国学者相比，这是我们研究上的劣势。这种劣势也造就了我们研究上的优势：我们会精选和组织我们认为重要的研究资料。

薛晓源　您把十卷本《中国文学史》具体分卷为：《中国古典诗歌艺术史》、《中国古代长篇小说史》、《中国古代中篇小说史》、《中国古代散文史》、《20世纪中国文学史》、《中国古代文学评论史》、《中国古代戏曲史》、《中国文学作品德译目录》、《中国文学家小传（辞典）以及索引》，您这样分卷写作，确实是匠心独运，这样分卷的主要理论依据是什么？这样分卷写作的目的又是什么？

顾　彬　我想有两个原因，第一个原因与我先后接受神学、哲学、日耳曼文学、汉学等学科的教育有关。这些学科之间有明确的区分，学科内部又有不同的专题，不能混为一谈，否则就无法深入地研究某个问题。用专题分类的方法来写中国文学史，有助于深入研究中国文学史中不同的问题。第二个原因：在学习日尔曼文学的时候，老师要求我们看有代表性的作品，让我们通过阅读不同流派的作品来认识德国文学的整体。那时我看了不少研究德国诗歌、散文、小说的论著。这些论著都有一个特点：研究德国小说的学者专门介绍德国小说，研究德国散文的学者专门介绍散文。这样做有一个好处，可以拓展德国有代表性的作品的思想深度。在我撰写《中国文学史》时，我理解这样分类的好处，文学史的写作要从文学作品本身出发，这样能够贴近和理解作品本身，使作品所蕴涵的内在意义敞开。再有一个原因是，从以往的中国文学史中，很难了解到一个作者或一个作品的深度。例如，人们想了解李白、杜甫或《红楼梦》的作者，无论是看中国人、日本人还是德国人写的中国文学史，都不一定能了解到这些文学家的特点和思路，也不一定能了解到这些文学作品为什么对中国文学那么重要。用专题分类的方法来写中国文学史，有助于从各类文学作品本身出发，拓展作家和作品的特点和思想深度，有助于更好地理解和阐释作品在历史流变中对中国文学的继承和发展。

薛晓源　我们注意到了，您说在主编十卷本《中国文学史》的时候，一个比较鲜明的特点就是有意识地借鉴和吸收德国汉学界百年来对中国文学的研究成果,这些研究成果可能对中国知识界比较陌生,我想中国读者很想知道:德国汉学界百年来对中国文学的研究取得了哪些令世人瞩目的成就,您和您的合作者是如何借鉴和提炼这些成果的?

顾 彬 德国从事汉学研究已经有一百多年的历史。1887 年柏林建立了东方语言学院,这可以说是德国汉学的一个起点。第二次世界大战后,东方语言学院搬到了波恩,现在还在波恩。那时还不能说有什么真正的汉学研究,只是开设了中文课。要去中国的使者、政治家、学者、传教士等在出国前,都要到东方语言学院学一两年的中文。真正的汉学研究应该是 1909 年在汉堡大学开始的。德国最早的汉学家奥托·弗兰克(Otto Franke)是一个历史学家,他在当时能够代表德国的汉学水平。那时的德国汉学家都喜欢编撰历史,这是那个时期德国汉学研究的特点。弗兰克一共撰写了五本中国历史书,在西方他可能是第一个研读中国历史的学者。接下来是福克(Alfred Forke)先生,他对中国哲学史感兴趣,写了三本书。在他们前后还有一个叫格鲁贝(Grube)的汉学家,他撰写了中国文学史。接下来,就是德国汉学家卫礼贤(Richard Wilhelm)。他研究中国文化,写过中国文学史、中国文化史。我看过他写的中国文学史,受到一些启发。他的书在德国已经不多见了。第二次世界大战以后,图宾根大学的汉学家艾希霍恩(Eichhorn)撰写了中国宗教史。总之,德国汉学家喜欢研究、撰写中国专题史。很多德国汉学家都写过有关中国历史的书或论文,如赫尔贝特·弗兰克(Herbert Franke)、特劳策特尔(Rolf Trauzettel)、维特霍夫(Wiethoff)和施密特(Schmidt-Glintzer)等。德国汉学家也喜欢研究中国思想史,他们往往从一个主义或从某些重要观点出发去梳理和审视中国思想史的演变和发展,如慕尼黑大学著名的汉学家鲍尔(Bauer),就从“幸福”观的角度去研究中国历史和思想,写了一本名叫《中国人的幸福观》的书,在德国 80～90 年代产生了广泛影响。80 年代我把这本书介绍到中国,如今它已经被译成中文并在中国出版。德国波恩大学已经退休的汉学家特劳策特尔教授,写过许多研究中国哲学的文章,他以欧洲哲学的核心问题为出发点,分析中国哲学与欧洲哲学的区别。他写的东西富有深刻的哲理,他的影响不在德国汉学界,而在思想和哲学界。一些研究哲学的人通过他的文章了解到中国哲学的特点。德国汉学家研究汉学的另一个显著特点是他们喜欢分析。我在波鸿大学做博士研究生时,非常幸运地遇到我的导师，一个中国古典诗歌研究者。他在讲授中国古典诗歌时，非常注意分析每一首诗的语境和内在含义，可以说是字斟句酌，给我留下了深刻的印象。

概括地说，德国百年汉学研究历程，对我主编十卷本《中国文学史》的主要影响是：一、在研究中国文学艺术时，注重中国思想史的研究和把握；二、从文学史和思想史的角度，提炼有代表性的文学类型和专题研究；三、切忌对作家和作品泛泛而谈，注重对作家和作品的深度分析和研究，从而开掘作品蕴涵的思想深度。

薛晓源　您主笔的《中国文学史》第一卷《中国古典诗歌艺术史》我已经看到了，李雪涛博士已经把目录和相关内容翻译成中文，我注意到，您把从《诗经》到宋词近两千年的时间域，分为三个大的时间区域：古代时期、中世纪和新时代，您这样进行时间分域的理论依据是什么？是依傍了西方现代史学时间分域观，还是想拓宽时间的空间感，使诗和词在各自的时空中比较自然地展示自身发展的脉络？

顾　彬　我把《诗经》到宋词近两千年的时间域，分为三个大的时间区域：古代时期、中世纪和新时代，参照了现代西方史学的时间分域理论，同时也是想更好地拓宽时空感，使诗和词在各自的时空中比较自然地展示自身的发展和内在的规律，使读者更好地把握不同的文学样式在不同时间域里的发展特点。

中国学者经常从朝代，从朝廷来写中国历史、中国文学史。我认为这种写法是很有问题的。因为历史不只是从上个朝代到下个朝代，从那个朝廷到这个朝廷的发展。我觉得中国文学的历史无论是在哪一个时间段，都有它自己的特点。这使每一个作家、每一篇作品都有不同于其他作家、其他作品的地方。

中国宋朝以后，尤其是到了明清，没有像唐朝那样伟大的诗歌。中国到了元朝以后，戏曲、散文、小说蓬勃发展，而古典诗走向衰落。对我来说，古典诗的终点是唐朝，而唐朝属于中国的中世纪，这个世纪是贵族的时代，它与汉朝、宋朝都不一样。所以，我是从历史的发展来看皇帝和贵族的问题，来看他们的合作与对立。诗的发展和贵族的发展是分不开的。古代时期的诗，跟朝廷是分不开的，但是中世纪的诗，例如唐朝的诗，可能与朝廷有关系，也可能没有关系。许多当时有代表性的、最好的作品都是诗人在朝廷外写的。在朝廷作官的诗人一般会在写诗的时候歌颂皇帝和朝廷，而这些作官的诗人被迫离开朝廷后就不一样了。很多好的作品是诗人离开京城在路上写的,他们在路上抒发心中的苦闷和忧虑。他们到了任职的地方看到与京城不同的奇异山水,看到新的环境,心中会有感情和情绪的波动,同时也会思考自己新的生活。所以他们能写出一些不代表朝廷和贵族的作品。古代时期的诗歌代表一个集体,这个集体的核心是皇帝。中世纪有代表性的诗歌不代表一个集体,只代表一部分人,即那部分当时在外做官的人。他们的思路有时与朝廷一致,有时与朝廷不同。在外作官和在京城里作官,诗人的感受和自我认同的价值不一样。中世纪诗歌有两个非常重要的特点:一是诗人开始为自己创作,二是中世纪诗人的作品里充满了“愁”。我不停地追问自己、追问其他学者、追问作品本身:他们为什么要“愁”,他们的“愁”是真实的吗?我对自己目前已得到的答案还不够满意。有些研究者说:他们的“愁”是受到了佛教的影响,但是为人解除痛苦和烦恼的佛教为什么会让人发愁?

六朝时的文人肯定是贵族,贵族之间的互相残杀很残酷。唐朝时的文人或官员不一定是贵族,他们与朝廷的关系很密切,朝廷决定他们的地位与命运。在唐朝,朝廷、官员、贵族之间的竞争也十分激烈。在中世纪的六朝,许多人的死亡不是自然死亡,基本上是被谋杀。他们逃离城市,逃到安全的地方去,安定之后他们要安慰自己。安慰自己的最好方法就是写诗或是到大自然中去。在中世纪的唐朝,文人、官员的生活中心是长安。其中很多人不得不离开他们生活的中心长安,到边远的地方去。在那里他们重新开始生活和写作。到了新时代的宋朝,历史发生了很大的变化,贵族基本上没有了,不再有中世纪那种贵族间的冲突。与唐朝文人相比,宋朝文人基本上是乐观的,而唐朝文人在多数情况下却是悲观的。唐朝文人写诗,很少写散文,而宋朝文人什么都写,苏东坡是典型的代表。这是其中一个原因,为什么诗歌在宋朝的地位没有在唐朝时高?与唐诗相比,宋诗的语言不美,思想也不深,但宋词是另外一回事,宋词的语言非常美,思想清新深刻。从中世纪到新时代,中国文学的转折点从写作主体来说,是贵族到文人的变化;从写作的体裁来说,是诗歌到词和散文的变化;从文人的价值追求来说,是从美学到道德的变化。例如,唐朝文人喜欢通过美学、通过写作解决生存和审美的基本问题,而宋朝文人喜欢通过道德来解决所面临的问题。他们追求的价值不一样,他们解决困惑与“愁”的方式也是不一样的。这一切都在中国诗的发展史中留下了印迹。

薛晓源　接受中国《文汇读书周报》记者采访时，您这样说："我将选择最好的诗人，最好的作品，我希望通过我的解读，讨论中国诗歌与宗教的关系"；我想知道，您认为在中国诗歌艺术发展史上，中国诗歌与宗教是一种什么样的关系？哪些宗教在哪些时域对中国的诗歌艺术产生了重大影响？您是怎样理解和界定宗教的？您又是如何理解和界定中国文化中的宗教的？中国有没有西方学者界定的严格意义的宗教？中国诗歌艺术所具有的宗教特征表现在哪些方面？

顾　彬　这是一个比较复杂的问题。有不少人说中国没有什么宗教，而有儒家思想的影响，有马克思主义的影响。所以有不少学者认为中国文学和中国宗教是两回事。值得欣慰的是，现在的欧洲学者不从欧洲的宗教定义去观照欧洲以外的宗教，对于宗教问题的界定比较宽容。从今天来看，不少学者认为中国古代已经有了自己的宗教，中国的宗教与宗庙有密切关系。另外，你可以从甲骨文和金文来看中国的宗教问题，甲骨文和金文里的字充满了鬼和神。当然，这也是一个定义的问题，如何定义鬼和神，学术界的意见有分歧，我认为鬼神与宗教、信仰有密切关系。从孔子以后，中国的社会和文化把鬼神都世俗化了，孔子虽然说他离鬼神很远，但是你如果认真阅读《论语》，你会发现，他在《论语》里面还是经常提到鬼和神，所以对他来说，鬼和神是存在的。我不敢说我对鬼神与中国诗歌间的密切关系做过系统缜密的研究。我听过一个中国学者讲，从"诗"这个字的辞源学和考古学的角度来说，"诗"这个字本意就是一个人在宗庙里一边从事祭祀活动，一边进行歌舞，或者说是用歌舞活动来进行祭祀。在古代，诗歌、舞蹈与祭祀是分不开的。有的中国学者也认为中国诗和中国宗庙的零星活动有密切关系，我在写《中国古典诗歌艺术史》时借鉴了这些学术主张。我还认为楚辞和乐府诗都有一个宗教背景，后来都淡化了。到了唐宋，对中国士大夫影响最大的是佛教，当然道教在当时的影响力还是很大的，李白就崇信道教，还以道士自诩。因此，中国诗和佛教或道教是分不开的。据我的研究，在唐朝诗人中，真正与宗教不发生关系的是杜甫，他信奉儒家思想，没有与佛教、道教发生关系。

研究中国的文学与宗教，我们还可以借鉴西方对"宗教"一词的辞源学的探究，宗教 religio(拉丁文)的本意是人们依赖和崇敬某个神、某种精神或某样东西，无法从中分离出来，人们感觉与它有强烈的归属感，这种强烈的归属感就是宗教。从这个意义来说，中国本土很早就有了宗教，无论是道教还是佛教。这种强烈的归属感在诗人那里能否发展成为内在的深度，也就是深沉的超越感？宗教与诗歌艺术的关系就是超越与被超越的关系，宗教在某种意义上是诗歌发展的土壤和环境，诗歌在其发展和流传中又深深烙下宗教的印记和情怀，这也许就是诗歌的魅力，这也许就是诗人吟咏和寻找的不在的存在。

薛晓源 刘小枫先生在《读〈空山〉》一文中认为，您的教授资格论文《空山》提出了许多中国学者不曾关注的文化类型学的东西：悲秋意识，很值得推崇。我还注意到庞朴先生对您这部著作评价颇高，认为很有价值，许多东西是"发前人之所未发"。时间又逝去十年，中国仍有许多像我这样的读者，一直在惦记您在文化类型学——悲秋意识上，是否在延续这方面的研究，又有哪些新的研究成果？我还注意到您在接受中国《文汇读书周报》记者采访时所说的，您在《中国古典诗歌艺术史》中，还着重探讨和研究中国诗歌艺术与"愁"的关系。"悲秋意识"与"愁"是不是有一个内在的演进关系？

顾　彬 对"悲秋意识"的类型学研究不是由我最早发现和提炼出来的，这是一个日本著名汉学家在《中国的文人观》一书里提出来的。需要说明的是，我对汉学的研究，最早是借助于日文，因为在20世纪60年代德国人去中国不容易，那时候我经常有机会去日本，日本研究汉学的东西很多，1969年以后，我经常去收集资料，买了、看了许多著名的汉学家的著作。日本汉学家提出的中国文人的"悲秋意识"引起了我的关注。当我知道中国古典文学有一个悲秋的概念以后，就一直在研究和思考这个概念。我认为中国古典文学关于"悲秋"的概念出现得比较早，在《诗经》和《楚辞》中就出现了，它在汉朝的诗歌中比较明显。"悲秋"与四季有很大的关联，春天应该快乐，秋天令人悲伤，人们的喜怒哀乐是在一个自足的整体框架内自发产生的，那时的中国文人是自然的，还不具有主观意识，也不可能独立地表达个人思想。而"愁"的意识或概念在历史时间上出现比较晚，大概是唐朝的文人才多使用这个字，而且"愁"与四季，或者与文人的时间意识关系不大。例如，唐朝诗人杜甫在阳光明媚的春天，也写下了"感时花溅泪，恨别鸟惊心"的惆怅之作。从中国思想史的发展来看，汉朝的"悲秋"意识和唐朝的"愁"的意识是两回事；从"悲秋"意识到"愁"的意识的历史演进过程，说明诗人开始从自己的类属框架里走了出来。虽然他们的诗歌仍是为亲朋好友而写，从今天来看，还不是主观吟咏，但是他们的写作已经不再代表一个需要歌功颂德的统治集体，而只代表一个赋诗的团体。中国古典诗歌的历史主体走向，从汉朝到唐朝发生了从代表一个统治集体到代表一个写作团体的变化。

宋朝以后，中国文人中“愁”的意识出现得不多，诗歌里很少出现“愁”，散文主张快乐，不主张发愁。我质疑“愁”的意识在宋词中的真伪：辛弃疾词里所说的“为赋新词强说愁”，是否只是一个写诗的方法和技巧问题。总之，汉朝文人和他们的诗是悲观的，唐朝文人和他们的诗也是悲观的，而到了宋朝，文人开始乐观起来。宋朝文人即使有“愁”，也能自己克服“愁”。西方文艺复兴以后，人们开始关注“忧郁”的问题，认为一个真正的学者不忧郁，不思考他的生存和有限性问题，他就不是一个严格意义的学者。“忧郁”在知识分子圈子里很流行。很多西方文人体认到上帝和宗教的无限性，而处在有限性的现实的人，去追求上帝，去追求无限性，身处生老病死的人去追求超越，这无疑是个悲剧，不能不令人忧郁悲伤。那时，“忧郁”慢慢变成为西方知识分子的生活常态和知识表征，忧郁与克服忧郁也是西方文学作品经常表现的主题。唐朝以后，还有一些人从季节和时间去审视“愁”的意识，他们认为“愁”就是文人面对“无边落木萧萧下”的秋天时的一种惆怅心绪，“愁”就是秋和心的粘连，到宋朝、元朝、明朝还有人这样说。但我认为不能这么简单地把“愁”说成是“秋”和“心”粘连。“愁”在某种意义上是与宗教体验分不开的，后来很多著名的文人想借助佛教去克服“愁”，但是收效甚微，因为诗人不可能像和尚一样远离尘嚣，不可能克服生老病死。对他们来说，生活还是一件非常重要的事情，世俗化的生活对他们还是有非常大的吸引力。与18世纪以来的西方文人一样，中国的文人还是无法超越自我，无法克服“愁”。

薛晓源　对您归纳的中国文人自然观的主要特征——悲秋意识，我们设想是否可以拿杜牧的诗“停车坐爱枫林晚，霜叶红于二月花”以及龚自珍的“落红不是无情物，化作春泥更护花”的著名诗句作为反证，您是如何看待这种设想的?

顾　彬　我很高兴你举反证来阐释“悲秋意识”。但是我认为，如果把“悲秋意识”作为出发点，那么杜牧和龚自珍的诗与我说的“悲秋意识”并不矛盾。杜牧这两行诗是非常了不起的。从某一个角度可以说，杜牧以“悲秋意识”为出发点，超越“悲秋意识”，进入到一种全新的意境。

中国文人或者是中国文化的“悲秋意识”只是在汉朝以及六朝时代表

现得比较明显，到了唐朝以后就不能代表中国古代文人自然观的主要价值趋向。从唐朝以后，中国古代文人自然观的价值趋向由“愁”代替了“悲秋意识”。“愁”与宗教情绪和宗教体验有关。杜牧的诗“停车坐爱枫林晚，霜叶红于二月花”，其中蕴涵了丰富的宗教体认，“坐爱”就是“坐禅”的意思，因为杜牧和他的朋友经常到寺庙见面，他写寺庙的诗也非常多。他这首诗的标题是“山行”，我想他写这首诗时，是他路过寺庙，在那里下车，在那里坐禅。诗人杜牧有很多特点，其中一个特点：他写诗是希望自己内在的世界能够与外在的世界平衡，但是他经常无法做到。外在世界的波动与动荡总是影响到他的内在世界，所以他的情绪经常是不平衡的。但是他在佛教影响下写的诗，越来越超然，原来体认的受苦的滋味，越来越淡然，诗人的自我消逝在情境的描写中了。从诗人谢灵运开始，不少文人认为看山水和坐禅是一样的，所以他们经常从山中看出禅意来，好像这首诗也是这样。杜牧看风景的时候，似乎体会看到一种更深的意境：秋高气爽，落红飘曳，金秋美丽，我们应该学会欣赏秋天，秋天的美丽有时会超越春天，因为秋红比春红更绚丽。在这里我们能看到诗人的超脱，诗人对自然界生死轮回的超越。

你列举的龚自珍的这首诗意境深远，他好像也受过佛教的影响。从某一个角度可以说，龚自珍这两行诗深化了杜牧的观念。唐宋诗人是有创造性的。而清朝诗人的问题在于：他们只能依靠别人或只能在别人的基础上发展自己，他们基本上不能创造出完全新的东西。清朝文人能写一两行好诗，但基本上写不出一首好诗。

薛晓源 欧阳江河在纪念诗人李白的会上说：“德国汉学家顾彬教授说：‘他一辈子想做的一件事就是把杜甫晚年的《秋兴八首》翻译成德文，这可不简单，这等于在发明德语，因为用现有的德语是无法翻译的。’”我是从因特网上看到这段话的，不知道这些话是否真实？如果是真实的，您是如何评价杜甫的《秋兴八首》，这些不朽诗句在您的“悲秋意识”研究主题中占据什么位置？这些诗句中哪些审美意向在现有的德文中是无法翻译的？

顾　彬 可能我一辈子没办法完全了解杜甫的《秋兴八首》，正因为如此，我对杜甫感兴趣。去年我在山东大学教书的时候，经常会有年轻的研究生课后来问我同样的问题：你们外国人怎么能理解我们中国深厚的文化呢？特别是我们唐朝的诗歌呢？我认为了解唐诗跟国家没有什么关系，如果你看了中国现代文人把杜甫的诗译成现代汉语诗，你会非常失望。杜甫诗中原有的韵味、意境，通过语言凝练的思想深度都消失了。如果我把杜甫的诗译成德文诗，可能将是同样的结果。德国波恩大学我的一些学生经常说：用德文翻译不出杜甫诗中特有的韵味和语言上的思想深度，但使用现代汉语的当代中国学者也翻译不出来。所以当代中国学者和我一样，都要面对同样棘手的问题。我在与欧阳江河谈翻译的问题时说：如果要在翻译中保持杜甫《秋兴八首》古典汉语原有的韵味、魅力，我好像应该重新创造一种德文，就像中国的学者想把杜甫的诗翻译成现代汉语，也应该重新创造现代汉语一样。我说应该重新创造德文还有一个含义：德语原来没有书面语，而只有口头上的德语。马丁·路德翻译《圣经》的时候，创造了德文。他把《圣经》翻译成德文之后，才慢慢有人用德文进行写作。到了18世纪，在德国还有很多人用拉丁文、法文进行写作，18世纪之后，德文才成为德国知识分子写作的文字。如果我真的创造新的德文的话，也可能是同样的问题，过了两三百年后才会有人说这个德文真有意思，但是我不会知道，因为那时我已经不在了。所以，翻译的问题是一个非常麻烦的问题，杜甫的《秋兴八首》，代表了我对翻译文学作品的困惑。德国有一个80多岁的退休汉学家，他也是一个诗人，他一辈子都在翻译唐诗，虽然他的德文是一流的，他的思想也是非常深邃的，他的翻译总体上说是非常成功的，但是他的翻译还是不可能保持古典汉语原有的韵味和语言魅力。

薛晓源 您提到《中国古典诗歌艺术史》还有一个显著特点就是：探讨中国古典诗歌艺术与主观主义的关系。我想追问的是：您是如何理解和界定主观主义的？主观主义与中国古典诗歌艺术的关系究竟是如何关联的？

顾 彬 主观主义的问题是一个非常复杂的问题。现在大部分人仍然批判哲学家黑格尔在《哲学史讲演录》里说过中国没有主观主义。当然，那时的黑格尔不可能拥有我们今天对中国所具有的知识，不过重要的是：在西方历史上，黑格尔是第一个提出了中国与主观主义这个学术论题的人。至今，这个学术论题基本上仍没有得到很好的理论解答。如果要研究中国与主观主义这个问题，应该先去了解黑格尔的有关论述。

不少美国汉学家认为在《诗经》中，在唐朝的文学中，已经有了主观主义。如果真是这样的话，中国文学从源头就有了主观主义。说实在的，这些美国汉学家没有什么历史感，也不懂得历史的意义。他们不知道每一个概念、每一个词和每一个字都会有自己的历史。他们经常会把主观主义和某种感情、情绪混在一起，认为主观主义是对自己的情绪的一种表现，但这样理解主观主义是片面的。

主观主义发展得比较慢，它在欧洲的发展只有两百多年的历史。主观主义作为欧洲哲学的概念，到了18世纪末才有。那时只有少数作品，少数文人能够表达出主观主义这个概念。第二次世界大战以后，在教堂衰落、政治解放、民主发展和经济发达的基础上，主观主义才开始盛行。主观主义的发展还有一个非常重要的前提，即反抗贵族、教堂和政权对个人的束缚，要建立一个不同于旧体制的全新社会。例如，在20世纪之前，贵族、教堂和政权的代表，决定每个人应该怎样生活，应该怎样想。直到第二次世界大战前，天主教教堂还不允许普通的天主教教徒自己阅读、自己解释或自己翻译《圣经》。《圣经》都有固定的翻译、固定的解释，只有神父能够告诉人们《圣经》里的内容。当然，德国的马丁·路德倡导的新教（基督教）不是这样。马丁·路德认为：每个人应该自己看《圣经》，也可以自己解释《圣经》，所以他开办学校，教普通民众识字。到了18世纪末，一些人不只是反抗天主教教堂和基督教教堂对人的约束，也开始与这些教堂的代表进行斗争，他们要一种新的社会制度。他们认为人应该决定自己的生活方式。这时，个人的价值凸显出来。

主观主义的发展还需要宪法的保护。到了19世纪，越来越多的人到街上游行示威，主观主义开始得到普遍认同。但是在德国，直到第二次世界大战结束后，与主观主义有关的思想、行为才开始得到宪法的保护。在此之前，任何公开向教堂或政权的代表要求独立、自由、自决的行为，都会被当做危险的行为受到控制。

从这个角度来看，无论是古代的中国，还是古代的欧洲都没有主观主义。在20世纪以前的中国，也很少有文人能够决定自己应该和谁结婚，应该怎样生活。一般来说是家长，也包括皇帝在内，会告诉他们应该怎样生活，如果一个人想游行示威，要求独立和自由的话，他的结局可想而知。因此，在中国古代文学里，根本没有主观主义。当然，在20世纪的中国文学中肯定有主观主义的东西，因为20世纪的中国和20世纪的欧洲没有太大的差别，都步入了现代社会。从“五四”运动以后，中国开始接近了主观主义，他们开始游行，开始打倒“孔家店”，他们想独立自由，他们想走自己的路，这个时候中国才有了主观主义。

另外，20世纪末，不少哲学家对主观主义表示过怀疑，其中有法国哲学家，也有德国哲学家。他们认为主观主义还蕴含着一种严重的危机。这个问题我不想在这里深究,我只想说明,不少美国汉学家把主观主义看成是一种非常重要的价值,这很成问题,因为他们不知道对当代哲学家而言,主观主义不仅有建设性还具有破坏性,不仅有建构性还具有解构性。从当今法国、德国现代哲学来看,黑格尔说中国没有什么主观主义,不一定是一件坏事。因为主观主义不一定是好的。

薛晓源 听说以前有人问您,您最喜欢的中国古代诗人是谁,您的回答总是李白。最近几年,有人问您类似问题,您的回答变了,您最为推崇苏东坡。这种审美旨趣的变化是否也代表您研究兴趣的变化?您能否从您最为关注宗教与诗歌艺术的关系来展开您的研究理路?

顾　彬 我研究旨趣的变化可以说跟我的年龄有关系,另外,也受到我中国妻子的影响。我年轻的时候很喜欢李白,那个时期我真想做一个德国的李白,想像他那样吟诗与生活。中国在"文化大革命"中批判孔子,六七十年代的德国汉学界也认为孔子什么也不是,他的《论语》像一页废纸。到了90年代,我越来越觉得孔子有意思。现在也可以说我是半个儒家学者。我喜欢李白的时候,特别喜欢道家。我研究杜牧的时候,特别喜欢佛教。90年代以前我可能说过,如果我不是基督教徒,很可能会皈依佛门做个和尚。今天我不敢这么说,我可以说是半个基督教徒、半个儒家,也可以说我是一个新的儒家基督教徒。

现在李白对我的吸引力越来越小。在我的研究从李白转向苏东坡的过程中,我还发现了唐朝诗人杜甫。过去我最不喜欢的诗人是杜甫,因为他在诗中老是诉苦,而李白不诉苦,但是我认真研读杜甫的诗以后,发现他和李白以及当时的诗人不一样,他会写他的妻子,也会写他的孩子。他可能是中国文人中第一个写过自己妻子的诗人。一般来说,无论是在哪个国家,无论是在古代还是现代,男人基本上都不写自己的妻子和孩子,但杜甫在诗中饱含深情地写了他的妻子和孩子。在这方面,杜甫很了不起。当然,这只是让我开始注意到杜甫的许多原因中的一个。

我先是喜欢李白,后来喜欢杜甫,现在为什么喜欢苏东坡?因为李白和杜甫的诗中蕴涵了愁云,随着年龄的增大,我的世界观也变了,我现在可以宽容一些,我喜欢从乐这方面来看生活。苏东坡是一个非常乐观的人。他写散文的时候,总是主张快乐,好像他生活的目标是怎样才能找到真正的快乐。他多次被贬,远离京城,奔赴天涯海角。虽然遭受艰难困苦,但是他仍然乐观地活着。他说过:无论我的环境怎么样,我还会找到快乐,还会找到一种新的生活。他也会发愁，但是愁好像没有真正主宰过他的创作。他也有痛苦，但是他自己能克服痛苦，所以他是了不起的。苏东坡敢于批评皇帝，尽管这只是一种忠于朝廷的批评。在他活着的时候或在他死了以后，他的书都曾一度被禁。苏东坡也勇于面对死亡。

苏东坡的散文非常了不起，我非常喜欢他的散文。他写词的功力很深厚，他的词也是无与伦比的。当然，我应该承认，苏东坡在诗的成就上比不上杜甫，比不上唐朝其他诗人，但我为什么会喜欢他的诗呢？你认真看苏东坡诗歌的时候，你会发现，他提出了不少新时代的问题。对于我来说，中国的新时代是从10世纪开始的，欧洲的新时代是从13世纪开始的。苏东坡提出了欧洲人在几百年以后才提出来的同样问题。不同的是：欧洲人能回答这些问题，而苏东坡却不能。他认为佛教、道教、儒学也不能回答这些问题。他遇到思想上的危机。苏东坡想去寻找世间万物的理。我在《中国古典诗歌艺术史》中，以《世间万物的秩序》作为苏东坡这一章的标题。

苏东坡是中国的歌德，是个博学、多能的文人。他兴趣广泛，涉猎领域众多。他写诗、写词、写散文、写政论文，也写涉及哲学、科学的文章。他会做饭，还发表自己的菜谱等，关于他的传说非常多。阅读与欣赏苏东坡的作品，总能令我产生无尽的遐思。我写过不少关于苏东坡的论文，今后我要写一本专著来阐释我对他的解读。

薛晓源　感谢您接受我的采访。

知识分子和批评思考的视阈

——W. J. T. 米切尔教授访谈录

刘 禾

W. J. T. 米切尔(W. J. T. Mitchell)教授作为芝加哥大学《批评探索》(Critical Inquiry)的主编、教授,于2004至2005年在柏林高等研究所任研究员。刘禾,美国密西根大学教授,同年在此机构任研究员。2005年4月27日下午,刘禾受《文艺研究》编辑部委托,在柏林高等研究所对米切尔教授进行了采访。

刘　禾　米切尔教授,过去的几十年里你在图像和文本方面所做的研究工作跨越了很多领域,如文学、艺术史、传媒、生物控制论等等。在探讨以上任何一个学科时,你都持有一种自觉主动、孜孜不倦、坦诚开放的态度。我对你的工作非常感兴趣,想问你很多问题。由于时间的关系,我把问题集中在几个方面。首先,我想问:针对那些你所熟悉的美国环境之外的受众,你将如何介绍视觉文化或你工作中的某个部分呢?比如说,在英语中"image"和"picture"是有区别的,你也曾强调过它们之间的区别。鉴于翻译中的困难,面对国外受众,你将如何介绍视觉文化研究或你感兴趣的图像与文本之间的关系呢?

米切尔　我通常不先从图像谈起。我先谈点乍看起来挺简单的东西,谈谈关于观看的无情事实以及观看与其他官能之间的关系、感觉经验的本质、我们感知世界的方式、我们辨识物体的方式以及作为具备视觉、听觉、触觉(遵从黑格尔的先例,我把这三个官能看做"理论上的官能")官能的动物所含有的意义。首先需要澄清的是,观看过程,即观看世界、观看(同时被观看)他人的过程具有复杂性。第一步就是要知道观看并非是一个简单、自然或透明的过程,尽管它把自己乔装打扮成最自然而然、清澄透亮的经验形式。你必须在一生中的某个时刻学会观看,如果在五六岁之前还没有学会,以后再学会很难,就像学一门自然语言一样难。

刘　禾　可以举个例子吗？

米切尔　假设你是一个小孩，我给你蒙上一个眼罩，强迫你一直戴到二十岁。等取下眼罩后，你将不会观看世界，也不能辨认眼前的面孔。你原来只能通过触觉认识世界，对如何观看世界所知甚少，然而观看的实际经验胜于一切。著名的神经病学家奥利弗·萨克斯(Oliver Sacks)很多年前写过一篇题为《看还是不看》(*To See Or Not To See*)的文章，我在引出该话题时总是参照他的策略，那就是用作为对立面的失明来阐释视力问题，该策略的源头可上溯至自贝克莱主教到笛卡尔的传统。我们自18世纪以来就已经知道，如果长期失明而后又恢复视力并非意味着当真能够看见。观看是习得的行为，是为处理视觉实在而不断安装软件的过程。视觉实在与触知的实在迥然不同，盲人无法触知月亮，月亮只能通过语言靠近他；我们则用双眼触知月亮，寻觅它上面的环形山及其轮廓。我们经验中的许多事物只有视力可及，我们必须通过经验才能学会如何协调观看物体和触知物体的关系。比如，估算距离就不是作为观看硬件的部件自动安装上去的，人们经过训练和重复方使之自然而然。三分球投篮手因绝佳的距离感而显得好像在“线内”，但这要经过多年的训练。

刘　禾　你是说这类似于我们学习阅读的情形吗？

米切尔　既像又不像。这更像学习行走。如果一个女孩自打生下来就捆住了双脚，等松绑后她将不会走路，她的双脚会跛。说观看类似于学习语言是由于你必须学会辨识种种差异、进行各项协调。你要了解或近或远的形象和背景、外形意义以及全部印象，这些印象包括明暗对比、色调、运动、轮廓、纵深、体积、质地等等，正如贝克莱主教很久以前指出的，这都要取决于所习得的对视觉和触觉印象的协调能力，一旦丧失了这种能力会怎样？你不妨想想眩晕时的状态，那时你无法使视阈保持稳定：整个世界都在你周围旋转，你很难使视觉的平行和垂直感与内耳的平衡感协调一致。盲人视力突然恢复后的经验近乎于此。奥利弗·萨克斯的病人只能看见光和色的闪动，无法区分物体和背景。我们的双眼始终都在运动，我们必须学会如何稳定视阈，让眼睛的跳动“定格”。电影摄影机的工作原理与眼睛不同。摄影机定位在一个东西上，你得慢慢移动才行。如果快速移动，画面就会一片模糊，变成色彩的“划变”。如果视觉认知没有学会忽略跳动着的眼球的不平稳运动以便追踪视觉空间和物体的话，就会出现上述情况。如果你用移动眼睛的方式来移动摄影机，可能就像音乐节目录像中的快速剪辑一样，很难跟得上。我们的双眼始终都在移动、跳跃。但在我们的经验中却有一个平稳的世界，我们已经学会了把世界视为一体。如果你没有学会，你与生俱来的眼球移动就会把你彻底搞乱，让你头晕目眩。奥利弗·萨克斯的病人弗吉尔失明了20年，复明之初，他异常激动，他从未见过光。随后，他变得越来越胆怯、多疑、无所适从。最后，他又失明了。他由于癔病而失明，因为过迟地学习这项复杂的技能实在太苦恼了。这在我看来是第一课。观看是习得的，我们决不能假定它如同一扇窗户一样透亮。

视觉文化中的第二个也是更重要的一个问题是观看他人的脸以及被观看的经验，我认为这不仅对于人的知觉而言而且对于视觉文化而论都是一个根本的问题。你张望并同时看到有人回顾，两个人甚至会相距50英尺远相互张望或顾盼，或许是相互致意，也可能是相互吸引或敌视。这就是拉康、萨特及其他人所谓的"目光与凝视"的领域，是观望者之间辩证或视觉的对话。这便构成了视觉的社会领域或我们所谓的视觉文化的基础。所以在看图像之前，我让学生互相观看并且思考看他人的感受，让他们自寻观看具有重要性的开端。当然，答案之一是这是最初的印刻过程：母亲的面孔通常是人们在视阈中的初次经验。我们注定要像动物一样辨认面孔，也就是需要有一双眼睛，即两个平行椭圆的图像产生有人在看你的印象。蝴蝶翅膀上的眼斑或"小眼"能够吓跑想吃它们的鸟儿，鸟儿以为蝴蝶正在"回顾"它们。这就是视阈的基本结构：不仅要看物体，而且要看其他活物，同时还要被看，成为凝视的对象。像羞耻、内疚、在世上的非孤独感皆源于这一经验。他人观看我，他人评价我，他人对我有印象，因此观看尤其是社会观看并非仅仅是观看物体。

刘　禾　你是不是说视觉接触是构建主体间性的基础？

米切尔　肯定是。倾听母亲讲话、倾听她的声音会先于观看，因为婴儿在见到母亲之前还在腹中的时候就在倾听母亲的声音，它能感受到母亲身体的颤动，那儿就是家。子宫里的胎儿不能观看但能听见他人的声音，在这个意义上倾听比观看更为原始。你是先听后看。当婴儿降生到有光的世界上时，起初它们像小猫小狗一样不能观看。它们生下来时闭着眼，除了光什么也看不见。但是婴儿在很早的阶段就看见了母亲的脸或父亲的脸或是哥哥、姐姐或其他亲人。可以说，他们知道所见到的是别人。拉康谈到过镜像阶段，但是真正的镜子却于事无补。你并不需要一面玻璃镜子，你需要的是另一个人的脸和声音以及那张脸在回顾你的感觉。动物也是这样，会印刻它们的双亲和同胞的面孔或它们最先看到的任何东西。小鸡刚出壳的时候如果最先看到的是你，它就会随时随地地跟着你，以为你是母鸡妈妈。

刘　禾　你讲起话来就像是一个科学家。你是一个隐蔽的科学家，还是一个公开的……？

米切尔　我是一个公开的科学家，我已经从隐蔽状态转为公开。有很长一段时间，我都和大家一样认为文化和人文科学研究是印象式的、主观的，是非客观或非科学的。然而近年来，我开始反对区分科学与人文科学或"硬"科学与"软"科学的成规老套。我想我所从事的科学不专事计量。我不常同数字打交道，但我确实要运用事实、实物和实验、假设和试验。我们有各种各样的科学：有历史科学，有实验物理科学，还有理论思辨科学，如量子物理学或进化生物学，这类科学家以建立抽象模型和逻辑的方式来工作。因此说我是一个图像科学家，我的研究对象是图像——图示的、脑中的、言语的和视觉的图像。

刘　禾　你能多谈点图像科学吗？

米切尔　这是一门新兴的学科，它与艺术史的基本原理相关联，近来又涉及传媒研究。在艺术史的早期阶段，人们认为艺术史(art history)的涵盖面比艺术的历史(history of art)要宽，它应该是图像史，还应该具备关于图像的一般理论。大约在"二战"前后，欧洲艺术史的根基移植到了美国，上述观点开始丧失了。那时，艺术史成了一门相当保守封闭的学科，它所关注的是西方艺术的经典作品，主要是从欧洲中世纪、文艺复兴直至现代的绘画和雕塑作品，也有少量的建筑。这就是它的基本档案。然而，像阿比·瓦尔堡(Aby Warburg)、阿洛伊斯·里格尔(Alois Riegl)和其他艺术史先辈都具有开阔的视野，这样的视野在我们的时代得以重生。

刘　禾　你的著作如《图像学》(*Iconology*)和《图画理论》(*Picture Theory*)在把其他向度引入艺术史方面起到了非常重要的作用。艺术史家始终对你的工作表示认可。你认为你的工作在哪些方面促成了该学科的转化？

米切尔　我认为我的工作有助于艺术史家联想到渊源，尽管这不仅仅是一个回顾的问题。许多学科都已开始转变。哲学、语言学、符号学、全部符号理论、文化理论都开始认识到文化的中介乃是林林总总、形形色色的符号，文化不仅仅是由语言造就的。语言本身充斥着隐喻、符号和言语图画。全部图像远大于视觉艺术，它所囊括的主要领域就是我所说的观看世界、尤其是观看他人，也就是幻象、梦境和“视觉文化”的世界。因此，我把图像科学看做是这样一个领域：它不仅涉及言语图像、语言图像、画面图像，而且牵涉到镜像、映像、影像、自然界的整个视觉现象，以及记忆、幻象和认知行为本身这种在别处产生图像的中间领域。认知图像导致想象、幻象，并导致记忆等等。

刘　禾　由于具有哲学的维度，这要比人们通常认为的视觉文化宽泛得多。如今，艺术史已然开放，正走向视觉文化，这在几十年前是难以想象的。但是，人们眼中的视觉文化好像多多少少都偏于保守。传媒立刻就会闪现在脑中。视觉文化学者被看做是在电影、电视、摄影等方面有一技之长者。而你所说的好像远大于此，近乎于硬科学以及我们常说的图像客体。

米切尔　是的，我对图像在科学中运作的方式非常感兴趣。当然，你不可能什么都知道。并不是说，为了研究图像科学，我会梦想去掌握所需的种种学科。但有两件事是可行的。其一是努力全面地思考图像问题，考虑图像问题在哪些方面超出其他学科范围，同时努力阐明如何看待图像总的基本原则、如何看待图像与可视世界以及其他感官之间的关系。这是其一。其二是我喜欢采用个例、问题或事件、契机进行研究，同时思考图像是如何起作用的，我乐于这样做，这就是你刚才提到的即学即用、不知疲倦的一面。这让我有了很大的自由去涉足诸多领域，增添其他学科的知识。我并不打算因此成为专业的电影学者或专业的艺术史家，我的兴趣在于培植一个电影学者、艺术史家、科学家都能找到共同话题的语境。这样，人们就会去考虑学科转换的问题、相互协作与跨学科研究的可能性。

刘　禾　这就是理论家的工作。以你的新作《最后的恐龙之书》(*The Last Dinosaur Book*)为例，它是否反映了你为建立图像科学的基本原则所做出的努力？它是否把你所说的各个部分结合在了一起？听说你小时候不喜欢恐龙，我颇感意外，因为我一直认为美国小孩最喜欢的东西就是恐龙。

米切尔　这是神话。人们总是理所当然地认为美国小孩喜欢恐龙，而我却是个例外。我在《最后的恐龙之书》中讲了这么一件事。上一年级的时候，我们通常都有恐龙课，老师拿来一些恐龙像说：“喏，我想让你们临摹这些像，创作出你们自己的恐龙画。”我认为这是一项了不起的任务，我要画一幅属于自己的画。我画了一只恐龙，又画了一个骑着马的牛仔，牛仔正在用绳索套恐龙。我生长在随处可见牛仔的美国西部。老师看了看我的画说：“哟，画得不对。恐龙在有牛仔之前就灭绝了，这个画面是不可能的。”我感到失望，没人愿意别人说自己的作品不好。于是，我就从恐龙转向了龙。自小我就更喜欢想象的事物而非乏味的现实。我一直喜欢科幻小说，还有奇幻故事、超自然和想象的故事。于是我转向了龙。过了很久，我在看影片《侏罗纪公园》(*Jurassic Park*)的时候突然想到，恐龙其实就是龙，即便实有其物，其实也是想象之物。我们把恐龙造就成了传奇之物，把它们造就成了像龙一样的象征性动物。我们还创造了与之相关的神话和时尚。我们以古生物学家为英雄来取代牛仔，他是一个印第安纳·琼斯(Indiana Jones)式的人物，是个人中豪杰，是个牛仔或边疆人式的人物。古生物学家就是大型动物的狩猎者，他要猎取最大的动物。因此，我决定写一本书，谈谈古生物学的传奇和恐龙的神话，还有它们融入现代文化的过程。

刘　禾　该书实际上具有跨学科的性质。你的笔触深入到了古生物学的学科内部，对吗？可以就此多谈一点吗？

米切尔　我要写的不仅仅是神话，还有现实，尤其是现实被重新编码或转化为神话的过程，以及现实间或依当代神话而得以确立的过程。我所说的神话未必是指虚假的东西，我认为它是一种叙事或是不少人所持的共同认识，也就是构成我们经验的任何故事和图像。比如说，你要是问：“是什么导致了恐龙的灭绝？”然后从维多利亚时期的英国、20世纪早期直至当代去追溯古生物学家所给出的答案，就会发现一个异乎寻常的模式。在每一个时代，人们都会对人类问题尤其是大灾难或人类灭绝产生忧虑，无论其重心是什么，这种忧虑都会作为恐龙灭绝叙事的一部分而出现。这方面的第一个理论便是空气污染为恐龙绝命之因。该理论是由理查德·欧文(Richard Owen)于维多利亚时期在伦敦提出来的，当时伦敦城里烟雾弥漫的空气叫人难以忍受。第二个重要理论是恐龙“气数已尽”。它们行动迟缓，在一个充满竞争、“适者生存”的环境中不具有竞争力或自新能力。它们愚钝而庞大，行动敏捷、更有活力的动物把它们这种行动迟缓的爬行动物挤兑到了一边。该理论的基础就是与内燃机、蒸汽动力这类技术一道发展起来的熵理论、热力学法则。故事大意就是恐龙已经精疲力竭。它们已入土为安的事实，以及一些古生物学家如纽约的美国自然历史博物馆的巴纳姆·布朗(Barnum Brown)同时也是石油地质学家(布朗是辛克莱石油公司的顾问，该公司的标志就是一只雷龙)这种情况，进一步强化了“能量损失”与恐龙之死之间的关联。辛克莱石油公司的广告战给人们的印象是该公司的汽油因恐龙的古老而成为“陈酿”(像威士忌一样)，恐龙就是等着人们去叩击的“矿物燃料”储备库。在大沙暴期间，广为流传的理论为：干旱是恐龙的杀手，就像沃尔特·迪斯尼的动画片《最终幻想》(*Fantasia*)中著名的毁灭场面。在“二战”后的“原子时代”，主要的灭绝叙事是小行星撞击地球假说：像核爆炸一样的灾难事件让地球为粉尘所覆盖，并且几乎导致了所有生物的死亡。这就是冷战后期盛极一时的“灾难”故事，而更早些时候关于能源损失的“熵”叙事则更好地配合了当时在地质学和古生物学领域占上风的“渐进论”。我想你很可能会猜到当前的灭绝叙事是什么。它必然会涉及微生物、瘟疫、某种肉眼难辨的病菌或病毒，认为这类东西进入了恐龙的食物链并致其于死地。

刘　禾　真有意思。科学家目前正在发展纳米技术，在极其微观的层面上做文章。最近你发表了一篇文章，对瓦尔特·本雅明在其名作《机械复制时代的艺术作品》(*The Work of Art in the Age of Mechanical Reproduction*)中提出的“机械复制”的观念进行了批判。你的文章推出了一个新概念“生控复制”(biocybernetic reproduction)。你能简明扼要地谈谈该思想的初衷吗？我们这个生控复制时代的特征是什么？

米切尔　最简单的说法就是，在本雅明看来，当时的核心发明、技术发明一方面是流水线、机械复制，另一方面是摄影机，包括电影摄影机和照相机，它们以印刷图像的方式精确地复制视觉实在。在我们的时代，生控复制也包括两项发明，其一是对DNA的解码和对生命的揭秘，其二是高速计算技术。我们的时代往往被称作数字时代、计算机时代，但我想不仅限于此。我认为这是一个计算机外加以生物克隆技术为标志的生命科学新技术以及人造生命和人工智能的时代。因此，就“生控复制”而论，如果你要设想它与本雅明撰文时所处的20世纪30年代有何不同，有个不错的原型就是流水线。试想流水线上输送出来的商品不再是一台机器或某种机械物件，而是一个活物，是某种生物，比如某种新的植物、某种新的微生物、某种新的动物如人造羊，又会怎样。“改良”或转基因生物的商品化便是差异之一，此外我们还可以为种子品种和更宽泛意义上的遗传密码申请专利。

从理论上讲，你可以获得你的DNA识别标志的版权，还可以出卖界定你个人生物身份的密码，如同作为计算机程序基础的密码可以获取版权和执照一样。因此，分子生物学在我们的时代站在了科学的前沿，在某种程度上取代了能源和机器时代居主导地位的物理学。当然，正是由于有了超高速计算机才使这一切成为可能。

刘　禾　你赞同那些撰文谈论“后现代性”的人所持的观点吗？

米切尔　我认为该术语兴起于70年代和80年代，是一种谈论自现代时期即20世纪上半叶以来所发生的变革的方式。我从不认为“后现代”这个术语恰如其分，因为它往往会蜕化为“现代”的寄生虫或仅仅是对“现代”的否定。有了现代就有了后现代。我认为后现代主义是为特定时刻设定的历史时段，从1970年到1990年的二十年间，在谈论“我们的时代不再属于现代了或与现代主义和现代性相抵触”时发挥了十分强大的作用。许多艺术家、学者和知识分子因此获得了极大的解放感。它促成了知识和艺术领域的新的先锋思想。但我认为它像所有时段的术语一样很快就具体化了，而且用它来解释当前发生的任何事情并将其视为后现代主义之症候的作法过于简单。该术语本身除了“现代以后”之外什么也说明不了。很快，人们就开始自问后现代之后又会是什么，会是“后后现代主义”吗？这样的说法似乎不怎么样。这使我又想到了瓦尔特·本雅明对以马克思主义历史模式为基础的生产与再生产方式这一经典范式的运用。马克思说，人们的生产方式、产品以及人们所创造的周围的世界也就是他们对历史的创造、对文化和历史实在的创造。这就是我像本雅明一样专门去思考生产方式的原因。我不倚重于现代主义、前现代主义、后现代主义这类范畴，我认为这类范畴使得具体的现代主义概念负担过重，而后现代不过是用来命名当下或新事物的占位符号，并不能解释产生新事物的方式或原因。我想要表达某种更具体的东西，就像本雅明辨识机械或技术再生产时所做的那样。因此，在我看来，“生物控制”是我们时代技术科学的一种新形式，就像当年本雅明眼中的摄影、电影和机械复制一样。

刘　禾　我们可以谈谈你目前的计划吗？你最近在写一部名为《图画想要什么？》(*What Do Pictures Want?*)的著作，已经完稿了吗？何时出版？

米切尔　我希望两三周以后出版。很快就会面世。

刘　禾　书名相当引人注目，让我甚感好奇。书中讲些什么？

米切尔　实际上，它是对我在1994年出版《图画理论》一书之后所写论文的汇编。《图画想要什么?》是专论图像科学三部曲中的第三部。《图像学》是第一部,专事解答图像和文本问题:两者有何区别?两者是何关系?词语与图像之间的关系为何重要?《图画理论》是这项探索的延续,观照的是媒体与艺术对词语与图像关系的种种实际应用。它也涉及具体的、有形的图画与虚拟的、光谱的或无形的图像之间的关系,其间种种不同与关联。该书也力图思考图画本身构成理论话语的方式。我们时或陷入这样一种想法,认为称作"理论"的东西仅仅是词语和话语之类,但我敢肯定也会有"图画理论",也就是说,图画本身能够成为理论反思与自我观照的载体,"元图画"或"关于绘画的图画"尤其如此,我在诸多不同的实例中探究这些假设。《图画理论》关注的是诸如绘画和与之相关的理论话语;摄影和与摄影相配的文本,如标记、文字说明、随笔;雕塑及其同语言的关系;或者是在配图诗歌即关于绘画及其他视觉艺术作品的诗歌这类体裁中语言及其与视觉艺术作品之间的关系。该书也论及词语和图像在记忆和叙事中的作用,甚至于把书写本身看做是语言与视觉的复合体,因为你看得见书写,书写是有图形的,不仅仅是可听的。因此,整个言语视觉复合体就是《图画理论》的主题。但我感到似乎有不少问题我还没有完全解决,而且图像或图画好像拥有自己的生命。我开始注意到,不让人们在谈论图画时投注某种泛灵论或生动性几乎是不可能的。

刘　禾　你能举一些例子吗?

米切尔　很著名的一个例子就是乔治·瓦萨里(Giorgio Vasari)所著《艺术家的生活》(*Lives of the Artists*)的开篇,该书是米开朗基罗、拉斐尔和其他意大利大画家的传记集。按瓦萨里的说法,《艺术家的生活》是从第一位艺术家写起的,这位艺术家就是上帝。上帝起初被描绘成一位建筑师,他设计了整个宇宙的结构。但到了第六天,上帝说:"我需要点别的东西,可以在此世生活的东西。"他用黏土自塑了一尊像,一尊按自己的形象塑造的雕像。他"照着自己的形象和样式"造它,又将生命吹入它体内,这一过程有时译作"他把词语吹入它体内"(He breathes the word into it),他赋予它语言、呼吸和生命。这又一次说明,正是图像连同语言使得某物具有生命、赋予它灵魂并使之言说。瓦萨里就是这样开的头,声称这就是艺术的开端。在他看来,雕塑是美术中最古老的门类,这也正是他认为米开朗基罗很重要并且把米开朗基罗的作品视为活物来谈论的原因所在。他说,米开朗基罗之所以胜过其他雕塑家,就是因为你在观看他的作品时这些作品栩栩如生。这项原则让我想到：一件艺术品所拥有的生命的意义何在?

当然，要是重温一下《圣经》故事，就会发现最初的雕像如亚当和夏娃、人类都有各自的意愿，他们并不依上帝的意志从事。他们开始反叛并且违背上帝对知识的禁令。有许许多多类似的故事，比如活泥人的故事。古犹太人需要一名武士来保卫自己，于是用黏土造了一个人，一个做武士的活泥人。后来，活泥人失去了控制，转而攻击他的缔造者。这类故事让我想起了十诫中的第二诫，该戒律禁止人们制造偶像。我开始想到人们惧怕图像的原因就在于这一生命原则，就是说图像往往会“活起来”并且获得独立的存在。当然，此类生命形式中最危险的要数偶像了，它似乎拥有神圣的生命，甚至于要人们顶礼膜拜，献祭供奉。诚然，我们通常都会否认图像具有自己的生命，但这并不妨碍我们对其产生一种分裂的感情或良心。我们时常视图像如草芥、视如有形之物而已。随即我们又来了个大转弯，一分钟之后，我们又以全新的态度视其为有生命之物。这正是图像神秘诡异的原因所在。它们熟悉而又陌生，似非而是，具体有形却又似鬼魅般奇幻。总的说来，图像是有欲望的，这些欲望源于观看者的投注行为，但观看者旋即又忘却了自己的行为，认为图像有自己的愿望。至少我们确切地知道，每张图画都有一个愿望：想让人看它。这不过是个“隐喻”，但却是个强效有力、根深蒂固的隐喻，而且似乎离了它就不行。“图画想要什么?”这个问题有个答案是，它们想要你，它们想要你看，它们想要交往，或者说它们需要你来完成它们。要是没有你，没有观看者，图像就不会存在。

以上想法贯穿于多篇文章，引发了一连串的问题，例如视觉领域中欲望的本质、图像的性爱、对图像的宗教痴迷与恐惧、对雕像和图画的迷信诸如照片会“偷走”所拍之人的“灵魂”说。如此种种引出了最后一篇题为《阐释观看》(*Showing Seeing*)的文章，其中所论就是我们今天开始时的话题——视觉文化，即观看的社会经验是如何始于观看他人面孔的。图像会介入上述过程，因为我们对他人的观看并不纯粹和透明，而是要透过一重“屏网图像”(screen image)、一副成规老套的模板或者说是确认模式。我来看你，看到的是一个女人；你来看我，看到的是一个男人。这是根深蒂固的。我们早就有一套预制的认知图像，因此可以通过性别来划分世界。当然，我们还有许多涉及种族、社会地位、性取向等的其他成规老套，因此可以很快将他人分门别类。我们一贯理所当然地依此行事。但我们是如何行事的呢？这些图像有时又是怎样愚弄或有负于我们的呢？或者说这些图像如何获得了“自己的生命”，致使我们陷入成规老套并无法让他人看到自己的原貌呢？或者反过来说：要是有人摆脱了或操纵了成规老套致使通行的标志发生了混乱会怎样呢？有许多女人看上去像男人，又有男人显得女里女气。没有这些老框框我们就无法生活，但我们也感到有了它们亦无法生活。看起来，一片混乱和过分的确信或刻板都同样危险，这也就是我们时常企盼拥有一个能够让人们“超越成规老套”并且“相互如实看待”的世界之缘由。那时，我们会超越视觉文化、语言与认知的世界。然而，无论我们如何企盼，都无法获得这样一个世界。尤为恼人的是，我们可能正被我们设想出的老框框所愚弄，那些用来区分男人和女人或“正常男人”和“男同性恋者”的标志似乎失灵了。

刘　禾　那也正是产生同性恋恐惧症的缘由。

米切尔　对。脂粉气的男人或者与其他男人有性关系的男人极大地危害着这个简单的二元结构。这就是我所说的“屏网图像”的作用，我们好像总是透过一层面纱相互观看，而这层面纱并非透明。面纱上有模式化的形象，这有助于我们弄清诸般事物、各色人等。其一就是区分有生命之物和无生命之物，我们精于此道，连小孩都能马上说出什么是活的、什么是死的。

刘　禾　你的著作也谈论种族问题吗？视觉可是建构种族范畴的基础。

米切尔　对。书中有一章叫做“活色”(Living Color)专论一个个案，即由斯皮克·李(Spike Lee)执导的影片《欺骗》(*Bamboozled*)。该片涉及的是种族成规以及种族互换装扮，片中白人涂成了黑脸而黑人则象征性地涂成了白脸，白人和黑人换位。影片在一定程度上表现了种族之间的敌对状态，人们对种族中的他者所持的怀疑态度或偏见，但我认为影片涉及了更为复杂的问题。我所强调的是其中的矛盾心情以及认为他者神秘的想法，甚至是钟情或羡艳或妒忌。比如说，对中国人的固定看法是神秘莫测，因此西方观看者看到一位中国女人时就会想：“她肯定有个秘密。”而我们对西方人的固定看法则是“我们向来直截了当，想什么就说什么”。当然这要排除男女性别老套的干预，而“男人和女人来自不同的星球”，因此他们互不理解并相互强加成规老套。斯皮克·李的《欺骗》出色地聚焦于模式化的最惊人而生动的画面与身体个案，那就是所谓的黑人滑稽说唱团(Black

Face Minstrel)演出。在这样的表演中,黑人往往为白人观众把自己的形象漫画化。这也叫做“黑人表演”(coon show),其中有种族间的互换装扮和化装假扮。黑人或白人表演者会选取美国黑人特征的固定模式并将其夸大变形至荒诞不经,如此这般成规老套便转化成了滑稽漫画。成规老套不过是标准图像,而当所有的特征变得荒诞可笑、夸张离奇的时候就出现了滑稽漫画。《欺骗》探索了种族界限即所谓的黑脸以及黑人和白人特征的成规老套,黑人与白人怀着与之相关的种种矛盾心情如何换位、如何相互影响。

刘 禾 你对该片做了一番细读。你是说滑稽漫画作为一种反图像把成规老套翻转颠倒了过来?

米切尔 对,它是反图像,我也把它看做是对成规老套的丑化。成规老套往往中规中矩,被看做是标准化的图像,因此你可以指靠它。你会说:“哦,她是个女人。”这表明我至少知道一些基本情况;而滑稽漫画则对成规老套中的一切进行了夸张变形,有时甚至会引入新的成分。这就是滑稽漫画时常牵涉到动物的原因。你选取了一个人来观看,突然间他变成了一头猪或一只狐狸或一条蛇,这在漫画中极为常见。艺术家懂得使人荒唐可笑之道在于赋予他一副动物的面孔,同时又要保留对他人脸的记忆,因此人与动物的脸面融为一体。

刘 禾 我们可不可以换一个话题,下面谈谈由你主编的《批评探索》(*Critical Inquiry*)?这个刊物是上世纪70年代创办的吗?

米切尔 创刊于1974年。

刘 禾 贵刊的影响面不仅仅限于美国本土,还延伸到了国外。几十年来,贵刊在理论和批评思想方面始终保持着锐利的锋芒。作为主编,你是如何做到这点的?

米切尔 这要归功于朋友们的帮助。我想,编辑部设在芝加哥大学这样一所国际型大学内至关重要。我们的人来自世界各地,学校又致力于跨学科的理论研究。因此,该校不是那种庞大的工业型大学,在那样的学校里,人们在各自的系里独来独往,从不相互交流。芝加哥大学为《批评探索》这样一份刊物提供了绝佳的环境,因为我有志趣相投的朋友和同事可以在一起谈论历史、社会科学、人类学、哲学、艺术史、音乐学、中东研究和远东研究。这对于一份在国际上受人关注的刊物来说是理想的基石。

刘 禾 你们能够吸引世界上最聪明的大脑为贵刊撰稿,同时又促成了批评思考的新向度。能谈谈你钟爱哪几期吗?

米切尔 这不大好说,因为出了这么多期,我又一直是当事人。我想,专辑“论叙事”(On Narrative)是极其关键的一步,它使叙事问题大大超出了文学领域并与心理学、社会学、政治学、人类学以及诸多媒体发生了关联。早先,我主编过一期“图像语言”(The Language of Images),把艺术史和媒体领域的研究者集中在一起共同思考图像与文本问题。由亨利·路易斯·盖茨(Henry Louis Gates)主编的《“种族”、写作与差异》(“*Race*”, *Writing and Difference*)非常重要,他后来编的一期《身份》(*Identities*)促成了族群研究的新向度。伊丽莎白·埃布尔(Elisabeth Abel)主编的专辑《写作与性差异》(*Writing and Sexual Difference*)令第一代女性主义理论家为人瞩目。这也是在美国众多学刊中,首当其冲开辟女性主义理论和妇女问题的重头专辑。还有许多专辑都值得一提,比如说《阐释的政治学》(*The Politics of Interpretation*)就很重要,它把解释学、历史和政治联系了起来。

刘 禾 我记得有一期专辑叫做《证据问题》(*Questions of Evidence*)。

米切尔 对,那一期是上世纪90年代出的,触发点是各学科普遍遇到的危机。后现代主义或后结构主义有句老话:不存在确定性,也不存在客观性。于是,问题自然就出来了:“那么,我们还干什么?你别指望有什么可靠性。那么,什么算是事实?证据又是什么?我们如何厘定孰真孰假?”因此,我们出了一期“证据问题”就此展开讨论,我们邀请了不同学科的诸多名流,也请来了好几位年轻人。

你问我们何以能保持锋芒,我总是把它归功于我们的双向策略。一方面必须找出早已成名的理论高手为本刊撰稿,我们要尽力吸引他们,这并非易事,因为我们拿不出什么报酬,而他们又不乏在别处发稿的机会。为《批评探索》撰文的唯一回报就是声誉,这也是我们保持高门槛的原因所在。如果刊物明显开始登载二流文章,原有的声誉顷刻之间就会土崩瓦解。该策略的另一方面就是要时刻注意前所未闻的年轻人的作品,他们会带来新鲜理念并引发思想上的革新。比如说,七八年前,我偶然看到一篇由一位名叫莉迪亚·刘(Lydia Liu,即采访者刘禾)的作者写来的稿子,那时我还没听说过你的名字。编辑部成员读了你的文章并进行了讨论,最后认为:“该文相当有分量,堪称佳作。尽管作者是一位素昧平生的青年学者，我们还是要发表此文。”我认为，最要紧的就是在年轻人崭露头角的时候看到他们身上非同寻常的学术潜力。为此，你无法懈怠，必须亲阅每一份稿件，并且对新事物保持开放的心态。因此，我想主编《批评探索》的关键之处就是始终保持开放坦率、不惮意外。一旦你认为什么都知道了，那就完了。

刘　禾　我相信这也是众多研究生对贵刊的印象。不仅仅是我这一代人，好几代研究生都是在阅读贵刊的过程中成长起来的，贵刊已然是一流批评的标尺。霍米·巴巴(Homi Bhabha)的重头文章曾发表在《批评探索》上，对吗？

米切尔　对。我当时还不知道他是谁。实际上，他并不出名，也没出版过专著。我想他或许只发表过一篇文章，可能是在《银幕》(*Screen*)杂志上。他寄给我一篇稿子，当时尚未进入计算机时代。稿子用老式打印机打在薄光纸上。我从信封里抽出稿件，想道：“稿子来自印度某地。这会是什么呢？”我读了起来，心想：“咦，与众不同，可看不懂。”他引了拉康，引了德里达，但也谈1860年德里发生的事。“会有人对此感兴趣吗？”于是，我们对文章展开讨论，产生了意见分歧。有些编辑说：“这或许蛮不错，只不过我们不懂。”我们编辑部有一个原则，那就是如果产生了严重的意见分歧，只要有人认为文章挺棒并且说：“我要这篇，我就要这篇。”那么，即使赞同者只占少数，我们也会采用。我们竭力避免的情况是，大家看了稿子后众口一词地说：“唔，还行。当然，为什么不？尚好。你看，还不错。”那么，我们就不采纳。文章须激发热情，引起争议，这才是我们的愿望。

刘　禾　能谈谈贵刊的其他作者吗？

米切尔　我们发表过爱德华·萨义德(Edward Said)早期的作品……葛雅特里·斯皮瓦克(Gayatri Spivak)很早以前就给我们寄来了她的文章《三个女人的文本与一个帝国主义的批判》(*Three Women's Texts and a Critique of Imperialism*)，在我的记忆中此文总是那么精彩绝妙。她还译过一篇孟加拉短篇小说。亨利·路易斯·盖茨上世纪80年代前后还是耶鲁大学的一名副教授，他读了由伊丽莎白·埃布尔主编的女性主义理论专辑，伊丽莎白当时也是个默默无闻的副教授。随后，盖茨给我来信说：“你没听说过我。我是耶鲁大学的一名副教授。我拜读了你们论性与性别的专辑，你们需要出一期关于种族的专辑，我自愿做你们的客座编辑。”我们很少外聘客座编辑，但盖茨还是来芝加哥与编辑部成员见了面，给大家留下了极其深刻的印象。他给我们寄来了多出我们所需三倍的稿件，我们只好和他一起干，而且砍掉了已经排好的一期。当然了，结果这本专辑成了经典。

刘　禾　的确是经典。我想，全美国英文系、比较文学系还有他系的博士生研讨班都用它做过教材。我在北京清华大学开设的暑期文学理论高级研讨班上还用过。

米切尔　是吗？不管怎么说，情况就是这样。在我看来，为我刊撰稿的那些功成名就的作者如同一种诱饵或门面。当然，我想要他们的佳作，但他们的声名却对其他人尤其是年轻人颇具诱惑力。他们会说："我想在《批评探索》上露露脸，要紧挨着雅克·德里达或海登·怀特或别的特有名的人。"

刘　禾　我认为你们的策略相当奏效。我想，这么多年来你同好几代理论家都打过交道，对理论前景可能有比较准确的把握，或许这也不大好预测。问题是，萨义德去世了，最近德里达又刚过世，肯定有不少人想知道下一步会怎样。

米切尔　我也是其中之一，也想知道下一步。我手中并无一只可以预言未来的水晶球。事实上，要是我能预言，那不会是一个好兆头。理论同其他重要思想传统一样变化莫测，《批评探索》努力遵循的另一项原则就是切莫试图微控未来、切莫做太远的规划。当然，规划是必要的，但一年、两年或三年足矣。我把我们比作远航在大海上的帆船，因此必须注意风向。必须调节风帆，必须确定风向、探明流向，为此还需保持敏锐的观察力，具有批判精神和开放的心态。如果过分确知要走的路，问题会随之而来。即兴创造会受阻，也就无缘惊叹："啊，真没想到！可它就在眼前……"德里达留给我们一份厚礼，就是他所谓的"美好的未来"（l'avenir），他断然告诉你未来无法预知。当然，我们能察觉某些事物的来临，我们能预感并确知它们的来临，但未来的民主呢？它会是什么我们不得而知。会以陌生人的面孔出现抑或是作为某种惊喜降临，也可能有惊无喜，这都说不准。我一直设法给我的同事灌输这样一种态度，那就是莫要计划超前、时刻保持警醒、准备迎接未来。

刘　禾　为着准备迎接未来，你似乎常常旅行。你去过不少地方，同许多国家的人打过交道。这种公开露面对你重要吗？你刚从巴勒斯坦回来，是去参加什么特别的活动吗？

米切尔 去参加为爱德华·萨义德举行的纪念仪式和座谈会。爱德华是我们时代最重要的巴勒斯坦知识分子，是我们编辑部的成员，也是同我相交二十年的挚友。我应邀在纪念仪式上讲话，一来在此表达个人对他的追念，二来好有个学术集会谈谈未来，既然爱德华已经去了。要去巴勒斯坦、去拉姆安拉和比尔宰特大学，这不失为一个良机。此次是二度前往，上一次大约是七年前与爱德华·萨义德同行。那次我们去参加在西岸一所大学里召开的国际会议，议题为"综观巴勒斯坦"。因此，此行又见到了许多故人，也结识了不少前往比尔宰特大学的年轻人，还同以色列人进行了交谈。我在以色列逗留了几日，在耶路撒冷和特拉维夫讲了话。我想和双方的人都谈一谈，我在两地都受到了热烈的欢迎。

刘　禾 此行给你留下了哪些特别的印象？

米切尔 我想，至关重要的一点就是不断增长的对巴勒斯坦人惊人的忍耐力和适应力的敬意。半个世纪以来，他们一直遭受着深重的苦难。我是说，我们应该设身处地地想想生活在军事占领区的滋味。这不单单是殖民压迫。日常生活的方方面面都为占领军所掌控，客气点说，他们是不会体谅人的。人们蒙羞受辱、生活困窘，无法获得医疗服务，无法接受教育，也不能探亲访友。学校大门紧闭，边界封锁，整个国家被数不清的边界划分成了无数个小行政区，不得随意越界。因此，要是住在几英里之外村子里的祖母病了，也无法前去探望。这同生活在隔都极其相似，人们把加沙地带比作华沙隔都。再加上以色列正在巴勒斯坦周边修建安全墙，让这里看上去更似一座大监狱。你会以为人们因此抑郁消沉、无助无望。诚然，有些时候几乎让人感到丧失了一切希望。尽管如此，我看到巴勒斯坦人真是了不起，具有非同寻常的精神。那里有和我一样的学者，有的在教人文科学，也有不同领域的科学家。让人备受鼓舞的是，我看到他们在这样的环境中仍然全身心地投入教育和学术工作。不管怎么说，坐在芝加哥或柏林舒适的办公室里，有一笔不菲的收入，还有可心的居所，这是一类知识分子。另一类知识分子的境况则迥然不同，到处都是路障，学生受到侵扰、无法行动，学校关闭，找不到医生，即将临产的孕妇被卡在安检站不能上医院，如此种种把日常生活搞得乱七八糟。他们在重压下生活，但继续保持着乐观的精神和不屈的毅力。还有一次，我也有相同的感触。那是在1988年，当时我在北京执教数月。那时"文化大革命"还是不久前的事，我遇到的很多知识分子和教授都经历过"文革"。我明白了在被众人取笑和鄙视的情况下，难以为继却偏偏是个知识分子的情况到底意味着什么。不是在阳光灿烂的日子里，而是在周遭风狂雨暴的条件下，你才能识别真正的知识分子。

刘　禾　怎样看美国的学者呢？美国有没有知识分子？

米切尔　有。我总是督促我的同事到处走走，他们应该走出去，不要以为第一世界就是欧洲而现实的疆域仅限于大西洋两岸的民主。我认为，我们时代的重大事件之一就是承认了知识分子和艺术家遍布世界各地，不光是在纽约的帝国中心或大都会地区才有。非洲、印度、亚洲各国皆可谓人才济济。我想，所谓的欧洲中心主义在我们的时代已被彻底摧毁。我们知道欧洲不过是世界的一部分，并非全部。欧洲自有它的地位和重要性，但谈及其他地方时我们尚需多点谦恭。

刘　禾　作为一位美国知识分子，你在巴勒斯坦或第一世界之外的其他地方游历时有何感受？你会意识到自己是美国人吗？

米切尔　有时候会，因为人们对美国人的所思所想抱有成见，就像我们对他们的所思所想也抱有成见一样。如果我感觉到别人有成见，我就希望能有机会让对方知道我代表我个人，我有我自己的未必出自政府的思想和信仰，我同政府的意见也不一致。我希望未来民主之一就是世界各国的人们都能以个人的名义相互认同，从而确立共同的人道。如果人文科学于事无补，我就不知道其功能何在。

刘　禾　局外人往往盯着美国想："呵，那就是全世界的民主楷模。"你对此有何感想？在美国有所谓的"持不同政见者"吗？

米切尔　遗憾的是，如今美国已不再是未来民主的楷模，实际上它还对民主构成了威胁，其部分原因在于它对内以审查和镇压的方式在背叛自己的原则。目前，美国大学里发生了不少事情，包括压制学术自由，惩罚持错误观点的教授，其手段是解聘、不予晋升或者制造麻烦。哥伦比亚大学正在受到美国社会上极右翼势力的讨伐和骚扰，他们的矛头对的是中东教授及阿拉伯文化专家。美国式的民主以为可以依靠军事征服和占领向他国出口民主，这与民主的理念全然相悖。没人能在枪口下进口民主。毛泽东说过：枪杆子里面出政权。或许政权可以进口，但政权和民主不是一码事。我们正在向伊拉克出口政权，可我不认为这是件什么好事。何时，伊拉克人说："我们想让你们马上出去，我们想让你们的公司也出去。"到那个时候，民主就到来了。

刘　禾　很多人都似乎认为美国式的民主已经陷入危机，果真如此的话，理论家可以做些什么呢？

米切尔　有件可行之事就是把民主重新理论化。我认为该到深入思考未来的时候了，包括民主种种可能的未来及各方面的威胁。我们还须想想进步的意义。今年在柏林高等研究院（Wissenschaftskolleg zu Berlin），诸多资深学者反复谈论进步观与世界上遭破坏地区的重建问题，认为经济大转型与社会变迁常常伴随着受苦受难、流离失所及一连串不良后果。理论的使命并非在于针对某一特殊的对象，而是要处理人类的要务，同时必须发问："人类是什么？它要变成什么？要继续生存还是重蹈恐龙的覆辙？"这就是系统、生态学和环境宏观理论如此重要的原因。我们不仅仅要考虑自身利益、民族利益、什么在今后五年或今后五分钟对我们有益，我们还须从全球的角度考虑什么有益于人类，这需要大量的脑力劳动。这并非某位总裁下达给你的一项计划，它需要你去悉心考虑、反复检验、付出相当多的思考。我想，这就是理论的使命。要站在人类的高度、站在世界的高度来思考问题，还要以批判的方式具体问题具体解决，同时不断从过去吸取经验。这就是历史学家之所以重要的原因。曾经发生过的事情是不能忘记的，忘记过去其糟糕程度不亚于你这样想："嗨，未来会好自为之，我顾好眼下的自身利益就行了。"

昨天，我的一位同事杰米·蒙森（Jamie Monson）说起冷战时期中国决定援助坦桑尼亚修筑铁路的旧事，我被深深地吸引住了。诚然，此事牵涉到自身利益，也同意识形态有关，但我相信周恩来的确是中国知识分子中的豪杰。对于中国专家抵达非洲之后的行为处事，周恩来提出了具体原则，明确指出勿要充当殖民者，也不能趾高气扬地前往。他嘱咐专家们务必要自携行李："不要让非洲人给你扛箱子。"这虽是一件小事，却有着深远的意义。我们要切记，恰恰是那些小事会产生极其广泛的影响。

刘　禾　你认为《批评探索》会促使人们去思考诸如全球问题、生态学、伦理问题吗？

米切尔　是的，我们已经在做了。我们已出了不少期来谈论这些话题。我们肯定期待着人们去思考这些问题，跨越民族界限去思考这些大问题。

刘　禾　非常感谢你为我们付出宝贵的时间！

米切尔　不用客气！

后殖民主义、女性主义、民族主义与想象

——佳亚特里·斯皮瓦克访谈录

生安锋　李秀立

佳亚特里·斯皮瓦克(Gayatri C. Spivak),1942年生于印度,是当今世界著名的文学理论家和文化批评家,是西方后殖民理论、女性主义理论的主要代表人物之一。她早年师承保罗·德曼,获得康奈尔大学博士学位,在上世纪70年代曾译介德里达的《论文字学》(*De la grammatologie*)而蜚声美国,后又以深邃犀利的理论驰骋于上世纪80年代以来的英美文化理论界。她著述甚丰,论文散见于当今各主要国际英语人文学科的权威期刊,主要著作有:*In Other Worlds: Essays in Cultural Politics* (1987), *Outside in the Teaching Machine* (1993), *The Spivak Reader* (1996), *A Critique of Postcolonial Reason: Toward a History of the Vanishing Present* (1999), *Death of A Discipline*(2003)等。斯皮瓦克现为美国哥伦比亚大学阿维龙基金会人文学科讲座教授、比较文学与社会中心主任,2006年受聘为清华大学外语系客座教授。2006年3月初,斯皮瓦克应清华大学之邀来北京讲学,清华大学外语系副教授生安锋、李秀立就有关问题采访了斯皮瓦克教授,并整理出这篇访谈录,以飨读者。

一、民族主义、想象与后殖民主义

生安锋　听了您3月7日在清华大学的演讲,很多听众都简单地以为民族就是想象的产物。能否明确地说明一下民族与想象之间的关系到底如何?民族有没有终结的时候呢?

斯皮瓦克　我不能说什么东西将要终结,我们只要不断地去努力。为什么人类持续不断地需要教育一代又一代的人?因为这样一种思想:历史有终结的时候,或者说通过改变国家构成,我们可以使某事物终结,需要建

立起一种理想的国家,但这并不是真的,我不能想象民族有终结的时候。由于人类生活自身落入时间之中的性质,我们学会的语言有一个历史,而我们感觉它就是我们的等等。这是极为基本的事物,我相信,任何出门旅行过的人都明白我的话。但你并不需要旅行,当你正在受到压迫的时候,当那些与我一起工作的人被从他们原来的小地方带走时,就感受到一种舒适,一种“他者状态”。这是被权力代理(powerbrokers)所剥削的,而且不仅仅是权力代理。在民族主义解放运动之内,或许有人感到民族是一个极为美好的事物。我不是说每个谈论民族主义的人都是坏蛋。我只是说,如果你训练你的想象力,它就可以一方面保存对古代文化的那种自豪感(pride),对某种语言的自豪感;另一方面又不至于把它与某种坚固的理性现实混为一谈(依据后者人们就可以控制其他的民族)。我不认为民族必然是想象力的产物。我不认为民族主义是想象出来的东西,尤其是因为我也不认为想象力是某种根本不存在的事物的通用语,不是这样的。我试图展示的是民族主义的民族基础,我知道很多有关为什么我的国家之所以伟大的理性基础:古老的文化、悠久的历史、古代诗歌、古代的这个,古代的那个。在我长大的地方,也有着同样情形的阿拉伯民族主义。我试图想说的是:这种重新记忆(rememoration),就好像所有人真的在分享同一种真正的记忆一样,而实际上却是建基于一些极为脆弱的事物上的,这才是我真正要强调的。而这种事物,你也不能简单地断言它不是真的,因此就是想象出来的,我不会这样说。我认为,民族主义要比这强大得多,无法仅仅用一句“想象出来的”就打发了事。目前我们正从欧盟的例子中学到很多东西,它对宪法的拒绝和随之而来的反美运动确实来自一种欧洲帝国的经验。我们也正在学习后民族主义(post-nationalism)的重重困难,因此,在某种程度上,我发出如下请求:学着通过想象来认识它,而非仅仅轻易地指出:咳,它不是真的,它是想象出来的。因为对我而言,想象力也没有被指出来,它也不是真实的对立面。民族主义似乎通过其语言的丰富性也会影响到想象力,我不同意安德森(Benedict Anderson)等学者关于民族主义、社群总是想象出来的观点。不是的,我也不认为民族或者民族主义将会终结。我想它们会得到置换(displaced),而想象力将会有助于促成一种天真无害的置换而非严重的侵犯。

生安锋 您认为在民族主义和世界主义、民族主义和全球化之间是否存在一种二元对立呢?是否有一种民族主义在威胁全球化和文化多样性呢？以中国为例，有着关于在中国语境下后殖民主义变体——也就是一种民族主义——的讨论。有人说民族主义是一种反霸权的策略，有人说中国的崛起是和平的，中国不会对世界构成威胁和伤害，因此这又是好的民族主义了，它与全球化和全球主义是和谐一致的。您认为这是可能的吗？

斯皮瓦克 如果这是可能的，那我就从你那里学到了新东西。我不能说这是不可能的，我总是为不可逆料的事情感到惊奇，这是我们学习的唯一方式。它当然是可能的，任何事情都是可能的。如果你学习文学，文学给你惊奇这种特征就是一种实际上流入大千世界的事物。作家们从世界各地赶来，问我如何写作，应该写些什么。我就告诉他们事实真相：瞧，我等着感受文学作品的惊奇，使我能够看到一些新奇的事物。因此我确实相信你可以向我展示一些我不知道的事物，然后我希望我不是太老了，以至于无法把它描述出来。但照我目前的经验，我首先要交代我那次演讲的语境。我当时是作为一个印度人，听众是两帮人，来自英联邦不同的国家，都经历过不同的民族解放运动，其中的民族主义总是被认为是好的，因为是它使人们摆脱了压迫，带来了自由。然而，当需要施行自由的时刻来临时，它们又都显得没有准备就绪。里面有某种程度的——不是战争，而是某种竞争性(competetiveness)，这意味着富人和穷人之间差距的加大。这就是我演讲的真正基础。

至于霍米·巴巴关于民族和叙述的观念，那是更久以前的事儿了。该书是在一个与现在不同的情境下完成的，我是说编辑起来的。我认为民族主义的问题之一，就是自从种种巨大的变化（既包括政治上的，也包括经济上的）发生以来，它在当前的历史这一问题。那本书出自基于南亚的后殖民研究，但现在的情形已经不一样了。我的意思是说它同样是从人类学的绝妙视角来谈论东亚地区，那种特定的历史情境与现在已经大为不同了。因此我们应该把这一点也考虑进去。

以色列和巴勒斯坦就是一个很好的例子，在霍米·巴巴的书中我就是这样说的。疆域帝国主义(territorial imperialisms)的时代已经过去了，在某种意义上，实际上它已经在今天变得很不方便了。它不行了，除非是在一种极为特殊的情况下，像在巴勒斯坦和以色列地区。我还记得在与赛义德的一次对话中指出：我们必须要牢记，民族主义在其自身之中就要结束。无论它作为一种工具能够干些什么，它也会害人。最终是其反面将我们规定为这样的，而非这就是我们本来的样子。对我而言，在有些情形如国家恐怖或者此类不合法暴力事件中,民族主义是一种强有力的工具,但无论如何,民族主义在所有的情境下都应该被看做是可以变成毒药的药物。约瑟夫·玛萨德在此一领域的著作十分有趣,他自身就是一个约旦人,祖籍巴勒斯坦。他写了一本如何不诉诸民族主义——即使是在战争和暴力等情形中——的非常认真的著作。

生安锋　您在谈美国语境下区域研究和比较文学的发展过程中提到的“渗透”(infiltration),也像混杂化那样是一种后殖民主义的策略吗?

斯皮瓦克　不是,我认为后殖民主义与比较文学是两码事儿。我认为后殖民主义更是关于宣称你自己的母语的,比较文学则是远为纯洁的研究,它不但宣称你自己,而且还要研究“他者”。后殖民主义的问题是,所有这些上层移民都说:瞧,我是“他者”,我是“杂种”。或者,他们认同于所谓的下层移民;而下层移民呢,如果那些上层移民要跟下层移民谈话,下层移民却未必对前者感兴趣,因为他们来的目的是要寻求正义和资本主义。他们对被看做是“他者”不感兴趣,这就是后殖民主义的问题所在。这里有着很深的阶级分层。上层阶级的都市流散者们说起话来,就好像他们可以代表所有的流散者社群一样。其实在下层阶级中,还有副文化(subcultural spaces)空间。

当我在1981年写那些文章时,我不知道我是在做什么后殖民的东西。对我们而言,“后殖民”是一个负面词汇,一个反讽性的词汇,因为我们感到在独立后,去殖民化由于这些国家的贪婪在20世纪中期被解放出来而失败了。像阿尔及利亚、印度等地。是的,我们需要独立,但他们却对自由一无所知。因此我们是在负面的意义上使用“后殖民”一词的,作为一种玩笑话,一种反讽性话语。在我写作那些东西的时候,根本就没有意识到我是参与了一场所谓的后殖民运动,爱德华·赛义德和我有着很大的不同。赛义德是属于上层阶级的,与民族解放运动有关联。我是属于中产阶级的,亲眼看到民族解放运动的失败,因此我们在这方面没有多少关联。赛义德整体上比我有力得多,因此人们对其东方主义批判积极响应,我从未谈过这方面的事儿。对我而言,比较文学不是关于混杂性的。比较文学是对其他语言和文学的学习研究,目的是消抹自身,尽可能地进入另一种语言和文学的精神中去。这不是关于我的身份的问题。所以从这一角度来说,它就像翻译一样,你消抹掉你自己以使人们以为读到的就是原文,当然,即使这样也是不可能的。在比较文学旧学科和后殖民主义这一新事物之间没有关联。在过去的几天里我也曾说过，美国总统约翰逊在1965年签发了两个完全对立的法案。一个有关对付非洲裔美国人和要求平等权利的妇女的；另一个是对“外国人登记法”的修订。约翰逊提高了亚洲移民的配额，还对他们的资历、财产等提出种种规定，复杂得很。各位可以上网查一查，就会知道美国主流对其原先文化布局的改变是多么的不友好。你们也应该看看对外国移民法案修改、对登记法的反应以及约翰逊实际上带来了哪些危险。

很多人感到失望，恰恰是在后殖民的印度，他们失望于在印度独立后所发生的事情。因此他们来到美国，属于上层移民，是职业从业者。他们英语说得很好，因为他们不久前是受英国统治的。这就是为什么一开始后殖民完全是关于南亚的原因了。因此如果你带着一点点历史感去看后殖民的东西的话，就会发现，它看上去与那些离乡背井的穷人有着天壤之别，因此搞后殖民的那些人中产生了混杂性。我们真正应该看到的是：恰恰是这些后殖民理论家或者后殖民主义的信奉者，当他们返乡与他们的孩子们回国探望时，你已经听不到原来的声音了。这就是为什么我强烈质疑它的原因。他们都要去美国就好像那里是世界的中心一样。不，没门儿。所以从这一角度来说，后殖民与比较文学没多大关系。

生安锋 您的讲座使得我们重新思考民族主义。但在民族之内，无论在印度还是在中国，就族裔、性别等而言我们都有着很多不同的群体，您认为为了获得民族主义，这些不同的群体都要服从于一种声音或者一种意识形态吗？

斯皮瓦克 我想我无法给你一种答案，这里只是提供一个经验性的答案。我不认为我们应该为了一个民族只发出一种声音，不。但至于如何对待异质性的问题，这仍旧是一个令人困惑的问题。你知道，我这次是从印度尼西亚来，我前些日子在加尔各答等地。那里很多人都为这样一个事实而感到困惑：当前在穆斯林社群内部出现了很强大的性别歧视，据称是为了要对抗美国。妇女们被告知：瞧，不要对外声张这些事情，因为你们要顾全大局，我们首先要对付的是压迫我们的外族。他们问我对此的看法，我说：首先，当整个群体受到外来压迫时，他们无法有力地对外发言或者采取行动反对外来压迫，因为他们会受到惩罚。因此世界上最古老的机制——再生产规范性(reproductive normativity)，就破门而入，开始被使用。老板在单位整你，你回家整老婆。因此在某种意义上，这是一件很不容易处理的事情，集体总是十分脆弱的。但有一件事是可以做的，要十分谨慎地从中寻找那些不太极端的人，在他们中，选出一些沉着冷静、富有经验、讲究策略而不易发火的人出来。然后制订周密详细的计划，主要目的是要携起手来，共同反对那些你要反对的东西（如美国），而非践踏自己的妇女。这只是来自长时间对付此类问题的实际经验，这也不是可以履行的固定模式。因此我想说，就所谓民族空间之内的异质性管理而言，我们现在真的需要慎重思考，尤其是当一个人对一大群人讲话时，我们应当更加讲究策略、就事论事地针对不同情形而采取适当的行动。因为如果我们像实行某种政策那样来处理这样的事情，那么政策很快就会向那些有权势的阶层倾斜，已有很多这样的例子。

因此我很怀疑有权阶层认可异质性的政策。最后一件事情，在1947年、1949年的印度宪法中，部落民族，那些在我的祖先数千年之前到那里时就繁衍生息在那里的原住民，印度可怕可恶的宗教体系中的最低层的那些底层贱民，宪法实际上已经建立起认可他们、改善他们命运的程序了，但他们仍旧被称作计划中的被遗弃者或者这样的部落。如果我现在告诉你这是如何被误用的，你就会明白我对这类政策的感受从何而来了。那些从上而下的政策，那些认可异质性的政策，需要被逐例逐个地运用策略和技巧，来加以密切地、小心地监视。

生安锋　在人类社会与自然之间的关系上，各国比较文学研究的基点是一样的吗？在此意义上有无比较文学的兴起的可能性？

斯皮瓦克　我们先不要过于笼统了。自然与人类之间的关系绝对是不一样的，它依据不同的情形而定。自然以各种不同的方式被毁坏，而地球是无法修复的，但不同地域之间的程度是不一样的。各地的法律制度也有所不同，忽视历史政策和地理因素是不合理的。各地有着不同的法律，也有着不同的实施状况，要说相同就是再次忽视了历史政策和地理因素，但这不是真正的比较文学。从另一方面来说，一个美国孩子的消费量是一个孟加拉孩子的226倍，因此说平等简直就像是个外星人一样。我确实作过很多努力，我们也需要首先学好语言，看看他们是如何把自己传统的文化方式看成是好的，而非客观地看成是有好的有坏的……你可以看出，这与比较文学其实也是相关的。我不是在谈论从政治上搞比较文学以便你能够领导人民进行某种斗争，根本就不是这样的，我对那个不感兴趣。我从60年代就看清了这一点，我的教学生涯开始于1965年，那时的教育一塌糊涂,因为所有的人都在课堂上搞活动主义(activism)。我是个古板的人,而我就是这么看的。

在某种意义上,我所说的有关比较文学的东西可以转换到生态学方面,因为它们都是人们想获得的事情。小规模、对语言的熟谙,以达到对传统上对土地和人的丰富理解,而且还不仅如此。这就是我向你提出人与自然的关系的原因。此外,在传统文化中妇女作了很多很多的工作,如果你想思考自然等问题,就要牢记这一点,它在世界各地的发生方式是不一样的。你必须要有耐心,在学科内进行比较文学研究工作需要极大的耐心,最后才能有所成就,而非以后殖民的方式无休无止地从混杂性来谈论自己的身份。比较文学不是混杂性,它的比较精神是很不相同的东西,比较文学这一学科也比混杂性要古老得多。

李秀立 有人说,在自然科学中,科学是无国界的。民族主义、国际主义和全球化是如何产生关联的?

斯皮瓦克 是的,但是资本也是无国界的。资本没有国家,这是众所周知的,尤其是今天随着战争的蔓延,资本的流动几乎是随心所欲的,什么硅谷、生物芯片之类的东西,因为贸易中过度生产的危机,你拥有的是金融资本,它比世界贸易流通的速度要快五十倍。在某种程度上我们不得不说,资本、资本主义观念的自决(self-determination)与自然科学确实有着某种关联。无论自然科学有无国界,这都是一个极为有趣的话题,从20世纪中期以来就有人在探讨。国际主义也是我过去谈论过的话题,但国际主义不是轻易可以获得的,因为这里有些东西既不是理性的也不是非理性的。文学就是属于这一领域的事物。文学与自然科学之间的距离远不可及,甚至比视觉艺术更远,文学是用一种具体的语言书写的。说说国际主义是可能的,但实际上很难达到一种真正的国际主义,除非是通过资本,因此资本是一种很强的国际性力量。如果我们必须要对抗它,我们不能只是说:我们要成为国际主义的社会主义者或诸如此类的话语。我们真正要做的,是要足够强大,知道不能达到国际主义的危险性在哪里,这就是为什么人文教育是必需的原因。一种是很容易国际化的东西,一种无论如何讲都不是国际化的东西,今天的虚拟资本(virtual capital),就不是国际化,全球化也不是国际化。我们不得不考虑的一个事实是:即使全球化是好的(很抱歉,对此我很怀疑。我老了),就像它所装扮的那样(实际上它就像过去对国际主义社会主义的梦想一样,以为每个人都可以从全球化中受益),我们这些还要活得更久些的人,都发现这种情境是非常令人不安的。但假设这种全球化会存在于这个世界上,换言之,每个人都拥有同等的权利:法律权利、政治权利、人权、经济权利,一切都是平等的,每个人都一样,那就不存在世界了。因此,即使是好的全球化也变成了药物。抱歉得很,好的全球化是那些不可能实现的事物之一,我们必须考虑到这一点。但即使确实有好的全球化,可能发生的情境是:药物会变成毒药。为了阻止这样的整体化,我们必须要保护语言多样性,我说的不是文化的多样性。文化多样性或许会与语言多样性一起来,也或许不会,自然科学和资本是没有国家的。今天,工厂的厂房被全球化赋予了权力,成为一种新式的资本。这种无国家状态(countrylessness)不应该拿民族主义来对抗。一方面是无国家状态,另一方面,国家计算的是经济增长率。但在我看来,我们最好是警告我们自己:说说"国际主义"是多么容易,而获取国际主义又是多么艰难。就是在这里,我想引入比较文学精神的有用性。

生安锋 这些年您在国际学术界的声望越来越高,您是如何看待自己的学术地位的?我们有些研究生都在或准备做关于"斯皮瓦克研究"的学位论文,我们也都期待着不断地听到您最新的声音,能谈一谈您最新的著作或者最近的研究计划吗?

斯皮瓦克 我现在急切地想完成的一本书,叫做《其他的亚洲人》(*Other Asians*)。这也是我们为什么要在车上作访谈的原因。有的东西老是推迟,可是随着时间的推延,我的思想、观点又往往会有新的变化,故又不断作出补充和修正。例如,在我快完成的时候,我去了一趟印度尼西亚,在那里,我听说当时人们在做的一些努力——即创建一种有关英语—亚洲文化的研究,一种政治上的联合计划。于是我又意识到:我要写得小心一些。通常我写作时不做太多的思考,我只写我要写的东西。此后,又有人给了我一本比特豪·罗特格德写的《绝对后殖民》。这个人并没有弄懂我写的东西,但是,他写了一本非常受欢迎的书来批评我。于是,我不得不又一次作了修改。我不喜欢和别人打笔仗,我也不去回击别人。我只是以某种方式稍微做些修正,这样人们就知道是他错了。这就是我现在做的项目——《其他的亚洲人》。其中有一篇是关于孟加拉的,一篇是关于巴基斯坦的,甚至还有一篇是关于香港的,有一篇是关于美籍印度人的;最后,很有趣的是,有一篇还是亚洲西北角亚美尼亚的。所以说,这些都不是中心地带。这与有人所自称的"我是亚洲人"是属于非常不同的情形。

生安锋 他们才是真正的边缘亚洲人呢。

斯皮瓦克 没错。事情的经过究竟如何呢？就像我的很多项目一样，这也是一个奇怪的项目，甚至比我以前写的东西还要奇怪。我的另一本书是和哈佛出版社签约的，已经四年了，因为我还没完成《其他的亚洲人》，编辑已经变得很不耐烦了，所以我一定要尽快完成它。在某种意义上，我新书中的一些观点已经包含在我的讲演和论文里了。在将来某个时候，我还要写一本关于德里达的书，也是签了约的。在过去的二十五年里，我一直在考虑写一本研究社会主义伦理学的书。这有没有可能呢？我真的不知道。它一直在我脑海里，而且随着我的变化而不断变化。这就是我的一些计划和项目。

二、影响、翻译、贱民、身份

生安锋 我们都知道，在您的学术生涯中，曾深受过一些著名思想家的影响，如马克思、福柯、德里达、德曼、海德格尔、葛兰西和赛义德等，所以能否请您谈谈您的理论来源？谁是对您的学术成长最有影响力的人物？

斯皮瓦克 我不认为赛义德对我有多少影响，我们是好朋友。我比霍米·巴巴大许多，赛义德又比我大许多。我觉得我们都受到过同样的影响，这就是为什么我们之间很相似的原因。从智性上讲，马克思和德里达对我有过很大的影响。但有些经历也给了我很多的教益，如教育那些从来就没有念过书的人。这也是一种影响，一种特殊的影响……当有人对全世界进行笼统的概括时，我就知道他们错了，不是因为我读过什么书，而是因为我曾经与那些学术圈外边的人走得很近很近。赛义德出版了《东方主义》(*Orientalism*)后，"东方主义"轰动一时。我认为，赛义德的著作从很多十分重要的方面改变了文学研究这一学科。但我自身却是太老了，没法完全受惠于这本书。赛义德和我初次见面在 1974 年，是在《东方主义》出版之前。我们是好朋友，而且最终我们都在一所大学教书。我开始不知道那本书会蜚声全世界，但在某种程度上，我很喜欢读那本书，并确实受到感动，很像《报道伊斯兰》(*Covering Islam*)和《巴勒斯坦问题》(*The Question of Palestine*)，后两本书我尤其觉得令人感动。我读《东方主义》时已经很晚了，因此我想赛义德和我是受到相似的事物的影响吧。你会发现，尽管赛义德的政治是密切关注中东的，但在分析中，他的实际材料却有很多是来自大英帝国，从中可以看出我们之间的共同之处。而且，赛义德和我经常探讨民族主义的问题，他在很多场合多次公开说过，一旦巴勒斯坦国建立，他将是其最严厉的批评者，因为他知道，民族解放的民族主义是走不远的。没错，那本书的影响力之大是不可思议的，它确实为本学科创造出了某种新角度，它对我的影响不是直接的，我们更像是朋友。在某种程度上，他关于民族主义的观点与我其实是没有很大差别的。

赛义德和我之间的区别，我想这类问题其实应该由别人来回答，但就两种表述(representation)而言，这其实是我对《路易·波拿巴的雾月十八日》讨论的一部分，马克思有很多很多文本，但这一篇尤其感人。在《路易·波拿巴的雾月十八日》中，作者用了三个字来表达"表述"一词。我曾经指出，当德勒兹和福柯用法语讨论表述时，他们并没有意识到马克思其实用了三个不同的词。一个意为议会中的代表(parliamentary representation)。记得他谈过路易·拿破仑不但要代表那些被从封建主义移位到资本主义的农民，而且还要代表所有的无产者吗？因此在这里他是在说一种议会中的代表，它更像是一种代理。他也谈过另一种表述，比较类似于一种拷贝，就像画像那样。你对某事物进行表述：瞧，这就是其事实。我也说过，马克思偶尔使用罗马语或者拉丁语中的"表述"一词，指的是完全不同的东西(不是二元对立的，必须视语境而定)。我并不是说在我的作品中 representation 指的是三个不同的东西。实际上我使用该词的时候并不是很多。我是在评论德勒兹和福柯对如下事实的忽视：当他们讨论工人阶级时，可能同时存在着三种对表述的理解。实际上他们谈论的是法国的毛主义，在他们的对话中，他们使用的表述只是在这一意义上的。

生安锋　在那篇纪念爱德华·赛义德的文章《想起赛义德》中，您将翻译定义为"最亲密的阅读行为"。您自己就是一个优秀的翻译家，因为翻译德里达的《论文字学》而蜚声世界。有时候您似乎对很多人的翻译都不太满意，甚至对赛义德翻译的德里达也不无微词。在您看来，请问什么是好的翻译？如何理解翻译的文化意义和功能？

斯皮瓦克　我认为翻译是一把双刃剑，因为翻译，人们就不鼓励对原来语言的学习了。我想，如果有人学习翻译，就确实应该真正学好语言。因此我想在我的中心(Center for Comparative Literature and Society Columbia University)开办一个翻译工作室，在那里，翻译是一种活动而非对外国文学在自己语言里的被动消费。我希望翻译不要被任何人阅读，只是把翻译做完而已。翻译的行为是绝妙的,但当有人以为翻译的文本就是原来的文本时,问题就很严重了。因此说,我的答案是暧昧模糊的。

李秀立 我们都翻译过您的文章,也都遇到过不少的困惑,譬如对“贱民”这个词的翻译。“贱民”一词似乎贯穿了您的写作生涯——从您80年代发表的论文《贱民能说话吗?》,到这次在北京语言大学的演讲《对‘贱民能说话吗’之批评的回应:回顾与展望》。但是,今天这个词的所指似乎有了一些变化,过去您的“贱民”范畴似乎都是指地位很低贱的殖民地妇女,而今天所提到的布巴里斯瓦丽却是中产阶级出身的。并且,“贱民”这个词也使汉语译者们很困惑。有的译者把它译作“属下”,有的则把它译作“贱民”,前者令我们想到的是军队或工作单位的上下级关系;而后者使我们想到的是贫穷低贱的、没有文化的人群。这两种翻译似乎都不那么令人满意;我们曾想到把这个词翻译成“属民”或“草民”,意指“从属”或“依靠”的意思,但是也不很妥当。也许,我们不能从中文中找到一个与其完全等同的词汇,您能从这个词的根源和它在政治学、社会学的含义上详细地解释一下吗?

斯皮瓦克 这是一个很好的问题,但是,怎么能说“贱民”这个词的意思有很大变化呢?你是从哪里知道我对这个概念的使用有很大的改变呢?

李秀立 吉尔伯特在《后殖民理论:语境、实践、政治》一书中曾明确指出:“斯皮瓦克著作中关于贱民地位在认识论上从根本上有矛盾。”该书提到在您的《三个女性文本和一种帝国主义批评》一文中,把像伯莎·梅森这样的隐喻上的“怪物”解读为殖民化贱民,把《弗兰肯斯坦》中有关属下的隐喻人物当做“绝对的他者”;而在《教学机器之外》一书中又引用了德里达的话“完全他者……据称……并不存在”。

斯皮瓦克 在我写《三个女性文本和一种帝国主义批评》一文时,还没有提出“贱民”这个概念;我也不知道吉尔伯特是谁。但是,我在这里首先向你们澄清的是,我的“贱民”概念没有什么变化,那是有人误解了它。我还要告诉你们:subaltern这个词在英文中也不是一个容易的词。事实上,它在字面上指军队中的等级,所以你们的第一种译法(似乎没有强调军队中的长官,而是一般的邻近的上下级的关系)是不对的。subaltern这个词的出处来自于葛兰西。葛兰西一生中的大部分时间都是在监狱中度过的,当他在监狱中的时候,他的信件都要受到审查。这样,一些激进的信件就不会落到这个共产主义者的手中。当时,葛兰西正在研究他自己的国家。

那时的意大利南部远不如其北部发达，葛兰西本人不是贱民阶层，他是撒丁岛人。因此，他认为如果你没有一种有利的属性，你就不能解放他们，或者至少不能对他们进行分析——你需要更多地去了解他们。于是，葛兰西开始从用 subaltern 这个词指那些在资本主义社会注视不到的最底层的人民。当那些南亚历史学家们在 1983 年写 *Subaltern Study* 中使用这个词时，他们的观点是，在印度致力于民族解放研究的历史学家们——无论是马克思主义的历史学家、民族主义的历史学家，还是帝国主义的历史学家，都忽视了农民起义和副基层(subbase)，是那些历史学家的规则神化了那些农民和部落的贱民。所以，从这里——即我在 1984 年见到他们的时候，我所理解的 subaltern 的意思是指一个人或者一个群体，他们没有和社会流动的相联系的路径，他们不能移动，没有路径(no access)，因为所有的线路都飘忽在他们的空间之外。因此，我对 subaltern 这个词有一个非常严格的定义，我不是用它来指所有的从属的、穷人、受压迫者、受剥削者或被统治者，因为即使你是被剥削、被压迫的人，你还是有途径来进行斗争的，而对于真正的 subaltern 而言，是没有途径斗争的，这就是 subaltern 的真正意义。但是，这个词的意义在我的思想里曾有一个变化，即在这样的发展过程中，随着剥削的加剧，世界上生活在农村的 subalterns 正在以一种特殊的形式受到剥削——在这样一种知识中，即部落或村民固有的知识，他们不懂得什么是帕提尼(partini，一种由部落的 DNA 引起的疾病)。他们不懂得这些疾病，而我们懂得。于是，诸如这样的事情，对于第一世界来说，就谈不上什么根除、彻底消灭这类 subalterns 所表现出的疾病。所以，今日 subaltern 不仅仅是没有社会运动的线路的通道，而是根本没有移动性；并且，对于城镇而言，他们还很陌生，根本没有移动的路径。我想，我这样谈这个问题，对你们可能会有所帮助。

李秀立 当然。您在《对‘贱民能说话吗’之批评的回应》这篇演讲中还提到，作为到孟加拉边远地区去教学的一名教师，您的工作就是要重新安排贱民的欲望，这样，就会“给贱民性带来危机”——这句话如何理解？

斯皮瓦克 每个人都有各种各样的欲望和愿望，而重新安排贱民的欲望(remapping the desire the subaltern)就是要建立一种公共的空间，以干涉贱民的道德感，这样，一旦贱民的愿望改变了，属下性也就遭到危机了。比如，一个人如果称自己是属于“贱民”，那么，他/她就再也不可能真正是贱民了。

李秀立 您的“贱民”概念类似于“流散者”吗?

斯皮瓦克 不。我在文中所谈论的“贱民”与“流散者”没什么关系。她(贱民)是反抗英国的,而非跑到国外去成为一个流散者。这是两码事儿。我根本就不是在谈论其余所有人都在谈的那个贱民,我是在谈论一个特定的例子,一个十七岁的女孩,谣传她非法地未婚先孕了,她等到来月经时就上吊自杀了。我因此指出:这其实是对殖民主义的控诉和批评,是对妇女自身的批评。这也是对在缺少恰当的结构时,在谈论自身的时候,妇女们不在乎其他妇女对这一事实的批判。但当没有认知结构时,我的主张是:建立起某种结构以便当这位孤独的少女在实施某种抵制和反抗时,人们能够识别出来。这与流散者毫不相干。你想想美国,那些流散者并不是贱民,除非他们是完全没有被记录在档的/非登记的(undocumented)。即使他们是完全没有被记录的——如非法移民,没有文件证明他们的合法性——这些人也不是真正意义上的贱民。贱民没有可以在社会上流动的路径。但如果他们来到美国——就移民方面而言我熟悉的地方,但这在欧洲各个大国也是真的,有大量所谓的非法移民,我们喜欢称之为非登记的流散者(undocumented diasporas)。他们是非常有用的,因为他们可以被付给很少的报酬。他们十分害怕警察,因此他们只好将就微薄的薪酬,尤其是在加利福尼亚。所以这里面是隐藏着某种恶意的。我认为,当那些上层流散者谈论文化翻译和混杂性之类东西时,他们描述的其实并不真是他们的状况,因为这些人并不属于少数族。他们对于大群体来说是非常有用的。如果你想想墨西哥人,你会想到众多的人口,但实际上,其上层富人阶层是十分强大的。再比如纽约市,它是个双语城市,所有的通知都是英语和西班牙语的。所以如果你想拥有整个社群,以便你更加强大,那你就不是少数族了。但另一方面,如果你看看那些在底层真正遭难受罪的人们的话,你会发现,从他们社会流动的途径来看,他们是极为不同的。因此我们不要这种公式。在南亚,人们经常听到这样的口号,说他们都是南亚妇女,大谈建立全世界的女性主义联合阵营,这时你就会发现,她们根本不知道自己在谈些什么。

我们再次回到比较文学,实际上,比较文学使你做的,就是深度的语言学习。这会有助于理解为何会有这个波及世界的拯救世界的趋势。上层流散者没有能力(inability)也没有意识(sense)去关注真正的底层或者贱民。现在让我们看看摩萨维亚——国际劳工组织(ILO)的主任。就在几个月前的达沃斯世界经济论坛上,作了很多很多的访谈,所有人都喜欢访谈。可是那些访谈到底如何呢?那些记者最多也不过准备一星期的时间。要记住他们成天都在作访谈,或许只有一天的准备。这是显而易见的,但他们得假装知识非常渊博。因此最基本的问题是什么呢?欧洲移民的问题,阿拉伯欧洲人的问题。每个人说的都是通常说的同样的事情,但内里隐藏的内容却不同一。但无论如何,摩萨维亚受到采访,她说:是的,我们现在应该容忍流散者。但那些上层的流散者绝对不是贱民,他们不但说话,而且还会写作呢。你能说贱民在说话吗?流散者在很多方面的发声是十分强有力的。摩萨维亚对访谈者变得非常不耐烦了,就对后者说:"想点儿别的事情吧!设想去改变一下经济中心的性质。"记住马克思的《资本论》I 和 III 的副标题是"政治经济学批判"。因此摩萨维亚指出:"改变经济中的政治会怎样呢?这样你就不是一切为了国际资本的益处。照顾一下地方资本吧!每人愿意这样做,因为达沃斯对所有这些国际性的事物都有着计划。你眷顾一下地方资本以免人们如此急于离开,这肯定是真正的变化。"就像摩萨维亚所说的,对非洲而言,解决基本的吃饭饮水问题是最重要的,这也是你要做的,而不是给予各种他们一些不需要的援助。在南部,在非洲,更有意义的是改变经济政治。所有那些访谈,要忍耐,可怜的流散者,模拟,所有这一切都一遍又一遍地被展示。因此在某种程度上,上层流散者都是职业人士,工资待遇相对而言是很好的。这些人拼命地在资本主义制度下为孩子、为自己去寻找正义,他们对真正为他们自己的文化奋起疾呼一点也没有兴趣。查理·柔斯是公众广播系统的一位著名访谈者,有一次托尼·莫里森接受了他的采访。莫里森在访谈中指出:没有哪个流散者来到美国是为了认同黑人的,没有的事。这百分之百的正确,因此有这样一种想法:人们来到这里成为美国人,让自己的孩子成为体面的美国人,在家里有个次文化基础,因为没人关注他们。这与自封的流放根本就不是一回事儿。你来去自由,说走就走,怎么能说是流放呢?真是滑稽透顶。因此这种自封的"流放"和贱民的情形不是一回事儿。我不是在说代言的问题,我是在谈认同上的龌龊想法,他们被建构成投票团体。所以,对这类观念,你知道代表们谈论这类的流散者、大杂烩(hotchpotchy)等等,这样投票团体就被创造出来了。民主是挂在心上,民主不是波多黎各人投票给波多黎各人,印度人投票给印度人,妇女投票给女性主义者,没影的事儿。这就是关于上层流散者和未登记者的真相。

三、学科的死亡、女性主义与政治活动主义

生安锋　您于2007年3月9日上午在清华大学外语系举行的座谈题目为“传统比较文学学科的死亡与新的比较文学的诞生”。您认为所谓的“新比较文学”在方法论上的特点是什么呢？是否主要是在政治方面，是跨文化、跨语言的比较文学，是政治与文学的结合？其方法特点是否就是跨学科的？比较文学在研究对象和方法上既要不断扩展以强调其开放的视野，又要保持这门学科的独立性与合法性，您怎样看待这种张力？现在比较文学学界有这样的观点，即认为比较文学必然走向“比较诗学”或“比较哲学”，您是怎么看的？

斯皮瓦克　我想情形确实是这样，仅仅局限于文学是不可能的了，也不再是理想的了。我认为大家放开手去做也是不错的。一方面，我们得考虑个人的情况，我的意思是我们不可能要求每个人都涉猎广泛。因此我不想在方法论上设置过多的限制，我是说不应该只有欧洲语言，正像你去过美国，可是你却从未去过印度尼西亚，对不对？世界就是这个样子，每个人都要去白人大国，而对其周围的一切却不太在意。我的意思是比较文学应该将亚洲语言包括进去。你读过我的作品，但你甚至都不知道我的母语是什么，虽然世界上有1.42亿人在说这种语言，它也有着一千多年的历史。这就是问题的所在。因此我感到比较文学以及一切事物，而不仅仅是文学，都应该扩展到其他国家去。我见过一个来自中国台湾的印尼人，他做的是亚洲之内的文化研究，全是用英语。我想他确实付出了很多的努力，但我不认为所有的研究都该用英语进行。有那么多种语言，为什么单用英语？除非你的研究只是政治性的，要建起地缘政治的亚洲堡垒，那就是另一回事儿，而不是文化研究了。

我那本书的题目是《学科的死亡》，但我们不能只是看着题目就望文生义。你听说过挽歌吧？为死去的天才写的诗歌，他们生前没有机会、没法闪光，沉默而伟大的像密尔顿一样出色的人物，但因为生在偏远的农村，没有机会……因此这是一种普遍的挽歌。如果你有一种对什么是挽歌有着文学上的感觉，你就不会感到困惑了，该书的题目就像是一首挽歌。在哀悼的挽歌的结尾处，对于你悼念的人物，你这样说：他或者她仍然活着。这就是挽歌的形式。你要知道，挽歌实际上是在结束时声称生命的复苏，死

者没有死。我的回答是不是太零乱了？

生安锋　还算清楚吧。当我们参加在深圳举行的中国比较文学协会2005年大会时，有一个大会发言的印度学者就大声疾呼：让我们不要再比较什么东西方文学，让我们在东方之内进行比较吧，比如说，比较印度文学和中国文学。

斯皮瓦克　我刚才说的不就是这个意思吗。很长时间以来，我就一直认为比较文学不应该只是欧洲的。在我70年代的著述中，我曾经提起我被邀成为国际比较文学协会(ICLA)的执行委员会委员，我那时非常年轻，拥有这样的职位是很了不起的一件事。我想我那时非常傻，我建议国际比较文学协会出版有关整个世界文学的书，因为它是国际性的。那时他们正在做一套有关欧洲的书，有关欧洲文艺复兴、欧洲中世纪，因此我就想到：为什么不提议写一套有关全世界的书呢？我那时是为印度和南亚周边地区代言的。我能够找人，我也乐意为国际"比协"工作。但当你试图对其教学结构作出改变时，你就会遇到各种各样的阻挠。一个法国的家伙，皮笑肉不笑地对我说："这个么，已经有几本很不错的关于中国的书了。"这就是他说的话，就好像没有关于欧洲文艺复兴的好书一样，这就是为什么我感到十分不安的原因。因此说，当我那时提议国际"比协"要国际化时，我不仅没有受到鼓励，而是被那个老教授侮辱了，而他是以中国的名义侮辱我的，甚至连印度都没有提。既然"比协"什么都不作，我只有辞职了。昨天我还说过，我从来没有在乎过我的事业。我那时很年轻，被邀成为国际"比协"执委会的成员是一种很大的荣誉。但我立即辞职了。我已经意识到，比较文学协会的国际性不过是个玩笑，要想使比较文学真正国际化真是困难重重。

我没法学习所有的语言，但我可以组建机构，以便有可能教授所需的所有语言。现在，我们有网络的便利和种种技术，有可能以正义的方式造就真正的比较文学。真正阻碍我们的是我们自己的褊狭思想、民族主义和以西方为中心的论调(western focus)。当提到亚洲、非洲、拉美国家的人民时，我们都觉得他们不值一提，唯一值得称道的就是美国和欧洲，这就是比较文学运作的方式。而当你研究一点不属于自己的东西时，又通常是以英文写作的中国散居者或印度散居者，这不是比较文学，这是开比较文学的玩笑。因此我在80年代就指出，或许比较文学的任务就是需要一个正义的、正当的研究，而非完全是欧洲中心的研究。比较文学应该渗透进美国的区域研究内部去。这确实是一种政治性策略。兴起于50年代的区域研究依然兴盛不衰,比较文学也仍旧在走着老路子。在欧美人眼中,那些亚裔学生是通过用他们自己的母语分析文学而获取廉价的博士学位。我的意思是:你跑到国外然后把你的母语当成外语,因此我称之为廉价的PHD。这就是为什么我一再指出:我们一定要思考比较文学,要学习不属于你的本族文化的语言。比较文学的再次崛起只是一相情愿的想法,比较文学在其最鼎盛的时候,也没有达到其应有的力度。

人们不断地提及美国,无论到了哪里,都是与美国比。到了科威特,是阿拉伯文学与美国文学;到了日本,就是日本文学与美国文学。无论到了什么地方,总是美国、美国。这是足以令人称奇的,也是很自然的。当涉及文学或语言或任何其他事情的时候,世界上其他地方的信息就荡然无存了。有些人只知道往美国跑,往英国跑,就好像什么事情都没有发生一样。我要对他们说:想想吧,生命是短暂的,时间是有限的,人总得尊重自己吧。你们还年轻,未来就在你们手中,你们可以用这种方式来思考比较文学的这些问题。无论当你说什么时,都不要对西方抱有愚昧无知的崇拜。这样我们就可以为世界上许许多多的语言之间的比较文学找到某种基础。

生安锋 赛义德曾经说您是"最棒的后殖民女性主义者"。您曾经来中国农村教过学,你发现中国女性的情形与其他第三世界国家的有什么异同吗?

斯皮瓦克 不久之前接受过一个西班牙人的采访,谈到很久之前我与克里斯蒂娃关于她对中国妇女的看法的一场争论。在我的一篇题为《国际框架中的法国女性主义》("French Feminism in an International Frame")论文中,我猛烈抨击了克里斯蒂娃的一本书——《关于中国妇女》(*About Chinese Women*),里面满是胡言乱语。她不过是读了一本书,自己根本就不懂汉语,然后就认为中国妇女不能开口说话等诸如此类的观点,所以我对此提出强烈的反对意见。因此数月之前那个采访我的西班牙人就问:"那么你就与克里斯蒂娃战斗了?"我于是就试图解释那场战斗是什么样子的。我指出:瞧,中国妇女在你所说的解放之后在心理上比以前自由多了,比我所见过的世界上其他地方的妇女要自由得多,甚至包括西方国家……这确实是由于中国建立了共产主义制度。这一点我是很直接的……因为我也在各处走过,见到过各种层次的中国妇女。

生安锋 在当前全球化的语境中,您认为女性主义的角色是什么?女性作家如何建立她们自己的文学观和写作原则？

斯皮瓦克 我想全球化的问题与人权和国际范围内的女性主义都是密切相关的。人们来到中国是因为其他的事情，他们过急地得出了关于女性的普泛性结论，然后就去试图转变那里妇女的生活。我认为这不是什么好主意。而且我觉得妇女问题有时候是一种悲剧性的诱饵，解放妇女就变成了某种军事干预的借口，妇女自古以来就是施行干预的托词。他们会声称：我们不是要伤害妇女，我们是为了她们好，这就是一个借口。所以我有一种感觉，就是必须让妇女联起手来，去提高妇女的地位以阻止这些外部力量不让她们变得如此强大。而且如果你真想帮助别人的话，首先需要学习他们的语言，这是我的底线。

中国的情形要好多了，中国的妇女在中国享有较高的地位。与其他国家的妇女状况相比，她们在很多方面是不错的，但意识上还有待于提高，自我意识、女性意识不太强。

生安锋 因为您首次成功地将德里达的著作翻译介绍到英语世界，因而有人称您为"德里达的代言人"，我的问题是，如果解构主义解构了一切，甚至因此也失去了自己的基础，那么我们有没有重建文学理论的可能性呢？

斯皮瓦克 我想称我为"德里达的代言人"是不恰当的……我认为在语言和文学的学科内，如果你只能读翻译的东西，那么撰写甚至谈论那些东西是错误的。至于解构，在第一版中，当它在杂志上发表时，叫"破坏"(destruction)，这是海德格尔的说法。因为里面含有一种建构的含义，既是破坏又是建构，大多数人不知道它们是什么意思。他们以为解构不过是一个性感时髦的词汇，是将一切拆解开来，不。那有另外的一个好词——分析(analysis)，分析就是把事物分解开来，综合是把事物再归纳起来。这些都是实实在在的熟词了，不需要用 deconstruction 来表示，用 deconstruction 一词是因为它具有建构性。我要告诉你，我们都将死去，对不对？但在早上我希望每个人都要刷牙的。这就是一种解构行为。我们明明知道我们的牙齿不会永久存活，我们也知道我们力量的局限性，但在这些我们知道的限度内，我们尽我们所能去做事，这不过是一种非常朴实(literal)的常识罢了。解构绝对是朴实的，如果这种朴实的常识翻译成创造理论的声明，那你就会开始理解被看到的是什么。但如果你学不好法语，无法亲自检验的话，你永远也不会理解它。这就是比较文学，如果你一点也不懂法语还去教别人的话，只好求上帝保佑了。这是完全不负责任的行为，不要教它，没必要教它。在比较文学中，你不能在不懂那种语言的情况下去教授它。这是底线，是最基本的规则了。你自己阅读翻译当然是可以的，就像古代的俄罗斯小说，我也是一遍又一遍地阅读翻译作品，我阅读不同的译本，但我从未撰写过与此相关的东西。这是完全不负责任的行为，我也不教授俄罗斯文学。当我必须要教授它们的时候，我就到俄语系找人帮我：我要引用这句话，请帮我看一下，这叫集体合作。没有人逼你靠着翻译去胡说八道，请注意，哈贝马斯曾经这样写道："解构是一种实践，是关于行动的……现代性。在局限之内做那些实际上真实的事情。"事情就是这样，我意思是说所有的人都知道，这就是为什么我要求学生发言的原因。我在这里呐喊，我知道，五十个人听到我的话，就会根据各自的历史、心理、身体、父母、他们有关语言的知识、他们的偏见诸如此类的东西，会有五十种不同的理解。因此，换句话说，我的话无法准确地表达我的意思。如果我问一下你们每一个人我刚才说了什么，我得到的将是不同的答案。解构说的无非就是这些，这就是：要考虑到你从日常经验中所知道的；不要作滑稽可笑的概括，如所有的学生都喜欢斯皮瓦克，这是胡说八道。所以这是首要的一点。其次，为了让政治和历史前进，我们必须假设那些不是真实的东西，我们必须要假设它要走入歧途，它会产生误导。不是仅仅有差距，不是只说任何事物都会误入歧途……你要感觉能够有所作为；不是称之为理性(reason)，解构称之为疯狂(madness)。但相信事物会走入歧途是一种必要的疯狂，否则的话你就不能做任何事情。但认为因为没有它你就不能做任何事情，这是非常幼稚的。说过的话在一种集体性中对于所有的人并不是相同的。这就是为什么妇女失败了，因为人们对此没有足够的重视。另一方面，你又必须相信事情不是这样的，你想把事情办成。

你们真的应该学学法语，这需要时间，德里达的作品是用极为复杂的语言写的。另外，为了解构某事物，你必须首先真正爱上它。德里达热爱柏拉图，热爱亚里士多德，热爱所有这些人物，在他开始从事他的解构工作之前，他真是已经非常了解他们了。不光德里达如此，很多其他的理论家也是如此。因此我的意思是，在我教的本科生文学理论课上，首先要仔细理解这些古老的文本，而不是解构性理解。你首先得要获得解构的权力，为了能够解构，不被困住不是很容易的事情；为了能够解构，需要做复杂而又精确的工作。很多很多事情我不知道哪一样是细致精确的。在我的文学理论课上，我们到目前为止十分注意阅读元典。我们读一点柏拉图，读一点亚里士多德，读一点朗吉努斯，我们十分注意语言问题。在你真正地吸收了那些材料，爱上了那些材料之后，你只能解构你爱的东西，这不是解构你自身的问题。这不是解构你自己的问题……你将会看到当你不带这种关门的偏见(door-closing prejudice)开始这样做的时候是什么样子的，我的意思是，有些人写文章读书，发表自己的意见，都是用英语，这对学生是有害的。学生应该有足够的信念和自尊去自己核查原文，去阅读原来的语言，尤其是在比较文学中。我不是德里达或者任何人的代言人，我也不是马克思的代言人。我不是一个马克思主义基要主义者(fundamentalist)，虽然他对我的影响最大。如果我是什么人的代言人，那你们将能够看得出来，但只能基于非常细致的证据之上才有说服力。另外，我正在从事的，不是大张旗鼓地自吹自擂，而是将自己的目标内化为内在的动力，这样才能够成就某事。

生安锋　您不仅是著名的文学批评家、学者，而且也是个政治家，请问智性工作与政治活动主义的区别何在？您在演讲中说没有人是干净的，也包括知识分子吗？知识分子是否应该独立于所有的政治党派？

斯皮瓦克　智性活动和政治活动之间的区别，让我先给你一个非常老套的回答。我不认为在课堂上要训练政治活动主义，我认为课堂的速度要慢得多。在课堂上你是通过课程安排或者重新安排来型塑人的思想的，在这里，你需要放手。它或许会导致社会正义的工作，或许不会。除非你坚信它会，并将训练政治活动主义的短期目标带入教室。但如果你这样做了，恐怕你会两者都得不到。我用人文学科来指那种老式的东西如哲学、文学等，当我们谈论人文主义时，在某种程度上，我们心里想的是欧洲的人文主义传统，我们说的不是各种阿拉伯人文主义或者亚洲的人文主义，通常而言，该词是指欧洲人文主义的。我们受到上世纪60年代的某些批评家的启发，认识并注意到，普遍说来，欧洲人文主义是以纯粹的、白种的、信奉基督教的、有财产的男人作为主角的。因此，我们就批评开头大写的欧洲人文主义，但这并不意味着我们是反人文主义者(开头小写的)。我希望我所说的一切都凸显了这一点。因此在人文学科领域，我们教导如何阅读，如何进行理论思索，如何训练想象力，而不是在课堂上训练政治活动主义。将人文主义和社会科学融为一体，我认为这是一个很好的主意，因为如若不然的话，我们就会看不到如下事实：一种完全利己的想象力或许会失去其定位,无法意识到它也属于这个世界;而社会科学随着越来越追求数量,也因而忘记了社会科学的要务也包括对各种现实的想象。这在人文领域内是常有的事。这个问题很大,而我的回答很短,但我想它可以成为一个开始。

我说过,美国政府建立其区域研究目的是为了国家防务。在中国,有一种国际性的压力不断地记录审查制度。我是中国的客人,我说话自然是很客气的。如果你去美国,没有人是干净的,你会看到同样的事情。我不是在说知识分子,我只是泛泛地说国家、政治、政府等等。至于知识分子,我说过,知识分子就是知识分子,我不认为知识分子应该成为某个政治党派的代言人。但这并不意味着你不能在政治上受到启发或鼓舞,因为政治和政党不是一回事儿。知识分子是公众的知识分子,须得有某种程度的诚实,以便能够反对某个党派的路线,即使这样做存在着危险。我同意赛义德的观点,但赛义德在《知识分子论》中的立场与其他人是略有不同的,因为他在该书中所谈论的知识分子是有着欧洲的启蒙源头的。在18世纪的德国,在报纸上做了一次竞争性的大讨论,来回答什么是启蒙的问题,很多人都写了简短的文章来回复。我是要告诉大家不要以为这是康德哲学的一部分,这只是报纸搞的东西。那时在大学里你必须要遵守法令,你要缴税等等。但当知识分子宣称要为人民和永恒写作时,这就是启蒙性行为了。受到启蒙了的人是学者,他或她要为所有人、所有时代而写作。赛义德关于知识分子的观点就源自这种启蒙思想,而我们中有些人以为这种模式只是一种知识分子,世界上需要各种各样的知识分子。

生安峰　李秀立　谢谢您接受我们的采访。

跨文化视阈:北美汉学的历史与现状

——张隆溪教授访谈录

王　炎

张隆溪,四川成都人,北京大学英国文学硕士,美国哈佛大学比较文学博士。曾任教北京大学、哈佛大学和加州大学河滨分校(University of California,Riverside),现任香港城市大学比较文学与翻译讲座教授,兼任北京外国语大学长江讲座教授。其主要著作有:《二十世纪西方文论述评》、《道与逻各斯》、《强力的对峙》、《走出文化的封闭圈》、《讽寓解释:论东西方经典的阅读》、《中西文化研究十论》、《同工异曲:跨文化阅读的启示》、《不期而遇:跨文化的阅读》。2007年6月,北京外国语大学外国文学所王炎副教授采访了张隆溪教授,就北美汉学的历史和现状进行了深入细致的讨论。《文艺研究》编辑部特请采访者整理出这篇访谈录,以飨读者。

王炎　张先生,您从1983年到1998年间有十六年在美国学习、工作,曾在加州大学教学也近十年,对美国汉学和东亚研究的状况一定有很深入的认识。您能否先就汉学和东亚研究的总体情况做一个概括?

张隆溪　其实我过去在中国的时候并没有念过汉学家的书,只大概知道一些,但没有认真读过。去美国后我做比较文学方面的研究,教书也是比较文学课程,没有在东亚系工作过。不过在美国这个大环境里,我的兴趣主要是在东西方文学和文学理论,以及东西文化的比较研究,因此会涉及西方人怎么看中国的问题,涉及西方学术界对中国的研究,这就是所谓汉学或中国学吧。

我去美国以后,对美国汉学有了初步的了解,也与很多教中国文学和研究中国问题的教授接触。比方说在哈佛就有史华慈,他是一个非常好的学者。还与欧文(Stephen Owen,也译名宇文所安)接触很多,一起讨论中国诗歌。我还熟悉其他许多大学的汉学家,应该说对美国汉学有基本的了解。我同时也读了不少汉学研究的著作,包括一些欧洲学者的书,比如法国学者讨论中国问题的著作。读后我有一个感觉，汉学家确实在介绍中国的经典、中国文学和文化方面，对西方世界做出了很大贡献。比如上面提到的欧文，虽然他有些观点我不能赞同，但有一点我很佩服，就是他很用功，也确实在介绍中国文学和文化方面给西方读者做了很大贡献。比方说他参与编撰《诺顿世界文学选集》(*The Norton Anthology of World Literature*)，较早的版本主要是以欧洲文学为主，很少涉及非西方文学。而新近的版本增加了大量介绍中国、日本和印度文学的篇幅，特别着重介绍中国文学。这是欧文的贡献，因为他参与了《诺顿世界文学选集》的工作，翻译了不少中国诗歌介绍给英语读者。但严格来讲，包括欧文在内的不少汉学家，对中国文学、语言和整个中国传统的看法是有问题的。

基本问题在于西方人看中国时，往往把中国看成西方的对立面。他们研究中国的兴趣，恰恰源于中国与西方的不同。法国有位汉学家叫佛朗索瓦·于连，他曾说研究中国的目的是要回到西方的自我，因为中国提供了一个从外部观察西方的最好镜子。伊斯兰文明和印度文明都曾与西方有过接触，而以前中国与西方完全隔绝，比如中国与希腊没有任何接触，因此在很多方面完全不一样。这句话虽然是对的，但正因为他把中国作镜子来反照自己，中国也就被当成了西方的反面，这样一来，他总试图在中国文化里寻找西方没有的或正好相反的东西。有这样预先固定的框架，汉学家往往会过分强调中西方的差异。我觉得不应该把文化差异绝对化，说中国有这个，或西方没有那个，汉学家的问题往往就在这里。如果从历史上追溯，把东西差异绝对化的问题可以回溯到早期传教士到中国，即 17 到 18 世纪所谓的“礼仪之争”。

16 世纪欧洲人发现美洲新大陆后，西方殖民者在美洲采取非常激烈的手段，对印第安人要么征服，要么强迫他们皈依基督教，要么干脆消灭掉。这时利玛窦来到明朝末年的中国，发现中国的情形完全不一样。当时在西班牙宫廷里，曾有人向菲利普二世和伊莎贝尔女王建议，要用美洲的方式对付中国人，把基督教绝对地强加给中国人，如果不服从就杀掉。但利玛窦发现中国有很长的历史，有高度发达的文明，中国人数也很多，根本不可能用美洲的方式在中国传教。所以他采取了完全不同的策略，也就是所谓“适应策略”。利玛窦开始学习中文，用中文写了很多书，包括一部非常有趣的叫《交友论》。在当时很多西方人完全不了解中国的情况下，而且在西方世界开始殖民扩张的历史时期，他写这本书恰恰表现出另外一种对中国的认识。他还用中文写基督教义,即《天主实义》这本书。利玛窦知道中国有高度发展的文化,为了适应策略,他尽可能把中国文化解释得与西方基督教文化相通或者近似。因此,耶稣会教士对中国文化在欧洲的传播,起了很大作用。他们还把许多中国经典翻译成拉丁文和许多其他文字,写了很多书信,生动地描绘了中国的形象。

16世纪的中国与当时欧洲发展的程度相比,一点也不差。郑和的船队比哥伦布的船要大得多,当时中国社会和科学技术的发展程度,也不明显亚于欧洲。甚至在很多方面,还要比欧洲先进一些。所以不是我们在20世纪所认为的那样,中国是第三世界国家,欧洲是第一世界。这个观念只不过是在近一两百年中才逐渐形成,而从16世纪到康熙时代都不是这样。利玛窦去世以后,由于不同教派之间的竞争,尤其是"多明我会"(利玛窦是耶稣会)中许多教士质疑:利玛窦是不是对中国文化和语言让步太多了?其实,这个争论也发生在耶稣会内部,如继承利玛窦在华传教的耶稣会教士龙华民,就与利玛窦的观点相反,这就是所谓的"礼仪之争"。主要争论两个问题:第一个问题是已经皈依基督教的中国人还能不能祭祖或祭孔?依照中国传统,清明扫墓、祭祖宗牌位,或到孔庙祭孔子等,都被教士们视为宗教活动。而基督教徒只能承认基督教的神为唯一的神,所以祭祖、祭孔是异教活动。如何看待中国的祭孔、祭祖?这里面到底有没有宗教情结?有耶稣会教士认为那不是宗教现象,而是中国人尊重自己的祖先,完全是一种人伦关系,不是人神之间的敬畏。反对者则认为这些都是宗教活动,不能允许,因为一旦皈依基督教,就只能敬拜基督上帝,不能崇拜其他偶像。

另外还有个很有趣的问题,就是所谓"术语之争"。因为中国是个异教国家,汉语也是异教语言,那么,异教语言怎么可能表达基督教观念?例如,利玛窦在中国古籍里找到了"神"、"上帝"和"天主"这些概念,并认为可以用它们翻译拉丁语中的"Deus"(神)的含义。反对他的"适应策略"的教士们,却坚持认为异教语言不能翻译和表达基督精神,所以皈依基督教的中国人在布道时,不能讲"上帝"、"神"等中文词,而应该用"杜斯","杜斯"即拉丁语Deus的音译。我认为这些教士是"纯粹主义派"(purists),《圣经》本来并不是拉丁文写的呀。我们知道《旧约》用希伯来文、《新约》用希腊文写成。只是就天主教教会而言,拉丁语就是上帝说话的语言,这是非常可笑的。他们自己也是读翻译的本子,而不是原文。

由于这个争论，有许多大问题就出现了。在“礼仪之争”中，天主教强硬的“纯粹主义派”教条地认为中国是异教国家，中国人只重物质而没有精神生活，因而不能理解基督教的精神层面；中国人的语言没有语法，中国人的思维没有抽象能力等，这一系列中西对立的范畴，就在那个时候提了出来。所以，从这个角度上来看，后来的汉学家、也包括很多当代汉学家，就像赛义德在《东方主义》里讲的，他们想象的东方并不是真正的东方，而是为了认识自我，去寻找“他者”作为对立面，从而塑造出的东方形象。我认为赛义德讲得非常透彻，当然，国内介绍东方主义时却走向另一个极端，那是另外一个问题。有些汉学家不愿意承认这一点，他们认为赛义德讲的是中东和阿拉伯文化，并因为基督教与伊斯兰教有长期的冲突（如中世纪的十字军东征等），所以这样讲阿拉伯世界还可以，但是中国与西方没有那样的冲突，赛义德的观点也因此不适用于中国研究。我认为这是一种辩解。虽然不能简单机械地套用东方主义，但当西方人讲非西方世界时——无论那是非洲、阿拉伯、埃及、中国或印度，在有一点上是共通的，那就是西方在自我认识的过程中，构建出他者的形象。

但我同时反对中国一些学者把东方主义拿来，好像中国的问题都是西方帝国主义的压迫和霸权造成的，这是对赛义德的误解，把东方主义变成一种民族主义的东西。赛义德对此有充分的警惕，《东方主义》再版时，他曾写过一篇很长的跋，就因为这本书在中东造成了很大的影响，伊斯兰原教旨主义者用它作为攻击西方的工具。赛义德的原意并非如此，他既反对西方歪曲东方，也决不愿与原教旨主义站在一起。赛义德是位真正的知识分子，他不愿意站在任何意识形态和权力的一方。所以有段时间，赛义德的书在巴勒斯坦被禁。中国一些所谓的“后学”者，一味强调这本书如何反对西方，其实远非那么简单。话又说回来了，当年传教士在“礼仪之争”中讨论的问题，有些还在今天的汉学研究中争论。从有些汉学家继续把中国看成他者这个角度上说，汉学仍旧存在许多问题。正因为在美国看到汉学著作中的问题，我才在跨文化研究中，反对把中国当做西方的负面和他者，强调东西方文化可以比较的契合之处。在国际语境中应该有这样的声音，所以，我在英文著作里基本上是讨论这方面的问题。

王炎 您把汉学研究的发生追溯到传教士，并分析了汉学领域中常出现的将中国“对象化”和“他者化”的问题，并在历史上的“礼仪之争”中找到问题的源头。我还想到个问题，在今天的北美学院体制中，一个与汉学密不可分，同时又比汉学晚近的学科，即所谓"亚洲研究"(Asian studies)。作为一个独立学科，它往往在美国大学建制中作为独立的院系。这个学科的建立过程与朝鲜战争、越战有着密切的关系。如果从这个角度来看，是不是说美国的中国研究又带上了政治意识形态的色彩呢？

张隆溪 对。这就是美国所谓的"区域研究"(area studies)。"区域研究"确实与冷战背景有关系。当时美国政府的考虑，用我们中国人的话来讲就是：知己知彼，百战不殆。中国作为共产党国家，在当时是美国的对立面。为了研究敌人，美国就要研究中国。所以，当时的背景确实有这样一个意识形态做支撑。他们主观的想法是：通过对日本和中国的研究，希望能够提供对东方战略决策的咨询。事实上，有些学者也正是这样做的。比如，当时有个比尔(G. I. Bill)，让二战退伍军人到大学里学习，因此，许多研究日本和中国的学者就有这样的背景。他们有些人之前在军队服役时，做日军密码破译工作，后来竟成为很好的学者。他们曾成功破译过日本机密，非常厉害。起初这当然是美国国务院或中央情报局的设计，但是学习和研究、尤其是认真的人文研究，会产生自己的效果，事后可能与初始动机并不相符。好像是英国哲学家培根说过：你研究一个东西，往往就会同情和欣赏它。所以好多研究中国的学者利用当时的机会学会中文，哪怕本来的意图是研究敌人的语言，但恰好处在上世纪60年代，即美国知识分子对西方持自我批评态度的时期，这时反而对中国产生强烈的好感，希望去研究和认识它。比如像林培瑞(Perry Link)，他原来在伯克利加州大学时是个激进的学生，非常反感美国那一套，就研究中国，后来成为汉学家。很多汉学家都有这样的经历。

"区域研究"确实有这样一个政治意识形态背景和起源，但是培养出来的人不见得就是为中央情报局服务，应该区别这一点。很多学者进入认真的学术研究后，对中国反而产生非常深的感情。

王炎 从汉学家把中国"对象化"，到后来美国"区域研究"的政治意识形态色彩的渗入，当这两种思潮交织在一起，会不会使美国汉学或"区域研究"领域产生更多的偏见，比传统海外汉学更加复杂？

张隆溪 我个人感觉，政治意识形态的影响不是很大，这与美国大学的性质很有关系。美国大学里，特别是像哈佛、耶鲁、斯坦福这样的一流大学，一个教授或一个研究者很难听从政府的官方言论。记得哈佛大学350周年校庆时，播放了哈佛多年来的毕业典礼演说和各种讲话录音。让我非常感动的是20世纪50年代，也就是美国政治上非常压抑的麦卡锡时代，哈佛那时仍有左派思想传播。我听到那时一个集会上的讲话录音说："他们不是要抓红色分子吗？让他们到哈佛校园里来抓吧！"美国大学有自己的警察，外面的警察不能进来，学校有自己独立管辖的范围，我听后非常感动。大学作为知识分子独立思考的地方，跟社会上一般公众舆论并不完全合拍，而且往往是对立的。在中世纪就有所谓"gown and town"的矛盾，"gown"是学袍，"town"是城市，学袍和城市总是对立的，也就是说，大学知识分子不一定会认同社会的主流意识形态。因此，虽然"区域研究"的设立有冷战背景，学习中文原来是为了解敌方，但是大部分汉学家却没有沿着这条路走下去，哪怕他们开始时确曾有过这样的动机或目的。作为学者，我很难相信他们会把政治目标当做研究的真正目的。而汉学家表现出的问题，更多不是政治意识形态的复杂化，而是源于他们自己的理念和文化承传方面。在"礼仪之争"中出现的问题当然也曾有意识形态的背景，但是根本上还是"精神与物质"、"内在与超越"、"基督教文明与异教文明"等文化范畴的问题，这些问题对当代汉学家的影响更大。当然，汉学家们往往忌讳说自己继承了传教士的传统，但从现在他们讨论的问题上观察，尤其是把中国对象化和他者化的那种研究角度，就可以清楚地看出，他们与"礼仪之争"有一脉相承的关系。

我举个具体的例子，法国汉学家谢和耐写过《基督教在中国》，讨论的问题当然是"礼仪之争"中发生的问题。他完全同意坚持教义"纯粹派"的说法，认为利玛窦等人做了过多的让步。认为异教的中国人用的语言和思维方式，都决定了他们根本不可能理解真正的基督教精神，因此传教也就不可能成功。他得出了一个结论：中国人是另外一种人类。

王炎 在美国大学东亚系中，学生最常用的读本，在社会史方面有哈佛大学的费正清和耶鲁大学史景迁的中国史，文明史方面有哥伦比亚大学狄百瑞(Wm. Theodore de Bary)的著作，思想史方面有史华慈的专著等。您认为这些读本在什么意义上塑造了汉学研究这个学科的发展过程？

张隆溪 费正清的书就是20世纪70年代柯文(Paul A. Cohen)批评的所谓"冲击与回应"的模式：即西方冲击、中国回应。柯文认为这个模式是西方中心的观点。但是费正清的书在西方还是有很大的影响，在美国大学里用得很普遍。甚至到了20世纪80年代还用这本教材。我们不能完全否定这个教材，它有很丰富的材料。当时费正清编这本教材时，有很多中国学者与他合作，比如邓嗣禹等。这些中国学者的学问非常好，把中国历史从古代到近代讲得很清楚。但在近代历史方面，确实存在着过分强调西方冲击的问题。不过作为基本教材，它能让学生对中国历史和文化有个基本的了解，从这个意义上说，它还是有贡献的。现在大家对这本书有批评，学生也可以听到别的声音了，如柯文《在中国发现历史》就批评费正清的西方中心观点。另外狄百瑞编的书比较注重儒家传统，尤其是新儒家。当然这本书也有一定的局限性，不过它们代表了美国汉学的趋向。比如杜维明在哈佛非常注重对新儒家的研究，他推动的新儒家在美国产生了很大影响。

20世纪60年代后美国的学术，对西方持一种自我批判态度，而对东方比较同情，希望了解。恰在这时新儒家提出了注重人与人的关系、注重天人合一以及人与自然的和谐等，对西方学者产生很大的吸引力。因为他们意识到西方的科学发展、个人主义造成了一些社会问题，儒家提出的观念似乎刚好对症下药。其实，新儒家的观点在20世纪二三十年代就讲过，像梁漱溟的《东西文化及其哲学》就讲了这套东西，说将来全世界的人都会走儒家的路，孔家的路，中国孔家、儒教提供给世界解决所有问题的办法。

我对新儒家抱有怀疑态度，我认为中国传统不应该只是儒家思想，还有道家思想，其实自然主义更多是道家讲的。“天人合一”的概念在汉代结合了阴阳家和道家，而决不是纯粹先秦儒家思想，孔子并没有讲过“天人合一”。汉代思想家如董仲舒等把阴阳五行、道家思想与儒家糅合了起来。尽管汉武帝时“罢黜百家，独尊儒术”，但董仲舒事实上已经与孔子有了很大区别。我们现在都讲“孔子学院”，其实孔子的思想与后来的儒家传统、特别是新儒家有许多不同，其间经过了几百年、上千年的历史，思想当然是不断发展的。何况孔子与孟子也很不一样，后来人们却常用孟子来解释孔子。儒家传统是很复杂的。我之所以对新儒家批评和怀疑，因为提出新儒家时，是在西方对自我强烈批判这一大背景下，西方人愿意听也喜欢听。比如对西方的“社群主义”哲学，新儒家会说我们早就有了，而你们现在才谈这个问题。西方人也愿意听，但终究有点投其所好，自我陶醉，多少是一种民族主义思想。鲁迅讲过一句话：多有自满的民族是不幸的，多有自我批判的民族才是强大的。强者往往敢于批判自己的短处，而弱者则掩饰自己的弱点。个人如此，民族也如此。所以我觉得“21世纪是中国人的世纪”的说法有问题，21世纪才刚刚开始。重要的是做我们自己的事，真正对世界有贡献，对人类有贡献。21世纪是否是中国人的世纪，等到22世纪再由别人去评价。

王炎 20世纪80年代之前，美国汉学研究界以白人为主。80年代后，随着亚洲移民大潮涌入北美，有不少香港、台湾和大陆的知识分子进入东亚研究领域，而且人数比例越来越大。那么美国汉学界从业人员结构的变化，会给这一研究领域带来什么样的影响呢？

张隆溪 在60年代民权运动之前，美国的种族主义是很厉害的。黑人被压迫，白人对其他少数民族也很瞧不起的。那个时候，中国学者在美国不是没有教职，只是非常少。有些中国学者非常有学问，比如洪业，在哈佛那么多年，却没有成为教授。还有方志彤，他是韩国人，在清华念的书，比钱钟书晚几届。他的学问也非常好，对西方文化了解很多，对中国经典相当熟悉。他最佩服钱钟书，也像钱钟书的路子，但就是不可能成为教授。我去哈佛时他年纪已经很大了，知道我在北京和钱先生很熟，对我就很热情，邀我去他家聊天。他对哈佛很抱怨，这与那个时代有关系，亚裔成为教授非常难。在60年代后，中国大陆虽然很少有人到美国念书，但台湾已有大批学者在美留学，并开始在大学里任教职。当年我到哈佛时，很多中国教授是从台湾出去的。有很杰出的学者，如张光直(在哈佛任讲座教授)，还有杜维明、余英时等一批中国学者已在汉学界处于主流地位。而80年代后，大陆学者开始越来越多了。现在，美国大学里做教授的大陆学者可能已经多于台湾出身的学者了。

从60年代到80年代这几十年间，中国研究本身在美国发生了很大变化。以前的汉学研究主要是讲古典的，不讲现代。有个例子，李欧梵去哈佛做教授是非常晚近的事，以前李欧梵曾在许多大学工作过，但很难有很好的教职。就因为当时美国学术界普遍认为汉学研究是讲古典的，不涉及现代文学。可最近几十年，美国人对现代中国的兴趣越来越大，学习汉学的学生也越来越多，很多大学开设了现代文学课。相对而言，现在研究中国古典的反而少些了。所以，从大陆出去的学者多是研究现代的，这与美国汉学学科的变化有关。美国人开始对中国现代文化和电影感兴趣了，很多东亚系的教授教现代文化和中国电影。

王炎 许多从事汉学研究的大陆背景的年轻学者，愿意抓住一些中国正在发生的问题和现象，开拓了美国汉学的新领域。但是，或许受北美汉学传统的影响，他们的研究往往着眼于传统预设的角度，研究的切入点也常常是美国汉学主流给定的。一方面，这当然可能是为了符合美国学界的规范；但另一方面，华裔学者似乎自觉地接受了美国主流视角，并以此反观中国文化。这种把自己文化他者化的研究是不是有问题呢？

张隆溪　我觉得有很大问题。我不在美国大学的东亚系，也没有教过汉语。我在哈佛一开始教书就是西方文学。记得第一次进教室时，学生们以为我走错了地方，怎么会由一个中国人来教他们西方文学呢？后来学生们很快地接受了。作为一个身在汉学和东亚系之外的局外人，我确实发现有这样的问题。中国留学生到美国研究汉学存在两个问题。一个是许多学生在国内是英文专业的，他们的英文比较好，容易申请到美国留学。而从中文系、历史系等其他专业出国留学的人相对就少些。这就导致了留学生中大多数人中国古代文化的底子较薄，在美国没有能力研究古代方面，而倾向于现代方面的研究，因为毕竟没有语言上的障碍。另一个问题就不仅限于英语背景的留学生了，而是在所有留学生中普遍存在，那就是学生缺乏很强的独立思考能力，又对自己的民族文化没有深入了解，很容易被美国大学课上教给的路数牵着鼻子走。学生的研究和问题意识都是美国大学给的，而不是独立产生的。独立产生当然不是说从天上掉下来，而是说基于自己的中国历史、政治、社会和文化的背景，对美国汉学研究有独立的看法。一个有独到见解的中国学者研究出来的东西，才会对美国汉学有贡献。可惜实际情况却往往并非如此，大多数中国学者依照美国人的问题意识，讨论一些美国当前正在讨论的问题，只不过有母语优势，会用中文材料。这是我对很多做中国研究的大陆背景的旅美学者提出的批评。我可以很坦率地说，他们在这方面做得不是很好。其实，本来有自己的经验，有自己的独特背景和视角，可以做出很有意思的研究，但是他们当中不是很多人能这样去做。

王炎　我这里有个小例子，可以给您的观点做注脚。在美国亚洲研究的学术会议上，有个美国汉学家做路翎的小说《饥饿的郭素娥》的文本分析。中文系研究现当代文学出身的学生几乎都熟悉这本小说。这个汉学家抓住郭素娥这个很普通的女性名字大做文章，说什么“娥”有嫦娥奔月的寓意、“素”和“郭”在心理分析上都有很深的含义等，却根本不进入小说的历史、社会环境，甚至不进入文本语境进行分析。这种分析方式在中国人看来很奇怪，还没有摸着门道呢！但有趣的是，中国留学生明知如此，还要去模仿美国学者的套路，长篇累牍地研究中国妇女的发髻或小脚等自己经验不到的课题。这真是学术上的异化。

张隆溪 对，确实是一种异化。我写的书时常对汉学家和某些理论家持批评的态度，学术讨论就要有批评态度，不能说西方人讲的都是对的。国内翻译汉学的著作也是这样，翻译得很多，却没有批评，好像洋人说的就是新鲜观点，我们只要拿来用就行了。这会影响我们自己的研究，让我们发不出自己的声音。我国老一辈学者在这方面的做法很值得我们学习。他们对国外汉学非常了解，而且能站在中国学者的立场作出批评。例如40年代钱钟书先生曾在南京主编一份英文杂志叫 Philobiblon，意思就是“爱书”。这本杂志每一期都会评论当时出版的西方汉学著作，有时候钱先生批评的语言非常尖刻。当年中国的学者决不采取盲目跟着人家跑的态度。其实我知道国内有些好的学者对汉学家也是有批评的，但因为各种原因，没有能在国内发展出一种对汉学进行认真讨论和严肃批评的风气来。于是国内对汉学还停留在介绍和翻译阶段，我认为这是不对的。当然，批评并不意味着一味反对，汉学的新观点和新方法应该介绍，但我们也应该有自己的看法，应该站在自己的立场，和海外汉学平等对话。

王炎 最近国内出现了海外汉学热，这可能与在海外任教的大陆学者大量增加有关。他们利用休假经常回国与国内学术界交流，国内一些大学的中文系，尤其是比较文学专业也常根据海外学者的书单，翻译和介绍大量西方汉学著作。还有大学开设汉学课程，邀请汉学家和大陆背景的学者到国内授课。于是，就有学生照搬海外汉学的研究方法和研究对象，做硕士和博士论文。这引起了一种风气，即对海外汉学的研究方法、研究角度和研究对象的盲目崇拜，认为汉学比中国学问更先进、更现代。您怎么看呢？

张隆溪 海外汉学在国内发展有两个原因，一方面是在国外留学的人多了，对西方汉学的了解也多了，回来作些介绍，这是应该肯定的。另一方面是国内学术环境的变化。在“文革”以前，中国对西方完全是封闭的。我在出国前从未看过汉学家的书，因为没有书可看。改革开放后，国内知识分子对西方充满了好奇，就有可能会做这方面的研究。加上留学人员回国介绍，这是出现汉学热的社会背景。你刚才说做硕士、博士论文用汉学的研究方法和观点，认为汉学更先进，比传统治学方式更好。我觉得应该分析地来看，一方面是刚才提到的，对汉学介绍和翻译过多，没有能在平等的地位上进行讨论和批评。如果没有这样的讨论，学生们就会认为翻译过来的东西全是对的。另一方面，汉学的观点与传统中国学者的观点确实很不一样，学生可能会觉得新鲜和好奇，这很自然。但这个时候恰好需要批评的眼光和独立思考的能力，要国内学者认真讨论汉学中的问题。比如汉学家艾尔曼(Benjamin Elman)的专著《从理学到朴学》，我曾听到国内好几个学者有批评意见，但这些批评意见并没有在学术平台上广泛讨论，而我觉得需要这种讨论。我反对社会科学模式的高傲态度，有些汉学家认为自己用西方社会科学的方法，研究中国的材料，可以得出你们中国人得不出来的结论。这是不能接受的看法，如果中国人自己也持有这样的观点，就更可悲了。

王炎　您看我们这一代学者与钱钟书先生那一代学者，是不是在心态上已经非常不同了？在全球化这样一个大环境中，中国学者已经没有老一代学者的那种坦然。对西学往往要么激进地反对、拒斥，要么盲目崇拜，很难有平等的态度，能做到心平气和，处之泰然。

张隆溪　我觉得这与现在中国学者的学养有关系。钱钟书和许多与他同时代的学者有很好的旧学基础。他们看汉学家的著作时，不可能五体投地地崇拜。因为当时西方汉学家讲的东西与中国最高的学术境界，实在相差得很远。钱钟书先生在 Philobiblon 杂志上发表过一篇书评，批评一位汉学家研究陆游的专著，批得真是叫"体无完肤"。钱先生不仅中国学问好，而且对西方的文化也了解很深，真可谓学贯中西。汉学家的问题，有点像国内英语系里的问题。国内英语系的学生可以讲很好的英文，可是对自己的传统不太了解。汉学家也有同样的弱点，因为中文对他们是很难的语言，他们用尽吃奶的力气学中文，可结果是他们对西方文化和历史了解甚少。我与汉学家讨论中西文化比较时，常发现这一问题。我们中国学者在母语文化上毕竟是有优势的。我们在自己的文化传统里生长，只要花点功夫学古文，又有那么多好的注释版本，要了解自己的传统，相对于西方学者当然容易得多。同时，中国人现在普遍对西方有很大的兴趣，如果外语上再下些工夫，就可以做到两面都了解。我相信将来中国学者在学术上做出成就的机会是很大的。

王炎　最近北美和欧洲都出现"中国热"，中国文化和语言在海外引起空前的关注，这让国内一些人欣喜若狂。政府也开始介入文化输出，在海外建立大量孔子学院。您对这一趋势有什么评价，这当中会产生怎样的问题？

张隆溪　我觉得现在建立孔子学院，向外介绍甚至输出中国文化，是中国国力强盛后必然会做的一件事情。对于中国人来说，这件事本身是好的。其实，这个事情也不是现在刚刚开始做的。你看日本在很早以前就做了类似的事情。日本经济强盛后，花了很多钱在美国资助日本研究。韩国也投资很多钱在美国大学里资助韩文教学和研究。在中国文化方面，很多年前台湾的"蒋经国基金会"就已经开始做同样的事。我在美国时就曾代表加州大学申请过"蒋经国基金会"的资助。申请到基金后，我们聘请了一位研究中国历史的教授，前三年的工资都是"蒋经国基金会"给的。正因为很多大学申请这个基金会，做中国研究的教职一下子增加了不少。这样一来，对海外的中国研究影响深远。中国大陆现在强盛起来了，对外宣传中国文化非常好。从客观上讲，中国文化从古代一直绵延不断，发展到今天。虽然两三千年来有很大的变化，但是从没有断裂过。中国文明是了不起的文化传统，有丰富的内容，而且与西方传统很不一样，介绍到西方也是对的。但是有一点，"孔子学院"是政府一手操办的，可能会带有国家的政治色彩，国外有些学者可能会警惕、甚至反感。不过还要看怎么去做，我知道"孔子学院"由中外两方共同管理，而且对方往往已经设有东亚系或中国研究专业了，所以，建立"孔子学院"可以增强对方的实力。只要具体的做法是学术的而不是政治的，应该不会有太大的问题。

王炎　海外汉学研究或者美国大学的东亚系，恰好是国内的外国研究或大学外语系的一面镜子。您是国内大学英语系出身的，又与国内外语界有多年的交流，您觉得国内外国文学和文化研究方面有哪些问题？

张隆溪　我离开中国内地已经太久了。从 1983 年去了美国，一直到 1998 年到香港后，才回来多一点。我回来接触比较多的还是研究中国历史和文化的学者，对于外语学院或大学的外语系，我当然还是有一定的了解，毕竟是从外语专业出来的，也还有很多朋友。从好的方面来说，就拿北京外国语大学为例，北外的好处是语种比较全，使它能有个很好的语言基础。因为做研究一定要从原文去看，而不能一味依靠翻译。当然，完全不依靠翻译也不可能，我们知道的语言毕竟有限，但原文还是最重要的。北外有这样一个好的基础，我希望北外能成立一个东西方跨文化研究的机构，充分利用多语种的优越条件。但是，北外在研究方面有局限性。我们以前的语言教学都太注重语言本身了，只训练能够听说外语的人，而没有学术方面的训练。学生们不仅对中国文化隔膜，对西方文化也很隔膜。很多人没有看过西方的大经大典，从柏拉图到黑格尔，再到福柯、德里达，有多少学外语的学生曾经看过这些人的原著呢？没有多少。所以，你不要去谈中国学问了，你是学外文的，可连外国文化也不太了解，只有表面或片面的知识，怎么可以呢？我觉得这是中国外语教学中的普遍问题。我们现在有了外文的基础，需要对外国文化和文学有更深的了解。这当然需要一段时间，我们的外语界现在还很难与国外对话。比如说，我们英文系的教授写一篇论文，能在国外研究英美文学的权威性杂志上发表，并且能与他们对话，这就达到与他们平等对话的水平了。国内这样的学者不是没有，但比较少。国内有没有研究奥斯汀的专家能与英国研究奥斯汀的专家对话呢？很少。当然，话又说回来了，海外汉学家能与国内大学中文系讨论李白、杜甫的也几乎没有。

王炎　我发现美国大学汉学研究领域很注重中国文明起源和古代文明方面的教学，无论他们的研究是深入还是肤浅，但在课程设置上，他们都普遍重视古代部分。对比国内的外语界，如果以英美文学为例，则相反更注重求新、求异，对古代、中世纪，甚至近代的研究和教学都很薄弱。您看这是不是个问题？

张隆溪　这是个很大的问题。我自己有个根深蒂固的观念，也许是偏见，就是：如果没有历史的眼光，对现在的问题就不会有深入的了解。以德里达为例，他是个时髦新派的人物。但读他的书时就会发现，他讨论的问题都是西方古代传统的东西。虽然他解构、批评，但是他对柏拉图、黑格尔、弗洛伊德、列维-斯特劳斯都有深入的探讨，他的传统知识基础非常深厚。我在美国大学开研究生课时，一般同时开两门，一门是“批评史”，从柏拉图讲到20世纪。另一门课是“当代理论”，讲当代的西方理论。我经常对学生说，为什么要有两门研究课呢？因为你们一定要学历史，不然的话，你就不能理解当代理论所讨论的问题。德里达分析柏拉图，如果你没有念过柏拉图，就只能听他讲，不能判别对错。任何问题的产生都有它的来源和背景，有发展的途径，这些只有通过历史的眼光才能深入理解。如果没有历史框架，对任何问题的认识都是片面和肤浅的。所以我觉得，追新在时尚方面可以，在学术上是绝对不行的。学术一定要有历史的眼光，你如果不了解整个西方的传统，怎么可能了解当代的西方呢？中国也是一样，如果对中国古代不了解，只知道现在的东西，那种理解必然是肤浅的。

比如谈“五四”运动，我们说鲁迅把中国骂绝了，自我殖民，拾殖民者的牙慧。可是你知道鲁迅那个时代的背景吗？鲁迅为什么提倡学生只读外国书不读中国书呢？因为当时官方、军阀、有钱人全提倡读经，中国人只知道读经，对西方文化持排斥、拒绝的态度。鲁迅那时认为旧传统太顽固了，不给它很大打击是不可能动摇的，所以才有“铁屋子”的比喻。如果现在我们每个人都只读《圣经》，读西方作品，鲁迅要能活着的话，他也许会说：不要读外国书，只读中国书。

回到美国汉学，从 70 年代以来，柯文批评了汉学研究中虽有不同模式，但都以西方作为中心来研究中国历史，他提出了以中国为中心。但是，从后来西方汉学发展的过程来看，连他自己也做不到这一点。所以我提出一个新的看法，不是简单地以哪个为中心的问题。因为每个学者看问题，必然带着自己的视野、眼光和文化背景，要摆脱这些背景是不可能的。作为美国学者，柯文的看法很不容易，他希望恢复到历史的原貌去看问题，这是很负责任的，但从理论和实践两方面来看，又很难做到。我们应该打破单一的模式，打破内部与外部，中国与西方等片面的角度，尽量吸收不同的视角，尽量综合地看问题，争取还原历史的全貌，才是研究中国的最好方法。

王炎 谢谢您接受我的采访。

跨越中西文学的边界

——孙康宜教授访谈录

宁一中　段江丽

孙康宜(Chang,Kang-i Sun)教授,原籍天津,1944年生于北京,1946年随家人迁往台湾。台湾东海大学外文系毕业,1968年移居美国,曾获英国文学、图书馆学、东亚研究等硕士学位,1978年获美国普林斯顿大学文学博士学位。曾任普林斯顿大学葛斯德东方图书馆馆长、耶鲁大学东亚语文系主任,现任耶鲁大学中国诗学教授。曾获美国人文学科多种荣誉奖金。其主要中文著作有:《抒情与描写:六朝诗概论》、《晚唐迄北宋词体演进与词人风格》、《陈子龙柳如是诗词情缘》、《我看美国精神》、《文学经典的挑战》、《游学集》、《文学的声音》、《耶鲁·性别与文化》、《古典与现代的女性阐释》、《耶鲁潜学集》、《把苦难收入行囊》等。共有中文论文数十篇、散文一百多篇。目前与宇文所安教授共同主编《剑桥中国文学史》。有英文专著多种、论文数十篇。编纂英文版《明清女作家》(与魏爱莲合编,*Writing Women in Late Imperial China*,1977)以及《中国历代女作家选集:诗歌与评论》(与苏源熙合编,*Women Writers of Traditional China*,1999)等。本刊特委托北京语言大学宁一中、段江丽教授就有关学术问题采访孙康宜教授,整理出此篇访谈录,以飨读者。

宁一中　孙教授,我此次作为福布赖特研究学者来到耶鲁,在您工作的这所世界著名大学做为期一年的研究工作,有机会拜访学界大家名流;今天我们夫妇一起,受《文艺研究》编辑部委托,就有关学术问题向您请教,深感荣幸。

段江丽　孙教授,我们希望这篇访谈能为读者提供以下信息:您的学术经历以及比较全面的研究情况;您在研究理论和方法上的特点,或者说经验、体会;您研究成果中的创新性内容;您关于"面具"美学和"性别文化"

的研究情况;您关于学术研究与生活审美的看法,等等。谢谢。

一、"寻根"之旅:从英美文学到中国古典文学

孙康宜 谢谢你们来访。我的主要研究方向是中国古典文学,具体来说主要是诗词。这一研究对象的确定,可以说是"寻根"的结果。

我以前从来没有想过念中国文学,这在我的英文传记中写得很清楚。英文传记的题目叫 *Journey Through the White Terror*,中文的繁体字版叫《走出白色恐怖》,简体字版叫《把苦难收入行囊》。我从八九岁就开始大量阅读西洋小说,包括《基督山恩仇记》、《孤女佩玲》、《悲惨世界》等等。1962年,我被保送到东海大学,上的是英文系,受教于多位美国和英国的教授,重点在美国文学,主要关注19、20世纪美国文学。我的学士学位论文写的是 Merville 的 Moby Dick(《白鲸记》)。当时,英国文学教授 Anne Cochran 一开始并不同意我的选题,她认为那本书中有很多《圣经》典故,很难做。在我的坚持下,她表示要通过关于《圣经》的考试才能同意我做。而我恰巧从十岁开始有机缘接触到《圣经》,从十二岁开始就反复认真通读《圣经》,所以,以满分的成绩通过了 Anne Cochran 教授的考试。在这篇题为《美国19世纪的作家麦尔维尔(Herman Merville,1819—1891)》的论文中,我没有像其他研究者那样去关注那个老人如何追逐白鲸以及报仇的过程,而是从 redemption(救赎)的观点来讨论边缘人物 Ishmael 如何最终得到救赎。当时,正值"新批评"盛行,Cochran 教授一直鼓励我用"细读"(close-reading)的方法去研究文学,这样可以看出别人没有看到的东西。这一点使我终身受用不尽。而 Ishmael 因为有了坚定信仰而获救这一研究结论,对我个人生命体验的启发也很大。

宁一中 您对英美文学既有强烈的兴趣,又有很深厚的功底。但是我们注意到,您在获得英国文学学位后,兴趣又转到了东亚研究。对这样的转变,您能具体谈谈吗?

孙康宜 是这样的。60年代末,我移民到了美国,继续攻读文学,不久即获得了英国文学硕士学位。当时广泛涉猎了弥尔顿的《失乐园》、浪漫诗人布莱克的诗与画、王尔德的戏剧、哈代的诗与小说,还有弗吉尼亚·伍尔夫、叶芝以及艾米莉·狄金森等小说家和诗人的作品。我硕士论文选题是

关于19世纪英国散文大家卡莱尔(Thomas Carlyle)英雄主义论,同时也对卡莱尔的名著《法国革命史》等著作做了较为彻底的研究。我当时的指导老师Jerry Yardbrough的学术思想特别先进,他一方面要我注意德国作家歌德所说的“世界文学”的重要性,另一方面又鼓励我进一步把文学和文化现象结合起来研究。他说:“凡是长久以来的经典名著,必有其永恒而根深蒂固的文化价值,你只管朝那个方向走,绝对没错。”他介绍我看著名学者埃利克·奥尔巴赫(Erich Auerbach)的《模仿》一书,使我大开眼界。通过这本书,我学到了一个研究文学经典的秘诀:那就是如何从文本的片段中看到整体文化意义的秘诀,是一种由小见大的阅读方法。这就是文学批评界所说的“文体研究”(stylistics)。Auerbach这种分析文本的方法后来深深地影响了美国的文学和文化批评。

段江丽 新历史主义也强调文学与文化语境之间的关系,与Auerbach的观点是否有类似之处?

孙康宜 的确有类似之处。著名的新历史主义学家Stephen Greenblatt在其有关文艺复兴的许多著作中都是用类似Auerbach的方法来阐明文学与文化的新意义。不过也有不同,Auerbach以阅读文学经典为出发点,但新历史主义学者则比较偏重对边缘文化的重新阐释。我至今仍然认为,Auerbach的最大贡献就是把文学经典中所用的语言——哪怕只有几句话——落实到了广义的文化层面上。

为了更好地掌握资料,在拿到文学硕士学位之后,我又读了一个图书馆专业硕士。说到我与英美文学的缘分,还与我童年的经历有关。我的父亲是天津人,长住北京,母亲是留日的台湾人,我出生于北京,两岁时与父母一起到了台湾。我的母语应该是北京话。可是,我六岁那年,父亲被国民党保密局抓去坐牢了,母亲带着我们姐弟三人逃到南部乡下,所以,短短几个月之后,我的北京话就全部忘掉了,后来两年只会说台语,八岁时才开始在乡下学习“国语”。所以,我的童年一直处在省籍与语言的矛盾和困惑之中。上高雄女中之后,我就干脆抛开中文世界的语言困惑,埋头苦读英文,而且每天下课之后还跑到学校对面的修女院去学习英文、法文。没曾想到了美国,在大学苦读的过程中才发现了中国文学的丰富多彩,觉得自己此前一直埋头于英文世界,到头来却把自己的文化根基忘了。于是就产生了强烈的寻根的欲望,我当时的感觉只能用英文“passion”(激情)来形容。我毅然决定转系，从英文系转到比较文学系。可是，我又发现，要研究比较文学，不能只读西方文学，必须要同时精通西方文学和中国文学才行，否则不可能深刻。当时，我虽然有了一定的西方文学功底，对中国文学的了解却几乎是空白。这样，就开始进一步“寻根”，寻中国文学之“根”，于是，1973 年秋季，我又从比较文学系转到了普林斯顿大学东亚系，同时选修比较文学的课程。由于强烈的寻根欲望，我在普林斯顿大学读博士期间，几乎完成了学校规定的双倍学分。我在东亚系的指导老师是高友工教授，老师中还有牟复礼(Frederick Mote)教授和蒲安迪(Andrew H. Plaks)教授等，他们都是功底深厚的著名汉学家，给了我非常大的帮助。牟复礼教授专攻元明史，他在史学方面对我的教诲让我至今难忘。另外，还有比较文学系的 Ralph Freedman 和 Earl Miner 两位教授，他们一个教德国浪漫主义，一个教英国文学与日本文学，给了我许多抒情文学方面的知识。

段江丽 目前在国内的高校还经常会遇到这样的问题，不少外语系学生问：“我们学中国文学有什么用?”甚至连一些老师和家长也有偏见，以为外语系的学生学好外语就可以了，没必要开设中国文学方面的课。您的求学经历以及今日的成就，可以说是给这些学生提供了很好的参考答案。那么，您的博士论文已经转为中国古典文学了吧?

孙康宜 是的。我的第一部著作就是我的博士论文，*The Evolution of Chinese Tz'u Poetry: From Late T'ang to Northern Sung*，在我尚未毕业拿学位时即由我的老师 Earl Miner 教授推荐给了普林斯顿大学出版社，1980 年得以顺利出版。中文版《晚唐迄北宋词体演进与词人风格》由李奭学先生翻译，1994 年在台湾出版，后来在大陆北京大学出版社出版时书名改为《词与文类研究》。这部书的研究思路和方法受当时北美流行的文体学研究的影响。我的研究对象虽然是晚唐至北宋的词，但是细心的读者一看就知道，在方法上明显有西方文学研究的影响。

宁一中 能看出多种理论影响的痕迹。不过，您主要受当时哪些理论的影响?

孙康宜 回忆我在普林斯顿的那段时光，那是我个人奠定学问基础的年代，也是比较安静的时代。当时的文学批评潮流主要有三类：一是文类研究(Genre Studies)，主要研究文学中每一个文类的发展历史；二是文体研究(stylistics)，就是研究每一个作家的文体和文化的关系，Erich Auerbach 的名著 *Mimesis* 即为代表作之一；三是结构主义（Structuralism），以 Northrop Frye 的 *Anatomy of Cricitism* 为最佳范例。我的博士论文其实同时受到了以上三种文学批评思想的影响。这是一种自然的影响，而非有意为之。

宁一中 自 20 世纪 20 年代起，西方文学理论此起彼伏，十分活跃。您自 70 年代以来就处于理论中心，很自然会受到各种理论的影响，并运用于自己的研究之中，形成了各个阶段的研究特色。

孙康宜 是的。可以说，我的研究具有比较明显的阶段性特点，70 年代主要以文体为重点。1982 年，我来到了耶鲁。耶鲁一直是文学理论的重镇，我来到这里即有如鱼得水的感觉。我第一天到耶鲁校园去，即碰上了解构主义大师保罗·德曼（Paul de Man），后来我们成了朋友。还有《影响的焦虑》一书的作者哈罗德·布鲁姆（Harold Bloom），也是我在耶鲁的同事。我的第二本著作是《抒情与描写：六朝诗概论》，这是我 80 年代的代表性成果，英文名 *Six Dynasties Poetry*，1986 年由普林斯顿大学出版社出版，后来由大陆学者钟振振先生翻译，2001 和 2002 年分别在台湾和大陆出版。

到了 80 年代末，我回忆自己在普林斯顿所受的明代历史的教育，联想到明代以及清代文学，发现当时在北美，除了《红楼梦》等少数几部小说之外，明清文学几乎被忽略了，尤其是诗歌，1368 年以后的诗几乎无人论及。于是，我准备关注这一领域。在我的知识储备中，只有一些历史知识，于是，自己想方设法弥补文学方面的知识。正是在这一"补课"的过程中，我接触到了陈寅恪先生的《柳如是别传》，这本书对我影响很大。我觉得柳如是很有意思，对她产生了浓厚兴趣。这就是我第三本书《陈子龙柳如是诗词情缘》的写作背景和因缘。于是，我开始做这方面的工作。我与 Ellen Widmer（魏爱莲）合编了《明清女作家》，共收了美国十三位学者的作品，侧重于妇女写作的诸种问题。后来又与苏源熙（Haun Saussy）合编了一部庞大的选集《中国历代女作家选集：诗歌与评论》，共收录了一百三十位左右的古典女作家作品，由六十三位美国汉学家翻译为英文，注重中国古代妇女的各种角色与声音。这本选集中的材料多半是我 80 年代以来花了不少精力、时间和财力才终于收集起来的。

在编这些作品集的时候，我自己的研究也不知不觉地换了一种方式。

与以前写“大部头”不同，90年代初以来，我开始喜欢上了短文，写了一系列短篇论文，关于龚自珍、王士禛、钱谦益、八大山人等作家、艺术家的，还有关于女性文学方面的，等等。这些短文大都收集在《文学的声音》、《古典与现代的女性阐释》以及《文学经典的挑战》等论文集中。在写了许多短文之后，又有了“做大事”的愿望。2003年秋季，正在我犹豫下个计划要做什么的时候，突然收到剑桥大学出版社的邀请，让我主编《剑桥中国文学史》，我起先推辞了，最后在盛情难却的情况下，决定与哈佛大学的宇文所安（Stephen Owen）教授共同负责主编这套文学史，除了我们两位主编之外，我们还邀请了十五位杰出的学者一起编写。这项工作再过几个月就可以交稿了。

段江丽　听了您的介绍，并参考您叙述自己“学思历程”的一篇讲座稿，我们可以将您的学术经历概括为四个阶段：第一阶段是从童年至大学本科阶段，主要是学习西洋文学；第二阶段是从60年代末移民美国至80年代初，学习和研究对象经历了从英美文学到中国古典文学的转向，主要关注晚唐至北宋词，主要切入点是文体问题；第三阶段是1982年来到耶鲁至21世纪初，具体可以说是到2003年，主要研究诗词，尤其是六朝诗和明清女性诗词，切入点主要是“风格”、“面具”美学以及性别问题；第四阶段，从2003年秋天开始到目前，主要致力于《剑桥中国文学史》的编辑以及部分撰写工作，由此衍生出了许多文学史上纠偏和补白的工作。我们注意到，您在撰写本科论文时即有了明确的创新意识，从角度、方法到结论，都有独到之处。能否介绍一下您一系列学术成果中的创新性内容？尤其是您和宇文所安教授主编的《剑桥中国文学史》的特色和新意？

二、发现、纠偏、补白：《剑桥中国文学史》及其他

孙康宜　的确如你所说，从本科论文开始，我就要求自己的论文能够有一些新的东西，新的研究方法以及新的结论。简单地说，《词与文类研究》的“新”在于受当时西方文体理论的影响，关注李煜等人词作的“体”与整个文类的关系；《抒情与描写：六朝诗概论》的写作主要基于这样的背景：当时六朝诗的研究在美国汉学界才刚刚起步，可以参考和借鉴的资料非常少，而传统文人在讨论六朝诗歌时，常常喜欢用“浮华”和“绮靡”等带有价

值判断的字眼，以至于往往成为一种泛泛之论。美国文学批评界六十七年代曾特别专注于情感的“表现”问题，到80年代，可以说是对此前思潮的一种反应，又特别热衷于“描写理论”的探讨。现代人所说的“表现”其实就是中国古代诗人常说的“抒情”。于是，我把“表现”与“描写”当做两个对立又互补的概念来讨论，可以说，一方面配合了美国当代文化思潮的研究，另一方面也利用研究六朝诗的机会，对中国古典诗中有关这两个诗歌写作的构成因素进行仔细分析，借此给古典诗歌赋予现代的阐释。

宁一中　这是借西方文论之“石”而攻中国文学之“玉”。您一方面以深入的讨论和新颖独到的结论推进了北美学界的六朝诗研究；另一方面，对中国学界来说，则给六朝诗研究提供了新的阐释方法，难怪在海外汉学界和中国学界都广受关注和欢迎。

孙康宜　前面说到，这本书是在北美出版英文版十五年之后才出中文版，中文版很受中国学者的欢迎，其关注程度远远高于关于词学的那本，这一点让我感到意外，也许与你说的提供了新的阐释方法有关。如果说这两本书的创新主要在于研究的理论和方法，我其他一些研究的“新意”可以说主要体现在发现新的研究领域或者新的研究材料，从而得出新的研究结论。当然，《剑桥中国文学史》的情况要更复杂一些。

段江丽　我们拜读您的著作之后，对您说的新的研究领域深有体会。您对陈子龙与柳如是诗词情缘的勾勒探讨，对中国文化中“情观”的专题分析，对《乐府补题》中象征与托喻的分析，对龚自珍《己亥杂诗》中情诗的细读，对苏州诗史传统的杰出代表金天翮的研究，对明清女作家作品的编纂和介绍，以及与此相关的一系列研究，包括对明清文人与女性诗人关系的分析，对寡妇诗人的作品和才女乱离诗的关注，以及对以柳如是为代表的青楼才妓传统与以徐灿为代表的名门淑媛传统的比较研究，等等，这些研究对象在国内学界都处于被轻视甚至全然被忽视的状态。我们相信，您的这些研究在海外汉学界应该也具有开创性的、填补空白的意义。您或者用新的理论和方法来研究一些学界熟知的作家作品，或者开辟新的研究领域、关注学界轻视或者忽视的研究对象，自然就会新见迭出。说到创新，据我们很有限的了解，您及您的同仁在主编和撰写《剑桥中国文学史》过程中所做的发现、纠偏和“补白”工作，令人非常敬佩和期待。请您谈谈这部文学史的构思、设想和进展情况。

孙康宜　当我接到剑桥大学出版社《剑桥文学史》系列的总编琳达·布瑞(Linda Bree)博士邀请我主编中国文学史的邮件时，虽然有过犹豫，最后接受邀请的原因有几个，其中之一是我多年来一直在想这样一个题目，那就是"Is a new literary history possible?"一部新的文学史是可能的吗？或者说：重写文学史，尤其是中国文学史是可能的吗？所以，剑桥大学的邀请其实为我实现多年的愿望提供了一个机缘。2005年3月，我在大陆清华大学做过一个讲座，题目就是"新的文学史可能吗？"比较全面地介绍了这套文学史的一些情况，这篇讲稿发表在《清华大学学报》2005年第4期，可以参考。

剑桥大学出版社从80年代后期到90年代后期出版了系列《剑桥文学史》，一共三本，都是欧洲国家的文学史，一本是《剑桥俄罗斯文学史》，1989年出版、1992年再版；另一本是《剑桥意大利文学史》，1996年出版；再一本《剑桥德国文学史》是1997年出版，都是单本的，都成了畅销书。这些已经出版的《剑桥文学史》都采取按时间顺序的(chronological)写法，是按年代安排的，尤其是《剑桥意大利文学史》，基本是用年代分期，然后在每一个分期里头，把文学、文化、作家学派等，进行全面的综述。我对《剑桥文学史》编写的这种格式(format)很感兴趣。目前的欧美汉学界，只有中国诗史、中国词史、中国小说史、中国戏剧史的观念，缺乏一个全面的中国文学史的观念，所以欧美人士对于中国文学史的观念往往是比较片面而残缺的。比方说，我们会说某某汉学家是搞唐诗的、是搞宋词的、搞明清小说的、搞元明戏曲的，但是很少人会说，这个人是搞先秦文学，或者唐代文学、宋代文学，或者明清文学的专家，所以一般说来，美国的汉学家习惯于专攻某个时代的某种文体，忽视了同一时代的其他文体(genres)，所以，我一直以为很有必要改正这种思维方式，《剑桥文学史》这种格式是很有挑战性的。

当时我还考虑到篇幅问题。该文学史系列已经出版的都是单卷本(one volume)，我想，中国的文学史太漫长，如果把它与俄国、德国和意大利的文学史作一比较的话，那中国文学史确实太悠久了，单卷本的篇幅是很难承载的。对此，剑桥大学出版社答复说可以单独为我们破例分为上下两卷。我还是犹豫不决，于是通过邮件征询几位汉学界杰出学者朋友的意见，结果在两天之内所有的人都回信说"太棒了"。在没有退路的情况下，我请我的朋友宇文所安教授共同主编，所有的杂事都由我来做，他只是做我的合作编辑者(co-editor):他负责第一卷的编辑工作,我则着力于第二卷,这样我就可以节省很多时间,而且我们也可以互相鼓励。

在决定出两卷本之后,我们要考虑的一个很重要的问题就是:第一册和第二册如何分割的问题,即分水岭应该在哪一年。最后,我们决定提出一个新的观念,把1400年当做一个分水岭,主要原因有几点:第一,因为其他欧洲国家的《剑桥文学史》也大都是1400年左右开始的,如已经出版的俄国、德国和意大利文学史。第二,熟悉英国文学的人都知道,1400年是一个非常具有象征意义的时代,如"英语诗歌之父"乔叟在那年去世了,在1400年之前大约半世纪,薄伽丘写了《十日谈》(《十日谈》成书年代为1353年)。第三,1400年左右在中国的历史上也是一个很重要的年代,明朝开始了三十多年,虽然高压政策还是不断,但是已逐渐由朱元璋的恐怖政策安定下来了。所以,1400年,不论从文化上,还是从文学上来说,都是一个很重要的年代,以1400年作为分水岭,就等于是以永乐皇帝的时代作为第二卷的开始,从此以后,文学慢慢变得比较多元化了,我们可以用一个比较流行的字——diversity——来表示其多样性。

宁一中 那么,《剑桥中国文学史》最后也采取了您前面所说的"剑桥文学史格式",即按时间顺序的写法?

孙康宜 是的。按年代还是按文类划分,是一个问题。我们最后决定以年代为顺序,包含重新建构"过去"的意义。传统学者常常以为:文学史上,诗兴盛于唐朝,宋朝的主要成就则是词,然后是明清小说,似乎文学成就每况愈下。闻一多就曾经说过,诗发展到北宋,实际上就已经完了。由于受了这种文学退化论的影响,明清文学常常被忽视。对于欧洲的读者来说,会感到极为奇怪。因为如果说到北宋以后诗就等于没有了的话,那就等于说,在西方文学中,在乔叟或者薄伽丘之后,书也就写完了,甚至最后连莎士比亚也没有了。这显然是一种错误的偏见。所以我们这次准备要纠正这种偏见,同时也更正传统的文学退化论。

段江丽 国内目前作为高校教材的古代文学史大都采取时代与文类兼顾的方法,先分时段,比如先分先秦、秦汉、魏晋南北朝、隋唐、宋元明清等等几个大的时段,然后具体对每一时段先概述社会和文学全貌,再分述各种文类情况,并专辟章节介绍名家名作。这种体例的优点是便于读者对每一时段的文学史有比较宏观全面的了解,缺点是容易人为割裂一些文学现象的源与流，同时容易忽视不同文体之间互相交融渗透的成分；再则，由于文学分期常常比附于历史朝代，就更加容易生硬和机械。比如，讲到唐诗分期，常常会强调一下诗歌史上的“初盛中晚唐”与历史上的“初盛中晚唐”时间并不完全一致，就是为了强调文学发展与历史朝代的不同步性，可惜这种偶尔的“强调”对整个文学史比附历史朝代的情况来说基本上于事无补。请问《剑桥中国文学史》是怎样解决文学分期和历史朝代分期的问题的？又是怎样解决文类问题的？

孙康宜 要回答这两个问题，首先我得说明我们这套文学史的整体特色。简单地说，这套文学史与传统意义上的文学史比较，最大的特色就是，它将是一部文学文化史。如果与2001年哥伦比亚大学出版的《哥伦比亚中国文学史》(*Columbia History of Chinese Literature*)以及将要由荷兰布瑞尔公司(Brill)出版的一个大部头的中国文学史系列相比较，我们的文学史方向显然不同，这种不同首先体现在读者(audience)定位。布瑞尔文学史追求的是学术上的细腻和水准；哥伦比亚大学的文学史表面与我们的具有一定的可比性，事实上也有很大不同，总的说来，这两部文学史都更适宜于作学术研究的参考书。我们的读者定位是普通的、受过教育的读者群(generally educated readership)。我们希望这本书能够作为本科生有关东亚历史和文学课程方面的教科书，不但要使读者喜欢看，而且要使他们就像看故事一样感兴趣，能够作整本的阅读(read from cover to cover)，就像读一本小说一样读完。有鉴于此，我们将目标设定为文学文化史，譬如唐朝文学，我们不像普通的文学史那样，把它分成诗、文等各种不同的文类，而是要以每一个时代来描述包括各种文体的文学现象，如在某个时代有一种政治上的集权(centralization)，它是怎么样影响到文学的；而另一个时代或许会有一种“去中心化”(decentralization)的现象，这种情形对文学又有什么不同的影响。所以，我们是同时讨论各种不同文类的问题，而不是像传统文学史分文体进行讨论。与读者定位相关的还有方法论或者说表述(presentation)的问题，我们希望以一种叙述的、一种说故事的方法来处理。

宁一中 您提出的“文学文化史”概念很重要。从某种意义上说，一部文学史也应该是一部文化史。这也使我们联想到您硕士阶段所受的JerryYardbrough和Erich Auerbach的深刻影响。由此可见，学生时代所受的良好教育和学术训练足以影响日后整个的学术生涯。在这部文学史的编写当中，具体考虑了哪些文化因素？

孙康宜　我们的文学文化史的概念牵涉到印刷文化、接受史、选集和性别等多方面的因素。比如印刷文化（printing culture），唐朝以前基本上都是手写本（manuscript），可是宋朝以后有了印刷技术，到了明清印刷术已经十分发达，出版书籍很方便，成为影响文学史的很重要的因素。接受史的问题也很重要。比如陶潜，六朝时人主要把他当人格高洁的隐士，文学地位并不高，直到过了将近六百年，他作为诗人的地位才逐渐高起来，所以，作为接受过程的整体考察，陶潜除了在六朝那一章里出现，还会在唐朝和宋元明清各章中出现。还有选集（anthology making）的问题也很重要，某个作家为什么在当时被人忽视，那很可能是选集里没有选他。如唐朝时的选集，杜甫的诗基本上没有被收入，可见他那时并不重要，到了五代韦庄的选集《又玄集》中杜甫才开始出现，到明清时，杜甫已经变得很重要了。这简直是杜甫的后世生命（afterlife），杜甫有一个很长很长的 afterlife，所以，杜甫除了出现在唐朝一章外，也会出现在宋元明清等章里。再就是性别（gender）问题。到目前为止，在中国文学史的著作中，女性作家除了李清照等个别作家之外，大多被忽略了，即使被收入也是放在最后一个部分。我要求每一章的作者："答应我，不要把她们放在最后。或者中间或者什么地方，就是她们应该出现的地方。"我们也要求实事求是，不要随便拔高。我的意思就是希望能够重构一个比较真实的历史。

现在，再回到刚才关于分期的提问。文学分期（periodization）是个有趣而又很难的问题。我们并不反对分期，或者说分期是必要的，问题在于怎样分期。欧洲和美国文学史的分期也是一个很麻烦、很难的问题。一种比较偷懒的办法就是按世纪分期，如 18 世纪、19 世纪、20 世纪等，似乎简单明了，但事实上人们也不满意，所以就又创造了一种分期法。学习欧洲文学或者英美文学的人，知道文艺复兴、中世纪、新古典主义、后现代主义等等都是用一个词汇（term）来解释某一个时期（period），但还是很难说可以用一个词汇来代替那个时代。我们传统文学史按朝代分期的方法有着根本的缺陷，比如，唐太宗的统治是 6 世纪传统的继续，是一个更大的历史进程的一部分，在这一进程中，北方的北齐、周、隋以及初唐吸收了南方复杂精致的文学文化，所以，我们在撰写这一时期的文学史时就不能只局限于这一时期。再比如，现代性也很难确切地以"五四"为开端，所以，负责这一部分的王德威(David Wang)教授就是把它放在一个更长的进程中来论述的。我们最后采取的是一种妥协、中和(compromise)的办法,不完全以朝代来分,但是也不是完全不考虑朝代。正如你们刚才说到的,政治史与文学史、文化史有时候是不一致的,比如六朝、隋到唐朝初年其实是一个具有连贯性的时代(solid period),因此,它们必须要放在一起,不可以分开讨论的。王德威教授不是用"五四",也不是用1840年而是用1841年作为中国现代性的开端,也是考虑到文学文化史的连续性问题。应该说所有用来做分期的年代,无所谓对错,关键是看你能否有理由能够自圆其说,能否解释得通。

分期的问题除了考虑文学文化的连续性问题之外,还要考虑到一个问题就是某些作品不能确定说就是属于某个时代的,比如元杂剧《梧桐雨》、《汉宫秋》等,我们现在看到的文学史都说是元朝的作品,而事实上在元朝的时候它们跟我们现在所见的是不一样的。当时是什么样子,我们根本无法知道了。它们只是一个草稿,到16世纪明朝的时候,李开先改订原来传奇的时候,才通过改写,把《梧桐雨》、《汉宫秋》等改成我们现在看到的样子。所以,应该给李开先记一大功,他有点儿像莎士比亚。莎士比亚许多优秀历史剧也都是对他之前的戏剧的重写。所以,《梧桐雨》、《汉宫秋》应该出现在元朝的一章,也应该出现在明朝的一章中。分期还牵涉到其他一些具体问题,这里就不详说了,我们基本上采取具体问题具体对待的态度,比如"说唱文学"中的很多东西根本无法知道写作时间,我们就是单列一章。

段江丽　我本人在教学过程中也经常会为分期而苦恼。比如说,对传奇小说、话本小说以及戏曲作品,如果一味按时段来讲,总有支离破碎之感。有时只好采取"另章单讲"的权宜之计,比如,宋杂剧、金院本等在宋金文学时先不讲,待讲元杂剧时再上溯戏剧起源,下延至南戏及传奇等,做一个简单的戏剧史梳理,力求给学生一个比较完整的印象。现在,《剑桥中国文学史》"既考虑朝代又不完全以朝代来分"的做法虽然不能说尽善尽美,但的确能解决文学史撰写和教学中的很多问题。这部书有中文出版计划吗?

孙康宜　最近透过宇文所安与大陆出版社交涉,结果暂时决定由北京三联书店出版《剑桥中国文学史》的中文版。但何年何月才能出版,很难预料;主要因为要为每章找到合适的译者,并不容易。但将来出书后,相信中国学生也一定喜欢看,也希望会成为畅销书。

宁一中　都有哪些汉学家参与撰写?

孙康宜　我们的文学史从上古一直写到2007年,一共分十五章,基本上是一个作者负责一章,其中只有少数几章由两个人或两人以上负责。所以,一共有十七位作者。我们邀请的作者都是当今英美学界享有崇高声望的学者专家,我们并不考虑其种族背景(ethnic background),但会考虑彼此之间能否愉快地合作的可能性,因为许多章节之间都需要互相协商、沟通、参照。这些专家包括大陆学界熟知的Martin Kern(柯马丁)、Stephen Owen(宇文所安)、David Knechtges(康达维)、林顺夫(Shuen-fu Lin)、王德威(David Wang)等教授,还有北大培养出来的田晓菲和商伟两位年轻专家。

段江丽　我们注意到,您近年来撰写了一系列关于明初中期文学的论文,比如《重写明初文学:从高压到盛世》、《中晚明之交文学新探》、《台阁体、复古派和苏州文学的关系与比较》、《文章憎命达:再议瞿佑及其〈剪灯新话〉的遭遇》等等,多有发现、纠偏和补白的意义。这些文章都是您负责的文学史部分的组成部分吧?能具体介绍一下吗?

孙康宜　当初在分工时,我发现,至少在西方汉学界,对1400～1550年这一百多年间的中国文学研究几乎是空白,那么,这一时段的文学史撰写也就很难找到合适的人选,只好由我自己来做。我具体负责的是1400～1570年,明初到明中叶(Literature of the Early Ming[ca. 1400]to Mid-Ming[～1572])。这一百多年是被欧美汉学家所忽视的,其实也是被中国学者所忽视的。

段江丽　的确如此。比如小说,在中国大陆,有几部文学史都说到明前期一百多年的小说创作是个空白,或者说自元末明初出现《三国演义》和《水浒传》之后,曾经沉寂了一百多年。郭英德先生曾撰文指出这是一个"伪命题"。

孙康宜　说明初一百年多的小说创作是个空白,这的确是个"伪命题"。我在编写过程中,边纠偏边拾遗,努力设法把这一段长期受忽视的文学史如实地陈述出来。随着这一工作的展开,我简直像发现了宝藏一样,无数的"金银财宝"出现在我眼前。随着研究的深入,我发现,这一段文学史被忽略的原因主要是中国人对抒情文学的偏见。西方文学有抒情、叙事、戏剧等形式，抒情文学并不是最重要的，只是模式(mode)之一，并不是文类(genre)。但对中国人来说就不一样了，中国人把抒情看得非常重要。而且对中国人来说，抒情不只是一个文体(genre)而已，同时还是裁定文学水平高低的一个标准。正是这样的偏见使人们忽略了明初与明中叶的文学。明初和明中叶其实出现了很多的作品，它不一定是我们所说的狭义的抒情，但也都是非常重要的，譬如八股文。现在我们一提到八股文就以为是很坏的、很糟糕的文学，简直像裹小脚一样。但如果认真去看八股文，却会发现很多八股文其实写得非常好，比如归有光、唐顺之等人都写了许多优秀的八股文，他们都通过了科举考试、都曾经受过很好的古文教育。当然，这还牵涉到文学的定义。只要我们承认，凡是用文字写出来的、能够表达思想的作品都是文学，那么八股文其实是文学中很重要的一部分呢！正是以这种文学的观念和眼光，我发现了很多别人没有注意、没有发现的新材料。比如说，明初瞿佑(1347～1433)的《剪灯新话》给我提供了一个很好的案例，使我还发现了中国文学与朝鲜、日本、越南文学的关系。从接受史的角度来看，《剪灯新话》是中国小说史上第一部被查禁的小说，也是最早具有跨国影响力的中国古典小说集。它从15世纪开始就风行于韩国，后来也一直在日本和越南盛传，并影响到这些国家的小说创作。然而在中国，却反而因为被明朝政府查禁而渐趋湮没，20世纪初有学者从日本发现了这部小说集后由华通书局铅印出版，可惜由于鲁迅《中国小说史略》中对它评价不高而再次使它被许多小说史忽略。对此，我在《文章憎命达》那篇文章中有详细的论述。

宁一中　我觉得，您在讨论《剪灯新话》以及"典范诗人王士禛"等问题时，至少提出了三个很有意思的问题：一是关于重构历史语境、把文本放入它所产生的语境里去阐释的问题；二是文学比较研究问题；三是作家作品经典化的问题。有些文本，离开了它产生的语境，就很难得到满意的解释，比如，《剪灯新话》中《水宫庆会录》、《修文舍人传》等等篇目所隐含的意义，离开了明朝的政治历史文化语境，很难深入挖掘。您的比较研究成果使我相信，并不像有些理论家所悲观地宣称那样——"比较文学已经死去"，且不说比较文学研究可以有方法上的创新、有新领域的拓宽，就是用影响研究、平行研究这些传统的方法，利用已有的材料，只要眼界开阔，也可以大有作为。不过对于从事比较文学的学者来说，很重要的一个条件就是对比较的双方都要精通。关于经典的产生问题,您也做了很有深度的探讨。布鲁姆认为,衡量经典的准则应当是纯艺术的,与政治无关,所以一个作家与前人的竞赛只是一种美学的竞赛。我则同意您及多数人的观点,美学品质只是作品可能成为经典的因素之一,政治和权力同样是经典形成过程中绝对不可忽视的因素,还有读者和评论家的因素。而且,经典也并非一成不变。英国文学史上有一个很好的例子:瓦尔特·司各特生前名声甚大,其作品被奉为经典,与他同时的简·奥斯汀却默默无闻。随着时代的不同,读者趣味的改变,到现在这两位作家的地位却正好倒了过来。这种经典地位的变化是值得我们注意的。

孙康宜 在今日西方文学批评界里出现了不少与经典论有关的新议题——例如,谁是影响文学方向的主导者?究竟是美学的考虑重要,还是外在的权力重要?在文学史里是由哪些人来建立文学准则的?哪些作者算是经典作家?怎样的人才是理想的先驱作家,能让后起的诗人不断地奉为典范,也能对后世产生一定的影响?怎样的文学才是富有原创性的文学,而能在文学的竞赛中获得优胜?有趣的是,以上这些听起来颇为"后现代"的议题其实早已是中国中晚明时代的前后"七子"、公安派、竟陵派、虞山派等等各种诗派不断辩论的主题了。可以说,晚明文人所面对的文学环境乃是一个充满了"影响的焦虑"的时代。他们的焦虑一方面来自于悠久文学传统的沉重压力,一方面与当时文人喜欢各立门户、互相诋毁有关。晚明文学的争论要点不外是:作诗应当以盛唐诗为标准,还是以宋诗为标准?诗之为道,应当本乎性情、还是本于学问?指出这些文学史实,并非要阿Q似的强调人家有的我们祖先早已有了,而是为了真正使中国因素能够参与到国际学术对话中去,不要一味地只是"向西方看齐"。

三、"出""入"于理论潮流:西方理论与中国文学研究

宁一中 孙教授,我们知道您于1982年来到耶鲁大学执教,而耶鲁大学一直是当代各种文学批评理论的重要传播地或策源地。新批评始于耶鲁;解构主义理论大师雅克·德里达曾执教于耶鲁;保罗·德曼(Paul de Man)、希利斯·米勒(J. Hillis Miller)、杰弗里·哈特曼(Geoffrey Hartman)、哈罗德·布鲁姆(Herold Bloom)更是闻名世界的"耶鲁四人帮"。在

这样的学术氛围中从事研究，真可以说是得天独厚。但另一方面，如果面对各种理论没有自己的独立精神，很可能患上“影响的焦虑”。能否谈谈您在研究中是怎样“出”“入”于理论潮流的？或者说，您是怎样一方面借用他人的理论眼光，而另一方面保持着自己的“批评自我”的？

孙康宜　耶鲁可以说是现代文学批评的前沿阵地。几乎所有美国的文学理论都先从耶鲁开始。说起来文学理论的流行有一点像服装流行情况，往往一开始时尚的风从巴黎吹起，然后再吹到美国。例如，法国的德里达先把解构主义介绍到耶鲁，再由保罗·德曼把该理论推广到全美国以及全世界。有趣的是，外界都把《影响的焦虑》一书的作者布鲁姆当做耶鲁解构主义“四人帮”之一，而他自己却认为他是解构主义的敌人。我认为布鲁姆代表了美国早期诗人惠特曼那种既沉着又奔放的精神，与保罗·德曼的思想格格不入，绝对不是一个解构主义者。有一天我告诉他：“人家都说你是解构主义者，但我觉得你不是。”他听了十分高兴地说：“你完全对了，我从头就认为解构主义是我的敌人。我一生有四个敌人，而且我打过四次仗。第一个仗是反抗新批评，第二仗是反对解构主义，第三个仗是对抗女权主义，第四个仗就是反对哈利·波特(Harry Potter)的文学。”他曾经公开对媒体表示过对解构主义的反对，遗憾的是媒体很少反映这个信息。上世纪80年代解构主义风靡全美国，我接触到的人里面，有些连药店的药剂师和机场的安检人员都知道。

来到耶鲁，我一方面如鱼得水，感到十分幸运，另一方面也给自己提出了警示——千万不要被新理论、新术语轰炸得昏头昏脑，乃至于失去了自己的走向。回忆这二十多年来，我基本上是跟着文学批评界的潮流走过了结构主义、后结构主义(即解构主义)、符号学理论、文学接受理论、新历史主义、女性主义批评、阐释学等诸阶段。但不管自己对这些批评风尚多么投入，我都一直抱着“游”的心情来尝试它们。因为文学和文化理论的风潮也像服装的流行一样，一旦人们厌倦了一种形式，就自然会有更新的欲望和要求。然而，我并不轻视这些时过境迁的潮流，因为它们代表了我们这一代人的心灵文化。对于不断变化着的文学理论潮流，我只希望永远抱着能“入”也能“出”的态度——换言之，那就是一种自由的学习心态。

耶鲁的风气很适合我的个性，所以我特别喜欢耶鲁。我认为耶鲁似乎是民主精神的缩影，为什么呢？比方说，布鲁姆跟保罗·德曼是互相敌对的，而且意见完全不同，却能和平相处，而且一天到晚互相辩论。还有现在最有名的格林布拉特(Stephen Greenblatt)与布鲁姆的意见也很不一样。格林布拉特以前不是很受争议(controversial)，但受聘于哈佛大学后却变成很有争议的人物了。布鲁姆很不喜欢新历史主义，他认为美学是经典之为经典的标准，如果作品没有美学价值就会湮没在历史中。但是格林布拉特则认为，经典的形成与权力有关，权力影响经典的形成。布鲁姆认为莎士比亚创造了我们(Shakespeare created us)，他是一个浪漫主义者。而格林布拉特则认为要评判经典，就要回到历史中去，经典的形成受历史环境的影响，要重建历史权力。他们俩一直唱对台戏，却能互相尊重。这样的知识分子榜样给我很大的启发，使我更加深信敌对却能共存的民主风度。其实我自己也比较喜欢有不同的声音，如果我的学生们只有一种声音，那我就会觉得太单调了。在课堂上，我总喜欢听不同的声音，尤其当学生提出反对意见的时候，我尤其受到启发。在研究学问方面，我也比较喜欢综合各种不同的思考方法，不喜欢偏重一种理论方式。比方说，80 年代我受解构主义的影响较大，但我也研究象征学、寓意学、阐释学等。当时我对中国的“寄托”传统感兴趣，于是重新阅读明清文学。我用“面具”的观点研究吴伟业，关切他如何开始在诗中写他的寄托，讨论他如何处理个人的处境与国家命运的各种问题，这些都与解构学、象征学、寓意学和阐释学有关。布鲁姆对我的影响也很大，因为他喜欢研究文学上的影响，讨论以前的作家对现在作家有什么影响，而现在作家对于以前的作家又有什么反应等问题。他认为文学上的影响主要是一种焦虑，有关这一点我经常跟他辩论，从我们的辩论中我学到更多有关中西比较的角度。通常西方世界的年轻人喜欢向老年挑战；莎士比亚的喜剧中就常常充满这种主题。从莎翁的喜剧中来看，年轻人总是努力要取代老年人，但是中国传统的年轻人并不持这样的看法。因此，我经常跟布鲁姆说：“在中国文学里头，年轻人并不把受老人的影响当成一种焦虑。”中国人甚至把师法杜甫、李白等诗人当成一种骄傲，说不上什么影响的焦虑。我认为我们每个人都有点博采众长(something of everything)。

宁一中　您对各种理论潮流的态度对我们启发很大。我们稍后还准备就“面具”美学和性别研究等话题向您具体请教。这里，先想请您谈谈有关“作者”的问题。我们知道，新批评理论家提出两个“谬误”，一个是“意图谬误”，另一个是“感受谬误”。其中，“意图谬误”论认为，从文本中寻找作者意图既是不可能的，也是不必要的，因此文本不具有决定作品性质的力量，是否符合作者的意图不能作为批评家的评判是否准确的标准。接受美学与读者反应论则强调读者的作用，认为文本的意义来自读者，不同语境中的读者会赋予文本以不同的意义，因此，一百个读者就有一百个哈姆莱特。在这里，作者同样被排斥在作品意义阐释的因素之外。解构主义认为，语言的意义来自时间上的“延”和空间上的“异”，是不确定的，多元的，没有终极的。以上几种理论，都将“作者”排除在意义构成和意义阐释之外。罗兰·巴特更是宣布“作者已经死亡”。他认为，作品一经产生，就与作者脱离了关系。我们也承认上述理论都有一定的合理性，但问题是，作品的生产和阐释过程是否能排除作者本人的参与因素。比如，骆宾王的《在狱吟蝉》：“露重飞难进，风多响易沉。无人信高洁，谁为表予心。”难道我们能脱离作者当时的处境而得到比较满意的阐释吗？吴伟业的诗句：“浮生所欠止一死，尘世无由识九还。我本淮王旧鸡犬，不随仙去落人间。”这样的诗，诗人可以在写完之后潇洒地把它交给读者“一任群儒释”吗？我们注意到，您在阐释文本时非常注重“声音(voices)”，曾以“文学的声音”作为一本文集的名称，并强调自己“喜欢听作者的声音”。请问您怎么看待文学作品中的“作者”问题？

孙康宜 是的。我在研究中，总是努力捕捉作者各种不同的声音，尽管文学里的声音是非常难以捕捉的，有时远，有时近；有时是作者本人真实的声音，有时是寄托的声音。结构主义认为，作者本人所要发出的声音很难具体化，而且文本与文本之间的关系十分错综复杂，不能一一解读，因而其意义是永远无法固定的。解构批评家又认为，语言本身是不确定的，所以一切阅读都是“误读”(mis-reading)。巴特的符号学宣称作者已经“死亡”，读者的解读才能算数，在知识网络逐渐多元的世界里，读者已成为最重要的文化主体，因此作者的真实声音已经很难找到了。近年来，费什(Stanley Fish)所主导的“文学接受理论”虽然继续在提高读者的地位，却不断向经典大家招魂，使得作者又以复杂的方式和读者重新见面。同时，新历史主义者和女性主义者都分别从不同的方面努力寻找文学以外的“声音”,企图把边缘文化引入主流文化。而目前流行的“全球化”(globalization)研究其实就是这种企图把边缘和主流、把“不同”和“相同”逐渐会合一处的进一步努力。所以,我对符号学理论所说的“作者死亡”,总的评价是:不一定完全正确。

段江丽 您在《吴伟业的面具观》一文中说:“西方批评概念仅在开始比较时起作用,但在使用它的时候,我们不能为它的独特‘西方’含意所限制。”这一点对大陆学者尤其具有启发意义。我们在借鉴或引用西方理论时,往往容易因为对西方理论和中国文学作品的双重“误读”而产生偏差,或者沦为只是为西方理论寻找中国例证的窘境。所谓“双重误读”是指对西方理论和中国文学都缺乏准确深入的了解,而将西方理论生搬硬套到中国作品上去。您的比较研究的观念和实践都告诉我们,西方理论很多时候可以提供思考的角度,但是在具体运用到中国作品的阐释时,不仅要考虑理论对中国作品的实用性,更重要的是从中国作品的实际出发,很多时候,还可以提供有力的证据修正西方理论的偏差和不足。这一点,体现在您与布鲁姆关于“影响焦虑”的讨论中,更体现在您的性别研究之中。

四、性别研究:中国古代女性文学的世界意义

宁一中 我们在拜读您的学术著作时,一个突出的感觉就是您的研究领域非常广阔。仅就中国古代文学而言,从六朝诗、唐宋词,到明代文学史以及明清诗词戏曲等等,广泛涉猎而且多有开创。尤其是明清女性作品,正如您在一些文章中提到的,在既有的研究中往往处于边缘,甚至被完全忽略,而您则努力将其从边缘的位置提升到中心的位置。

孙康宜 80年代在我开始关注和研究柳如是的时候,美国还很少有女性文学的问题。我们编辑出版《明清女作家》和《中国历代女作家选集》这样的著作,就是希望能通过大家共同翻译与不断阐释文本的过程,让读者们重新找到中国古代妇女的声音,同时让美国的汉学家们走进世界性的女性作品“经典化”(canonization)行列,所以,我特意找了一半以上的男性学者来共同参与。

段江丽 据我们了解,在美国汉学性别研究领域以明清女性文学研究

成就最为卓著。说到美国汉学界的性别研究，不能不提到由您和您的朋友们发起、主持的三次国际会议。第一次，由您和魏爱莲教授主持，1993 年在耶鲁大学召开的明清妇女文学国际座谈会；第二次，由您倡议、由张宏生教授主持，2000 年在南京大学召开的明清妇女学术会议；第三次，由方秀洁(Grace S. Fong)和魏爱莲两位教授主持，2006 年在哈佛大学为庆祝麦基尔—哈佛明清妇女文学数据库的建成而召开的学术会议。尤其是由您和魏教授主持的第一次会议，从某种意义上说具有里程碑的意义。这是第一次大型美国汉学性别研究学术会议，会议论文集《明清女作家》以及此后出版的《中国历代女诗人选集》对于美国汉学界的性别研究无疑具有奠基和主导的作用。我们相信，这两部著作以及美国汉学界已经取得的性别研究方面的丰硕成果，对国内国际的性别研究都会发挥越来越大的影响。请您就这三次会议做一个简单的介绍和比较。

孙康宜 这三次会议对汉学性别研究学科的建立的确具有非常重要的意义。相对来说，第一次会议，由于资料有限，我们就把所知道的女作家资料都包括进来，比如说村妇贺双卿，还有一些妓女。这样一来，因祸得福，反而让人感觉涵盖面广，这种评价是相对 2006 年哈佛会议而言的。哈佛会议为庆贺麦基尔—哈佛明清妇女文学数据库的完成而召开，这个数据库收录晚明至民国初年妇女著作九十种，主要为闺秀文集，像柳如是那样嫁人豪门的才妓也被当做“闺秀”看。所以，这次会议提交的 23 篇论文均与文集收录的作家有关，讨论的主题限于闺秀文集。遗憾的是，这次哈佛的会议和上次南京的会议，我都因故未能与会，虽然我曾为南京的会议提交了论文。南京会议的最大贡献应该是极大地促进了国内妇女文学与性别研究的进展，事实上，为了促进中美学者的交流、合作，耶鲁会议就特别注意邀请国内学者参加，哈佛会议也有八位作者来自大陆和港台。

宁一中 性别研究在美国汉学界成就突出，美国学术界对它的反应如何？

孙康宜 遗憾的是，到目前为止，美国学界对汉学性别研究的成果还是重视不够。但是，从另一个方面来说，正因为这样，也就使得中国古代妇女文学以及与此相关的性别研究走向世界、为世界性别研究作出贡献提供了机会和可能。这要从美国学术界的性别研究性质说起。

从学理上讲，过去二三十年，美国乃至整个西方性别研究，基本上遵循的是由“差异观”到“迫害论”的思路，由此探讨性别“差异”所造成的权力关系和文学传承观念。70年代初，凯特·米利特（Kate Millett）的经典作品《性政治》（Sexual Politics）就是以西方文学里的压迫者（男）和被压迫者（女）的对立和“差异”为出发点。80年代以来，著名文学批评家芭芭拉·约翰逊（Barbara Johnson）的重要理论著作几乎全是以“差异”（difference）一词作为标题。男女差异观强调男权制是一切问题的开端，而女性则是男权制的牺牲品、是“受害者”（th“evictimized”）。比如芭芭拉·约翰逊在她的*A World of Difference*（《差异的世界》）一书中，就特别提出西方女性作家一直被排斥在“经典”（canon）之外。这种由于性别上的“不同”而转为“受害者”的想法后来成了美国性别研究的主要“话语”（dis-course）。

宁一中 我们注意到，您在《走向“男女双性”的理想——女性诗人在明清文人的地位》等系列论文中，从可靠的史实和文本依据出发，指出这种话语体系并不适用于汉学性别研究，因为传统中国女性并不都是受害者，尤其是文学女性，她们的创作，不仅得到了一些男性文人的肯定和欣赏，还得到了许多男性的支持和帮助。

孙康宜 是这样的。正如芭芭拉·约翰逊在《差异的世界》中所指出的那样，西方女性作家一直被排斥在“经典”之外。与西方这种排斥女性作家的传统相反，中国文人自古以来就流行表彰才女的风尚，有才的女子被称为“女史”、“彤管”、“女博士”。可以说，世界上没有一个文化传统比中国更注重女性文才了。而且有时候连皇帝也对才女格外奖赏，如班昭、左芬、刘令娴等都得到皇帝的特殊待遇。重要的是，中国传统男女一直在分享着一个共同的文化，男女也用共同的文学语言在认同这个文化。总之，中国文学从一开始就没有把女性排除在外，所谓诗歌的世界，其实就是男女共同的园地。尤其是，古人那个“温柔敦厚”的诗教观念，本来就是一种女性特质的发挥，与现代人所谓的“femininity”有类似之处。在第一部诗歌总集《诗经》里，我们所听到的大多是女性的声音——虽然那并不意味着那些诗篇全部是女人写的。但是，我们可以说，后来中国男性的文学传统有很大成就建立在模仿女性的“声音”上。中国传统男性文人经常喜欢用女性的声音来抒发自己内心那种怀才不遇的情怀，同时，也有不少女诗人喜欢用较阳刚的语言来摆脱所谓的“脂粉气”。总之,中国文学里的声音有一种男女互补的现象。我曾在论文中将这种现象称为“cross-voicing”(声音互换),以与时下流行的“cross-dressing”(男扮女装或者女扮男装)的说法相映成趣。传统中国这种男女互补的精神与西方社会里经常存在的性别战争显然不同。

首先打破“女性全部是受害者”这一偏见的是美国的汉学家们。在这一方面最有贡献的学者之一是目前执教于哥伦比亚大学的高彦颐(Dorothy Ko)。她在 *Teachers of the Inner Chambers*(《闺塾师》)那本书中,以17世纪的中国江南地区为例,仔细阐述了中国传统女诗人如何建立文学地位的实况,得出了传统中国女性不能用“受害者”一词来概括的结论。时下流行的有关传统女性为“受害者”的言论很大程度是“五四”运动以来的学者作家们所创造出来的神话。她以为,这些现代的中国知识分子之所以坚持这种理念,主要是为了强调现代中国在妇女解放方面的“空前”成就。问题是,如果我们一律用“女性受害论”的观点来阐释传统中国文化,那将是一种以偏概全的方法,也是对中国历史本身的简化和误读。可惜今日许多中国学者还一直继承着“五四”以来的这种偏见。另一位研究明清史的美国汉学家苏珊·曼(Susan Mann),也得到了与高彦颐类似的结论。她在一篇文章中曾经指出,美国汉学研究的最大特色之一就是打破了女性为受害者的主题。最近在美国,有关中国妇女史的研究,已经转向了不同的研究方向,不再是罗列女性受压迫的例子了,而是去探讨两性之间的关系互动以及他们在经济、政治等具体的架构之下所拥有的权力。

段江丽 说到对中国历史的简化与误读,我也很有同感。我发现,目前国内学界在讨论文学作品中的“审父”、“渎父”、“丑父”以及“弑父”等等主题时,很多论者在展开论述之前,大都有一个想当然的逻辑起点,以为传统中国是父权制社会,具有“尊父”、“崇父”、“颂父”的文化传统,因此,文学作品中的父亲形象总是高大、光辉的,中国文学中的“审父”意识是在异质文化的冲击之下才有的主题,是20世纪初期“五四”新文化运动的产物。事实上,负面的父亲形象在中国古代文学作品中俯拾皆是,具有“现代性”意义的“审父”意识早已蕴含在“传统”之中。所以,我认为,很多时候,我们在关注“现代”时,不能忽略显在或者潜在的“传统”资源。

孙康宜 正是这样。可是，目前在谈论到中国女性或性别问题时，人们往往把眼光局限在西方潮流的影响上，完全忽略了中国“传统”与“现代”的联系。殊不知，任何一种文化现象都不会全是“外来”的，它必有其“内在”于传统本身的发展因素。

一般人总以为西方的种种理论可以为中国文学研究带来崭新的视角，却很少有人想过中国文学的研究成果也能为西方的批评界带来新的展望。正因为如此，尽管美国汉学界有关性别方面的研究，已经有了多方面的突破，但西方性别理论的学者们，对于这一方面的汉学成就往往视若无睹。总之，目前所谓东西方文化的影响，大多是单向(one-way)的，而非双向(two-way)的。在这个后现代的时代里，这种普遍的疏忽和偏见的确让人感到惊奇。我以为至少有两个因素在作祟：一是文化上的“他者”(other)盲点，另一是对于“现代性”(modernity)的误解。有许多西方人认为中国文化是属于“他者”的文化而加以忽视。同时，有人以为传统中国既然离现代十分遥远，当然与所谓的“现代性”无关。殊不知这两方面的想法都是对人类文化发展意义的误解。可惜的是，不仅一些西方人存有这样的误解，就连今日中国大陆、台湾、香港的知识分子也经常有这种偏见。这就是为什么这些年来有不少中国学者只注重西方理论，却忽视了传统中国文化的重要性，因而也很少想到要参考美国汉学领域里的研究成果。这种舍近而求远的态度，本来就是20世纪以来中国知识分子的一个严重的盲点。但在今日的世界里，我们实在不能再采取这种带有局限性的治学方法了。著名的比较文学学者苏源熙就曾提出“这是用广阔的视野来取代有限的视角”的时候了。也正是从这个意义上，我认为，中国古代妇女文学以及与之相关的研究，具有世界性或者说“全球化”的重要意义。

宁一中 正如您所说，苏源熙教授提出的“广阔的视野”，应该指中西文化并重。我以为，您和其他汉学家之所以在性别研究方面取得了杰出的成果，最重要的一点就是，你们一方面关注并十分了解西方性别理论的发展情况，另一方面，又实事求是，注重中国传统文化的实际情况。这样，就不是简单套用西方理论，而是在借鉴西方理论的前提下，对中国传统妇女创作进行审视，找出异同，从而建立中国传统文化理论，使汉学性别研究具有独特性和前所未有的重要性。我们相信，在您和其他的汉学家以及国内学者共同努力之下，汉学的“声音”一定会受到国际学界的关注和重视，并发挥影响。请简单介绍一下您本人在汉学性别研究方面的具体情况。

孙康宜　我也相信，汉学性别研究可以从一个侧面帮助我们重构中国文学史、中国历史，也可以帮助西方学者丰富和重建文学、历史与性别研究理论。我本人的性别研究，早期主要致力于资料的整理和翻译工作。我们编选的英文版《中国历代女诗人选集》是从众多的文本材料中精选了一百二十多位才女的佳作，全书的六分之一篇幅是我们对中国有关妇女文学创作的传统理论和评论的翻译介绍，男女评论家各半。所以，这部选集兼具保存、批评和翻译介绍的功能。在具体研究中，我喜欢比较的方法，这种方法直观、明了，当然，我也时时警惕，要选好比较的角度，要对比较的对象有深入的了解，否则容易流于表面。

至于我在性别方面研究的具体内容，主要在两个方面：一是关注西方性别理论的进展和前沿成果；二是中国古代妇女创作的文本，尤其关注各种妇女的声音、男女作家的关系以及女性道德权力等话题。

段江丽　请简单介绍一下西方性别理论的发展情况和女性道德权力这一话题。

孙康宜　在《90 年代的美国女权主义》一文中，我曾对美国女权主义理论的发展做了一个简单的梳理，大致情况是这样的：70 年代以前的女权主义可以说是传统女权主义，主要要求两性平等；70 年代及 80 年代的美国女权主义发展为激进女权主义，强调两性之间的差异，专注于父权制的颠覆及解构，90 年代的女权主义则已经转为不同派别的妇女之间的互相排斥与争论。90 年代中期在美国流行的所谓“大血拼”(internecine war)一词指的就是这种女人与女人之间的抗衡与挑战。到了 90 年代，“女权主义”一词已经成为许多女人想要消解的对象。由于多年来许多激进的女权主义者采取许多极端的抗拒方式，无形中使得“女权主义”被理解成一种“怨恨男人”(man-hating)的主义。有人甚至认为“女权主义”已变成一种“女性纳粹主义”(feminazi)，既恐怖又危险，因此，不愿再与之认同。自称为“女权主义”者的沙茉思(Christina Hoff Sommers)甚至批评控制女权主义的学院派女权威是破坏女权主义形象的罪魁。沙茉思认为，这些“女性权威”的问题就在于她们永远把压迫者和被压迫者对立起来，永远把自己看成被男人压迫的对象，并反过来企图压迫男人。90年代以来，许多非学院派妇女都向往70年代以前的“传统女权主义”，以争取自由平等及提高意识(consciousness-raising)为主，她们把重点放在人文主义的个人觉醒上，以为强分性别差异是一种错误。90年代攻击学院派女权主义最为激烈而彻底的人是已经轰动欧美文坛及大众文化界的佩格利亚(Camille Paglia)。她的《性形象》(*Sexual Personae*，1990)和《尤物与淫妇》(*Vamps&Tramps*，1994)均以挑衅式的文字，企图推翻学院派女性主义多年来所建立的理论架构，佩格利亚在美国文化界影响之巨、涉及之远，可谓空前。她在《性形象》一书中指出，女权主义的“致命症结”——其实也是19世纪以来西洋文化的根本问题——就是对文化(culture)与自然(nature)的价值判断之倒置。她认为，女权主义的问题在于盲目地继承卢梭的“自然学说”，借其抵抗那代表“社会堕落”的男性；可是，女权主义者在攻击父权制时，忽略了一件事实：那就是所谓的“父权制”其实是人类文明的共同产物。一味地攻击父权等于是放弃文明，把自己放逐到草原茅屋中。佩氏还认为，女权主义者忽略了“性”的本质，过分简单地把“性”的问题看成是社会的成规，而实际上，“性”的问题极其复杂，不可强分。正如《纽约时报书评》的撰稿人斯坦娜(Wendy Steiner)所说：“佩格利亚的《尤物与淫妇》一书正代表了美国对激进女权主义的霸道之全面反叛。”

宁一中　打个比方说，女权主义在经过了英、法、美的三次发展浪潮后，遇到了一个有力的漩涡。也许这个漩涡预示着未来女权主义发展的新动向？2003年我在剑桥大学访学时读到一篇关于女权主义的文章，大意是说，据调查，现在英国的很多女大学生对前辈女权主义者们与男权抗争的努力不屑一顾，她们中的很多人认为性别上的生理差异造成了人类文明史上男女权力的差异，她们认可这种差异，提倡男女各守本分，从不同角度为社会发展作贡献。所以那篇文章的标题稍带点感慨，叫《女性主义：前路漫漫》(Feminism：A Long Way to Go.)。这些人的态度好像是对佩格利亚的某种呼应，或者说，佩格利亚的观点是她们的理论支撑？不过话又说回来，总的来说，女性还是处于权力上的劣势，因此，妇女争取她们应有的权力也是应该的。只是不必一说“女权”，就“一切权力归妇女”，那样也是不实际的。请问您作为学院派学者，对所谓学院派女权主义者与佩格利亚所代表的女性主义有何评论？

孙康宜　平心而论，学院派激进女权主义者也并非全无贡献，就因为她们多年努力的成果，才使女性在学院中形成了与男性权威抗衡的力量，而最终使妇女在知识及政治上达到了真正的平等与自由。一个明显的例子就是学院里的“终身职”制度，就是因为激进女权主义者的不断争取及对抗，才使学院在八九十年代以来普遍地增多了女教授“终身职”的人数。哈佛、耶鲁、普林斯顿等著名大学都有这种情况。就因为“终身职”上的胜利，才使许多学院派的女强人成为女人群中的权威，从边缘阵线走入中心。至于佩格利亚，则从学院的边缘走向大众文化的中心，她的成功也反映出“后现代”社会的文化趋势。当学院派普遍专注于“文字”时，佩格利亚却标出西洋传统中的“视觉文明”之形象。她的“视觉观”不但迫使普遍学院派女权主义再思考，而且也使许多激进女权主义者纷纷调整自己的理论成见。总之，佩格利亚和许多女权批评者的挑战，迫使90年代的女权主义者去积极地修正她们的理论框架，许多女权主义者已渐渐体验到，过分地强调两性抗争会使自己沦为性别的囚徒，因此已经可以消解男性女性二分法；同时，还觉悟到“性”的复杂性：所谓“后天的性别”(gender)是绝不能与“生理上的性别”(sex)分开的。连自称为“唯物女权主义者”的维克(Jennifer Wicke)也修正了她对“父权制”的定义，她现在认为“父权制”是由男人和女人共同建立的。90年代以来，美国的女权主义已经从70年代及80年代偏于抗拒父权的“单元化”进入了容纳各种各样女权主义的“多元化”时代。这就是美国人已经用英文的复数形式Feminisms来指女权主义的原因。

关于女性的道德力量，我在《传统女性道德权力的反思》以及《道德女子典范姜允中》等文章中讨论了这一问题，具体说就是妇女才德与权力的内在联系，这是一个很有趣的问题。在权力(power)问题上，我比较认同福柯(Michel Foucault)的“权力多向论”，即人的权力无所不在，一个人在某处失去了权力，会在另一处重建权力的优势。根据我对中国古代文学及文化的认识，我发现传统中国男女之间的“权力”分配，是一个十分复杂的问题。对中国传统女性的权力，必须把它放在道德的上下文之中。中国女性所拥有的道德力量，就是福柯所说的“权力多向论”中的一种权力，即“道德权力”(moral power)，它是中国传统女性在逆境中对自身高洁忠贞的肯定，从而获得的一种“自我崇高”(self-sublimation)的超越和权力感。除了德行之外,一个女子如果能够在她人生的有限性中,用感人的文字写下她心灵的崇高,那么,她便能获得一种不朽的文学和道德权威,所以,传统中国妇女尤其理解才德并重的道理,后来明清时代的一些女性作家甚至利用才德并重的观念来提高她们的文学地位。据美国汉学家苏珊·曼的考证,当时的女性作家们乃是通过男性学者们对她们才德的肯定而获得了一种新的道德力量,与我的观点不谋而合。说到女性的权力,还有一种意见值得借鉴,佩格利亚在《性形象》一书中,女人的“性”其实是一种强大的权力——在“性”及情感的范畴里,女人永远是操纵者,在男人为她们神魂颠倒之际,也正是女“性”权力最高涨的时刻。可惜女权主义所鼓吹的“被压迫者的心态”使女人无法了解她们真正权力所在,以及那种最深刻、最实在的魅力。

段江丽　无论是美国性别理论的新走向,还是您及其他汉学家们的性别研究,都为国内这一领域的研究提供了非常好的参照和借鉴。我们希望而且相信,会有越来越多的国内学者参与进来,与汉学家以及国际其他性别研究专家进行交流和对话,使中国的性别研究也能真正从国际学术的边缘向中心移动。

五、“面具”美学:中国式的象征与托喻

宁一中　在您的研究中还有一个很重要的概念就是“面具”(mask)美学,在专著《陈子龙柳如是诗词情缘》以及《传统读者阅读情诗的偏见》、《揭开陶潜的面具——经典化与读者反应》、《隐情与“面具”——吴梅村诗试说》、《〈乐府补题〉中的象征与托喻》、《典范诗人王士禛》等系列论文中都有论及。这是一个独具特色又很有启发意义的理论概念,能否请您介绍一下这一理论的来源、内涵以及具体运用的情况?

孙康宜　我在研究各种文学声音的过程中,逐渐发现中国古典作家有一种特殊的修辞方式,我将其称之为“面具”(mask)美学。这种面具观不仅反映了中国古代作者由于政治或其他原因所扮演的复杂角色,同时也促使读者们一而再、再而三地阐释作者那隐藏在“面具”背后的声音。所以,在中国文学批评史上,解读一个经典诗人总是意味着十分复杂的阅读过程,读者们要不断为作者戴上面具、揭开面具、甚至再蒙上面具。在你刚才提

及的几篇论文里，我先后对这个问题作了不同程度的探讨。

举例来说吧。我们都知道，张籍的《节妇吟》是为婉拒节度使李师道的延纳而作，他在诗中自称“妾”，把李师道比成“君”。于是，那个为情所苦的有妇之夫只能算是诗人借由想象所创造出的虚构代言人。这种通过虚构的女性声音所建立起来的托喻美学，我将之称为“性别面具”(gender mask)。之所以称为“面具”，乃是因为男性文人的这种写作和阅读传统包含着这样一个观念：情诗或者政治诗是一种“表演”，诗人的表述是通过诗中的一个女性角色，借以达到必要的自我掩饰和自我表现。这一诗歌形式的显著特征是，它使作者铸造“性别面具”之同时，可以借着艺术的客观化途径来摆脱政治困境。通过一首以女性口吻唱出的恋歌，男性作者可以公开而无惧地表达内心隐秘的政治情怀。另一方面，这种艺术手法也使男性文人无形中进入了“性别越界”(gender crossing)的联想；通过性别置换与移情的作用，他们不仅表达自己的情感，也能投入女性角色的心境与立场。

值得注意的是，明清以后的女性作家也通过各种文学形式，建立了性别面具和性别越界的写诗传统。在这一方面，尤以女剧作家的贡献最大。在明清女性的剧曲中，“性别倒置”的主题非常突出：利用这种手法，女作家可以通过虚构的男性声音来说话，可以回避实际生活加诸妇女身上的种种压力与偏见，华玮把这种艺术手法称为“性别倒转”(gender reversal)的“伪装”。同时，这也是女性企图走出“自我”的性别越界，是勇于参与“他者”的艺术途径。例如，在杂剧《鸳鸯梦》中，叶小纨把她家三姊妹的悲剧通过三个结义兄弟的角色表现出来。她一方面颠覆了传统诗中的女性话语，也同时表达了她与怀才不遇的男性文人的认同。关于这种与男性文人认同的艺术手法，19世纪的著名女词人兼剧作家吴藻有特殊的成就。在其《饮酒读骚图》(又名《乔影》)中，吴藻把自己比为屈原。剧中的“她”女扮男装，唱出比男人更加男性化的心曲。此剧在当时曾激起许多男性作家的热烈反应。这些男性文人的评语都强调：最有效的寄托笔法乃是一种性别的跨越。屈原以美人自喻，吴藻却以屈原自喻。两性都企图在“性别面具”中寻求自我发抒的艺术途径。重要的是，要创造一个角色、一种表演、一个意象、一种与“异性”认同的价值。

段江丽　您所说的“面具”美学观类似于传统诗学中的“比兴寄托”？

孙康宜 也可以这么理解。我所说的"面具"美学，在学理上，强调诗人有意使诗篇变成一种演出，诗人假诗中人物口吻传情达意，既收匿名的效果，又具自我指涉的作用。诗中"说话者"(speaker)或"角色"(persona)一经设定，因文运事，顺水推舟，其声容与实际作者看来大相径庭。这种技法在吴伟业的作品中表现得非常典型。对于全面理解吴伟业的"面具"技巧，《秣陵春》非常重要。这个作品借才子佳人的浪漫故事表现一个重要的命题：在旧朝灭亡之后，像结婚这样的人生乐事只能在镜中、在天上，剧终道破这一命题的曹道人就是吴伟业的"面具"。孔尚任的《桃花扇》其实就受到吴伟业"面具"理念的影响，结尾部分假老赞礼之口表达对明室的哀思。

更令人瞩目的是，吴伟业将这种戏剧手法运用于诗歌。他在众多叙事体诗作中，设计历史人物角色，倾注个人怀抱，典型的作品如《永和宫词》、《萧史青门曲》、《琵琶行》、《听女道士下玉京弹琴歌》、《圆圆曲》等等，都是以戏剧化人物口吻叙说历史情事，传递一种普遍性的亡国之苦痛经验，而又巧妙地躲过新朝的文网和政治限制。总之，吴伟业的这类诗歌，是将抒情主体(lyric self)置于一种复杂的情境中， 一方面，诗人借助表层的戏剧、叙事形式经营一种客观的质地；另一方面，在其戏剧化的"面具"背后，诗人又总是在书写着一己遭际的情韵。

段江丽 国内古代文学研究界对明清小说和戏曲的交互渗透和影响关注较多，您对吴伟业诗歌中戏剧化技巧的揭示及理论提升，非常富有启发意义。同样是讨论作品中的寄寓意义，您在分析南宋遗民周密、王沂孙、张炎等十四位词人为元人毁辱南宋诸帝陵寝的"毁陵事件"而作的五组咏物词《乐府补题》时，用的是"象征与托喻"；在分析陈子龙诗词的时候，用的是"象征与隐喻"；在分析王士禛为许多遗民推崇的诗风时，用的是"含蓄手法"，请问，这些是否可以被看做是"面具"美学的其他表现方式？

孙康宜 这的确是一个很有意思的问题。我说的"面具"美学，是一个很宽泛的概念，可以有多种不同表现方式。关键的一点是，作者很多时候是很狡猾的，不会直话直说，或者别有寄托，或者言此意彼，或者正话反说，有时即使说了真话也强调自己只是戏言，等等，不一而足。我觉得这些现象都可以涵括在"面具"美学这一概念之下，或者，如你们所说，也可以理解为象征与托喻。

段江丽 请问,象征与托喻有什么区别?西方的象征与托喻与中国的象征与托喻是否相同?

孙康宜 在我看来,象征和托喻的区别在于:对于象征来说,读者关于(诗歌)意义的广泛联想是否确实符合作者的意图无关紧要;而在托喻中,作者的意向通常是必要的。当然有关作者的意向这一点,近年来批评界又有新的阐释,我以下会简单说明。至于西方文学与中国文学中的象征与托喻,在理解和评价上有一定的差别。近年来,在西方文学批评中,象征(symbol)和托喻(allegory)的概念变得十分困难而复杂。从浪漫主义时期开始,即有一种趋势,把象征手法看得高于托喻,因为许多批评家认为,象征主义似乎"与诗歌的本质等同",而托喻则"远离诗之精神"。其后,20世纪60年代后期,在保罗·德曼为托喻辩护并对象征美学加以摒弃的过程中,出现了"托喻"的复活。单单就这两种手法的命运流转,足以说明象征与托喻在西方文学中由来已久的对立存在。虽然在理论上西方大多数作品可以被读做既是托喻的,又是象征的,然而事实上,西方批评家在阅读作品时,一般不把这两种手法结合起来。上世纪80年代中期我写关于《乐府补题》那一篇文章的最初冲动,就是想证明象征和托喻在中国诗歌中不是互相区别而是互为补充的,而且两者可以并存于同一文本。那篇文章具体讨论了《乐府补题》中的象征与托喻是如何与西方概念相似,同时更重要的,是如何相区别的。

但近年来,比较文学界中对于托喻又有新的研究成果。目前有些西方学者把"作者意向"可以确定的托喻称为allegory,把纯粹由读者杜撰而成的托喻称为allegoresis。在这一方面,华裔学者张隆溪先生的著作尤其令人耳目一新,在他所举有关allegoresis的范例中,有不少例子来自中国文学。有兴趣的读者可参考张先生于2005年刚由康乃尔大学出版社出版的近著:*Allegoresis:Reading Canonical Literature East and West*。

然而,我以为《乐府补题》仍是一种allegory型的托喻,我那文章的目的就是要证明其作者意向的根深蒂固。在此我应当说明的是,西方的托喻往往指向道德与宗教的真理,而中国传统的托喻方式则指向历史与政治的事实。例如,由《乐府补题》中可知,在宋元更替的历史时期,中国文学中的词体发生了若干关键性的变化，首要的变化就是词人们加强了对咏物手法的重视，从而使抒情自我从外部世界退入独立的小天地中去，经由微小的自然物如梅花、莲花、白茉莉等，作为象征而表现出来。诗人们为了将读者引向他们含蓄的意图，方法之一就是运用一些循环反复的、与真实事件有直接联系的枢纽意象。《乐府补题》中的咏物词，以龙涎香、白莲、莼、蝉以及蟹这些事物作为意象，托喻毁陵事件，一般认为，龙涎香、莼、蟹托喻陵寝被毁的南宋诸帝，白莲和蝉托喻那些尸骨与君王遗体一起被抛撒荒郊的后妃有关。在这些咏物词中，通过象征和反复用典，织出了厚密的意象网络，虽然并未明指毁陵事件，但是，这些谜一般的意象所具有的召唤力，不能不使那些了解相关历史事件和文学背景的读者们关注其外部结构，从而联想到词作的托喻性意义。这些咏物诗词的机能犹如小说，它们说的是一件事，指的是另一件事。所以，我把这种类型的托喻称为“意象型托喻”。

段江丽　可不可以这样理解，这些咏物词像传统的咏物诗词那样，通过物象和典故表情达意；同时，通过相同的物象和典故不断重复，就形成“枢纽意象”或者说关键意象，这些意象的象征意义看似不可确定，不过，那些深谙历史故典和修辞程式的读者则可以通过这些枢纽意象或者说关键意象准确地把握词人深藏不露的真实意图，从而实现了“意象型托喻”的美学价值？这样，象征和托喻也就实现了某种意义的互补？

孙康宜　是的。要理解这种中国式的象征和托喻，历史和政治的因素非常重要。作家需要表达却不能明确表达、只好以文学的手法暗示某种事实及意义，深谙这一文学传统的读者，这时候其实是在与作者分享同一个秘密，大家彼此心照不宣。这一点，西方的读者，尤其是美国的读者很难理解，因为他们不像中国古代作家那样，有话不能说。我认为，“意象型托喻”是中国人为赋予其诗词以独立性的最好谋略，而《乐府补题》咏物词仅仅显示了中国托喻倾向的一个主要方面。需要特别指出的是，正是在清代，当汉人在满洲贵族统治下重新遭受痛苦和屈辱时，“六陵遗事”才广为人知，通过万斯同、朱彝尊、厉鹗、周济等人的不断努力，词评家们才最终确立了《乐府补题》的托喻解读。从清代批评家到当代的叶嘉莹教授，他们就《乐府补题》所作的对托喻的诠释，具有互补的两个方面：首先，他们诠释的目的在于阐明作者的托喻意向；其次，他们相信诠释是本文的象征意义的不断展现。第一个方面可以比之于传统的西方诠释方法，其目的在于“认定作者的意旨”；第二个方面，至少在精神上和现代解构主义方法相近，它坚持读者对于无尽头的诠释的发现。

段江丽　您在论及陶潜的“面具”时又有不同，您一方面指出，是早期的传记作品制造了一种“面饰”，这些传记作品把陶潜塑造成了一个单纯完美的隐士；另一方面，您也指出，陶潜在诗歌中所表现出来的丰富的人性和内心世界，也将我们导向诠释陶潜的不确定性。我们是否可以这样理解，对于陶潜来说，“面具”主要是正统文化赋予他的一种人格理想，是历代读者所赋予他的一种光环。所以，要揭开陶潜的“面具”，我们不能听信传记以及在传记所制造的“面饰”的导引之下所做的单纯的诠释，而需要抛开传记所制造的“面饰”，同时，也要揭下诗人自己有意无意间所造成的各种“假面”，细读文本，才能真正发现更复杂而有趣的陶潜？

孙康宜　陶潜的确是一个非常有意思的个案。布鲁姆说，在一定程度上是莎士比亚“创造了我们”；按照这种说法，或许我们也可以说，在某种程度上是陶潜“塑造”了中国人。在过去的数世纪以来中国人通过解读陶潜来塑造他们自身，以至于他们常常拿陶潜的声音来当做他们自己的传声筒。如果说早期的传记作品由于过分强调陶潜作为一个隐士的单纯，成了一种“面具”，那么，我们也许可以说，后起的陶诗读者在其根本上是揭开陶氏的面具，同时又给他制造了其他的面具。他们通常渴望发现陶氏真正的自我——揭开他作为一个有隐情和焦虑的真正个体。陶潜的酒徒形象、不沾女色的正人君子形象以及怡然自适的隐士形象，都具有某种“面具”的意义，历代有不少“读者”，包括萧统、杜甫、苏轼、文天祥、梁启超、朱光潜等古今大家，都曾试图揭开陶潜身上的种种“面具”，触摸到有血有肉复杂隐秘的、真实的陶潜。正是这些努力成就了陶潜的“经典”地位。陶潜的例子也说明，经典化的作者总是处于不断变化的流程中，是读者反馈的产物。

宁一中　可不可以说，您的“面具”理论，以“象征”和“托喻”、“比喻”修辞为其形式构成；其美学功能是隐匿作者，让他/她在一种“假象”的掩护下表达在特定语境下（如出于政治的原因，或为了委婉的原因）难以表达之情，叙述难以叙述之事；性别置换是呈现“面具”的常用手法之一。在不同的作者那里，面具的表现形式是不同的。比如在《乐府补题》中，作者主要使用“象征”与“托喻”的手法；在吴伟业的《秣陵春》中，作者对自己的“面具”很有自我意识，他是以作品中的“自我”角色(persona)来隐匿自己的；在陶潜的作品中，作者是利用语言的多义性、不确定性而优游于不同时代的读者之中。而王士禛的作品则因当时的政治处境只能“写于字里行间”，让读者“从字里行间去读”。

既有“面具”，就有“藏真”；但“装假”的目的还是为了“表真”，而不是为了掩饰真的“真”。借他者之口，表自我之实，“面具”不过是一种“方便”的手段而已。Abner Cohen 在 *Masquerade and Politics* 中讲道，在狂欢节期间，人们带着假面具，说平时不能说的话，做平时不能做的事，与您的面具理论有异曲同工之妙。

孙康宜 你说得太对了，面具就是一种方便的手段。作者之所以要有意无意地制造面具，有美学修辞的考虑，有政治的考虑，有时还有文体特殊性的考虑。所谓文体特性，比如，一般来说，词就比诗来得含蓄。就中国特殊的历史和文化传统而言，政治的因素往往很重要，比如我文章中所提及的案例，《乐府补题》、吴伟业、王士禛还有陈子龙在后期的诗词，都有明显的政治考虑。相对来说，陶潜的情况比较特殊一些，尽管也有人将他的隐逸与对晋室的忠贞联系起来，但是，他的那些曾被当做政治隐喻来解读的诗作居然作于晋室倾覆之前。所以，我认为，虽然陶潜也曾出于某种目的，否定《闲情赋》的真实性，说那只是模仿的戏作，更多的时候，他都在有意向读者传递众多他自己的信息。他的案例提醒我们，除了作者和读者的因素之外，还要考虑的是语言本身的不确定性问题，这也是解构主义给我们最大的启示。至于陈子龙以情喻忠，我们可以将他写于 1635 年的情诗与 1647 年亡国之后写的爱国诗进行互读，我惊奇地发现，不仅后者对前者有明确的呼应，甚至可以说前者对后者有着某种“figura”(预示)的意义。

段江丽 您的研究使我们看到，中国古代作品的“面具”效果，很多时候是作者有意为之的修辞所致，但也有接受过程中一些“读者”按文化理想为其塑形的原因。除了这些之外，还有语言本身不确定的原因。

除了学术著作之外，您的《耶鲁潜学集》、《耶鲁·性别与文化》、《把苦难收入行囊》等文集中有许多文笔优美、集智性与感性为一体的散文，也给了我们丰富的人生启迪以及美的享受。这些清丽隽永的文字展示了您作为学者的另一面，对生活的热爱、对世事的洞察、对人生的感悟。如果说，您的学术著作让我肃然起敬，那么，您的散文作品则让我爱不释手。我是第一次来耶鲁，却有老友重逢的亲切与温馨，没有边界的校园、雅礼协会、斯特灵图书馆及其正门石雕上的中文字、百内基善本图书馆、女人桌，以及校园旁边的无街墓园、东岩，等等，这些属于耶鲁的特殊风景，还有许多与耶鲁相关的逸闻趣事，我在来耶鲁之前通过您图文并茂的介绍已经了然于心。我由此想到，您在许多生活或学术散文中介绍的“耶鲁精神”以及其他美国“长青藤盟校”的“精神”一定会影响到众多读者，尤其是莘莘学子。在我看来，您的这些充满人文关怀、审美趣味与生命智慧的散文，与学术著作一样，同样具有重要的意义。

孙康宜 我一向不喜欢枯坐书斋做死学问。我觉得解读文学作品，首先是解读各种各样的人，各种各样不同的人生。具体分析作家也好，分析作品中的人物也好，我很多时候会设想，假如我是他她，我会怎样。这种习惯使我比较多地留意身边的人和事，行诸文字，就有了这些散文。

宁一中 您这种将学术与生活、智性与审美有机地结合起来的做法，令人非常欣赏和羡慕。我们虽不能至而心向往之。非常感谢您在百忙之中两次拨冗接受我们的拜访。与您的对话让我们获益匪浅。我们相信本文的读者也一定会有此同感。希望以后有更多的机会，在美国或者在中国聆听您的宏论。恭祝您健康快乐、幸福美满、学术之树常青！

（访问地点：美国耶鲁大学 HGS306，孙康宜教授办公室。访问时间：第一次访问，2008 年 1 月 24 日；第二次访问，2008 年 2 月 15 日）

“我不是后马克思主义者，我是马克思主义者”

——特里·伊格尔顿访谈录

王 杰 徐方赋

特里·伊格尔顿(Terry Eagleton),1943 年生,英国曼彻斯特大学艺术、历史与文化学院“爱德华·泰勒讲座教授”,英国学术院(The British Academy)院士。伊格尔顿是英国当代马克思主义文学批评家和文化理论家,先后在剑桥大学、牛津大学任教,曾任牛津大学“托马斯·沃顿讲座”教授,他的著作已有十种中译本,其中《马克思主义与文学批评》、《二十世纪西方文学理论》、《审美意识形态》、《理论之后》等在我国学术界有广泛影响。伊格尔顿的近期著作包括:《生活的意义》(2007)、《怎样读诗》(2006)、《神圣的恐怖》(2005)、《英国小说:一个导论》(2004)、《甜蜜的暴力:悲剧的观念》(2002)、《文化的观念》(2000)、《后现代主义幻象》(1996)以及《文学理论导论》第三版(2008)等。2008 年 5 月 2 日,正在曼彻斯特大学从事访问研究的南京大学文学院王杰教授和中国石油大学(北京)外语系徐方赋教授在伊格尔顿的办公室对他进行了学术访谈,应《文艺研究》编辑部的要求,现将访谈整理发表,以飨读者。

一

王杰 伊格尔顿教授您好！首先,非常感谢您在百忙之中抽出时间接受我们的访谈。我想从您的著作《理论之后》在中国的影响谈起。一方面,您的这部著作在中国学术界产生了广泛的影响。我所工作的南京大学人文社会科学高级研究院 2006 年先后邀请了三位著名的外国文学理论研究专家盛宁、王宁和张旭东前来讲学,他们不约而同的议题都是您在 2003 年出版的《理论之后》。我很想了解您写这本书的主要意图。另一方面,中国文学理论和美学界自2006年以来开展了一场关于“审美意识形态”与马克思主义关系的讨论。很有意思的是,这个讨论涉及对 Aesthetic ideology 这一概念的理解,这个概念也是您1990年出版的一本书的书名。我是这本书的汉译者之一,但有中国学者认为我把书名给译错了。我想请您谈谈 aesthetic 和 aesthetics 这两个概念的区别。

伊格尔顿 我认为从意识形态的观点看,美学是一个很含混的概念。它既能服务于统治者的权力,也能够表达艺术作品的力量,能够表现某种解放了的未来。因此审美意识形态不仅仅局限于马克思主义,但我可以说关于审美意识形态的著作大多属于马克思主义范畴。至于 aesthetics 和 aesthetic 的区别,我想两者并没有像你刚才所说的那样有很大不同。aesthetics 通常指艺术研究或关于艺术的科学;而 aesthetic 可以作形容词,比如 aesthetic experience(审美经验)。就作为名词而言,两者经常可以通用,谈到美学研究或者艺术研究时,我们用 aesthetics;但如果谈到一个人关于艺术的观点,则可以用 his aesthetic,即他的艺术观念。我想这是两者唯一的区别所在。

徐方赋 这么说来人们无须为此争论了。

伊格尔顿 我想没有必要为此争论,这两个词有一些区别,但这种差别很小。

徐方赋 好的,那这个问题解决了。接下来请您谈谈我们刚才提到的您写作《理论之后》的一些想法好吗?

伊格尔顿 好的。在西方,人们很长一段时间内没有认识到文化理论的高潮已经过去近二十年。虽然人们感觉上不是这样,但实际上德里达、巴迪欧等理论家的主要著作离当今社会至少有二十年之久,而且他们的著作主要与60年代末的政治事件紧密相关。某种意义上,理论是那些政治事件的继续,是在这些运动结束之后,让那些观点保持热度的一种方式。因此,我在书中试图提醒人们注意这样一个事实:我们目前谈论理论,实际上是在谈论历史现象;之所以如此,部分原因是理论的兴起同西方左派的上升紧密相关。应该说20世纪六七十年代是一个乐观的时期。如果你注意一下具体时间,各种主要的理论都产生在这一个时期。所以,在某种意义上,本书是在那些具有永恒价值的东西和变化了的现实之间寻找一种平衡。

徐方赋 那是否意味着这些理论高峰之后出现了一个静止期?

伊格尔顿 20世纪60年代,大量理论产生于当时的政治事件,然后在很长时间内发挥作用,即在那些政治事件之后的大约十五年左右,所以说这些理论有一种后续力量。但是在目前的条件下,可以说主要理论高峰期已经结束。所以我的那本书主要是探讨我们将何去何从。我们不能简单地回到那些理论中去,由于这些理论赖以产生的历史条件已经不复存在,因此我们必须重新思考。

徐方赋 说“重新思考”便是《理论之后》所体现的核心理念,对吗?

伊格尔顿 我想是这样。

王杰 有学者认为,理论在60年代的兴起同当时马克思主义的影响有关。在目前条件下,由于多方面原因,马克思主义似乎面临着某种危机和挑战。在中国,这个问题引起了学术界的普遍关注和讨论,我想了解您对马克思主义进一步发展的可能性是怎么看的?

伊格尔顿 总的来看,西方马克思主义的发展遭到了重大挫折,有些人认为这是苏联解体造成的,但我想事情并不那么简单。事实上,在上世纪80年代后期的各种事件发生之前的很长一段时间里,马克思主义在西方已经不再时兴。因而马克思主义的低潮不单单是东欧事件造成的,其部分原因是里根和撒切尔执政期间整个西方向右转后的政治气候所造成的,这种政治气候使得左翼观点失去了生存的土壤。还有一个原因是西方社会发生了变化。在西方,传统意义上的工人阶级从规模上比以往小了很多,经典意义上的工业无产者正在逐渐消失。此外,还有我们称之为后现代主义的种种变化。后现代主义产生出不同政治利益集团,尤其是我们称之为“认同政治”的各种团体,像妇女解放运动、同性恋运动、民族斗争,等等。由于以上种种原因,马克思主义不再像过去那样具有重要地位了。另一方面,某种反资本主义运动正在西方兴起,这种运动尽管包含马克思主义的因素,但不一定是马克思主义运动。不过我认为,这些运动传承着左翼的传统;而且,从长远意义上看,这种运动将成为广泛的民众运动,特别是它们能够吸引年轻人参与。西方马克思主义文学批评的低潮与整个马克思主义政治运动的低潮密切相关。在当今社会的历史条件下,我认为西方的霸权主义、西方势力过于强大。因此,如果我们希望看到马克思主义文学批评能够复苏(我想这是可能的),我们就必须把握政治形势的变化。

王杰 我很同意您的看法,要认真研究变化了的社会生活条件。另一方面，我也在思考，怎样才能既适应变化了的社会生活条件又能坚持马克思主义的基本原则和基本精神？我们知道阿尔都塞的意识形态理论是对1968年法国“五月风暴”思考和回应的结果。阿尔都塞的思想刺激了70年代的理论繁荣。随着理论的衰微，“五月风暴”的影响是否也一并消失了呢？今年正好是法国“五月风暴”四十周年，我注意到在曼城参加纪念活动的人并不很多。在您看来，“五月风暴”在今天是否仍然有它的影响和意义？

伊格尔顿　我刚才说到，类似“五月风暴”那样的活动从政治层面上说已经过去，但由此而产生的某些理念、由此而产生的价值观和生活方式的变化却依然延续至今。不过从那以后，西方高等教育日益融入了资本主义体制。在60年代学生运动高涨的时期，这两者并不相容，那个时代大学和学生可以作为一种批判力量而存在，大学当时是一个批判的平台，在那里你可以有批判的空间，我认为现在这种空间是越来越小了。在西方，这成了令学生生活更为悲观的原因。目前，西方各国的大学非常像资本主义的公司，管理上更多地引入公司机制，关注的焦点经常是投资，高校对学生教育采取非常机械的态度，只是进行纯粹的职业教育。这样学生就只好起来反对。上周在曼彻斯特大学有一个关于教育的集会，我看到你们都参加了。你知道学生们关心什么，我想这种情况在世界各地都存在。大学日益融入资本主义体制这一现象从西方开始迅速向全球传播，包括南非、澳大利亚、美国等等都是如此(也许在中国也是如此)。我想西方各国高校面临的危机是，大学作为批判和讨论中心的传统理念处于被抛弃的危险。从这个意义来说，学生运动的发展是大有希望的。

徐方赋　您认为校方会对学生的要求予以足够的关注吗？

伊格尔顿　1968年学生运动就最终迫使政府给予关注。但与此同时，只有当学生的要求与人民的要求相联系的时候才会引起重视。我们知道，1968年“五月风暴”期间，工人和学生形成了一种联盟。我想校方往往非常担心自己的公众形象受损，他们对于这样的公众宣传是十分敏感的。

王杰　中国也出现了马克思主义研究多样化的局面，现在的问题是怎么样发展出一种适应现实要求的马克思主义，这里面无疑有很多问题。近年来中国文学理论界争论比较多的是关于审美意识形态的理解问题。简单地说主要有三种观点：一种观点是在马克思基本理论的框架内用康德式的美学观念来说明文学的本质，认为文学是偏向审美的意识形态；其次是用经典马克思主义的观点来看待这个问题，它认为文学是审美意识形式，因而审美意识形态是一个错误的概念；第三种是用伊格尔顿教授的观点来看待文学的本质问题，但是对伊格尔顿教授的观点又有不同的理解。能否请您再比较明确地谈一谈从马克思主义的观点来看，您认为应该怎样理解Aesthetic ideology的本质？

伊格尔顿 好的。首先我很吃惊康德式的审美观在中国仍然有很大的影响，因为在西方学术界康德的审美观并不重要了；其次我认为并不存在一种称之为“马克思主义文学批评”的统一理论。我想马克思主义文学批评存在于不同层面。其中一个层面是对于艺术作品本身意识形态的批评，即对具体作品进行分析。在这个层面上，西方批评家关注的一个重要方面是所谓的“形式意识形态”，也就是说，这种“形式意识形态”并不是文学或艺术作品中的意识形态，它不仅仅体现在作品的内容之中，同时也体现在作品的类型、风格、结构和叙事方式等等形式之中。因此我认为，西方对马克思主义文学批评感兴趣的学者一直在关注作品的形式属性与意识形态之间的关系，我想这是一个层面。同时，西方也有学者在研究所谓“文化生产”的观点。这种理论运用了马克思主义关于生产的一般概念，并在此基础上提出了文化生产方式的观点。这种观点把意识形态批评与观众、类型等等相联系，简而言之，在这样一种关系中，文化本身就是一种社会机构，它不只是将各种互不联系的文本收集在一起，而实质上，其本身就是一种社会实践。这个观念在我的导师威廉斯的著作中占有重要地位，他认为，文学作品本身是物质现实的社会实践，而不是对其他社会实践的反映。还有一个很有意思的层面是越来越重视读者的作用。过去，大量的文学批评和美学著作，包括马克思主义美学著作，往往更多地关注作品的作者或者是作品的社会语境，但并不关注读者。现在这个情况有所改变，出现了接受理论。我想这个理论中包含一些马克思主义的因素，比如说分析哪些因素影响对作品的接受、哪些社会和历史因素影响对作品的解释等等。在我看来，所有这些都可以看做是马克思主义美学的分支。由此可见，意识形态问题可以从许多不同层面进行研究。我认为，即使从经典马克思主义文学批评或者是美学的角度来看，也不存在所谓纯粹的马克思主义学派或方法论，原因在于，一方面文艺批评和美学不是马克思本人建立的一个学科；另一方面，马克思主义著作中关于文艺的论述是零散的而不是系统的。因此，我想我们研究文学的方式和方法反倒可以更加灵活、更加多样化，这是很好的事情。西方目前文学研究的状况大抵如此。另外,你可能注意到,一种可称之为马克思主义多样性的现象正在发展。简单地说,例如我自己的著作中表现出来的对马克思主义分析方法的兴趣始终与我对女性主义、后结构主义、接受理论、符号学等等的兴趣相联系。我认为所有这些研究在方法上并不是互相排斥的。显然詹姆逊的著作属于马克思主义,但他同时运用了许多不同的文学研究方法。我认为这种趋势可能会持续下去。

徐方赋 是否可以这么理解,不存在所谓"马克思主义方法"和"非马克思主义方法"的问题,大家都可以使用各种各样的方法来进行研究?

伊格尔顿 嗯,研究方法是可以共享的,我是说,马克思主义者可以采用解构主义的方法;而结构主义者也不一定是马克思主义者。是的,这里面有一个方法上相互交叉的问题。这就很难准确地说什么叫马克思主义文学批评,对此我们可以展开探讨,比如说马克思主义和精神分析法的关系(精神分析在西方是一种十分重要的分析方法)。不过马克思主义对方法论的特别贡献还是在于对意识形态的关注,即提出了"人们的观念、信仰、价值观同权力密不可分"的观点。除了女性主义批评和后殖民主义理论之外,这一现象在其他研究方法中没有得到重视。虽然不只是马克思主义关注观念与权力之间的关系,但这确实是马克思主义一贯重视的问题。所以说,研究方法是开放的,不同的方法往往为不同团体、不同的研究者所共享。

二

王杰 在中国有很多学者都关心您的学术研究。我认为您近年来关于爱尔兰的研究很重要。目前中国也是处在一个类似后殖民主义的语境中,在2005年的一篇访谈中,您提出近年来一直在思考如何既反对殖民主义同时又不陷入民族主义的问题。我想了解您的爱尔兰研究和马克思主义民族观是一种什么样的关系。对今天的第三世界国家,像我们中国这样的国家,你的理论有什么一般性的意义。

伊格尔顿 爱尔兰是20世纪第一个后殖民的国家,也是20世纪初首先从英国赢得独立的国家。当然,爱尔兰并没有获得完全独立,这也成为爱尔兰斗争不断的根源和原因,我真诚希望这种斗争已经结束。你们可能知道，我是爱尔兰人，我希望这种斗争结束。我研究爱尔兰的原因，一方面是由于在政治上爱尔兰对英国具有重要意义，爱尔兰作为英国近邻一直以来都让英国难以安宁；另一方面是爱尔兰研究的迅猛发展。二十年前，英国几乎没有多少爱尔兰研究，但现在它已发展成为一个规模庞大且创造力旺盛的产业。之所以如此，是因为在美国有大量的爱尔兰人，爱尔兰研究在美国就非常普遍，而且美国往往在这些方面敢为天下先，爱尔兰研究就呈现出强劲的势头和强大的活力。但是爱尔兰研究和民族主义之间的关系、它和爱尔兰民族主义之间的关系，的确非常非常复杂。我想爱尔兰革命民族主义是爱尔兰研究中规模很小但影响很大的一个思潮。在爱尔兰研究中，大部分爱尔兰人并不把自己看做是民族主义者，事实上，他们中的一些人显然是反民族主义者。大部分爱尔兰历史学家是反民族主义者，爱尔兰文化研究中有一定的民族主义因素，不过这种因素并不占主导地位。但另一方面，似乎可以说有的人比较虚伪，因为在世界各地，经常有非常理性的人对民族主义很感兴趣，当然我指的是对革命的民族主义感兴趣。英国学者坚持研究马克思主义与民族主义的关系问题。这种兴趣的原因首先在于，20 世纪像中国革命等实践证明，革命民族主义是最为强大、最为成功的革命运动：这种运动的范围波及全球，一个又一个国家从传统时期和殖民统治中解放出来。西方后殖民研究获得成功的部分原因在于他们坚持从全球规模的解放运动中汲取力量。当然，这些解放运动的结局各不相同、有时甚至让人困惑。但毕竟整个现代时期以来，不光是 20 世纪，最成功的革命运动还是革命民族主义。但是你也知道，民族主义具有两面性，内涵十分模糊。因此，我认为，19 世纪后期，马克思主义成为支持欧洲反殖民解放斗争的第一个政治力量，这个意义非同小可。同样，在 19 世纪后期和 20 世纪初期，马克思主义又成为支持妇女解放斗争的第一个政治力量。当然，马克思主义是在阶级、资本主义和社会主义的大背景下看待反殖民解放斗争的；而今天的后殖民运动则不是这样看问题。这么说吧，反殖民运动原来作为西方马克思主义所关注的焦点，现在已经变成认同政治的一个方面。在这种条件下，原来受质疑的民族主义的一些问题变得更为突出，而马克思主义则始终从社会的角度支持反殖民运动，马克思主义不是将这些运动仅仅看做是人们为了满足获得身份认同的需要，而是将它们放到更大范围的经济、社会和政治背景下去考察。现在情况不同了，固然仍有一些从事后殖民研究的马克思主义者沿用这一传统，但是我认为绝大多数从事爱尔兰研究和后殖民研究的人们对民族主义持怀疑态度，对马克思主义同样持怀疑态度，所以说有很多不同流派。

徐方赋 2008年上半年在世界各地和中国国内有学生抗议西方媒体对奥运火炬传递中发生事件的歪曲报道，西方媒体将这种抗议活动称为“民族主义”行为，您认为这种评价是否妥当？

伊格尔顿 人们支持自己的国家不一定非要有民族主义的动机，这里面有重要的区别。当然在西方有很多反华情绪，针对奥运会进行示威，有些实际上是支持“藏独”，也有些人不过是地道的机会主义者。

徐方赋 在西方关于中国的报道中，“民族主义”似乎是一个贬义词。

伊格尔顿 我想，在西方，“民族主义”是极为矛盾的一种政治现象，因为在某种意义上它包括纳粹主义。也正因为如此，西方人对民族主义忧心忡忡，因为西方曾经为反对日本的民族主义、意大利的民族主义、德国的民族主义等等极端的民族主义而进行过世界大战。不过另一方面，他们忘记了民族主义也可以是革命的民族主义，像在越南和古巴。因此民族主义是一个最矛盾的政治术语，它可以有许多不同的内涵；“民族主义”这个词可以是褒义的，也可以是贬义的和中性的。

王杰 您从90年代初开始研究和阐释爱尔兰以及爱尔兰文化，我认为这个研究非常重要，在全球化的条件下更是如此。我也注意到您的研究不同于其他一些后殖民主义理论家，如赛义德等等。能否请您谈谈您的研究在理论上有没有概括出某种一般性的东西，有没有建设性的发展和贡献？

伊格尔顿 我认为赛义德对爱尔兰研究的兴趣是把爱尔兰作为民族主义研究的一个例子，显然他最关心的还是阿拉伯问题。不过对我来说，我研究爱尔兰大概有三个原因，首先，我是爱尔兰人；其次，最近几十年以来，爱尔兰一直是一个政治动荡的社会；第三，在文化上和政治上都有意思的是，在英国面临身份认同危机的时候，爱尔兰文化成为了英伦群岛中最具魅力的文化。爱尔兰因其革命历史，已经成为英伦群岛中最有意思的部分。这是我这段时间侧重研究爱尔兰的原因。你知道，很多有意思的文化和文学现象，都产生于爱尔兰，时间大概是20世纪初爱尔兰独立战争时期。这个时期出现了乔伊斯、叶芝等一大批爱尔兰重要作家，我认为他们的作品是政治事件、政治运动在文化上的反映。爱尔兰独立后，英国和北爱尔兰摩擦不断，随即又产生了许多诗人和作家。一个很有意思的现象是,20世纪初,欧洲出现了伟大的现代派实验性文学——先锋派文学,而英国几乎没有先锋派、现代派文学。英国的现代派文学大都来自爱尔兰,像叶芝、乔伊斯等,人们观念中的英国现代派作家大部分来自爱尔兰。我认为,这同复杂的政治环境和动荡的社会形势相联系,正是这种复杂的政治环境和动荡的社会形势促进了现代主义的产生。

徐方赋 也就是说,政治上的动荡有助于产生现代主义文学?

伊格尔顿 我的意思是,我们可以用许多不同的方式来考察欧洲的现代主义,但是最伟大的作家和重要的作品大约都出现在第一次世界大战时期,如果我们研究劳伦斯、乔伊斯、海明威等等作家,你就会发现,他们都处在整个欧洲文明陷于某种危机的历史时期,这种文明的基础正遭遇考验,受到动摇。我认为现代派文学大都渊源于这种观点。人们普遍感到,面对新的现实、新的恐惧、新的技术等等的严重挑战,古老的、现实的各种传统都将难以为继,这就要求有新的艺术形式来反映和表达新的现象。但我认为,英国本土很少产生原创性的现代派作家。如果你考察英国伟大的现代派作家,如王尔德、詹姆斯、艾略特等等,他们当中没有一个是英国人。英国只是像一块磁石,吸引了这些现代派作家。他们或移居、或流亡,从四面八方来到英国。但英国本身似乎并不产生现代派。

徐方赋 从这一点看,能不能说英国是一个更传统的社会?

伊格尔顿 是的,这正是其魅力所在。英国社会更为传统,意味着它不产生太多的现代派,同时也意味着英国对于那些颠沛流离、寻求安居的人来说充满魅力。比如康拉德是从波兰逃过来的,乔伊斯来自爱尔兰,因此英国实际上成为现代派作家的归宿,但不是故乡。

三

王杰 您曾经指出,当前的左派为了更好地战胜右翼势力,应该更多地借用伦理学和人类学资源。我注意到您最近的一些著作,像《甜蜜的暴力》、《神圣的恐怖》等都比较多地运用人类学的材料和方法来讨论问题,您在《马克思主义文学批评》一书导言中谈到马克思主义文学理论有四种模式,其中就包括人类学模式。您认为在今天的学术背景下,从人类学角度研究文学艺术有何特殊的意义?

伊格尔顿 我想在英语中,“文化”这个词一直既包含有美学的意义又有人类学的意义。关于文化理论的讨论实际上存在着许多困难。人们一直试图综合不同的意义,或考察关于“文化”的各种意义之间的相互联系。在西方,文化可以指艺术作品和智力作品,也可以具有更广泛、更多的人类学意义,实际上可以指整个生活方式。你知道,我对研究人类学意义上的文化概念和美学意义上的文化概念之间的关系也很感兴趣。美学意义上的文化概念十分重要,但是超越狭隘的审美意义而拓展文化的概念更为重要,比如说将文化概念扩展到整个生活方式。人类学研究对文化感兴趣的另一个原因在于,它把文化看做整个生活方式,将其用于研究制度、社会关系、亲属关系、生产模式、符号形式等等。如果我们将这样一种文化概念反过来用于研究自己的社会、自己的制度等等,即可能发掘出许多有趣的东西。也许文化理论中更保守或流行的因素是,这种理论企图维护狭义的文化概念,将其与作为整个生活方式的文化观念相对立,从而使文化成为某种最高价值的载体。这种文化理论对于“文化即整个生活方式”的观点持完全否定的态度。对于传统的文化理论而言,“文化即整个生活方式”的观点显然是一种民主化的批判,是一个挑战,没有这种批判和挑战,传统的文化理论就可能成为某些精英的专利,成为一个狭隘的、排他的概念。所以我想在威廉斯和我本人开展批判之后,大量批判随之出现。我们努力拓展文化概念的内涵,人类学方法即是其中的一种。此外关于社会学和文化关系等等的研究也取得了长足进步,日益重要。因此,这是文化的不同定义之间的一场战争。

王杰 您的新著《生活的意义》,对英国的人们,特别是年轻人有重要的意义,我认为对中国也很有意义。虽然中国和英国有许多不同的地方,但是在经济快速发展的过程中,究竟生活的意义是什么的问题也十分尖锐地提出来了。许多年轻人失去了生活的方向,物质利益湮没掉许多真正重要的东西。所以我想了解:您写作这本书的初衷是什么?

伊格尔顿 是啊,我的这本书试图提出为什么现代生活会缺少意义的问题。现代社会中,关于生活意义的问题变得尤其尖锐和严峻。某种意义上,每一个人都会以某种方式提出这个问题,而从现代化以来,这个问题显得更为突出。我的兴趣在于解释其中的原因:当代工业、技术、都市和资本主义的环境并没有像过去社会那样为人们提供生活的意义或者说深度的价值。我的这本书,用了很大一部分篇幅来探讨这究竟是不是一个真问题,我试图从哲学高度去分析关于生活意义的问题是一个真问题还是伪问题，有的人会认为这是一个伪问题，而我则认为这是一个真问题。同时我想这个问题同马克思主义的联系在于，马克思主义是一种非常具体的历史批评，在我看来，马克思主义不是一种宇宙哲学，它有非常具体的关注焦点；一旦完成了这个任务，它的历史作用也就消失。马克思主义的存在是为了完成某种任务，而不是为了提出深刻的形而上学问题，这些形而上学问题有待马克思主义继续探索。此外，显然我的这本书所受的影响之一是神学。我是从一个业余神学家的角度开始写这本书的。我对神学，具体地说，对基督教神学、耶稣基督教神学始终充满兴趣，这些概念在我的著作中起着更为核心的作用。例如在我关于悲剧观念的著作中就是如此。因为悲剧提出了非常深刻的问题。它不仅涉及马克思主义，而且还涉及神学、人类学、精神分析等众多其他领域。这本书实际上就是探讨这些问题的。你谈到在中国和其他国家一些年轻人感到生活没有意义，需要回答这个问题，我想这本书就是试图促使人们思考，为什么生活的意义会溜走、会从人们的生活中蒸发掉等等问题；思考日常生活没有多少价值的社会是一个什么样的社会等等问题。

徐方赋　人们常说生活没劲。

伊格尔顿　是的，确实如此。也正因为如此，生活就会从一种意义滑到另一种意义，我想在西方这就是所谓新时代的特点。你知道，在西方，人们试图尝试各种哲学、心理学等等，以求填平情感上的鸿沟和精神上的空虚。然后人们在生活中寻找解决的方法，结果是不约而同地转向一种叫做“享乐主义”的东西，即寻求一种能够获得快乐的方式。因此，在我看来，人文主义理论，包括马克思主义理论的作用之一是不停地提出生活中出现的各种问题：不光是生活的意义是什么，还包括人们为什么要提出这样的问题，他们生活中缺乏什么，如何改善人们的政治和文化环境以便他们感到更为充实，等等。我并不试图回答这个问题，我只是把这个问题提出来。

王杰　您在关于悲剧观念的著作中分析了在古代悲剧的崇高世界中生活和生命的价值和意义等问题，在今天的现实中，悲剧精神的丧失的确是一个很大的问题。

伊格尔顿　从某种意义上说，我对悲剧研究的兴趣之一在于说明否定性、痛苦、绝望的终极意义。西方悲剧传统的显著特点之一在于悲剧中体现的肯定性，这种肯定性使得悲剧英雄在无奈之中恰恰能够超越无奈而找到力量的源泉、价值的源泉。因此，当生活中的无可奈何、消极颓废或价值缺失达到顶峰的时候，悲剧则恰恰会在这个顶点上，以某种似乎神秘的方式，成为你找到出路和发掘能力的一种形式，从而帮助你摆脱那种无可奈何、消极颓废或价值缺失的状态。所以说悲剧是价值的源泉，这听起来奇怪，因为在西方的语言中，悲剧意味着可怕的灾难性事情，但同时，它也是一个价值的源泉，尽管显得有些神秘。因此我所感兴趣的问题是，通过采取什么样的实际办法让人们的生活感到更充实、更有意义？也就是说，生活中应该怎么去做、生活方式应该做怎样的改变，才能使人们的生活感到更充实、更有意义？

四

王杰　从我到英国以后的观察以及同您的接触看，目前在英国，马克思主义处在一个比较低潮的阶段。中国和英国一个不同的地方在于，在中国，政府提倡研究马克思主义。但中国的马克思主义研究也没有同工人生活或者说社会主义运动比较直接地结合起来。我感觉英国也是如此，马克思主义似乎成为一种学术化的马克思主义。我认为当代马克思主义要继续发展，就像您所说，要找到它的现实基础，这是我很困惑的问题。能否请您进一步谈谈在我们今天这个社会条件下，马克思主义的物质基础是什么？德里克认为绿色革命、女性主义运动等方面都可以找到，但我觉得这些都是小话题。此外，您认为您自己是否是“后马克思主义者”？从文学理论的角度看“后马克思主义者”在今天条件下主要关注一些什么问题？

伊格尔顿　首先，我不把自己看做是“后马克思主义者”，我是马克思主义者。在我看来，“后马克思主义者”是指那些在某些方面保留着马克思主义、但总体上已经从马克思主义转向了其他学说的人们。当然，在中国、英国、乃至整个西方，马克思主义或许成了基本上只是局限于学术领域的东西，但也不尽然。可以说，美国的马克思主义几乎完全是纯学术的东西。但在英国，由于其强大的工人阶级传统，马克思主义就不只是局限于学术活动。昨天晚上我还作了一场报告，听众是来自工人教育协会，他们都是为普通工人朋友授课的教师，这些听众大部分本身就是工人阶级。同时，在英国仍然有一些政治团体把自己看做是马克思主义团体。每年在伦敦都会有一个大型的集会（“马克思主义者节”），一般有四五千人参加，包括系列演讲、艺术展览、各种演出等等。参加这个活动的大多数人都不是搞学术的，而是普通的劳动者。我想说的是，虽然马克思主义在英国经历了严重的挫折，很难说有多少真正的马克思主义研究了，然而，英国的马克思主义活动仍然不只是局限于知识界和学术界，它依然是国家政治生活中的一支力量，尽管这支力量越来越小。除此而外，英国还有左派运动，一种反对资本主义的左派运动。西方激进政治活动中产生的现象之一，就是这种激进活动从马克思主义运动发展成为反资本主义运动，这听起来很有意思，也很奇怪，我指的是这些运动出现时间不长，吸引了很多年轻人，他们关注环境、民权等问题，他们把这些运动称为反资本主义运动，但并不把自己看做是马克思主义者，这是区别所在。激进的政治活动并没有消失，但是这些活动从关注焦点、行为风格、活动名称到组织方式等等，都发生了改变。在整个反对资本主义的阵线中，我们可以发现马克思主义活动仍然作为一支较小的力量而存在，但并不是其中坚力量。

徐方赋 这么说来，马克思主义仍然具有某种实践上的意义？

伊格尔顿 是的。一旦遇到需要维护社会公正、发生罢工等等情形，你常常可以发现一些左派团体（马克思主义团体）参与其中。我本人就是两个这种团体的成员，而且我是非常积极地参与其中活动的。因此，我想英国的马克思主义并不只是学术界、知识界的活动。但美国的情况则不大一样，由于美国工人运动的传统相对薄弱，它的马克思主义确实只是学术界、知识界的活动。

王杰、徐方赋 非常感谢您接受我们的访谈！

时间：2008 年 5 月 2 日上午

地点：曼彻斯特大学艺术、历史与文化学院特里·伊格尔顿办公室

二十世纪中国文学研究的整体观及其批评实践

——王德威教授访谈录

李凤亮

王德威，台湾大学外文系毕业，美国威斯康辛大学麦迪逊校区比较文学博士。曾任教于台湾大学、美国哥伦比亚大学，现任美国哈佛大学东亚系教授、复旦大学“长江学者讲座”教授，2004年获选台湾“中央研究院”第二十五届院士。主要著作有《众声喧哗：三〇与八〇年代的中国小说》、《阅读当代小说：台湾·大陆·香港·海外》、《小说中国：晚清到当代的中文小说》、《想象中国的方法：历史·小说·叙事》、《如何现代，怎样文学：十九、二十世纪中文小说新论》、《众声喧哗以后：点评当代中文小说》、《被压抑的现代性：晚清小说新论》、《历史与怪兽：历史，暴力，叙事》、《后遗民写作》等。2007年12月，在美访学的暨南大学李凤亮教授对王德威教授进行了长篇访谈，内容涉及华语语系文学、海外汉学与华人学者批评理论。《文艺研究》编辑部特请采访者整理出有关其个人学术领域及海外中国现代文学研究状况的部分，以飨读者。

一、从历史性的角度重新审视现代性

李凤亮　在上世纪90年代中期出版的《小说中国——晚清到当代的中文小说》及其大陆版《想象历史的方法》序言中，您曾将自己的研究兴趣概括为五个方面：(一)小说、历史、政治的错综关系；(二)晚清与当代小说所显现的世纪末特征；(三)去国与怀乡主题的兴起与发展；(四)女性小说家与女性角色的流变；(五)小说批评的向度与实践。十年过去了，您自己觉得研究领域有什么变化吗？

王德威 这几个方面我想已经够广了，做两辈子、三辈子可能都很难完全有一个好的成果出现，我想大概我的兴趣还是延续着。不过我可以很坦白地说，现在可能不大像十年前那样对理论本身的话题有那么严重的焦虑感。十年以前，可能会不断觉得我既然在做这一行，而且因为接受的是比较文学的学术训练，对理论自然会有一种强烈的好奇，而且觉得理论也是基本功夫的一部分。也许跟生活的经验有关系，我后来逐渐有了些反思，最大的反思在于：做了这么多年以西方理论、西方文明为基础的中国研究之后，我有什么样的东西可以回馈给我自己成长的汉语文化环境？这个话题听起来很大，但是我可以用很实际的例子来说明。也许还谈不上“回馈”，甚至我有什么地方还需要来“弥补”的。面对我自己所成长的汉语文化环境，过去五年我花了很多精力回到中国文学传统里面去，我才了解自己作为一个中国现代文学的研究者还有很多不足的地方，甚至有时候觉得自己对于西方文学理论的认知是基于自己对于中国文学传统的无知上所产生的。我讲这些话，也不见得是自我贬低或谦虚。对于任何学术研究者来讲，我们的能量、精力、智慧都有限，发展的方向也不相同，我觉得如果过去我对于文学跟历史的讨论更集中在20世纪文学和20世纪历史之间错综复杂、相互印证的过程的话，那么过去五年中，我越来越认识到视野应该投向一个更广大的历史语境中。这个历史既是一个生活经验不断累积的历史，更重要的又是我们的本行——文学史。我对中国文学史究竟知道多少？在我大言不惭地运用各种西方理论来谈论现代中国种种现象，谈论中国现代性、后现代性的时候，我们不能忘掉现代性的另外一面就是它的“historicity”(历史性)，这个历史性我有多少掌握？不客气地说我知道得很有限。也许我对于明清以来，也就是17世纪以来的中国文学有比较多的了解，就小说研究而言，这四百年也正是中国小说从兴起到最辉煌的盛世。但是从广义来讲，从事文学理论的我们对于传统诗学的尊重有多少？这不只是我一个人的问题，包括所有的海外同行，我们有多少时候能够静下心来思考那些被称作是“老掉牙”的东西，来关注所谓“空泛的”中国传统？如果说这几年我有什么变化，也许就在这个方面——我过去几年安静下来之后，决定对中国文学传统做一些基本的温习、复习的工作。

李凤亮 您这种反省的意识非常自觉，也很可贵。从现代回返传统，大概是不少做中国现代文学研究的学者所经历的一个共同历程，海外如此，国内亦然，像您熟悉的陈平原教授等也在做这个工作。我以前在读李欧梵教授的访谈录时，注意到他也谈到自己对于中国古典的功力的不足，讲到应该怎样避免，这实际上也是一种反省意识。我来美国这几个月，跟海外一些年轻的华人学者交流过这一问题，他们也谈到自身在面对传统的时候所应该具备的一种比较清醒的认识。我觉得海外中国现代文学研究界的这个趋向很有再考量的价值。

王德威 回顾传统很重要，而这并不是说要回到故纸堆里面。林毓生先生讲"创造性的转化"，很多年过去了，我觉得作为现代文学和文化的研究者，经历了一个所谓的现代化的世纪之后，对这个世纪留给我们的或好或坏的遗产，应该是到了反省的地步。尤其是到了目前的语境之下，我们经过了各种各样西方理论的周折，在国外受到西方学院训练的学者基本理论功夫都不差，但是唯独一个缺憾是我们对自己的背景知道得极为有限，往往仍然在不自觉的情况下追随着西方的主流话语。这一点也谈不上什么不好，我们本来就处于文化文明快速轮转交替的过程里面。但如果我们行有余力，可以让西方学术界的同行知道中国传统以及现代的文学和文论与他们有所不同，让他们明白这种不同不能够简单化约成一个共同的话语。既然不能够化约，我们就更有义务去说明这种不同在哪里，这一点是我这几年来比较敏感的问题。因此，我慢慢对部分学者的方法学或者所谓实际理论操作感到有点无奈，这种心情比较复杂，总之觉得我们已经到了这个点了，可以做一些自为的事情了。我讲这个是有一些感慨的，以近几年的后殖民及反帝国主义的论述来讲，我们只要回到过去50年代的话，反帝反殖民从来不是一个陌生的话语。风水轮流转，过了五十年之后，在西方学院"自由派"同事的号召之下，我们对帝国主义的批判及后殖民的研究，突然发言权转了一圈又回来了。所以什么时候我们的同事，尤其是已经决定下半辈子在西方资本主义社会里安身立命的同事，在运用自己的文化以及政治资本来建构和西方学院或对抗、或同谋的学术关系的时候，我觉得这个深切的反省必须持续进行，这种自我反省应该包括那些自认站在"margin"(边缘)上的同事们——我们从来不应该忘掉"marginality"(边缘)跟"centre"(中心)之间相互的交汇。

李凤亮 我这次来美国访学，也实际感受到了美国华人学界的这种自我反省意识。由于交流不足等原因，国内对海外华人学者有时候不免存在一些偏见，认为他们挟洋自重，看来也不尽然。当然客观地讲，您所谈到的这种学术自省也并不是每一个人都能做到的，我觉得这种反思也还可以往更深的地方去。在国内我跟学界一些朋友谈到您的学术倾向的时候，发现您对传统的重视其实不是简单的所谓“回归”，而是试图去揭示现代文学、文化得以生成的某些深层的历史渊源或者“根性联系”，也可以说是发掘“文化基因”吧。您包含在这其中的态度其实比较复杂。

王德威 这是我们成长经验的一部分。我们还是回到刚才讨论的学术政治，比如我今天站在哈佛大学讲台上教中国现代文学，我有什么东西拿出来会让别人觉得只有在这个人的课上才能听得到，这位学者的知识领域可以给人一些启发；而不是请来一位学者，他只是回应大家已经熟知的东西南北不同理论派系，只是提供了一个“token”（符号），证明你们有的中国也有，那样就没什么意思了。这种做法完全是同质性的，只是形异实同的现代文学理论，我觉得到了今天这个点上我们应该知所取舍，这正是我们在国外大学里的华人学者面临的最大挑战。尤其在后殖民以及反帝国的话语里面，我们太容易被西方的这些主流或者非主流的同事们在善意的前提下，来把我们当做是印证他们理论正确性的一个广义的例证，那样他们会说：“你看中国，果然就是这个样子！”这就印证了他们原来想当然的一个想象：他就是应该反帝反殖民，中国也成了他们反帝反殖民的一个对象。这是一个循环的吊诡！我觉得我们有部分同事今天仍然在这个循环里面，缺乏一个更清醒的自我批判、进而向对方批判的一个声音。

二、打破中文小说研究的画地自限

李凤亮 总体上讲，您研究最多的文体是中文小说，学界认为您的中文小说研究气象阔大，我想了想，大体有三个特征：一是空间上跨越现有的政治地理疆界，涉及大陆、台湾、香港、海外；二是时间上打破大陆学界关于现当代的分立，甚至将视野引入“晚清”这一重要领域，影响甚大；三是在内容和写作思维上超越文学、历史、政治、思想、想象的交叉领域。您在研究中是否有意识地追求这种中文小说研究的“整体观”？这种整体视阈带给您一种什么样的新的学术感受？

王德威 对这样热情、慷慨的评价，我觉得很惭愧，其实我做得很有限。但是至少像您所说的，对于打破时间和地理疆界这么一个做法，我的确是有意而为的，而且一开始就觉得我应该利用在海外的优势。这种优势在台湾也做不到，因为台湾过去的资源非常有限，我的中国现代文学的知识是在美国补足的。你们其实也知道台湾过去的政治状况。我在台大外文系求学的阶段，所看到的所谓重要的“五四”作家只有两个人：一个是徐志摩，一个是朱自清，因为他们在1949年以前就都过世了，当时连张爱玲都还算不上，这很可笑的。我有关沈从文跟鲁迅的“第一课”都是在地下书摊上找来的。我到了美国之后突然豁然开朗了，我记得我第一次读到钱钟书《围城》时的惊喜！我现在还记得是在一个周末，见了这本书以后从头看到尾，记得那个晚上就没有睡觉，在我宿舍的楼下看。至于阅读张爱玲，一直是台湾文学界的一个氛围，所以当然也是我成长的知识的一部分，但是我从来没有刻意地要把她和中国文学史做出明确的接轨。当然到了国外之后，夏志清先生他们的学问给了我很多的启发。

现在回到您原来的问题上，就是我不敢说我做了多少，但是我确实是有意识地在做，我也期望我在海外的其他同事，能够利用我们的优势——就是在海外比较远离国内政治语境的优势——来做一些真正交流和沟通的工作。但是我必须很实在地说，我目前所见的研究方向仍然是稍微偏至了，在电影方面可能跨两岸三地或四地做得比较多，这是第一点。第二点是关于跨时代，就是要把近、现、当代打通，我觉得这个是比较不容易操作的。如果我们根据所得到的西方比较文学不同流派的理论——它告诉我们现代性的发展，永远不是一个所谓选定某个黄道吉日开始发展的话，那么1919、1911或1895这些年份就是可以作为游动的历史坐标。我之所以希望做到晚清，无非是建立这样一个想象：如果现代中国一个世纪“感时忧国”的话语曾给我们这么多、这么大的影响，难道我们不应该有更多的好奇心去看一下“感时忧国”整个论述的来龙去脉么？如果不是推到更早的话，至少要上推到鸦片战争。所以我觉得在中国大陆近、现、当代文学分开的做法，原来是有其历史意识形态的限制的；但是就我最近去北京、上海的观察，现在仍这样划分，已不是政治原因，而是由于饭碗问题、学科划分的资源问题：把近、现、当代文学并到一块的话，教师的职位可能就要被拿掉多少，这是国内一些学者常常讲的。可是我觉得应该打通时间的坐标，其实很多事情是触类旁通的，真的能够做到举一反三，至少让你产生很多联想的机会，这个是做学问的一大乐趣。

李凤亮 在对20世纪中国文学史的看法上；您特别强调时间上的承续，强调突破过去“五四”文学的框架，把“晚清”当做现代性的重要起源，着力加以整理和发掘。“没有晚清，何来五四”，简明而有力地表达了您对晚清文学的看法;"被压抑的现代性"也已成为您极有影响的一个理论观念。从晚清文学寻找"五四"文学、革命叙事、张爱玲小说乃至中国现当代文学的重要基因,使得文学研究的视野得以扩展,进而构成一种中国新文学研究的整体观。对此您有很多论述,国内亦有不少跟进研究。实际上海外的"晚清"研究对于大陆学者在20世纪"现代性"的认知、"时间"意识的重新考量、"五四"前后形成的"庸俗进化论"的批判、"左翼"文学的历史探源,冲击力都很大。我这里想进一步探讨的是:既往20世纪中国文学研究中对"晚清"的忽视,根本原因在哪里?这一研究目前还存在哪些问题?还应该在哪些方面进一步着力?也就是说,晚清被压抑的现代性何以压抑,如何释放?

王德威 我不觉得我有那么大的影响,当初写了一篇文章名为《没有晚清,何来五四》,本来是一个口号而已。说实在的,晚清这一块不容易做,这不是故作谦虚,因为我觉得这里面有太多的东西要研究。突然之间,中国面临着那么大的一个冲击,不管是政治外交上、技术上或是思想上都是如此,它其实留给我们太多的资源,晚清的思想史和政治史,已有学者做了很多,现在扩展到文化史的研究,晚清文学史做的还很有限,所以我希望看到做这一块的更多有创意的成果。中国国内有很多重要的学者,像做晚清的郭延礼先生、陈平原先生、袁进先生,他们有的是我的前辈,有的是我的同辈,我非常尊敬他们。我个人的研究很多是基于向他们致敬的一个心态。他们已经做过的,比如很多重要的史料的铺陈,等等,我就不想在我的书里重复了。我想在国外能够做的,当然就是引入一些看待问题的理论方法,让晚清文学的研究可以更活泼一点。现在对晚清的研究,基本上觉得那是一个暮气沉沉的时代。我们就挖掘一些有趣的线索,除此之外,更要强调的是中国的现代性从那个时候就已经开始了,不用等到敲锣打鼓的1919年5月4号,而是在此之前,就有很多潮流、很多声音已经激荡出各种不同的现代性的可能。而现代性的发展,不是这个ABCD顺时针式的发展,也不是所谓达尔文式或是马克思式的一种发展。正如各个时代曾经有过的最好的东西不见得能流传下来,晚清本身有很多现代性的可能性,只是其中有些可能错过了时机,没有再发展起来;假如再换一个想象的时空,也许中国的现代性完全不必经过我们20世纪走过的那么一个历史进程,而会呈现出太多的可能。做晚清研究其实有这样一个对现代性的反思,当然也是对于目前整个历史话语的一个——也不能说是挑战——至少是对话的声音。

李凤亮 从晚清文学到当代文学，您从对中国文学现代性的溯源，转向当代文坛的研究，进而寻找其中的关系。这些都似乎求证这样一个命题：晚清文学中的现代性因素，“在20世纪末浮出文坛”。也就是说，出现于晚清小说的四大路向（“狎邪”、“狭义公案”、“丑怪谴责”、“科幻”——分别代表欲望、正义、价值、知识范畴），得到再次的延续。您多次强调晚清作为19世纪末和90年代作为20世纪末这两个世纪末文学之间的呼应到回响，您有很浓厚的世纪末情结吗？

王德威 当时写作的语境正是20世纪90年代，有一种世纪末的感觉嘛。其实，任何这一类的历史研究，基本上都是倒果为因的，在这个意义上我反而是非常福柯式的，即我不认为这个历史的发展是ABCD式的因果关系；反过来，我们站在这个世纪末往回看的时候呢，有很多时候会恍然大悟，有很多时候会附会自己在这个世纪末的感情，投向上个世纪末，这种交错所产生的福柯式谱系学的复杂观念和传统上一以贯之的历史观念是不同的，所以我在《被压抑的现代性》的最后一章，也很不客气地提出来一个自我的反省，我的批评当然是基于一个错置的批评，这个错置是有意为之的，是促成19世纪和20世纪交互对话的一个设计。我所站的这个时间点是20世纪末，我的确是在这个时间点上有很多的感触，然后提出了我对前一个世纪的想法，所以这个表面上看似巧合，也不能说晚清就是那个样子。没有人能够回到那个历史现场。

李凤亮 您本身对晚清的想象，其实也是通过各种各样的历史资料。

王德威 当然是通过历史资料，从千头万绪里面，归纳出我认为晚清所投射的历史的不同变相，它怎样在20世纪经过文学的方式又逐渐地表达出来，或是被遮蔽下去。

李凤亮 您对上海比较熟悉，过去上海的很多生活形态现在再次浮现，当然我们了解过去的生活可能是通过看电影，现在这种生活的浮现也常常是通过电影重现的方式进行的。但是从晚清到现在的一百多年中其实发生了很多的事情，这其中包括了贯穿20世纪的大量“革命叙事”，以及由此形成的“红色经典”，客观上说，这些叙事和经典曾经主导了中国文坛几十年。而对于“革命叙事”的多元性的研究，近年来特别受到重视。有关“红色经典”的“再解读”一再成为大陆文学界研究和研究生学位论文的题目，海外这一点似乎更加突出，唐小兵教授还主编了一本《再解读——大众文艺与意识形态》,1993年由香港牛津大学出版社出版,其增订版2007年由北京大学出版社出版。您怎么看待这种经典重读的学术走向?

王德威 这个我过去也做了不少,目前发表出来的,是在《历史与怪兽》的英文版 *The Monster That Is History* 里面,英文版原有八章,台湾的中文本只发了四章。您刚才提的这个问题,其实我有一篇很长的文章在我的英文版的《历史与怪兽》里面,新的中文版刚刚翻译出来,我现在还没有作最后校对。该文写50年代国共两个不同文学体系下产生的非常惊奇的一些对应,还有当时的意识形态怎么来操纵文学所产生的各种各样的后果。这是一个绝对重要的问题,而且这个问题我仍然要在另外一本书里继续做下去。我讲一个实在的例子,今天在台湾讲"反共小说",任何人提到这四个字,都会引起哄堂大笑,因为现在已经过了"反共"的年代了。但是很吊诡地来说,难道今天不是台湾最反共的年代么?难道民进党不是最反共的一个党么?比国民党还反共!这个"反共文学"的话题哪里过时了?这是最不过时的,这里有很多的吊诡,这是题外话。我在那篇文章里讨论姜贵的小说,讨论张爱玲的《赤地之恋》(在中国大陆仍是禁书),讨论王蒙的《青春万岁》、杜鹏程的《保卫延安》,这个学期就教一门课叫做"从历史到小说"(From History to Fiction)。"十七年文学"最近几年在中国大陆变成显学了,那个时代也是看待20世纪中国文学史的落差最大的时代。我觉得现在大家开始对"红色经典"重视是好的,已经过去五十年,到时候了。我想我们都不是曾经参与那个时代的(那时候刚刚出生或者还没有出生),我们这一代人要怎么回顾那一代人给我们留下的政治以及文化遗产,今天可以比较平心静气地来看待了,而且我觉得不只是单方面的,有哪一天当中国大陆的学界能够平心静气地看待台湾产生的所谓"反共小说"的时候,那时候的学界才是一个开明的学界。但是我觉得尤其在海外的学者,正可以利用地理的优势,我们的责任就是开拓在台湾以及在大陆的同行所不能够触及的话题,承认对方的政治以及文化的限制,尽量利用我们的优势,所以我觉得对"红色经典"的研究做得还不够。在海外,唐小兵做了一些,我们很熟的,他在大陆那个环境成长,感同身受,做得很不错。

李凤亮 这学期他开了一门研究生课程,"现代中国的文艺运动",我参加了旁听。唐小兵教授也是从晚清讲起,一直讲到20世纪80年代的先锋文学、寻根思潮等等。其中有些讲到20世纪的一些经典化"革命文本",包括小说、绘画、宣传画等等,对其中"革命的现代性"加以分析,颇有意思。

王德威 对，他现在做得很广。小兵基本上已经算是对海外接受得比较从容，而有些同事完全不愿意接受。小兵的英文新书《中国先锋派的起源——现代木刻运动》(*Origins of the Chinese Avant－garde*：*The Modern Woodcut Movement*)我也看了，是关于左翼木刻运动的，这个红色经典他做很恰当，原因是他有这样一个文化背景，做出来对那个味，我做的话显然路子会不一样，因为我有我的选择，或者套一句俗话来讲，我的知识传承，我的政治立场的取舍等等。我们今天教中国现代文学课，张爱玲自然是一个传统，但是我认为杜鹏程的《保卫延安》也是一个重要的作品，我知道今天中国国内已很少有人再去读它，但我觉得它在艺术上有很特别的贡献。"经典"这个词包含很多意义，像《青春万岁》这一类的作品，有时在我课堂上学生会形成非常激烈的讨论：为什么被禁了二十五年，为什么这个作品是很精彩的，为什么它不精彩，会有很多的意见。我们的学生中有洋人，也有中国大陆来的学者，各有各的立场，我觉得非常有趣。我的课堂讨论的做法是完全开放的。

李凤亮 我可以为您上课提供一些这方面的新的信息。目前大陆对于这种"红色经典"的态度变成了两个路向：一个在学术界，对"红色经典"的重新研究多是挖掘其中包含的丰富历史信息、叙事的"裂缝"，包括性别叙事等视角的研究，整体上就如刚才所说的是一种"再解读"；另一个是在通俗文化领域，"红色经典"的重拍（主要是电视剧）成为一个流行的文化现象。

王德威 哦，这里面太有趣了：一方面是解构它，但另一方面在一个强大的政治机器主导之下，它要重新去争取它的合法性。

李凤亮 有时候并不一定是政治力量在推动，而更多的是商业机构的介入。商业公司借着"经典"的名义，以怀旧的姿态，并吸收一些流行文化元素（比如明星主演、情爱路线、商业推广策略等），重新来打造或"包装"这些"革命文本"，也有人把这种现象称之为"消费经典"，在某种意义上它形成了对红色经典的另一种"解构"。

王德威 这个是政治资本和文化资本的相互交错，使你很难分清问题最后的症结，这非常非常有趣。这种做法，就是从文化研究、文化生产上做出很多花样来，我当然乐观其成。但就像我刚才所说的，有一天当海峡两岸真正能够互相研究对方的政治经典的时候，那才有趣极了。两岸有很多惊人相似的地方，也有很多不太一样的地方。在海外的学者因为人在海外，可以放言无忌；但我觉得两岸经过了这么多的历史创伤之后，在什么样的意义上我们可以放下一些原来政治上的包袱，稍微放轻松一点，稍微给对方一些机会，用陈寅恪先生的话讲，既然对历史有兴趣，这个“同情的理解”，我想还是需要一点的。但是这个“理解”不是简单的乡愁而已，今天后现代的语境下这种“消费乡愁”的问题是一个大问题，像组织“红色旅游”，重走长征路线，这些都很值得分析。

李凤亮 《激情燃烧的岁月》，上亿人在看。

王德威 是，我觉得那是一代人或几代人共同记忆的累积或传承，它被人扭曲到什么程度是另外一回事，但是你不能忽视历史本身所带有的积淀的意义。我自己也关注 20 世纪中期的问题，正在写的书就是关于那个时代的。1949 年国共裂变至今已经六十年，我们在什么样的意义上仍然在回顾那个时代留给我们的伤痕，这个伤痕显然不是简单的“伤痕文学”的创伤。我还是要追问一个比较细的问题，就是在艺术表达层面，我们到底有什么样的资源曾经可以被吸收、被扩展，但是却浪费了；而又有什么样的资源在意外状况下被保留下来，或创造出来。我觉得就像在做晚清那个时候一样，所有这些问题我觉得还是一个空档，大家还没有想到去面对它。

李凤亮 大陆的学者也在做，但是我觉得还是有一定的限制。目前更多的是做一些史料的发掘和整理，还包括对历史上《文艺报》、《人民文学》这样的主流文学报刊的文化研究，对“延安文学”和“十七年文学”的再解读，等等，做得越来越开。

王德威 做得蛮不错的，当然也还有所顾忌。像北大的洪子诚老师，学问非常精致，做的文学史料也很好，他一直是我非常尊敬的。北大的年轻学者贺桂梅、李杨等在做“十七年文学”等的研究，也颇有气象。我想重复的是，哪一天真正开阔了，连对岸的“反共文学”都能堂而皇之地研究了，哪一天张爱玲的《赤地之恋》也可以做了，一个中国现代文学研究的新时代就到来了。我觉得那些作品没有什么好怕的，那个时代真正告一个段落了，否则我们依然生活在自我设限的一个恐惧的阴影下。

李凤亮 您讲这些，让我想起上面谈到的您的研究特色的第三个方面，即您在研究理路上对文学、历史、思想、政治、想象之间边界的跨越。似乎您一直在寻找和发掘这几者之间的张力结构，而文学的想象成为您进入思考和论述的一个有效中介，或者用您的一个词，文学研究成为解读历史与政治的一种“灵媒”？

王德威 您为我概括得特别好，让我觉得特别惭愧，希望朝这个方向做，但是我自问好像还没有找到一个真正的平衡点。不过诚如您刚才所说的，最后我还是希望彰显文学在20世纪所占有的位置。无论今天对于文学的定义变成什么样子了，曾经有一个时代，文学是不得了的事业，影响了一代知识分子如何看待家国的历史还有自身的处境，成为他们最重要的一种表达方式。所以我觉得今天如果回到20世纪中期的话，已经有很多历史界的同行对两岸的、或者国共的、或者整个中国分裂的过去做出了非常惊人的研究，但是好像对于中国人在这个世纪所经历的苦难，我觉得文学可以更细腻地说明很多在历史研究或其他研究中所不能触及的、所谓"言而不进"的那个层面。文学有它独特的魅力，现在也可以稍微扩张一点，除了文学，跟文学相关的一些艺术媒介，我也希望都带到，比如中国书法的问题。我这次在哈佛会议上就是讲台静农在台大时期的书法研究。

李凤亮 对，应该扩大到广义的"文化书写"研究中去。这次会议上有一节是三位年轻学者：在美国的宋伟杰、Alison Groppe，还有来自香港的司徒薇，他们三人分别是您、李欧梵教授和史书美教授指导过的博士，正好分在同一个专题小组，他们在讨论，也好像是你们三位老师在台上PK。这当然是一个玩笑的说法，不过从他们议题的背后，可以看出老师指导风格的差异。像宋伟杰就不是简单地讨论文学文本，而是把梁实秋、唐鲁孙、钟理和、林海音等人在台书写的"想象北京"的文本拿来分析和比较，看似简单，但取材立意很不一般，背后所指向的问题极为复杂，包含着某种深层次的学术思考，有一种历史凝重感和忧患意识在里边，而不是简单地讨论"谁对谁错"的问题。

王德威 您说对了。最近这几年，我突然变得忧患意识很深了，我觉得这可能跟自己的实际生活经验有关系。您知道我的台湾背景，也知道我的所谓"外省人第二代"的问题。如果早十年的话，我想看待问题不会像今天这么到位，我指的是今天做研究，觉得对历史的感觉就在那里了，我自然而然就会去问那样的问题，也希望从文学里面找出答案来，就像您刚才所说的，希望文学不只是简单的形式研究，它总是承载了很多其他的生活元素，不管是思想的、政治的或历史的元素，这个是我一直很投入的一个方向。因为自己生活经历的关系，这几年有很多的感慨，曾经觉得像我这样在台湾的这一代中国人运气是多么的好，避过了太多的政治风暴，成长是非常顺利的。我们也曾经见证了一个民主政体的发生，但是你也突然理解到了所有理想的寄托其实是非常脆弱的，你突然了解到任何时间你觉得很好的时候，历史的另外一面都可能跳出来。所以这几年我觉得如果有机会重写我那本晚清的书的话，应该会写得更好，就是比较深沉、阴暗的那一面，会挖掘和表达得更充分。我这不是刻意自我表彰，而是总觉得有问题，也许用您的话，这种研究不是表面那么简单。再重复一次，作为一个知识分子，我们最终的能量是把简单的问题做得复杂。

李凤亮　您强调文学研究中的历史意识，但反对过去那种历史决定论的研究思维。所以您尤其关注那些具有“历史感性”的作品，希望从历史废墟与记忆迷宫中发掘话语空间。在《现代中国小说十讲》的序言“历史迷魅与文学记忆”中，您归结了自己有关历史与文学间繁杂对话关系的思考路向，如“国家神话的生成、文类秩序与象征体系的重组、‘史学正义’与‘诗学正义’的辩证、群众与个人主体的互动，还有更重要的，时间、书写、欲望、记忆所构成的叙事网络”。文学中的历史空间，或历史视阈中的文学想象，变成了一系列极具张力的话题。您对历史有着特别的兴趣吗？应该是更看重文学对于历史的那种独特的记忆、想象与开拓吧？事实上，中国有强大的史传传统，对历史的重视在古代超过文学。但您强调文学与国家、神话与史话的区别，强调从区别于梁启超等人“大说”的“小说”角度看现代中国，从历史的隐微处抵抗现代文学“大”传统的压制。这显然带有新历史主义的痕迹。是否存在着所谓的理论或方法“影响焦虑”的问题？这种思路对研究者的问题意识、入思角度有些什么特别的要求？

王德威　我觉得新历史主义对我影响非常大，就是那种把文学叙述跟历史资料不断相互挪用的方式，我觉得这一下子就打开了很多问题，像虚构性的问题等等。但是到了现在，像我写《历史与怪兽》，受夏志清先生的影响研究姜贵的《旋风》。这个小说原来就叫《今梼杌传》，于是我就回到中国古典神话里面找到梼杌，梼杌是中国古代的一种怪兽的名字。后来我就觉得中国那么传统的时候，就把历史不可测、不可知的东西附会成为一个怪兽，这个怪兽过了千百年之后到了孟子时代居然变成史书的一个代名词，“晋之《乘》，楚之《梼杌》，鲁之《春秋》”，这些都是过去史书的代名词。梼杌原是中国古代楚地的一种镇墓兽，到了明代的时候变成“小说”的一个特别的说法。那么什么时候怪物变成历史，什么时候历史又变成小说，我就在想我们今天很多时候在操作本雅明、操作阿多诺、操作詹明信，讲得头头是道；但是我们对传统里面各种年代知识分子文人对历史等问题的思考,却视而不见,或注意不够,其实这里面千丝万缕,非常非常复杂,有太多的东西值得我们去挖掘,甚至还谈不上整理,就是先找出来再说。虽然现在做现代文学史,但我还是特别希望强调这个传统的层面,包括最近做的台静农的文章,前面做沈从文的“启悟”的问题,还做了一个台湾到大陆的音乐家江文也的问题(在台湾的学报发表了,在复旦也做了一次报告)。总之我希望把历史这个层面拉起来,去看那一代的中国人如何去面对西方的冲击和传统的影响。

三、沈从文、鲁迅、张爱玲、茅盾:我的看法

李凤亮 过去大陆学术界对批判现实主义(写实主义)的重视,一方面受到意识形态的驱动,另一方面也不免跟20世纪中国严峻的现实相关。在您关于张爱玲、沈从文(您名之为“批判的抒情主义”)等人的论作中,多处伸张对于这种批判现实主义“五四”传统的反抗。那么您怎样评价这种现实主义写作传统本身的价值?

王德威 这可能有一点点认知的误差。我觉得在文学发展的过程里,不管什么主义,只要是真正精彩的作品都是可以接受的,可以被欣赏的,就您刚才所说的20世纪中国文学而言,最后的最大的成就是在现实主义文学,这是毋庸置疑的。无论我们谈鲁迅、茅盾、老舍、巴金,还是谈张爱玲,都是在这个大的框架里面。我想我在当时那样批判,主要的动机是对于那种教条化文学史观的一种反驳,而不是对实际文学创作者的反驳。创作者不见得先把主义学会了才去创作,既然大的环境是如此,既然大家写作或思考的一种模式是所谓的广义的现实主义,那么无可厚非,他只要写得好、做得精彩的话,我们当然会给具体作品以很好的反馈。我的反感来自于这个:至少曾经有一段时期,海峡两岸的文学史是非常呆板的,我觉得到今天这个时候,我们这些从事文学研究的有责任来“open up”(打开),因为有一点我很相信:“五四”的风潮是如此风起云涌,当时的作家不可能只有文学现实主义一条路,他们也曾经做了很多的实验,如果他们都有这个勇气去冲破现状的话,我们作为文学史的研究者,反而亦步亦趋,这不是画地自限么?如果“五四”是我们最最崇拜的一个爆发的时代,我们的文学史怎么写出来是这么循规蹈矩的一个流程?这是我最反对的,所以我要强调的与其说是我对作品的批判,不如说是对文学史写作方式、话语的反感。其实“戏

法人人会变”，后来我发觉即使在这个传统里面，还是会有很多有趣的各种不同的做法来因应官方的限制和主流的话语。实际上我本人最专长这个写实主义或现实主义文学研究，我做得最多的就是茅盾，直到今天教茅盾，我还觉得他是一个非常精彩的作家。我强调沈从文、张爱玲，就是因为他们在中国这个客观环境下被忽略掉了，但如果有同行把这个问题简化成说，王德威因为在海外，非把鲁迅打倒不可，非要抬高沈从文和张爱玲，那么就把问题看小了。

李凤亮 (笑)大家对您倒没有这个印象。在您研究的作家中，女作家为数不少。其中既有受大陆文学史青睐的丁玲、萧红、王安忆(但角度跟大陆的研究有所不同)，也有张爱玲等被过去文学史过滤掉的作家，还有朱天文这样有着强烈张氏色彩的作家。您对女性文学的关注是否也是基于上述的发现隐微声音的立场？

王德威 国内的文学创作，男女作家各有千秋，这是有目共睹的。有一段时间会对女作家关注较多，我想这可能是考虑到发表的可能性——因为男作家有时候会比较偏向政治的议题，研究他们作品的论文往往不见得能够在中国大陆发表出来。还有一个重要的原因是，gender(性别)的确是文学研究的一个话题，如果我们在一个位置上不给予她们更多的注意的话，那么又怎么能够期盼一个不同的文学的现象或风景的诞生呢？除此以外，就是在海外，不可讳言女作家的实力远远超过男作家，这和中国大陆是不一样的，在台湾文学中尤其如此。

李凤亮 关于鲁迅及其作品的文章，您写了不少。像《从头说起——鲁迅、沈从文与砍头》、《“真的恶声”?》、《鲁迅下凡记》、《鲁迅之后》、《重识〈狂人日记〉》等。以一种“他者”的身份对鲁迅进行剖析，为鲁迅“神话”祛魅，是海外鲁迅研究的一个特征。您怎样看待海外的鲁迅研究——包括夏志清、李欧梵、刘禾等人对鲁迅的评价？

王德威 我觉得鲁迅研究的问题实在是千头万绪，但基本上我觉得，鲁迅的重要性不需要再夸张了，因为他绝对是中国最重要的一个文学启蒙者、先驱者。就我的研究立场而论，最希望做到的是扩展我们对鲁迅及其谱系认识的这么一个张力。我觉得目前中国国内的鲁迅研究已经比十年、二十年以前开放得多了，过去总是把鲁迅做一个神话式的、教条式的申述，不断地重复，了无新意。在这个方面，李欧梵先生贡献不小，他在西方第一个写了鲁迅的传记式的批评，等于是把他从神坛上请下来。夏志清先生有他的意识形态立场，在他那个时代，他一直觉得鲁迅不足以真正代表中国文学的这样一个生命力，他有他论述的一个背景，不只是他简单的意识形态立场。这个背景就是，他从西方的大传统的背景——包括利维斯(F. R. Leavis)的传统、新批评的传统等等，当然也包括他所成长的那个环境、他个人的生活经验对鲁迅所代表的那个意识形态的反感——来解读鲁迅。海外的学界总体上觉得，不论是做鲁迅还是做张爱玲，都应给予一个足够的批判空间，不是人云亦云，只能研究鲁迅的那一点东西，只能研究张爱玲风花雪月的那一部分。举个例子，我在这学期教张爱玲，我觉得没有什么好教，因为大家对她太熟了，都知道的。那么为什么不教她的《赤地之恋》——她的意识形态最强的东西，从这方面看她有什么贡献？我就是这么做的。

李凤亮 我昨天在您的“禁毁小说”(Forbidden Romance)课堂上，听到您讲张爱玲和朱天文的一些作品。您觉得应该不断突破文学史对某一个作家的固定化、片面化的理解？

王德威 我觉得既然在海外学了这么多所谓的理论，总该去见证这些理论最后的归属，应把理论用到作家作品的具体研究中。鲁迅就在种种理论的操作之下，产生太多不同的面貌，所以我相信对《故事新编》、《朝花夕拾》还有鲁迅其他杂文的研究，在国外来讲，相对会活泼一些。那么在国内，最近几年也都出现了各种各样的研究，不太坚持鲁迅过去的那个形象了，所以我在教“禁毁小说”这门课时，一开始是讲鲁迅的《伤逝》，把鲁迅和当时的女性的关系，包括跟朱安、许广平等女性的问题，把他们交往的时间表都列出来了。鲁迅的生命跟他的作品之间的关系很复杂，不见得投射出他的恐惧，但投射出了他自己作为一个有能量的、很焦灼的恋爱者各种各样的难处。我觉得如果在国内谈这样的话，不知又要被认为是如何地不尊重大师。

李凤亮 不会啊，国内现在有了很大的改变，注重作家的心理研究。比如我前段时间在加州大学洛杉矶分校听到国内清华大学蓝棣之教授的一个讲座。蓝教授做的是文学的症候研究，特别注意对作家的某些轶事、心理的发掘和分析，并寻找跟作品的对应性。听了以后觉得很好玩。

王德威 另一方面，也得注意这种研究有时候会走过头，因为传记式的心理研究，到底是不是作家心里想的，我们无从去探知。不过像鲁迅、沈从文，本身的确有太多精彩故事可以讲，比如沈从文跟张兆和之间的问题等等，但这个取舍其实不容易。我觉得在现代文学领域，从这个辐射出去，有很多东西可以做。比如这学期我教 Forbidden Romance（“禁毁小说”）课，这个 romance 当然不只是讲作家的恋爱史，它还是文学的代名词，所以我是在讲一个禁书的问题：到底中国有多少书，什么样的情况下大家不敢去读，不好意思去读，或者是怎样被禁掉了等等问题。回到刚才鲁迅的这个话题上来，我觉得海外的鲁迅研究好像出了两本书之后，我没有看到更多的学者真正再专注于此，在国外做中国现代文学研究，我们的注意力好像在不断地移动。

李凤亮　您的鲁迅研究在国内也引起过一些讨论，其中对您《从头说起——鲁迅、沈从文与砍头》这篇论文，王彬彬教授持比较尖锐的批评态度。不知您读过没有？

王德威　我肯定读过，好像后来在香港还组织了一个叫“砍头”什么的批判专号，当然专号不是他组织的。我感觉到王教授火气很盛。我自己觉得假如退一步去说的话，我是王德威又怎么样，的确没有什么了不起！有时候被骂一骂，我自己觉得也是应该的，呵呵。但是从方法学的层面来说，我又不大能认同。

李凤亮　可能存在着一些认知方法上的差异，另外，这也反映出海内外学界更应加强交流，否则很容易产生一些误解及隔阂。

王德威　这个在哪里都有的。复旦的郜元宝教授也很有意思的，他写文章把我修理了一顿，后来我到了复旦，陈思和教授觉得特别尴尬，不是为我尴尬。外面人就说，复旦找了王德威做“长江学者”，非要 show（秀），怕宣传不够还来了个苦肉计什么的，想着特别可笑。其实我对郜元宝非常尊敬，他的鲁迅研究做得非常好，我觉得他是少数的后来对鲁迅研究不只有知识上的洞见，还在里面寄托了情感的学者。我相信见了面会是很好的同事。真的无所谓，因为他不是读懂没读懂的问题，而是国外跟国内学术研究范式的差异，这跟有些学者的偏执不太一样。偏执的话你就不能把人说服，那人家只好一笑置之。鲁迅说：“批评者有从作品来批评作者的权利，作者也有从批评来批判批评者的权利。”记得是在他的《且介亭杂文末编》里，我好几次引用过这句话。我想作为批评家，你既然有批评别人的能量，那你当然有能量接受别人的批评，这应该是一个游戏规则。

李凤亮　那么谈完鲁迅，我想跟您聊一下张爱玲，她应该算是您最喜爱的作家之一吧？甚至您还由此发掘出这位“祖师奶奶”的许多传人，像台湾的白先勇、施叔青、萧丽红、朱天文、朱天心，大陆的王安忆、苏童、叶兆言，马来西亚的李天葆，香港的黄碧云等等，可以列出一长串“张派”、“张腔”。

王德威 对。这实在是无心插柳，有时候实在是太可笑了，这个“张派传人”什么的，其实都是无心插柳的事情，这些都是90年代中期的一些“游戏文章”，变成今天这样我有时倒觉得很尴尬。

李凤亮 再怎么说，张爱玲及其文学世界是您用以阐释创作与生命活动关联的极具代表性的个案。您最初怎样喜欢上张爱玲的小说？就您而言，张爱玲的小说及生命世界对您有什么样的意义？

王德威 张爱玲其人其作，在台湾不是一个简单的文学问题，而是一个文化问题，因为这跟当时客观的文化气氛有关系，就是包括了三三、胡兰成率领的朱天文、朱天心等“朱家班”这些。张爱玲所投射的古老中国的那种风气，有点潮湿阴暗但是又好像是繁华退尽的这么一种文化的留恋，其间有一个文化乡愁的问题在里面。当时我虽然在台大外文系读书，但是仍然对张爱玲有很大的好奇，张爱玲的书其实都是那时候读的，但是我也没有那么强烈地要把张爱玲当做一种精神的偶像。在中国的所有作家里面，如果真的谈到我是谁的粉丝，或谁是我的偶像的话，那么沈从文我觉得是最伟大的作家了。张爱玲的问题是后来到了哥伦比亚大学任教之后才更加关注的，这当然跟夏志清先生有关系。夏先生跟张爱玲是平辈，有很多来往，但是在这个渊源之下，我好像就越来越卷到张爱玲研究的中心去了，有许多事情是夏先生需要做的，我来替他出面，或者是后来要编张爱玲的书，都是我来负责出版写序；后来张爱玲的英文小说《海上花》要出版，也是我去张罗等等，自然就有越来越多的机会来接触张爱玲这个话题。等到她过世之后，我们也最先知道这个消息，因为她跟夏先生的关系，从这里就卷起一堆风浪，今天回过头来一看也有点啼笑皆非。张爱玲绝对是我所乐意读也乐意讲的一位伟大作家，但其实也没有那么深的渊源，我想主要还是跟成长的经历有关系，是台湾当时的文化乡愁的一部分吧。

李凤亮 您对大陆近年来的“张爱玲热”应该也不陌生？张爱玲不断成为学术论著的研究对象或学位论文的题目，我就有两个研究生写关于张爱玲现象的学位论文，不同方向的，但都不是针对张爱玲作品本体的研究，而是对其研究和阅读现象的关注。其中一个写海外的张爱玲研究与国内的比较，有点学术史的味道，我给她定题叫《比较视野中的海外“张学”》。

我觉得张爱玲是海内外中国现代文学研究分歧或对话的一个焦点、一个场域，或者可以把它看做一个入口，由此可考察海内外在“五四”及整个现代文学话语权上的争夺。不过，最近几年情况又有了变化，“张爱玲热”逐渐演变成了张爱玲“被消费”，我的另一个研究生在写《被消费的张爱玲》为题的学位论文，她通过研究电影、网络、图书出版、大众文化现象，讨论张爱玲在当下如何被消费成“小资”、“时尚”的符号，像是文化研究。

王德威 这个题目也很好。还有卡通的、流行歌曲中的张爱玲。

李凤亮 包括对张爱玲其人其作中服饰等流行文化元素的分析。这个学生有个观点，认为张爱玲本身是苍凉的，不应该那么“热”，过热的接受和追捧对理解张爱玲的作品没有好处。作为海外“张学”的重要一员，您同意这个看法吗？

王德威 这个我倒是蛮同意的。现在我想这个“张爱玲热”还是会退烧的，这个时代我们需要一个张爱玲，人人都爱张爱玲，这个不是张爱玲始料所及的。这是我们在拿张爱玲来填补我们的空虚，所以才有不断地崇拜张爱玲、召唤张爱玲所产生的我们本身的问题，也许这位同学的论文可以更深入地回答这一现象。

李凤亮 您讲到这个“热”会退，但问题的另一方面是在目前一些文化产品的生产制作上，张爱玲又不断被拿出来进行筹划、设计、再包装，比如最近全球华人圈子里大热的《色·戒》，我想您应该看过了。怎样评价李安对这部短篇小说的理解？您觉得张爱玲小说频频被改编成影视作品，是好事还是坏事？

王德威 《色·戒》我看过，除了美国市面上上映的这个版本，我还看过另外一个版本，就是李安原来的那个版本，是李安事先叫我到纽约去看的。看了以后，我觉得那个版本没有后来美国公映的版本好，因为李安原来的那个版本太长了。我觉得张爱玲是被不断地循环、衍生的，比如有人说“我们都是上海人，都喜爱张爱玲”，这个问题不是文学消费本身的问题，而反映出了整个时代的欲望。我们正好找到了一个时代欲望的对象物，其实张爱玲不过是用她的能量、她的作品、她的传奇一生来填补了我们今天的这种欲望想象。换一个时代，这个欲望对象也未尝不可叫做王德威或者李凤亮或者任何一个人，就看你有没有这样一个能量或者资源，是否处在一个恰当的时间点上，如果是，也许就出现了这么一种热。尤其在中国大陆，禁锢多年之后，更会如此。台湾读者喜欢张爱玲，不是这样一种喜欢方法，她不是一种简单的热，而是持续很多年的一种文化传承。您刚才用了一个词“文化消费”，非常有趣，这个词正好跟我所说的相对，我本来说张爱玲是“文化乡愁”的一部分，可是在大陆现在却变成一种小资时尚文化消费的一部分。

李凤亮 在大陆，年纪大的人可能不会去谈张爱玲，她实际上变成了某一个年轻阶层的符号。在您看来，有关张爱玲的学术研究会持续下去吗？

王德威 这个场景不见得会长久持续的，因为张爱玲跟鲁迅现象不一样：鲁迅某种程度上有官方的资源，同时他和中国历史贴得那么近，有一种政治的因素在里面。任何一个作者被吹捧到张爱玲和鲁迅这个程度，作为文学研究者的我们便要三思而行，要退一步来做更冷静的思考了。

李凤亮 我注意到您刚才用了“吹捧”这个词，实际上国内的“张爱玲热”很大程度上受了海外的影响，比如大家都知道夏志清先生的张爱玲研究在海内外影响极大，他在《中国现代小说史》中对张爱玲文学史崇高地位的塑造，在大陆产生了很广泛的影响，也引起过一些争议。实际上就有观点认为，海内外有关张爱玲及其作品的不同意见反映出双方以“五四”文学传统为场域展开的角逐，还映现出中国文学现代性讨论中的中西话语交锋，在这个意义上，张爱玲成了一个学术“道具”。您对此有何看法？

王德威 夏先生当时那样评价张爱玲，的确不无你刚才说到的这个层面。你过两天要去纽约对夏先生访谈，他可能不会讲出个所以然，是那种非常好玩、非常率性的一个人。但是他有一种很犀利的学术勇气，他有这样一种勇气：就是在上世纪60年代大家都说一个鲁迅的时候，他就偏说了一个张爱玲加钱钟书。这种勇气的判断当然是见仁见智的。

李凤亮 不是在现在说，而是在那样一个时代。我觉得关键是看在什么时候讲的这话，今天张爱玲如日中天，你再肯定她什么，也没有太大意义了。

王德威 那时候张爱玲什么都不是，在台湾也什么都不是，夏先生提了。直到70年代因为胡兰成到了台湾，《惘然记》开始发表，“张爱玲热”才逐渐加温。到了80年代，因为张爱玲和中国大陆已经切断这么多年了，于是成了让我们最安全地不断回顾那种官方也支持的古老中国精致的语言文化的象征，这也是我为什么不断强调“文化乡愁”的原因：她刺激你的幻想，变成一种消费的方式，但是那个时候显然没有现在这样疯狂。“张爱玲热”是逐渐加温的，她去世的那一年绝对是个转折点，以后就开始爆炸性的疯狂消费。

四、文学趣味与立场：一种个人考量

李凤亮 文化消费是有潮流的。如果你某一阶段没有去读余秋雨的《文化苦旅》，没有去读昆德拉或张爱玲的某本书，或者说这次假如没去看电影《色·戒》，你就变成跟这个时代脱节了一样，似乎表示你有了落后的趋向。

王德威 完全是如此，所以我在今天送您的《后遗民写作——时间与记忆的政治学》这本书里面收了一篇文章《张爱玲再生缘——重复、回旋与衍生的美学》，专门探讨这个现象。我用了什么词呢？重复、回旋与衍生的美学，张爱玲再生缘，表示张爱玲不断地、不断地再循环的问题。张爱玲很聪明，她居然有某种程度的自知之明似的，预设到了今天这样一种奇怪的现象，不过我仍然觉得她是一个精彩而精致的作家，我仍然喜欢从文学史的角度，去思考她所代表的通俗小说传统的传承转折。幸好现在我们总算能让20世纪的这些作家在一起，各有各的发声发言的位置，这是一个好的现象。

李凤亮 您这里讲到的是张爱玲的“承上”，即对于文学传统的传承。事实上您还特别注意对于张爱玲“启下”的研究，即发掘张爱玲小说的“谱系”，找到了很多张派传人。这种寻找您觉得在何种程度上能够演绎出中国文学现代性的线索呢？

王德威 在这里的“现代性”(modernity)如果用英文来说的话，它永远应该是复数的(modernities)，从这个角度讲，鲁迅可以代表一个重要的传承，或某种现代性；张爱玲是另一种，也许是无心插柳，但是她承继的从《海上花》到“鸳鸯蝴蝶派”等的作品，一直开启到现当代很多作家，以及我们刚才所提到的电影还有流行文化所发展出来的张爱玲想象，这些都构成了今天文学史的一部分。

李凤亮 同样还是文学趣味的问题。在《当代小说20家》中，您挑出20世纪末的二十位小说家，认为他们在世纪末纷繁复杂的文学情境中担负着承前启后的作用。您选择研究对象的标准是什么？换句话讲，您有什么样的阅读趣味？一个研究者的主观趣味会不会影响到他的学术评价？

王德威　趣味的产生，有时候也包括机缘的问题，在那本书的序言中我也写得很清楚。因为在中国大陆对这个排行榜很敏感，郜元宝教授后来对我的批评也是基于这一点，因为其中只有七位中国大陆作家，另外十三位是大陆以外的。这个答案当然很简单，主要是因为出版公司来做这个系列，而我人在海外，自然而然就会用“海外作家”这个有利的基点来做，希望有另一种“当代小说”的视野。当然编书有时也存在随机性的问题，因为要配合出版公司邀稿的需求，有些作家未必愿意合作，这里面有各种各样奇怪有趣的现象；而有的你邀来了，但出版公司说这个在国外绝对不会有市场的，是不是不要放在这个系列里面。

李凤亮　实际上您刚才所谈的，让我想起这些年来您对于台湾作家和台湾文学的关注，您应该称得上是在台湾以外关注推介台湾文学的“第一人”。除了因为早年成长和求学于台湾，就文学品性而言，台湾文学中哪些因素最吸引您？

王德威　这是个好问题。的确有一段时间我对台湾文学所花心力较多，这里面除了个人因素之外，从一个广义观照现代文学的动机来看，我觉得1949年所造成的国家分裂的情况是我们一个历史的共业，我们大家都在这个情境之下成长、阅读、写作、思考。无可讳言，即使从一个大历史的角度，台湾代表了20世纪中国历史经验中被抛掷出去的那一块的一个所在，所以它的文学表现其实应该是和中国大陆的表现息息相关的。

其次，从实际的文学史脉络来看，1949年之后因为国民党政权的进入，从大陆带来了一批将近一百五十万（最保守的数字）各行各色的人民，他们对于台湾本身的生态也造成一个绝对大的冲击。所以今天台湾政治台面上的一些斗争是一个荒谬的笑话，因为它完全否定国民党当时的一些贡献——你不论叫它是一个历史的偶然或者是歪打正着、不可思议的一个转折，台湾之所以有今天，必须要正面回顾国共的经验而不能抹掉它。在这些经验的传承之下，台湾文学显然有一个自为的方面，从理论的角度来看，台湾文学的发展及研究已成为我们在20世纪下半段研究广义中国文学的一个有利的角度，这就是它被抛掷出去但又与大陆母体息息相关、在各个层面都有互动的因素，在这个意义上，台湾文学为我们今天谈论后殖民、边缘与中心、离散与主流文学、经典、国家文学……从很多的文学角度来讲都提供了理论论述的有利视角。

复次，从审美角度来讲，国民党来到台湾以后，并没有特意培植一个所谓的“台湾文学”。国民党是一个控制还不够严密的政权，它留下了很多很多的缝隙，也就是因为这些缝隙，让台湾文学有了自为发展的空间，所以从这个角度来讲，1949 年之后，共和国的文学变为大陆文学的主流，但是台湾文学反而继承了“五四”的某些传统。另一方面，“五四”中有很多强烈意识形态导向的文人，1949 年之后在台湾并未噤若寒蝉，他们代表了“五四”另外一面不同的声音，自为地发展成为一种对文字的热爱，对文人生活情怀的一种向往，对西方的这种广义现代文明文化的一种接纳，等等。

李凤亮　这也是目前中国现代文学研究界较为主流的一种看法。上世纪五六十年代台湾现代文学发展的时候，大陆正在大搞“反右”、“文革”，某种意义上形成了一个文学发展上的断裂。

王德威　这正好是我们刚才说的大陆文学“十七年”。今天我们不去抹杀这个“十七年文学”的成绩，但是不可否认，从一个更宏观的角度，这个中间是一个裂缝，更不用说此后那十年的“文化大革命”了，台湾在这一个意义上填补了那个空档。不论从哪个角度，如海外、中国、华语、华文等，这个阶段的台湾文学即使从审美的角度来讲都有很多精彩的贡献，这要等到有一天我们大家能够平心静气地坐下来看待台湾文学的发展。白先勇是公认的台湾文学在当时的一个重要代表，写了很多精彩的作品，除他之外，当时的情形似乎是继承了“五四”之后现代文学那一段众声喧哗的现象，当时台湾文学什么都可以试，但是它又努力小心，因为当时国民党政府仍然是一个相对意义下的专制权力机构，但是它又不是那么专制，很奇怪它有很多的缝隙和漏洞。在这个意义上，我觉得当时所做的文学实验，不论是现实主义还是现代主义，都取得了很大的成绩。现代主义在当时的中国大陆消失了三十年，这个现代主义是中国和西方对话非常重要的桥梁，毕竟现实主义是 19 世纪以来已经有的传承，现代主义才是真正西方现当代最大的文学成绩。台湾当时的作家包括了 1949 年以后从大陆移民到台湾的新移民作家，还有台湾出生成长的第二代外省或是本省作家。所以这二十年的台湾文学，完全弥补了 20 世纪中国文学史的不足地方。如果今天只是把台湾文学看做是统战的对象，或者把它当成海外华文文学的一部分，把它吸收成为大中国文学的这个现象，我觉得都非常可惜，因为那样就失去了原来看待文学史的灵活的多元的面向。

李凤亮　您似乎不太赞同那种过去“国家文学”的研究思路。

王德威　那样就很可惜了。所以不论从历史的角度、理论的角度还是审美的角度来看，我觉得总有那么一段时间，台湾文学足以和当时中国大陆的文学平起平坐。但话又说回来，一旦牵涉到文学和国家、地理、政治之间的关系，台湾这么小，国民党是一个不被承认的、失去合法性的政权，它的文学的感染力及国际位置显然就打了折扣。所以我觉得我所能代言的角色是尽量地提起大家的注意，台湾文学对中国传统及“五四”文学文化的传承有它的积极意义，它可以刺激我们重新思考20世纪中国文学变动的整体历程。

说明：本访谈稿为国家社会科学基金和霍英东教育基金会高等院校青年教师基金项目“当代海外华人学者批评理论研究”、教育部新世纪优秀人才支持计划课题“20世纪中国文学批评的海外视野”相关成果，并经王德威教授本人审阅。李淑娴、吉颖等研究生协助资料整理，特此致谢。

思想驿站

萨特在中国的精神之旅

——柳鸣九、钱林森教授对话

柳鸣九　钱林森

2005年6月21日，是法国著名思想家、文学家让一保尔·萨特(Jean一Paul Sartre,1905～1980)百年诞辰。在20世纪现代西方作家中，萨特无疑是我国最为熟悉的名字之一。早在上世纪40年代，当萨特在故乡声名鹊起的时候，他的一些创作(如小说《墙》)便由诗人戴望舒等人两度译介到中国①。50年代，萨特和西蒙娜·德·波伏瓦应邀访华，我国翻译出版了他的剧作《恭顺的妓女》及其哲学著作《存在与虚无》。但萨特真正为我国广大知识读者所知晓，并对他们的精神产生深刻影响的，是80年代改革开放时期。发表于本时期的《给萨特以历史地位》和《萨特研究》，是萨特从真正意义上进入中国的两座碑石。从此，萨特的哲学论著、文学作品和传记，源源不断地进入中国。在萨特百年诞辰之时，本刊特发表中国社会科学院外国文学研究所柳鸣九研究员、南京大学中文系钱林森教授就萨特在中国的精神之旅所进行的反思、交流与对话。本文有删节，原文将发表在《跨文化对话》第18期。

钱林森　在中法文化和文学关系史上，在20世纪法国作家风雨兼程的中国之旅中，若以其与近代中国知识界命运浮沉和精神联系之密切而言，因而也最具戏剧性和启发性的，莫过于罗曼·罗兰和让·保尔一萨特的中国之旅了。你作为中国“萨特研究第一人”，作为率先将思想家、文学家萨特系统介绍到中国的著名学者，能在这位文化巨人诞辰百年之际，就其中国之行的历程、影响和意义，与我们交流、对谈，我深感荣幸和欣慰。这不由得让我忆起当年读你写的有关萨特的开山大作《关于重新评价西方

① 参见钱林森《法国作家与中国》第九章第二节“危机中的拯救——存在主义作家与中国”，第592页，福建教育出版社1995年版。

20世纪文学的几个问题》和你主编的《萨特研究》的情景……岁月如水，已是二十几年前的事了。我们的话题也许该由此切入：能否请你谈谈与萨特“结缘”的来由、理由和背景？以便让我们一起沿着当年萨特东进中国的历史足印，重温并分享那远去的、充满激情和风雨的时光。

柳鸣九　首先，谢谢你安排了这次关于“萨特中国行”的对话。

这是一个很有意义的题目，值得交谈，值得总结。它不仅对我本人很有意义，因为我是一个与此有关的主要当事人，而且对学术文化界也很有意义，因为萨特的中国之行，萨特在中国的被接受史，正是中国改革开放以来一个重要的精神文化过程，它反映了中国新时期的历史步伐与进展。正如你所言，这是一个令人欣慰的过程，值得纪念的过程。在80年代以前，萨特在中国受到极不公正的评价，改革开放伊始，就有了“给萨特以历史地位”的强烈呼声，并出现了对萨特进行全面科学评价的《萨特研究》，然而，这些努力很快就在“清除精神污染”中遭到严厉的否定与清算，到80年代中期，又完全“雨过天晴”，时至最近一个时期，萨特的著名哲理“自我选择”已成为了不少中国人常用的口头语，而到了2005年萨特百年诞辰纪念之时，国内有影响的大报与大型周刊如《新京报》、《南方都市报》、《新周刊》、《中国新闻周刊》、《中华读书报》等等，纷纷发表了大篇幅的专题采访与纪念文章，盛况大出人们所料。二十多年来，这一过程不是很具有戏剧性吗？不是一个很生动很有意义的文化故事吗？它反映了中国历史带有某种螺旋式上升态势，对于一个传统力量特别巨大，而现实负荷又特别繁重的国家，即使是高速发展，往往也不可避免采取螺旋式前进的轨迹。

上世纪70年代最后两年，中国开始有了春天的气息，这股气息是“实践是检验真理的唯一标准”那场讨论带来的。那时，我已经完成了《法国文学史》的上卷，正在进行中卷的编写，不久将要面临对法国20世纪文学的评说。但只要一进入20世纪文学领域，就会碰到一座阻碍通行的大冰山：日丹诺夫论断。日丹诺夫是斯大林时期苏联意识形态领域的总管，以在学术文化领域里坚持无产阶级专政而著称，他把20世纪西方文化艺术统统斥为“反动、颓废、腐朽”。他的报告与讲话，从三四十年代引入解放区后，就被视为“马列主义的理论经典”，实际上成为带有权威指导性的“准文件”。只要有这座冰山在，对外国20世纪文学的研究、翻译、介绍就根本无法正常进行。

那时，我四十岁出头，在研究工作岗位上已呆了二十来年，虽不敢说有多么深的学养，但以自己在西方20世纪文学方面的积累，也深知日丹诺夫论断之有悖于客观实际，而且也不符合马克思主义的历史唯物主义原理以及马克思、恩格斯对待文化遗产那种赞赏有加的典范风度。“实践检验真理”那场讨论给了我很大的启发，既然有理由重新审视历史传统了，有理由清除不符合客观实际的时弊与陈词了，当然就到了在外国文学、艺术、文化、学术的领域破除坚冰的时机。

我当时正好担任了两个学术职务，一是外国文学研究所西方文学研究室主管科研业务的副主任，一是研究所当时的“机关刊物”《外国文学研究集刊》“执行主编”，这就给了我的“三箭连发”提供了便利条件，这三箭就是：

其一，1978年秋，我在外国文学第一届全国工作规划会议上的长篇学术发言《现当代西方文学评价的几个问题》，矛头集中指向日丹诺夫论断，并对20世纪西方文学中一系列流派、作家、作品进行了比较深入具体的分析，力图作出科学的实事求是的评价。整个报告很长，讲了将近两段时间共五六个小时，其中就有相当一部分篇幅是专论存在主义文学与萨特的。这次长篇发言时在座的有外国文学界老、中、青三代的著名学者专家，包括朱光潜、冯至、杨周翰、伍蠡甫、草婴、王佐良、辛未艾、罗大冈等，报告受到热烈的欢迎，会后，朱光潜将我推到周扬面前加以介绍，并说：“他的报告讲得很好啊！”由于这次会议非常重要，这个报告也就产生了巨大的影响。

其二，我将上述报告整理为约六万字的长篇论文，在当时唯一一家外国文学评论刊物《外国文学研究》上发表，分两期连载。

其三，在我主持的《外国文学研究集刊》上，有计划组织刊载了题为《外国现当代文学评价问题的讨论》的一系列笔谈文章，扩大了声势与影响。

坚冰已破，1979年后，国内书刊纷纷译介并正面评价西方20世纪文学，蔚然成风。

1980年萨特逝世，我在《读书》杂志上发表了悼念文章《给萨特以历史地位》，进一步发挥了上述文章中论述萨特的观点，这是社会主义中国第一篇对萨特进行了全面的、公正的评价的文章。因为这是针对国内长期对萨特的不公正的评价，所以写得颇有挺身而出，为君一辩的激情与大声疾呼、申诉鸣不平的姿态。

这些做法有人声色俱厉地提出了指责：“批日丹诺夫就是搞臭马列主义”，来势甚为凶猛。在我国学术文化界，之所以有不少人跟在日丹诺夫后面乱批、瞎批，而且不能容忍对日丹诺夫的质疑，其重要的原因就是他们对西方文学艺术、学术文化的实际客观情况根本不了解，或了解甚少，因此，我决定创办并主编一套以提供西方文学的客观资料（包括作品文本、作家资料、思潮流派有关资料以及时代社会、背景资料）为宗旨的丛刊，我是搞法国文学的，这个丛刊自然就定为“法国现当代文学研究资料丛刊”，其创刊号以萨特为唯一内容，这就是于 1981 年出版的《萨特研究》。

该书翻译了萨特三部作品与三篇重要文论的全文，分述了萨特其他八部重要作品的内容提要，编写了相当详尽的萨特生平创作年表与相关两个作家（即波伏瓦与加缪）的资料，报道了萨特逝世后法国与世界各国的反应与评论，翻译了法国国内重要作家、批评家论述萨特的专著与文章，而且我还写了长达两三万字的序言，《读书》上的那篇文章《给萨特以历史地位》成为该序的第一部分。整本书近五十万字。《萨特研究》出版后，大受读者欢迎，特别是受到文化知识青年的欢迎，一时颇有“洛阳纸贵”之势。

1982 年，国内开始“清除精神污染”，萨特与当时流行的“蛤蟆镜”、“喇叭裤”被并列为三大“精神污染”，《萨特研究》一书在全国受到了批判，并被禁止出版，该书的序言更是成为抨击的目标，其批判文章之多，其用语之严厉，实为“文革”之后所罕见。

然而，中国毕竟是进入了改革开放的时代，这样一个时代比过去那个时代之有进步，就在于开始有了自我调整的能力。事过一两年，雨过天晴，到了 1985 年，《萨特研究》又被准许重新再版。

钱林森　中国知识界的集体记忆里，萨特的名字就是“存在主义”。作为西方存在主义哲学的重要代表，萨特真正进入中国，并非是他生前和终身伴侣西蒙娜·德·波伏瓦结伴而行的“中国游”，而是他身后在中国的精神之旅。对于我国绝大多数读者来说，第一次知道萨特这个名字，开始较为了解其人其文的，恰恰始于萨特逝世那年（1980）中国人写的一篇悼念文章《给萨特以历史地位》。你在这篇文章里，从哲学、文学和政治三个层面给萨特定位，并卓有远见的写下了这段著名文字：“萨特的逝世，给一个社会主义大国的理论界提出了一个艰巨的研究课题。我们相信，通过对萨特的研究，人们将不难发现：萨特是属于世界进步人类的，正如托尔斯泰属于俄国革命一样。”时隔二十五年，重读你这篇满含热情的文章，我们仍然会有一种新鲜、亲切之感。但是我仍不免要旧话重提：存在主义为何物？萨特存在主义哲学的内核是什么？萨特哲学精神的本质特征和永恒价值何在？萨特的历史地位究竟是怎样的？

柳鸣九 诚如你所言，萨特从真正意义上来到中国，是在80年代初，即他身后的“精神之旅”。不错，他于1955年与西蒙娜·德·波伏瓦曾经访问中国，但那是作为“社会主义阵营”之内的著名社会活动家被当做国际统战对象来到中国的。对于一个思想家与作家来说，如果他的主要“思想品牌”与“代表作”没有进入一个国家，那么不论自己去过多少次，也谈不上是来到了这个国家，这就是比较文化学与政治、商务和旅游完全不同的标杆。不错，萨特的《存在与虚无》、《毕恭毕敬的妓女》、在“文革”之前就翻译过来了，但我想，一个作家真正进入一个国家的主要标志应该是一定程度的本土化，至少是相当广泛的社会影响，可惜的是，《存在与虚无》这部哲学著作在中国翻译出版后，其影响微乎其微，通读过它的中国人，我想大概不会超过一连人，真正读懂了的人恐怕就更少。说实话，这是哲学在社会传播上的天生局限性。即使在本国，一种哲学的广泛传播也还要靠通俗化、普及化，要靠有亲和力的诠释。18世纪法国的《百科全书》的历史功绩就在于普及了一个时代的思想学术研究成果，本国的文化传播尚且如此，何况现代法兰西一部艰深的哲学文本来到尚未改革开放的中国？把它翻译过来，前面加一篇短短的说明，或声色俱厉地给作者扣几顶帽子，这怎么谈得上“他来到了中国”？至于把《毕恭毕敬的妓女》一剧翻译过来，与其说是介绍萨特，不如说此剧投合了当时国内“反对美帝国主义”的政治需要，因为此剧并非萨特的代表作，与他的存在主义哲学精华完全“不搭界”，而是一部萨特作为一个“法共的同路人”带有反美情绪的政治宣传剧。

萨特是一个哲学家，也是一个哲理文学家，所谓的“存在主义”是他的本质标志，他的“品牌”，对待他的关键在于对待他的哲学，要把他引进中国，首先就要把他的哲理阐释清楚，使其“本土化”，达到一定程度的普及化。在中国这样一个对当时西方“关门闭户”的社会主义国家如何才能将萨特“引进”以至“本土化”呢？我想至少有两个方面，一方面是我在《萨特研究》一书的序言中所说的，要“撩开萨特那些抽象、艰深的概念在他的哲学体系上所组成的难以透视的帷幕”。不作这一“撩开”工作，就无法使中国人了解萨特，因此，我认为把一部枯燥艰深的《存在与虚无》往读者面前一放，是不会有多大效应的，是在难为读者；另外一方面是要标出“入境”的“口岸”、“着陆点”，也就是本土对此“舶来品”的需求、与“舶来品”的契合，我在《萨特研究》的序言中指出，萨特强调个体的自由创造性、主观能动性的哲学，“大大优于命定论、宿命论”，“大大优越于那种消极被动、怠惰等待的处世哲学”，“不失为人生道上一种可取的动力”等等，都是有感于我们的某些欠缺而指出此一“舶来品”的有用性、有效性。至于那篇序言着重指出萨特“在20世纪资本主义社会现实的荒诞条件下，发扬了资产阶级人道主义的积极精神”，指出他“对马克思主义始终抱着一种善意的亲近的态度”，更是有意识地建立萨特与社会主义中国在意识形态上的共同点、契合点、融入点。

关于萨特存在主义哲学及其内核、特征与价值等问题，我想，首先应该指出，萨特的确与德国存在主义哲学先师海德格尔、胡塞尔有承继的关系，但他有超越、有发展、有很大的不同。最大的不同在于他对人、对人的存在以及如何选择存在方式有更多、更深的关注，并形成了系统的理论。更为不同的是，萨特不仅是哲学家而且更是文学家，他一生更多的精力是用于以文学形式去表现其哲学。文学形式与文学形象本身就具有独立而旺盛的生命力与伸延力，足以将萨特的哲学演绎得更为丰富、厚重。因此，对萨特关于“存在”的哲学的认知与研究，就必须既通过其哲学论著、也通过其哲学文学作品，甚至后者更应是一条主要的途径。

按我的理解，萨特哲学的主要内容不外是：“存在先于本质”论、“自由选择”论以及关于世界是荒诞的思想，即认为：人生是荒诞，现实是令人恶心的，人的存在在先，本质在后，人存在着，进行自由选择，进行自由创造，而后获得自己的本质，人在选择、创造自我本质的过程中，享有充分的自由，然而，这种本质的获得和确定，却是在整个过程的终结才最后完成，等等。

不妨说，萨特哲学的精神是对于“行动”的强调。萨特把上帝、神、命定从他的哲学中彻底驱逐出去，他规定人的本质、人的意义、人的价值要由人自己的行动来证明、来决定，因而，重要的是人自己的行动，“人是自由的，懦夫使自己懦弱，英雄把自己变成英雄”。这种哲学思想强调了个体的自由创造性、主观能动性。

特别要指出的是，萨特对自我选择明确树立了区分善恶的道德伦理标准，他区别了英雄的自我选择与懦夫的自我选择、人道主义的自我选择与反人道主义的自我选择，他这种努力在他的长短篇小说与哲理剧中，表现得非常明显。

钱林森　你对萨特开拓性的研究，引发了20世纪80年代中国知识界的“萨特热”。萨特之入华土，及由此而形成的“萨特文化热”，无论从中外(中法)文学和文化交流史来看，还是从中国思想和中国学术发展史来看，均堪称意义深远的文化事件。它在接受人类优秀文化遗产方面，廓清了“四人帮”极“左”思潮所散布的迷雾，为拓展东西方的精神交流和学术发展扫清了道路;它进一步推动了国人本体意识的觉醒，为张扬人的主体精神，促进精神文明的提升和发展，提供了新的、有意义的“东方实验”。接下来的问题是:萨特存在主义，吸引当时中国读者的魅力和“热点”是什么?想必你有更真切的感受和独到的体悟。

柳鸣九　“萨特热”当然与《萨特研究》一书有关，此书起了引发的作用，但深层次的根本的原因还不在这里，而在于当时的社会土壤与时代气候。

不妨把萨特哲学比喻为蒲公英的种子，即使蒲公英不靠任何助力能够自由飞翔来到中国，即使它有极强的生根发芽的能力，如果没有适宜的土壤，也无法成活。当然，精神文化的种子，是以人心人性为基本土壤的，而萨特哲学则是以人的主体精神、人的主体能动意识为基本土壤的，任何一个国家、任何一个民族从根本上来说都不会缺少这种基本的土壤，只要有这种土壤，任何符合人类发展规律、符合人类精神需求的哲学，都有自己落地生根的可能。问题在于，在中国还未进行改革开放的时代，这片沃土是被冷冻着的，对于任何有积极效益、有强旺生命力的外来“蒲公英”来说，它只不过是“铁板一块”，既然连农民料理自己宅前三分自留地的自由都不允许，还谈得上其他领域里的自由精神、自主意识吗?

中国的改革开放其首先的变化，就是个体的人自由的空间有所拓展。这是一个关于主体意识、个性自主精神的意识形态与哲学有施展空间、有可能大行于道的新时期，甚至可以说是一个很需要这种意识形态、这种哲学的新时期。而萨特哲学正是这样一种意识形态，特别是其“自我选择”的哲理，更是投合了很多人在不同领域、不同层面重新确立自我价值取向、重新选择自我道路的精神需要，而当时那位“推销员”也的确把“自我选择”的哲学阐释得很充分很突出。

萨特比一般哲学家更具强大力量的是他有杰出的文学才能。他不仅拥有思想的力量，而且也掌握着感性形象的力量，他的哲学所有的“要义”、“要点”，都通过他的小说作品与戏剧作品得到富于感染力的表述与演绎，他几乎所有的代表作都蕴藉着深刻的哲理而具有超凡的思想品质，在他身上，哲理与形象水乳交融、相得益彰，这是他充满魅力的一个很重要的原因。特别值得注意的是，他在文学上基本上都是采用传统的形式，并使之达到经典的高度，以保证他的思想内涵与精神哲理得到清晰、饱满、完美的呈现与表述，他一般都不让形式上的标新立异、荒诞不经的因素来干扰他的呈现与表述，这些都构成了他所特有的魅力。

钱林森 根据我个人的体验和认识，勃兴于一时的中国“萨特热”，主要是中国接受者（作家、批评家、译者和读者）向思想家、社会活动家萨特的一次趋近，着重吸取的是其思想、政治的一面，而非文学的一面，这是中国人接受外国作家、外国文学所惯有的思想模式。中国“萨特热”，究其实，是由萨特思想启动、中国知识界积极参与的一次思想解放思潮在东方的生动演练，其如火如荼的程度，使之带有浓重的政治色彩和思想运动的性质，激情四射，热闹非凡，但真正沉淀下来，耐得起时间咀嚼的东西并不多。这就是为什么不少当年的“萨特迷”，在激情消退，时过境迁后发出如此感慨：萨特只是构成他们一代人“精神履历与青春回忆的要件之一”[①]，已经远去了。而萨特及其存在主义，只不过是留在他们记忆中的一种时尚话语和超级热词而已，如同今天人们言必称“全球化”一样。甚或有些媒体将80年代中国知识界与萨特“结缘”的精神初恋，视为一次“错爱”，称：与萨特的哲学“结缘”，“只可一宿，不可久眠。”[②]对此，你有何见教？

柳鸣九 你的一番话，如果我没有理解错，归结起来就是这样一个问题：萨特在中国的影响究竟范围有多广，深远度有多大，时至今天，他在中国的影响是否还存在？

诚如你所指出的，萨特在一代人的记忆中曾经留下了“时尚话语”与“超级热词”，我想这应该是指“自我选择”。应该承认这个“话语”、这个“热词”时至今日仍很流行，具有很高的被使用率，人们在回顾自己某一次由个人主体意识来定夺的经历时，常使用这个词；在陈述自己将要由个人主体意识来定夺的计划时也常使用这个词；总之，用来概述自己主体的一种精神状态、主体精神的一种价值取向与行为决断，因此，它就不仅仅是一个“话语”，一个“词”了，它有其内容，有其价值观，有其与时代历史、社会现实

---

① 何力：《一段精神履历的要件》，载《经济观察报》，2005年7月4日。

② 曹红蓓、段京蕾：《80年代新一辈的“精神初恋》，Features专题《错爱萨特》，载《中国新闻周刊》2005年第19期（总第229期）。

的丰富内涵。我不能说，使用这个词的人都读过萨特、都受过萨特的影响，但至少说明，当年的“萨特热”多少留下一些东西，说明萨特思想的确有其广泛的涵盖性，有其强烈的能引起精神共鸣与精神通感的机能，因此，即使是没有读过萨特的人，在利用自己所获得的空间与条件自行其是的时候，也可以借用“自我选择”这样一个话语。在我看来，有广泛涵盖性，能引起精神共鸣与精神通感而有被广泛借用功能的哲学，正是最有生命力的哲学，是不容易过时的哲学，何况在广泛使用“自我选择”这个词语的人士中，的确有不少人当年是读过萨特，至少是知道萨特的，只不过他们当年通过“自我选择”的行为方式，后来，获得了自己非哲学、非文学的“存在”，成为CEO，成为经济师，成为有官职的人。

至于当年的“萨特迷”，有些人激情消退，甚至有了“只可一宿，不可久眠”之叹，我的看法是，不论这些人当年热衷于萨特还是当今发出了“只可一宿，不可久眠”之叹，都是他们自己的自由，都是他们自主的“自由选择”（我还强调一句：这些都是他们的“自由选择”，这些都是他按“自由选择”的法理办事的结果）。何必一定要某个人、某些人信奉萨特终生、咀嚼萨特终生呢？任何一种哲学，哪怕是其现实权威强大得如太阳的哲理，也没法将所有的人都拴在自己的身边，不许离去。当年某些热衷于萨特的人后来又作了其他的“自我选择”，比方说，选择了其他的安身立命之道，选择了其他的路子，例子确是屡见不鲜，有的人又自我选择了解构主义，有的人自我选择了侍奉德里达，有的人则自我选择了仕途或商海……这都很正常，人们不是常说“世界是丰富多彩的”，“世界是多极多元的”吗？萨特的“自我选择”论，作为一种具有积极自主精神，创造进取精神的哲学，应该是不会过时的，不会沦为无用之物，因为只要有人类的主体意识取向、主体实践活动存在一天，人们就会对这种哲学有所需求，就会对这种哲学感到亲切。因此，我相信，在萨特面前的人群肯定会聚聚散散，散散聚聚，但决不会荒无人迹。

应当承认，近几年，在中国，读萨特的人少了，与当年的盛况相比，差之远矣。这倒并不是因为萨特丧失了固有的魅力与价值，而是因为社会现实发生了变化。首先，改革开放已经有一些年头，人们在政治法律所允许的范围里已经得到了进行自由选择的权利，改革开放之初，全社会范围里那种急切要求实现个体意识、个体决断的情结已经大为释解，而且经过自由选择有所作为、有所成功的个体比比皆是，人们从现实社会能够得到启发、找到典范，并由自己来付诸实施，那又何须一定要去请教萨特？总之，社会群体，包括知识群体对哲学的需要大大降低了，这是最深层的根由。还有一个重要的社会原因，那就是我们正处于一个物质主义大肆张扬的时代，人们都忙于赚钱、谋求功利的目的，大家都很忙，没有多少时间读书，尤其没有多少时间读严肃的书、令人深思的书、人文的书，流行的是“快餐文化”、“娱乐休闲文化”、“看图识字文化”，在整个人文精神失落，人文文化影响缩小的大背景下，比萨特更有经典地位的思想家、作家被冷落尚且不乏其人，何况萨特？

钱林森　萨特是法国20世纪精神文化领域的巨人，是一位具有世界意义的作家、思想家，萨特在中国的精神之旅，不管有怎样的际遇和潮涨潮落，这个历史定位大概都不会有什么变化。但是，萨特的精神谱系何在？我是问，他的哲学体系、文学创造和西方精神传统的关系何在？他的文学创作和哲学思想有着怎样的关联？记得90年代中期“萨特热”潮落后，中国法国文学研究会在你主持下举行了“‘存在’文学与20世纪文学中的‘存在’问题”的学术讨论会，就此进行了深入的探讨，1997年同名论文集出版，列入你所主编的《西方文艺思潮论丛》第7集。请说说你的看法吧。

柳鸣九　关于萨特的哲学属何“精神谱系”，按我个人的理解，简而言之，可谓存在主义之名，人道主义之实，他的哲学可视为有存在主义之名的人本主义、人道主义。

说萨特是存在主义哲学家，原因不难理解，因为他是学存在主义哲学出身的，他早年在柏林留学，师从胡塞尔，研究被称为存在主义的德国哲学，他早期的哲理著作《存在与虚无》遵循了胡塞尔、海德格尔的套路，可以说是一部存在主义的哲学专著。但是，当萨特以其文学创作成名之后，在1943年左右，加布里埃尔·马尔塞给萨特的文学创作贴上了存在主义的标签不久，萨特在一次讨论会上，却明确宣称：“存在主义，我不知道此乃何物”。这是怎么回事？我以为问题出在萨特早于出版自己的存在主义哲学专著之前，就已经在文学界崭露头角，有了相当大的名声，出在他的哲学专著与他哲理文学作品之间的非等同性。

德国存在主义哲学有自己的理论范畴，如对人类生存命定性的阐释、存在与时间的哲理、生存哲学、生存哲学现实论、关于存在与超越的理论、对现在、境遇与瞬间的论述、真理的多重性、宗教价值的超验性等等。萨特作为一个德国存在主义哲学的青年研究者，当然要面对这些问题，但是，他作为一个创作了《苍蝇》、《间隔》等一系文学作品的著名作家，他在创作中所面对的就是另外一些问题了，即使是哲学，他想要在作品中表达的与他所能表达的，当然会有所不同。他是以文学作品而不是以他的哲学专著成名并享有巨大声誉的，而他在文学作品中所着重表达的思想正是我们所看到过的，即“存在决定本质”、“自我选择”等。

正因为他在自己的作品中所表述的思想与的德国存在主义哲学有所不同，所以当批评家把存在主义的标签贴在他那些已经风行的文学作品上时，他自然会予以否认。然而，存在主义文学这个标签已经成了时髦标志，加以热衷者的鼓噪与炒作，使得萨特也难免心动(要知道，他一生都惯于追求某种轰动效应)，他终于接受了这面大旗，充当了它的旗手，于是，“存在主义文学”成为一个牌号进入世界文学史，并且风靡一时。这就是我们中国人所看到的文学史的事实，说实话，这造成了我们在理解上的某种困惑，因为按我个人的理解，萨特在其文学作品所集中表现的“自我选择”、“存在决定本质”的哲理与其说属于哲学认知与理论解析的范围，不如说是属于伦理学人生观的范围，如果说存在主义哲学仍是对世界的认知与描述，那么，被称为存在主义文学的那一部分文化精神内涵，则是对人生的清醒认知、彻悟意识、态度立场与形象展示，用简单的话来说，就是有关人的一种人生观，在根本上，这种思想内涵显而易见是属于传统的人道主义体系、人本主义体系，是这种思想体系中的一个组成部分，只不过它使用了存在主义哲学的某些概念与术语，如“存在”、“本质”等。

萨特本人一定是感到了存在主义哲学体系与自己文学作品中哲理的非同等性，而他本人又不无尴尬地完全接受并享用了存在主义作家这样一个带有光圈的称号，为了弥合这种理解与认知上的裂痕与距离，1946 年，“存在主义文学”已经大行于道、风靡全球之时，他出版了《存在主义是一种人道主义》，此书后来被称为“存在主义圣经”，应该说是萨特对自己精神谱系的最具有“拍板定案”作用的阐释。总之，在我个人看来，萨特仍然属于人道主义思想的传统，而他所作的“存在主义是一种人道主义”的解释，完全值得我们尊重。

钱林森 作为 20 世纪西方精神文化领域的巨人，萨特在文学、哲学、政治社会斗争等方面都有自己的建树和贡献，他留给后世的精神遗产是丰富的、多层面的，我们接受萨特这份精神遗产，自然也不限于哲学、思想、政治层面。对萨特的接受会因接受者不同、时代境遇不同而呈现不同的层面和重点，永远受制于接受者的取向和时代的变迁，这是个十分复杂的课题。面对这位集哲学家、文学家和社会政治活动家于一身的“丰富复杂”的萨特，我还是要问：你作为研究法国文学和萨特的权威批评家、萨特的中国接受者，更喜欢更看重萨特的哪一面？也就是说，在萨特一生的创造中，你觉得哪一部分最重要？最有价值？对中国人来说最有意义？

柳鸣九 的确，萨特留给后世的精神遗产是多方面的。你指出的“对萨特的接受永远受制于接受者的取向与时代的变迁”，我很赞同。既然我是一个文学研究工作者，自然对他的文学成就更为看重、更感兴趣，说到“喜欢”，很坦率说，萨特并不是我最喜欢的外国作家，在我喜爱的程度上，加缪就排在他的前面，但作为一个研究者，我有责任对他本人、对他的各个方面作出公正科学的评价，最好是符合中国国情、适合当前文化发展阶段与状况的评价。

萨特是学存在主义哲学出身的，他作为那个谱系里的一个哲学家，应该说是很出色的，可谓青出于蓝，他所表现出来的思辨力与抽象力是令人赞叹的。他也写出了两三部纯理论的哲学专著，不过，这些专著即便在法国，也只是写给高层次的专业人士看的，正像博士论文经常是写给评审委员会看的一样。其中有一两部译成了中文，据我所知，读者甚为稀少，如果不是对思辨与抽象情有独钟，一般读者是不会去问津的。

萨特一生在社会政治斗争、思想文化活动方面倾注了很多精力与热情，他大量的政论时文就是他在这个方面的产物，收编为《境况种种》共有十卷之多。1981年10月我在巴黎拜访西蒙娜·德·波伏瓦的时候，我问她对萨特在精神文化几个不同方面的贡献有何看法时，她特别强调了萨特本人对这一套文集的高度重视，波伏瓦也认为它是人类宝贵的思想财富。但是，在我看来，时至今日，如何评价萨特的政治社会活动与相关成果，反倒成了一个问题。我们知道，萨特作为一个政治社会活动家，除了早年参加过反德国法西斯占领的活动外，后来，在国内主要是以法共甚至是极左派的同路人的身份，而在国际上则主要是以社会主义阵营的斗士的姿态出现。在80年代初我曾经大力介绍了他作为大左派的倾向与表现，那是为了取得社会主义中国对他的认同，也是为了消减些许“左”派批评家射击的火力。现在，经过了二十多年的世事沧桑，当人们对很多事物愈来愈持理性的态度的今天，就有必要指出萨特当年不少姿态与表现是经不起历史检验的（如他所发动的对加缪的抨击与责难）。他热衷于卷入一次次斗争或事件，凭借他的声望与才华、信仰与自信，投入得太执著、太淋漓尽致了，丝毫没有给自己留下一个作家应该保持的适当距离，没有采取一个思想家最好应该具有的高瞻远瞩的超然态度，而是把自己的阵营性、党派性（虽然他并未正式参加法共）表现到了最鲜明不过的极致程度，因此，当他所立足的阵营在历史发展中显露出严重的历史局限性而黯然失色、甚至成为历史陈迹的时候，人们就看到了萨特振振有词、激昂慷慨所立足的基石，所倚撑的支点悲剧性地坍塌下去了，看到他在那个地方所投入的激情、精力、思考、几乎大部分付诸东流。

在文学上，萨特是真正意义上的巨人，他在文学史上地位稳固，经得起时间的考验，具有长存的经典的意义。他雄浑的力量在于把自己的“存在”的哲理与现实生活形象水乳交融地结合在一起，以清晰鲜明的古典文学形象表述了发人深思的现代思维内容，创造了一系列既有形象感染力又具有深邃意蕴的杰作。他这种“双结合”的优势是20世纪很多作家所不具备的，他表现了“存在”哲学的寓言性戏剧与同时具有丰满生活形象的小说作品，不仅其深刻隽永的内涵足以令人反复思考，回味无穷，而且其纯净的经典式的艺术形式则足以给不同时代的人提供巨大的美感享受，即使是他的一部分时事针对性特别强烈的“境况剧”，也并非一概“过时”，反倒由于历史社会事态的发展而焕发出新的生命力，如他揭露法西斯残余势力的《阿尔托纳的隐藏者》，在当今欧洲又出现纳粹幽灵的时候，就仍有其现实意义。萨特在文学理论方面的建树是很卓越的，有很高的研究价值，至于他的多种具有深刻哲理的传记作品，则像藏量丰厚、但至今仍未被开采挖掘的巨大矿山。他的自传《文字生涯》篇幅不大，价值很高，可与卢梭的《忏悔录》媲美，其严酷的自我剖析精神堪称典范，显示出了作者独特的人格力量。

钱林森　研读你有关萨特的文章，倾听你对这位大家创造业绩的评价，显然你更看重的是文学家萨特，你把他列于法国20世纪文学大师的地位，他的世界性影响是不言而喻的。回顾萨特进入中国的历程，文学家萨特——确切地说，作为思想家的文学家萨特——对中国新时期文学发展的冲击和影响是有目共睹的。正如有些研究者所指出的：“当作为哲学家的萨特在中国的思想研究领域里日益退后的时候，萨特在文学、艺术领域的启蒙作用则表现出更为持久的影响。徐星的厌倦孤傲、刘索拉的青春躁动、格非、潘军、残雪、谌容、朦胧诗人……透过一份被批评整合过的受萨特影响的作家名单，你会发现，过去二十年中国文学的新变，已经无法离开对萨特的评说。”[①]这是中国作家对萨特在文学层面上的接受，虽然在人数上和规模上远不如当年“萨特热”那么普泛、宏大，但它到底留下了一些耐人咀嚼的东西，表明文学通过交融而获致人的心灵情感的会通，永远具有强大的生命力。萨特思想的滋养给中国新时期作家、艺术家以新的灵感、新的视野、新的题材和新的表达方式，这是不争的事实，它已成为今日大学校园里不少青年学子攻读学位的选题。试问：萨特给予中国新时期文学的这种影响，是思想家萨特的作用，还是文学家萨特的作用？抑或两者共同作用的结果？

柳鸣九 你是研究比较文学与比较文化的，对法国文学与当代中国文学的双向交流、双向影响很有见解，而我个人的研究是单一领域的，我研读中国当代作家的作品甚少，不敢对你所列举的那些中国作家与萨特影响的关系发表意见。不过，从萨特这一方面来看，我认为他影响当代作家的方式与途径不外有两个方面：

一是以他的哲学内涵，他的哲学与传统的人道主义、人本主义相通。他的哲学具有现代特征，运用了现代哲学的概念与术语，对于憧憬现代倾向、对现代性颇为好奇、感兴趣的中国当代作家是会有强烈吸引力的。

二是以其将现代的哲学与古典的文学形式熔于一炉、水乳交融的方式，给中国作家提供了哲理文学的范例，这种文学的形象鲜明性与思想隽永性，足以对改革开放后的中国作家有强烈的吸引力，并构成可以效仿的典范。如果说，在这个时期的中国出现过哲理文学作品或带有哲理色彩的作品，也许与萨特的影响不无关系。

除此二者之外，萨特对当代中国文学的影响就不大可能有其他的切入点了，具体来说，不可能在文学形式与表现方法给中国作家提供什么新的灵感。因为萨特没有创造什么新的文学形式，他不像“新小说”派、“荒诞派”戏剧，他的文学表现形式基本上是传统的、古典的，至于他的戏剧形式，中国作家早在易卜生那里就见识过，而他的中短篇小说形式，与莫泊桑、契诃夫的小说基本上属于一种类型，只有他的小说《恶心》在形式上有点“各色”，但那篇小说的可读性实在很差，注重可读性的中国作家不会有兴趣去

---

① 何力：《一段精神履历的要件》，载《经济观察报》，2005 年 7 月 4 日。

仿效。

钱林森 在我看来，在萨特那里，哲学家、文学家是二而为一，或思想家、文学家、社会政治活动家是三而为一，互为补充、互相制约的，他在创作上的一切特点、风格和追求，都是和他这多重身份紧密相关的，很难截然分开。在对萨特的评析中，我特别注意到你对萨特自传中的人格魅力的分析和对他作为“作家兼斗士”的强调和评价，我认为，这种既是文学层面、也是思想层面的分析和评价，把握住了萨特其人其文的本质特征，其价值取向也直接承继了中国作家接受外国文学的一种传统精神。其实，在法国文学史上，许多在文化上有重要建树的大家，大凡都是“作家兼社会斗士”的角色，很政治化的，几乎形成了一个文学传统，从伏尔泰到卢梭，从左拉到到法朗士，从纪德、罗曼·罗兰、马尔罗到萨特……而中国新文学作家，从鲁迅、茅盾到巴金、胡风、路翎……在接受外国文学滋养时，不仅致力于学习外国作家为文的本领，也十分注重学习他们为人的风范，几乎形成了一个接受传统。

柳鸣九 一个国家的文学中能形成某一种文人传统、作家传统，是这个国家文学丰富与成熟的标志，并非任何一个国家的文学中都能有此种“景观”，一般来说，是在某种历史相对悠久，内容相对丰富、厚重，发展相对有持续性的文学中才会出现的，法国文学就是这样一种文学。也许，在法国文学中，能称得上传统的东西不止一项两项，比如说，对创新精神的强调，对哲理的重视等，当然，作家关注并介入社会生活，要算是法国文学中较重要的一个传统。

你列举了这传统中一些令人瞩目的作家，我很同意。这些作家不只是一般性地关心社会现实、民生疾苦或介入社会政治。他们的介入往往有声有色，甚至轰轰烈烈，常常为了某一个正义的目的，敢于站在当时统治阶级、以至整个国家机器的对立面，去进行勇敢的抗争，如雨果为反对拿破仑第三的政变与独裁，流亡国外达十九年之久，不作任何妥协，左拉为了德斐斯冤案的昭雪，不惜冒牢狱之苦与生命危险，等等，这些作家以其轰轰烈烈的正义之举而在历史上留下了光辉的一页。

萨特显然很景仰这种勇者，他十分自觉地将作家的这种行为方式，这种存在形态，提升为一种道德职责、一种美学规范而大加阐释，并建立了“介入文学”论。他自己当然是这种理论、这种理想的实践者，而且也达到了相当轰轰烈烈的规模(即使较伏尔泰、雨果、左拉稍逊一筹)。他在其中也表现出了很令人钦佩的勇气，如他反对阿尔及利亚战争的时期，受到了右派要“枪毙萨特”的威胁后，仍坚持斗争，又如他在匈牙利事件中抗议苏联出兵，采取了断然决裂的态度，不惜公开否定自己长期作为苏联之友的历史……

不过，应该看到，法国文学中之所以能形成“作家兼斗士”的传统，是与法国社会民主化的历史较早、民主化程度较高这一历史条件有关的，萨特之所以能把自己的“介入”理论扮演得淋漓尽致，也是与戴高乐总统的雅量有关。当然，各个国家有各个国家的历史社会条件，不同国家的作家也有实现人格力量的不同的道路与方式，如果不考虑本国本民族的客观条件，硬要抄袭或照搬地去学，那肯定是学不来的，甚至往往会反受其害。

钱林森　我们就“萨特在中国”所进行的讨论和交流，差不多已接近尾声。请允许我提一个知识性的、近于幼稚的问题：萨特这位业绩卓著、风格鲜明的作家、思想家，这位西方明星式的大知识分子，在他生前和身后，何以在西方和东方不断招惹是非，引起争议？世人对他的臧否如此分明，在法国作家中实属罕见，这是因为他思想深邃复杂、风格鲜明独特所致？还是他追求明星效应的个性所致？

柳鸣九　萨特是一个既得到过大欢迎、大赞赏、大崇拜，也得到过大非议、大厌烦、大否定的作家，他得到什么，要视他面对何种人群而定。在上世纪五六十年代法国以至整个西方世界的文化青年面前，他是一个被热烈崇拜的对象，一个完完全全的文化偶像，在六七十年代法国乃至西欧极左派青年面前，他是一个精神导师。在法国以至西方的传统社会阶层与右翼社会群体那里，他被视为一个喜欢骂街的人，一个叫人心烦的人。而在东方，在社会主义中国，他的“自我选择”说又曾被视为瓦解集体主义的“精神污染”。他之被赞颂还是被否定，与其说主要是由于他个人的主观原因，不如说是不同人群的不同立场与喜爱。当然与他的主观表现也有很大的关系，如果他只是一个哲学家、一个小说家、剧作家，还不至于引起这么大的争议，问题在于他是热衷于社会政治、热衷于政论时评，他的实践活动与批评议论不可能不触动各个方面、各个阶层的利益与神经。加之，他又是一个个性张扬的人，喜欢追求轰动效应，也善于制造轰动效应，如发表宣言、上街游行、探访监狱、拒绝领奖等等，这种行为张扬、极端、尖锐的表现形式，当然很容易招致中国俗话“树大招风”所说的那种后果。但我想，对于头上有光圈，口袋里有法郎，没有家庭与儿女的拖累，毫无后顾之忧的萨特来说，也许他图的正是这个。

钱林森 回顾萨特在中国的精神之旅，谈论萨特在中国的接受，是个沉重的话题。你是这个话题必不可少的“焦点人物”，甚至在一个时期，你本人成了人们议论的中心话题。上世纪80年代，你在引介萨特进入中国时，便一度和这个招人喜爱而又招惹是非的外国人，一起成了中国学界议论的中心话题。二十余年后萨特百年诞辰的今天，人们又一次请你向新一代读者讲述萨特一生的峥嵘岁月，重温萨特中国之行的风雨历程，重估萨特在中国的影响和意义。国内各大报刊相继刊发采访你的文章，首都数家出版社也纷纷重版你所开启的萨特译介、研究的多种著作。梦回星移，世事沧桑，萨特在中国的命运真是今非昔比，这使我们这些亲历者、见证者，不免感慨万端。请问，面对这个巨变，你的感受是什么？是苦涩还是欣慰？

柳鸣九 《萨特研究》问世至今已近二十五年，今年，萨特诞辰百年之际，各大报刊的纪念盛况令人大感意外。两卷本的《萨特精选集》（北京燕山出版社）与七卷本的《萨特文集》（人民文学出版社）的出版，也表明萨特精神遗产已经正常而顺畅地在中国通行。眼见改革开放所带来的这一番文化景象，我作为一个当事人备感亲切与欣喜。想当年，《萨特研究》问世之后不久，我的确受到过很大的压力：大会上的点名，报刊上的批判，严肃的个别谈话，书被禁再版，等等，最后，我总算坚持了自己的学术观点，没有去遵命写反省文章——《我对萨特的再认识》。当然，我也付出过若干代价，但至今回顾起来，却并不感到苦涩。我深深感到，自己能参与“萨特的中国行”这样一个文化进程，在这个过程有所作为，也算是“生逢其时”的一种“造化”，对此，我感到欣慰。

一所艺术学院的"实践"

——关于中央工艺美术学院学术思想的对话

袁运甫　杭　间

袁运甫,著名画家、公共艺术家、装饰美术家和艺术教育家。1933年出生,江苏南通人。1949～1954年先后在杭州国立艺专和北京中央美术学院学习并毕业。1956年到中央工艺美术学院任教,任装饰艺术系主任、教授、博士生导师。该院并入清华大学时曾任"院教学改革领导小组"负责人和清华大学学术委员会委员。兼任中国壁画学会副会长,中国工艺美术协会副主席和北京市人民政府专业顾问及中国美协理事。是享有国家特殊津贴的专家。杭间,艺术史学者。1961年出生,浙江义乌人,1996～2000年任《装饰》杂志主编,1999年12月中央工艺美术学院并入清华大学后任艺术史论系主任、教授、博士生导师。2003年8月～2005年7月因香港李嘉诚基金会邀请,借调汕头大学长江艺术与设计学院任常务副院长,2005年8月回校。

杭　间　袁先生,您的艺术经历、年龄和社会知名程度,相信已经到了可以不要有太多保留地说一些话的时候。今天,我以一个艺术史研究者的身份来与一位作为当事人的著名艺术家进行这次谈话,希望我们的对话,能把中央工艺美术学院50年来最有价值的东西,放在20世纪中国社会和艺术发展的大背景下作一番分析。

袁运甫　我同意你的意见,应该很好地总结,历史的机遇已经到了这一步了。这些年,国家的发展、文化艺术的政策、国内外周边环境都与过去有了很大不同,现在的中国处于最稳定和繁荣的时期。中央工艺美术学院的学科发展是与中国社会变革密切相关的,所以,随着学院并入清华大学,对于它曾经做过的一些事,现在已经到了总结的阶段,假如在这个时候我们不很好地总结,就很有可能使最好的经验没有得到认识而自然流失了。

杭　间　随着中国改革开放取得的成就和在经济全球化背景下国际

社会特别是西方社会价值观念的变化，哲学和社会科学界已经有了重新回顾、梳理的趋势，我们试图在当代中国经济改革成功实践的背景下总结出我们自己的学术体系。

艺术是一种高度感性和理想结合的综合活动，它的一个很重要的特点就是“自我”用不同的观点看待事物，从而产生不同的结果。就像您说的，历史的发生已是事实，但是我们今天怎么去看、用什么样的观点去评价，作为“一切的历史都是当代史”的概念来说，就显得非常有意义。

一、装饰的“罪与罚”

杭　间　借用俄国作家陀斯妥耶夫斯基一部作品的名字，我们能否从讨论“装饰”开始？因为装饰的问题在中国历史上一直与伦理道德联系在一起，例如墨子的节用思想对儒家在礼制名义下过分强调形式所造成的精神和物质浪费的批判，但美学家却又据此认为墨子的观点损害了美的“自觉”性。中央工艺美术学院历史上主要是以实用美术教育和创作见长的，“装饰”艺术是所谓的“看家”本领。虽然“装饰”的领域很宽，有单纯的功能性装饰，也有艺术中的装饰性，更有综合的系统的以艺术地生活为目的的“装饰艺术”，但是，究其本质，有功能目的的美术样式——实用的美术——与人的生活方式有关的使用和环境的设计等，是它的共同特征。因此，尽管现在的清华大学美术学院有很多人不愿意提“装饰”，但“装饰”对于这所学院却是不能回避的问题。美术界对“装饰”历来有很大的偏见，认为装饰艺术家低人一等，搞实用艺术的是形而下的，是玩形式的，是匠气或称为匠人，即便是对庞薰琹、张仃等在今日显得日渐重要的艺术家，虽然他们在所谓的纯艺术领域都作出过重要贡献，但是，主流美术界在回顾20世纪中国美术发展历史的时候还是常常把他们划入另册。美术界对“装饰”的理解是很片面的，因为他们没有完整认识“装饰”的社会意义，说句玩笑话，莫里斯假如生在中国，他在中国艺术史中的地位想必也是不会太高的。

我认为在装饰的使用和形式背后，是巨大的社会服务和社会价值的体现，装饰是“为人生（生活）而艺术”的典型。包括您后来常常提起的公共艺术，实际上是以独特的艺术介入社会的方式来为社会服务，这与纯艺术的偏向于“为艺术而艺术”有很大的区别。装饰与纯艺术相比，在表现思想方面有自己的特殊性，它不是单一体现在作品的画面元素中，而是体现在作品在空间和时间元素的实现过程中。这一点，著名的墨西哥壁画就是一个典型的例子。所以，我想，要使中央工艺美术学院的学术思想在整个中国艺术史研究中得到一个比较公正和客观的评价，在“装饰”这个问题上正本清源是很重要的。

袁运甫 我承认，狭义的装饰很容易变成一个固定的、规律性的法则，在艺术表现上通过形式的图解来反映社会和自然的存在或发展。因此，它可能推动艺术的发展，也可能变成束缚艺术发展的条款、规律、审美定向，它自由表达的意识不鲜明。但是，这些仅仅是“装饰”的极小部分，是它的技术部分。而“装饰”的内核是强调：装饰艺术是社会和生活的需要，艺术和社会进步、人民生活的提高总是密切联系的；装饰艺术家认为艺术不能游离于社会，搞自己的这一套，那肯定得不到发展，这就是装饰艺术存在的理由。

关心、关注社会是装饰艺术的重要特征。实际上，现代主义艺术和西方社会有非常密切的结合。1981 年，我从美国考察回来曾经写过一篇文章，谈到我所见到的西方社会的艺术。我最大的感受就是，现代西方社会并不是养了几个现代艺术家，而是艺术变成了社会不可缺少的一部分。在那里，吃的是艺术，看的是艺术，听到的也是艺术，从早到晚包括电视、新闻、报纸、快餐、时装、广告等都有充分的艺术介入。在那里，艺术推动了社会的发展，在文化产业链中，每一个人都离不开艺术。

杭　间 所以，艺术就在介入社会的过程中体现出另一种存在的价值。这和中国传统水墨画发展的价值观，与那些学院的纯艺术体系里艺术家纯艺术的追求是有很大区别的。

袁运甫 对，我觉得装饰的含义，最有生命力的就是和社会、人的生活密切地关联在一起。

杭　间 就是艺术地生活。这种提法被很多人说了以后大家有些熟视无睹，但四处看看、古今中外看看，就会看到文化史中总会有那么一些人，天性中偏重于这样的人生态度。

袁运甫 所以我那篇文章得出一个结论：现代艺术真正的最大受益者是当代的社会生活，美国和美国人是最大的受益者。重要原因就是他们的艺术深入到社会的每一个部分去了。

杭　间 我归纳一下，我们对装饰这个问题的理解可以有两个层面。一个是思想的层面，也就是您说的艺术地生活，艺术家的使命感，艺术家介入社会、改造社会，使艺术无处不在的想法和愿望。还有一个层面实际上是具体的形式层面，其中既有革命性的因素，指艺术表现不断从形式上有所突破；但是，它也有局限，因为它满足于形式的变化。我想，我们可以从装饰的这两个层面来分别地探讨。第一个层面，假如从您的艺术经历举例的话，从首都国际机场壁画开始（当然，您开始是帮助张仃先生做，后来张先生晚年主要从事焦墨画创作），您是中国壁画运动重要的领导人之一；后来从20世纪末到现在，您又提倡公共艺术（在某种意义上，可以称"运动"），我想这些行为是您对装饰的思想性理解的结果。从思想层面的继承和发展来看，您能否对像张仃先生、庞薰琹先生、雷圭元先生等老一辈的思想、为人，他们内心里对艺术、对社会的看法作一个评价？我觉得判断他们和判断徐悲鸿先生等人有很大的不同。

袁运甫　讲中央工艺美术学院的老先生要用"大胸怀"这个字眼，我觉得他们对美术概念的认识要宽大得多。简单地说，就是大美术。实际上，大美术是对美术在新的历史时期的新认识，是对美的意义所产生的"功能"的思想阐释。

包括艺术的来源、经验的来源，肯定要在各种艺术实践中总结丰富的经验。所以，张光宇先生说，你们不要给我挂牌子，我的牌子就是新时代的民间艺人；也不要叫我版画家、漫画家，我不想陷入版画、漫画里，也可能我对建筑有兴趣，也可能对家具有兴趣……张先生在家里搞了很多家具、灯具，什么都搞。他的研究兴趣不是1+1=2，而是要了解更多的东西。这是广泛的对艺术的忠诚，对艺术的投入。他们的艺术世界是宽广的。比如雷圭元先生从法国回来后，他看到40年代上海的殖民化市场以及那段艺术的没落，他呼喊着："救救灵魂吧！用崇高的艺术风格！"庞薰琹、倪贻德先生提倡的"决澜社"精神都有它的针对性。

杭　间　张仃先生、庞薰琹先生也是这样，他们的艺术涉猎了纯艺术和实用艺术，同时，他们的写作也很出色，在行政上也有重要的成就，就人的才情来说，他们都是全才。

袁运甫　工艺美院这样的人不少。像郑可先生对材料、对工具都很了解，最后艺术形式、艺术表现力很强，素描画得很好，工具也做得很好，画起来得心应手。曾主持过国徽制作设计的高庄先生也是这样，他自创了很多工具，他的浮雕创作，既有光影的黑白关系，又有微妙的高低处理；国徽浮雕设计时，西方浮雕、中国浮雕的处理手法都用上了，所以国徽在灯光下、阳光下，每一个形体、每一个局部都是清晰的、有力度的，很了不起。他后来也做陶瓷，中国画也画得不错，打油诗也写得很好。他们的兴趣是很宽广的。庞薰琹先生更是这样，他那时已经把视线投入到现代艺术表现与中国传统艺术如何结合的大视野。他十分重视中国的线条与现代色彩的综合语言，他使用油画工具的同时，并未忘记使用宣纸和绢帛，以及矿物质颜色，而且在他的新艺术风格的实践中，东方味道越来越强烈并充满艺术探索精神。决澜社首先是对艺术形式的一种革命，他们不满意清末四王以来完全临摹中国传统人文画风格，认为这是一种颓废，完全没有新时代的精神；要像洪水一样决澜，冲垮污泥浊水来变成新时代的前因。这是很超前的，他用强烈的艺术口号来唤起人们对艺术的觉醒。

杭　间　庞先生的艺术历史十分耐人寻味，过去的美术史研究只重视他与决澜社对中国现代艺术发展的贡献，把其中许多艺术家的形式追求当做十分“稀罕”的中国现代主义萌芽，而忽视他们对艺术的整体追求。如果这样，我们就很难理解他当年做了中央美术学院华东分院的绘画系主任、教务长，却要跑到北京历经千辛万苦来成立一个“工艺美术学院”，最后还因坚持工艺美术要为现代生活服务等问题被打成右派，蒙冤多年。

袁运甫　说到庞先生的装饰，除了他的思想的萌发与法国装饰艺术运动有关外，还可以提到他在20世纪40年代做过的图案研究，并有一批以民族图案为蓝本的创新设计。他到少数民族地区采风，创作出背着背篓、穿着蓝印花布的苗家女的一些绘画和白描，装饰味很浓但又极具审美冲击力。60年代初，我到上海专门去拜访他的好友、翻译家傅雷先生，傅家客厅里就挂两张画，一张是庞薰琹画的这种风格的重彩，一张是刘海粟的现代油画。他说：“东方和西方的风格那么不一样，但是他们都达到了最高水平；可惜庞先生太专注于建设学校，忘了自己是艺术家。”

杭　间　从中央工艺美术学院创建后他因强调不能片面走发展传统手工艺那条路、要与现代生活结合而被打成右派的经历来看，他关心“建设学校”实际上是为了艺术作用于社会。

袁运甫　艺术家还是要更多地在艺术里找到革命的方法。过多介入不熟悉的领域，就会花太大的精力。所以，傅雷觉得可惜，他认为“亚洲线描的第一人是庞薰琹”。说他画的仕女，他用线的能力、表现的质感，都有细微的体味。庞先生说过“没有没有装饰的写实，没有没有写实的装饰”，非常辩证。

杭　间　这又是一个关于装饰更深入的问题了。就艺术的装饰性来说，我想很多从事纯艺术的人，包括油画家、国画家，其实他们的很多作品中都带有装饰性。像潘天寿先生的山水和花鸟，吴冠中先生的油画风景甚至某些半抽象绘画，那种被反复强调的元素，他们的作品中没有“装饰性”吗？李可染先生的山水有没有装饰意味呢？甚至齐白石的山水画，我看都是有的，只不过程度不同和如何来理解的问题。

袁运甫　另一方面，所谓从事实用艺术、装饰艺术的人，也不可能只是为形式而形式，他们也有大胸怀。例如雷圭元先生，尽管他一辈子研究图案，但是他很早就对“图案”的被片面理解非常明确地提出了用崇高的艺术风格救救灵魂。我觉得了不起。他的观点是，不管是基本的几何图案，还是形式规律，他都是在“灵魂”这点上看到形式的归宿。

杭　间　雷先生研究和提倡的图案，和他后来的一些追随者是不一样的。他是胸怀非常宽广的人，他有很深的传统文化修养，并且他很注重从传统的角度来归纳和总结。

袁运甫　他还是一个诗人，艾青是他的好朋友。庞先生也是诗人。

杭　间　雷圭元先生的水墨小品，画得非常放松，很稚拙、天真，颜色用得很好。一般人很难想象到，这是一位图案大家画的。

袁运甫　雷先生的绘画风格还非常奔放。记得在杭州时，他家客厅里挂着一幅红色调的飞奔的马。用排刷画的，用笔非常潇洒，红色的太阳，红色的马在飞奔。

杭　间　长期以来，我总在感慨中央工艺美术学院的老先生们是怀有大志向的，与有些埋头书斋、埋头画案的人，主要从笔墨的形式或油画的光影效果、技法去探索的画家是大不一样的。很早以前我看庞先生的回忆录《就是这样走过来的》，他谈到日本投降后，从西南后方回到上海的前夕，在路上曾经和陶行知先生有一次长谈，两人谈得非常投机。他们商量未来要建立一个这样的艺术学校：学生既可以学习，又可以自己做东西，拿去卖，还可以种地收获，自己经营，这样办学当然是一种乌托邦，但却充满了艺术跟社会变革密切结合的理想。现在回过头来看，当年和他同一时期的艺术家，有这样想法的人有多少？

袁运甫　他的人生和艺术是密不可分的。

杭　间　艺术只有回到大多数人当中，才能产生更大的作用。像张仃先生在抗战期间，用漫画当武器来讽刺，以笔做枪就不说了，1953 年后在中央美术学院他与罗铭先生、李可染先生一起去南方作中国画写生，实际上也是希望通过中国画的变革，使传统的中国画经过革新后在当代社会中产生更大的影响。再回头看，当时整个中国画坛有多少人在做这样的努力？好像不太多吧？如果将这样的艺术经历连贯起来思考张仃先生那些人，那就非常可贵了。

袁运甫 张仃先生在主持学院工作时，他极为重视的一个原则，就是各个专业都必须深入生活，汲取丰富的生活感受，积累素材。或是进行专业设计的实习制作，在实践中锻炼提高自己，这一条全院上下都要坚持。我们这一代人更是由此而受益的了。

二、重看“首都国际机场壁画”现象

杭　间 当年做首都机场壁画，有什么特别的背景吗？

袁运甫 关于机场壁画的成因，我有一个重要的材料要补充。李瑞环同志在他退下来之前，专门请我去他家，他的第一句话就是：运甫同志，我今天找你是给你提供一点机场壁画的背景材料；我很高兴你至今坚守岗位，很多人画了就不画了，你还做很多这方面的组织工作、理论方面的宣传介绍，还有你的壁画实践，我都很关心。瑞环同志说，当时有几个情况是和壁画有关的。第一个情况就是，首都机场上马后有一年的时间一事无成，小平同志在“三中全会”之前很着急，他说一年了机场都没有消息，假如再这么一年没有消息，那中国怎么改革开放？连个国际机场都没有？飞机都下不来，靠什么？靠海运？那太慢了。所以，必须在一年的工期内完成建设。下一个死命令，完不成任务者要撤职问责。

后来副总理谷牧同志就负责重新组织班子，来领导机场工程的施工建设。他根据十大建筑、毛主席纪念堂的建设经验，确认李瑞环同志是最理想的人选。就这样瑞环同志开始受命负全责以一年为期建好机场。

李瑞环是这样想的：完成机场启用让飞机起降是最起码的条件，但要完成中国改革开放后第一个最理想的工程，我们用什么来迎接国外的客人、树立国家的形象、增加国家的影响力？因此还必须把内部的装修搞好。但当时国家外汇很紧张，机场那么多墙面花不起外汇从香港进口建材，要把钱花在和机场有关的如飞机等比较重要的物质条件上，在其他方面，能省外汇就省外汇。他思考再三，觉得中国壁画最能在大幅墙面上有所表现，这是我们的强项，包括陶瓷等材料都可以用。这时，他就想到了中央工艺美术学院有壁画专业。

杭　间　他有没有说要你们画什么？

袁运甫　当时是1978年“三中全会”以后，李瑞环到我们学院来做动员报告，就在学院红楼二楼会议室，一边走一边讲为什么画壁画，动员我们学院全体老师都要积极投入。他说，至于画什么是你们艺术家自己的事情。后来，我们讲机场壁画的模式就是相信群众，相信专家，让他们自己来组织，没有领导审批这一说。这个太了不起了！这是个极为值得总结的经验。李瑞环曾说，你们艺术家最知道在思想解放运动中每一个知识分子的立场、对社会的责任，我相信，你们会认识到的。所以，不用我们给你们提供题材，艺术家本身就有责任来画你们认为合适的题材。他完全交给我们。

杭　间　做壁画时，大家都有一个很明确的目的吗？

袁运甫　有，但很复杂很感性，因为那时“文化大革命”刚结束，大家压抑了很久，本来觉得艺术没希望了，现在却有了这样一个机会。画壁画时，大家感情很强烈，思想解放运动唤起了对人的价值的重新思考，大家希望自己的创造能够显示我们思想解放的动力和感情。这种感情很浓郁，这是真的。

杭　间　具体到艺术思想方面，有没有什么讨论？

袁运甫　当然有。画壁画之前，我们每个人已经积累了多年素材，画了很多的写生。我们都是拿着大批生活体验的资料走向机场壁画创作室的，这个底子打得很好。题材我们都有想法，问题是大家对壁画色彩处理的最后面貌没底。到了上色和小稿放大阶段时，张仃先生起了决定性作用。他说第一，创作风格应是中国的，是民族的，不要搞了半天全是西方的东西，那就表现不了中国思想解放和民族自豪感，就不能体现中国当代特色。这是我们追求的境界和最高理想。具体来说，张先生特别强调线，以线为基础，因为以线造型是中国传统壁画最重要的特点。不能完全讲块面，讲光感，否则很难保证壁画最后的民族感情。所以，我们反复地在线上进行推敲。这是机场壁画用功之处。

杭　间　在题材上如何处理？是各自拟的，还是开会决定的？例如您在作《巴山蜀水》时，有没有明确的“新山水”的概念？

袁运甫　各自拟定。此前我们已初步讨论了题材不要雷同重复。张仃先生搞中国传统人物、历史性题材，所以他的表现带有民间风格；我最初的新山水概念，主要是要强调色调和气势，不要重复传统山水画。《巴山蜀水》的色调以蓝为主，但是光是蓝不行，还要由蓝到绿、由蓝到紫，蓝的过渡是千变万化的，使蓝色世界变得丰富多彩。这是我考虑的。（袁）运生是以绿色调为主，再加上强烈的服装色彩，是少数民族活跃的色彩配比。我们当时讨论的共识，是必须见线，色彩不能覆盖画面的线描，但线是隐约可见，色彩处理是多层次的薄画法完成的。祝大年先生的壁画是陶瓷釉上彩，要用适合陶瓷釉色几个最理想的色调，也是以蓝绿彩调为主。肖惠祥的是赭色浅浮雕高温花釉完成的。我们的拼砖方法（指陶板镶嵌）是菱形分割，这是郑可先生的建议。假如完全是方形拼接，都是水平垂直，就没意思了，24cm 方形陶板用菱形排列，极大地增加了空间丰富性。每一个部分都是经过再三考虑的。机场所有壁画我们在线描上下的功夫最大，线描在墙壁上放大后，经过了多次修改。最后，喷了定画液，再进行渲染着色，起码十几遍到数十遍，要把颜色画得丰富，画得厚重。这样才能保证画面的整体质量。

杭　间　当年袁运生先生用裸体形象时，内部审稿时有没有什么争议？

袁运甫　内部审稿没有争议。傣族人认为魔王的血是有毒的，在百姓身上会置人于死地，泼水节就是要冲刷魔王撒在人们身上的污泥浊水，使人恢复到人的本真健康状态。这是非常积极的思想。要冲洗所有的污浊毒液，那就需要圣洁无邪的裸体。最重要的是要干干净净，完全清洗脏的东西。人体本身也就富有非常积极崇高的意义，也是最强的艺术精神的表现。

杭　间　后来出现非议，主要来自非艺术界的不理解？

袁运甫　对。而且最初据说是亚洲一个共产党代表团来中国访问时，见到机场壁画中的裸体提了意见。我们觉得这可以解释，因为这是泼水节的来历，人体的问题有积极的内容的需要。如果反对泼水节中的裸体，就违背了故事原意。因而后来组织各少数民族到画前座谈时，都一致赞扬，没有任何反对的意见。非常令人难忘的是小平、先念、王震等领导来机场看壁画，他们的充分肯定和一致好评，使在场的每一位朋友都十分感动和兴奋。特别是小平同志还建议好好出版壁画画册，如可能应找个地方复制一套，以方便老百姓参观欣赏。先念同志还说："为什么不可画人体呢？中国人不要少见多怪……"

杭　间　肖惠祥用的形象，也有争论吗？

袁运甫　有争论，她用了新的手法，也就是那时还属较为前卫的手法。有人不同意肖惠祥的变形。这时，张仃先生又发挥了最重要的作用，一个领导人真正的水平就体现在这。他站起来说，肖惠祥有她创造的含义，她表现的是现代科学起源的题材，不要以为任何形式都要老百姓鼓掌。老百姓等到专家鼓掌了，或许会觉得专家有专业修养那一面，会引导老百姓理解。因此，专家要引导大家去理解，而非迎合老百姓。我也认为肖惠祥那样处理是比较恰当的，科学的起源不能死板地画成图解，她表现了三度和四度空间，著名物理学家钱三强审稿后也表示认可。所以，答辩会也就顺利通过。

杭　间　我一直认为首都机场壁画创作在中国现代美术运动中有着特别重要的意义，因为它的被官方认可的绘画形式的探索有很强的影响力，鼓舞了"八五"以前主要的美术思潮，对20世纪80年代不同的画会的兴起，例如同代人画会、紫罗兰画会、星星画会，都有相当大的影响。可以想象，那时"文革"虽然已经结束，但长期以来形成的所谓的创作公式还有相当的影响，许多人囿于其中而不能自拔，美术理论界的反思也还没有开始，在这样的境况下，机场壁画以其经过中西融会的中国民族新传统风格的创作，间以直接接受西方现代主义影响的新锐作品，这样的一种回到绘画本体的全方位的探索，其示范性可以想见；另一方面，机场壁画虽然是在建筑主体已经完成后进行的，但壁画特有的公共性，还是将绘画的社会功能置于一个历史的时刻中去观照，因而它与大时代的千丝万缕的联系，也就越发耐人寻味。但遗憾的是，中国美术界对此没有很好地总结和研究，而作为当事方的工艺美院，至今未见哪怕有一部文献集出版，更别说研究性的著作了。在现当代艺术史论的研究中，工艺美院的缺席也是显而易见的。现在面临着机场的重新改造，那些壁画何去何从？

袁运甫　现在终于有人在做了，我院的教师唐薇现在已经收集了不少文献。

杭　间　当然，还应该总结它的得失，它的局限性。首都机场壁画产生革命性影响的同时，对环境的考虑是不成熟的。以至于后来，全国上下都来模仿，那一阵可称为"全国壁画运动"，把壁画搞僵化了，并且，说是"运动"也颇有讽刺意味，因为后来的壁画热与初衷不同，除了成为某些地方官员好大喜功的政绩工程,对部分壁画家而言,也成为单纯牟利的手段。

袁运甫 机场壁画有它先天不足的地方:建筑全建好了,我们只是去补白,谈不上环境艺术,没有任何改变的可能。因为时间都来不及了。1979年国庆节后,第四届文代会就开幕了。机场壁画是文代会的一个重要项目,它体现了文艺界思想解放运动中比较活跃的部分。周扬同志在这次文代会上的主旨报告中,更是充满激情地予以肯定和鼓励,大会的全体代表还专门组织前往现场参观壁画,这都成了十分罕见的美术史上的一页。

三、"形式美"的自觉性历史

杭 间 袁先生,我们谈谈吴冠中先生提出的形式美问题。他提出的时候,您在场吗?

袁运甫 在。因为他先在系里发言,然后才写成文章在《光明日报》发表。那时候,吴先生讲话很大胆。但是,他有一个基本的前提:就是风筝不断线。形式问题是可以商量的,不是最根本的问题,但他认为形式大于内容。其实,这个问题也不是吴先生最早提出的,墨西哥画家西盖罗斯曾给苏联画家写公开信,最重要的一点就是提出艺术形式的重要性。每一个艺术运动、每一个画派的变化,都是艺术形式的变化;每一个画派的进步,都是艺术形式的改变促使的,而它原来表现的内容没有改变,人或者自然还是主人。这是世界各国艺术的共同语言。艺术史的变化,就是形式的改变。1954年初,西格罗斯还专门到中国,给中央美院部分老师介绍这封信的内容。我在中央美院还旁听了他们的讨论。

杭 间 我知道50年代后期在《光明日报》也曾有产生了相当影响的关于"形式美"的讨论,许多美学家如王朝闻先生、还有张仃先生等中央工艺美术学院的多位教师都参与了讨论,因此,工艺美院关注"形式美"问题并不是从吴冠中先生开始,而是因为对艺术的追求有共同的倾向性,一脉相承一以贯之延续下来的。

我们现在还原吴冠中先生当年提出形式美的背景,是否可以这么来判断:当时提出形式美问题,最大的意义在于纠正"文革"时期的僵化的创作公式所带来的影响?

袁运甫 当然,吴先生对形式美有深刻的见解,他在那个历史的转折时期敏锐地提出来,他敢于说。别人有这种想法,但是不敢那么说。

杭　间　工艺美院讲“形式美”的历史可谓很长了，几乎每一位教师和学生都知道形式的重要性和独立价值。学院的著名教授除庞、张、雷、吴等先生外，张光宇、卫天霖、吴劳、郑可、祝大年、程尚仁、柴扉、奚小彭，还有您自己，都可说是讲形式的“大师”。在学院培养的毕业生中，韩美林、丁绍光、王怀庆、刘巨德、杜大恺、乔十光等都是杰出的代表，打开工艺美院的论文集，有许多关于“形式”的真知灼见蕴藏其中，也可惜没有好好整理。

四、那个年代的“前卫”：“毕加索加城隍庙”

杭　间　当年称张仃先生的艺术思想是“毕加索加城隍庙”的背景是怎样的？

袁运甫　1961年，学院第一次师生作品展在帅府园中国美术家协会的展览馆举行。郁风先生当时是展览部主任。布展时，张仃先生在二楼西侧厅的一块糊上报纸的墙上刷成黑色，然后把同学画的海报挂在上面，颜色很强烈，非常漂亮。这时华君武先生进来了，嘿嘿一笑说：“毕加索加城隍庙又来了。”肯定他们之间过去也讲过这样的话，但这次是比较公开地讲的。张仃先生也不否认，因为华君武讲得也比较恰当，很形象，也不完全是贬义的概念。也许他有开玩笑的成分，但是张仃先生也不在乎。后来这个形容成为中央工艺美术学院的学术思想的重要特征之一，就是中国传统艺术与西方现代艺术的结合。张先生对于中央工艺美术学院学术方向的选择，有重要的作用和意义，他对民间艺术是真正的爱好，对现代艺术也充满了热情。当时，作为文化部代表的张先生到法国访问会见毕加索（法国的共产党员）。张先生和毕加索的会见得到了党内重要的文化人李一氓的支持。“毕加索加城隍庙”当时是一个很“激进”的想法。

杭　间　“反右”后，张仃先生到中央工艺美术学院主持工作，使学院得到了快速发展。您认为，是什么原因使张先生在短短的时间内使这个成立不久的学院得到了快速发展，并与中央美术学院、浙江美术学院这两个老牌美术学院并驾齐驱？

袁运甫　张仃先生的远见卓识和他广泛罗致人才是两个重要原因；直接参与国家重大项目的建设和设计，在参与中培养队伍，改进教学，并通过社会服务迅速扩大影响，是另一重要原因。

张仃先生在中央美术学院是最早接收小组五人领导成员之一。先后担任过实用美术系和国画系的领导职务，他来学院后，找到了一条路把他对各种艺术样式的兴趣结合起来，这就是对装饰艺术的提倡。因为他在延安时就搞设计，他利用民间的材料把当时延安的作家俱乐部做得非常有意思，像土沙发、壁灯、灯光的配置等。丁玲、艾青他们都喜欢到那开会，因为它有这个环境。举行开国大典时，他已经在中南海展览办公室上班了。所以，开国大典的设计还是指名让张仃先生总负责，从设计到制作。天安门的大灯笼就是张先生的创意，旁边的两条标语的装饰也是张先生提议的。这样天安门就形成了完整的国家形象了。现在看起来可能无所谓，可是当时有那个想法不容易。他把封建的皇权的象征变成人民共和国的象征了。包括国徽、政协会徽、邮票，以及我国在海外的许多大型展出的设计多出自张先生的手笔。张先生是建国初期最忙的设计者之一。

20 世纪 50 年代中期，张仃、李可染、罗铭先生到南方写生也是张仃先生的主张。李先生自己讲了是苦学派，张先生有才气。李先生画到一定程度突然觉醒了，采用逆光的画法，这是他的山水画的一个大突破。当时张先生的国画写生也决不示弱。黄永玉先生也认为当时张仃先生具有现代风格的西南写生水平很高，充满激情。当然，张先生的焦墨也很好，越画就越自由了。越自由，越能够表现他的功力。黑白取舍、虚实等形式感的处理，都显示了张先生先天的感觉。他真是才华横溢。但是，把张仃先生的成就完全定位在壁画、设计或焦墨创作等一方面，不够也不全面。他对国家的贡献，对美术界的贡献，还没有得到公正的认识。特别是张仃先生的审美判断和他的眼光应是当代美术界的一位奇才高手。

杭　间　说到这里，我突然感觉到工艺美院不被社会和艺术史充分认识的艺术家是如此之多，这究竟是什么原因呢？

中国现当代社会的发展历程是很特殊的，极左时期不谈，就是现在，对于艺术生活与人民的关系，还是要么是拉动经济内需的战略需要，要么是奢侈攀比的传统社会陋俗使然。诺基亚品牌宣传中一句简单不过的“设计以人为本”，说起来容易，但真正做到实在太难了，即使是那些所谓的“公共知识分子”，在念念不忘“民主”和“自由”对公众意义的时候，在设计生活解决方案的时候，大部分时候仅仅是将它作为“技术”问题来思考的。

五、照相写实和工笔重彩的“复兴”

杭　间　80 年代初，您最早从美国将照相写实的方法引进中国。我想，现在我们可能需要重新认识中国现代主义运动中的照相写实，因为，我感觉到工艺美院的照相写实与后现代主义艺术的照相写实主义是不一样的。

袁运甫 我去美国办个人画展较早，一个多月的时间，因为这次画展规格很高，是由纽约57街瓦里·劳德利的百年画廊展出。由老布什和基辛格赞助，有专人负责参观访问活动。我们就像旅行一样到处参观。当时中国驻美大使是柴泽民，还有驻联合国大使凌青，他是林则徐的后代。凌青夫妇一直接待我们，介绍认识了姚庆章等台湾过去的一批华人艺术家。姚庆章是一个画廊特约的画家，当时画卖得特别好。纽约有一批照相写实主义画家，最有名有三四个，而姚庆章是最优秀者之一。他和劳申伯格(Robert Rauschenberg)的关系都很不错。

杭 间 当时是姚庆章的推荐还是您自己主动来认识这些照相写实画家？我记得当时你们装饰艺术系不仅在国内邀请了许多著名艺术家讲学，还不断有各个国家专家学者来系里上课。

袁运甫 是我自己去看去发现的，我觉得这个(指照相写实的技巧)对我们有用。因为照相技术发展很快，再加上中国人表现技巧手头功夫很强，所以我们处理这一类东西会很快地进入境界。特别是我约姚庆章到我们系讲学，他又推荐了很多艺术家。同时因去威斯康星大学和哈佛大学讲课和访问，又结识了不少水平很高的艺术家。因此使我有机会在以后的日子里聘请了不少杰出的教授来我们系进行讲学活动。在我担任十多年系主任(1981—1994)的过程中，先后邀请各方面来我系有关四个专业进行讲学活动的教授有：姚庆章(超写实艺术画家)、罗斯高(现代纤维艺术家)、布朗(美国著名黑人表现主义画家)、托尼(美国意籍艺术史家和艺术评论家)、尼门(美国威斯康星州立艺术学院绘画系主任)、金圣珠(韩国著名漆艺专家)、彼托尔(美国新泽西州拉格斯大学绘画系著名英籍画家)、德莱亚(法国著名金工艺术专家)、江伊(美国西雅图华圣大学雕塑系主任)、刘国松(香港中文大学中国画系教授)等等。

杭 间 当年您引进照相写实主义绘画时，正好也是我在工艺美院史论系上学的时候，我经常到你们系去看同学画画，对于通过那样来达到逼真写实的方法很感兴趣。但是我后来一直有个疑问：罗中立曾说过他画《父亲》的方法是无意识的，事先并不是知道美国有一个照相写实主义的流派。而您完全是有意识地将其作为当代艺术的流派引进的，但在工艺美院，这种方法先是变成壁画或是一种创作的表现手段，后来又被装潢设计系借鉴成商业美术的一种表现技巧，但却没有形成与西方一样的一种纯艺术的流派。我那届的同学正活跃在“八五”美术思潮的背景下，他们年轻有热情，但因何没有成为新思潮中的艺术家？

袁运甫 其实，开始的时候我的愿望是中国的工笔重彩能够和照相写实结合起来形成一种新的东西，希望中国的工笔重彩画能够有一个现代转型，过去我们的工笔重彩模式化了，出不了新的东西，希望照相写实主义的出现能够有一些新的表现技巧的影响，使工笔重彩有所发展。但是，后来的实践证明，照相写实主义有相应的吸引力也有很大的束缚性，它束缚了艺术家表现力的自由发挥，可以说有利也有弊。

杭 间 这么说您引进它的初衷并非是要介绍一个后现代主义流派，而是要为了改造中国传统绘画服务的。当时，照相写实的残酷的逼真性所造成的视觉冲击还是给当代艺术带来新的思考，它有观念艺术的意义，这也就是后来照相写实主义对中国艺术界尤其是年轻人产生影响的原因，在不久后举办的《前进中的青年美展》(1985 年 5 月)上年轻艺术家的照相写实作品对社会的影响很大。

袁运甫 我本人也是“八五”青年美展的评审委员，其中有不少年轻画家和作品也是我一直所喜欢和支持的。中国青年画家的先天能力与悟性，与国外相比有不少有利条件，但缺少准确引导和对原作的借鉴，同时也缺乏国内外广泛的信息交换，相对闭塞，缺乏客观的科学分析，偏于一管之见。实际上还是需要见多识广，没有胸怀和容量只能是抱残守缺，不能有容乃大，思想解放不起来，这是一个老毛病。我还是更愿意把它看成是对我们工笔重彩绘画的一个推动。中央工艺美术学院的装饰绘画传统中原来把工笔重彩看得很重，从写生到重彩，被认为是一个看家本领。现在可以通过照相写实的影响看到中国的工笔重彩的发展有多种可能性，工笔重彩的发展将来仍然有很大的希望，这种绘画的表现力还确实远远没有到极致、到尽头。姚庆章后来也有很多自由表现的作品，他把想象和照相写实结合起来。

杭 间 现在提起“工笔重彩”的人也越来越少了，我也认为“工笔重彩”是中国传统绘画在当代复兴的一个重要的样式，它有色彩、有西画的分量和质感，其表现力很好，而且它的创作过程，善于表现思想。虽然艺术无国界，但一个民族在长期的发展过程中对于视觉表现形式有自己的特点，这是绘画地域性和世界性辩证关系存在的前提，因此从学理意义上看，"工笔重彩"与"水墨表现"一样，无疑是中国绘画现代性转型的主要视觉形式。但问题是，我们有否实现"工笔重彩"的现代转型？

袁运甫 当然我们还远远没有达到理想境界，特别在当代架上绘画又受到如此大冲击的时候。其实工笔重彩具有很大的表现力，能够产生新的审美的趣味。把它变成与当今新的时代提供的一些新的空间观念相结合，为具体的客观对象提供新的审美创造，这是大有可为的。李政道先生"艺术与科学"的观念对我们发展工笔重彩有一些触动，觉得更科学地认识世界与传统，理解世界的各种元素间能够互为补充的可能性就更大了。首先，对空间的认识能够打破普识的、有限的范围，有限度的想象和想象的必然性会导致科学的态度。

六、从"特种工艺"到公共艺术

杭　间 有一个问题，就是从"特种工艺"到公共艺术有什么样的联系。当年特种工艺系建系，用这个名词很特殊，后来在社会、轻工业部和学院之间，逐渐获得认可，我觉得处理得很有智慧。

袁运甫 你讲得很有道理。当时中央工艺美术学院行政上隶属于轻工业部，叫特种工艺是轻工业部的要求，但我并不是把特种工艺等同于外贸公司的特种工艺。"特种"两字可以去领会，这是非常宽泛的一个概念。我常常讲我们是特种艺术而不是特种工艺，因为我们的学生并没有掌握工艺，掌握工艺技术并不在我们大学培养的目标之内，我们没有给学生提供牙雕、玉雕、金银首饰等等的工艺条件，所以我们不能要求学生达到那种标准。那时我十分欣赏社会上广泛地给我们简称的一个系名——即"特艺系"。可以想象这个叫法多么富有不可穷尽的新的创造内涵。从另一方面想，特种艺术是可以提出更深一步的要求的，这个名词不是学理上的概念，而是一部分人管理上的概念。解放初期为了出口的工艺美术，贵重一类的就叫特种工艺，是为了好分类。所以它不是学理分类，是管理分类。当时我认为艺术要发展，最重要的就是要有材料，当时大家都轻视材料和技术，中国艺术传统中也如此，这引起我们注意。中国传统艺术里的材料其实用得很多，一般的工艺美术分类是十三大类，都是根据材料来分的。我们为什么不能把这些材料拿来为今天的艺术服务呢？

杭　间　推进“特种工艺”建设，与工艺美院的实践艺术的思想是一脉相承的；所不同的是，它从不同的传统材料入手，这在当时的中国艺术界前卫艺术逐渐形成主流，装置、行为、影像、实验绘画等成为主要创作手段的情形下是有特别意义的。漆、陶瓷、金属、纤维、刺绣等等自近代开始已经被忽略很久了，在20世纪80年代到90年代间，您领导的“特艺系”对于中国的当代艺术使用各种材料来进行表现，在整个艺术界产生了很大的影响。而且，它有一个副产品是，在使用材料进行制作的过程中，将艺术最大可能地与社会联系在一起。

袁运甫　我们下了不少工夫，也救活了很多工厂。包括陶瓷壁画、金属壁画、玻璃壁画、丝毯、毛毯、刺绣等领域。现在苏州刺绣厂都很感谢我们。讲材料中国是富国，要形成很好的现代艺术，我们完全可以利用它。日本在20世纪70年代有一派叫“物派”，用物质来体现一个思想，而不仅仅是画出来。很多艺术家在某一种时候有一种可能性，在解释他的意念的时候是一种说法，当他的本意不需要袒露，在还没有把握的时候，又会需要另外一种语言来表现。后来又改称装饰艺术系，它包括公共艺术、雕塑艺术、绘画艺术、版画艺术、金工艺术、漆工艺艺术、纤维艺术、玻璃艺术等，它比一般的造型艺术学院还要更为充实丰富。所以我常想本来就是大美术，为什么非要分家？张光宇的理想是一个大的思路——“新中国画”，什么材料都包括在里面，都可以因人而异，但是都叫做“中国”，都叫做新的“中国画”。

杭　间　“特艺”系在教学思想上有什么具体的考虑？因为，我们都知道，从20世纪50年代开始，中国的美术院校的教学基本上都是参照苏联模式建立起来的。

袁运甫　确实如此，那时从南到北的高等美术教育，基本上都是统一在学习苏联经验以及文艺为政治服务的艺术教育形式中，因此探索自己的基础教学，以及认定其合理的知识结构本身，已经成为学院各个专业教学首要的核心问题。拿装饰艺术系来说，它不同于美院油画或国画、版画的基础教育。我们的基础教育除绘画课目以外，还有第二个系统，这个系统我们称其为“装饰基础”，其中课目内容含有：“中国历代美术的装饰性研究”，还有“中国民间美术概论”等。另外，在绘画基础课中，除各校相同的素描和色彩写生外，我们系一直有一门“看家本领”的“工笔重彩写生”课。首任教授是张光宇先生，继之是祝大年先生，再继之是潘絜兹、刘力尚先生。还有我负责的色彩写生课程。这是从60年代开课的新课程教育。它是以把中国的水墨与色彩写生在高丽帛上进行色彩锻炼为目的的基础课。庞先生曾对我说:“这是一门重要的新东西,你要坚持实践它。”

杭　间　看来在21世纪来临、后现代主义纷至沓来的时候,回望一所学院的学术传统还是很有必要的,更何况我们要面对整个中国艺术史的写作了。我再一次想到,庞先生当年与陶行知先生会面的象征意义。在20世纪的中国艺术的发展过程中,中央工艺美术学院学术追求中最突出的价值恰恰是它的实践性,它的对艺术的诗意般生活的涌动不息的追求,它是最典型的为人生而艺术的思想的体现,是一种艺术层面上的“知行合一”。

因此,我们今天所谈的不是为一所学院翻旧账,而是希望把这所学院的得失成败以及经验教训为整个中国现代艺术和现代艺术教育的发展提供借鉴。限于篇幅,有关中央工艺美术学院的学术思想还有两大方面没有谈及,这就是传统工艺美术在现代的推陈出新、现代设计在中国的率先崛起。我在这里要先感谢《文艺研究》的重视和关注,其他的内容留待后来再续了。

(郭秋惠　王丽丹　整理)

当代艺术的海外炒作与中国身份立场

——关于中国当代先锋艺术症候的前沿对话

王岳川　丁　方

当代艺术作为一种总的艺术样态正和越来越多的人发生关联，几乎所有的艺术家都置身其中，包括许多从“伤痕美术”、“85美术新潮”等现代美术事件中走出的宿将，同时，也让更多的理论家、批评家介入其中，将其变成思想话语的操练场和理论旅行的实验地。同时，无论艺术自身还是与之相关的人都日益变得面目复杂。可以肯定地说，我们早已经不再把当代艺术看做是艺术的“内部事物”来加以讨论，它全面进入了从社会意识形态到全球资本市场运作的各个角落；它也在总体上成为中国形象、中国意识、中国身份的总体建构的重要方面。为此，本刊计划陆续推出系列对话，共同探讨艺术与文化的问题。

王岳川，1955年生于四川，北京大学中文系教授，博士生导师，兼任北京大学书法研究所副所长。主要研究当代西方美学、中西艺术理论，近年来关注中国文化的当代命运与中西文化差异性互补的研究。

丁方，1956年生于陕西，南京大学美术研究院教授，硕士生导师。主要从事油画创作，是20世纪80年代以来中国最重要的油画家之一；同时致力于中国艺术理论及哲学思想研究，对神学美学和东西方绘画、雕塑历史也有相关研究著述。

一、海外炒作与文化身份

王岳川　从“85美术新潮”起二十年时间，中国当代艺术已经走到一个转折点，即从模仿西方艺术形式和内容的阶段中走出来，开始从本土经验的国际化中寻求中国艺术经验的世界化。与此同时，西方画廊、策展人、拍卖行对中国艺术界空前热情，在炒作中国古典艺术品并拍卖出高价后，现在又开始对中国当代先锋艺术的高价炒作。在此我们不能仅仅注意到众多作品的高价流动，更要关注一些关键问题：西方美术思潮中的东方文化殖民化问题，当代艺术的国际炒作中的文化身份问题，中国艺术家文化弑父和寻求精神继父的问题，以及中国新世纪艺术创新和文化身份立场确立等问题。这一探讨不仅是对中国艺术界、艺术理论界、评论界的考验，也是对中国学术界整体文化立场的测定。

进入新世纪，国际市场对中国当代艺术更加看好，在很多西方买家眼中，中国艺术品价格相比西方艺术品更加便宜，有相当的炒作上升空间。这也从另一个角度说明了"中国当代艺术热"是被西方给予的，是被动地由国际拍卖行家炒作起来的。英国《艺术报》编辑科克斯认为："在英国的艺术收藏人口已经改变，大部分新中产阶级都在国际性的公司上班或在接触媒体的相关行业工作，他们不再崇拜古典的事物，而是渴望新的事物和更为现代的作品。"这意味着不仅是中国当代艺术将古典艺术边缘化，而且西方古典艺术同样遭受这种厄运——曾经多么辉煌的架上油画在当代西方艺坛上不断枯竭，已然说明了这一点。可以说，无论西方还是东方，传统文化艺术都面临着世俗化消费主义的挑战。

有一个误区：总是说大众化没有错，似乎只要是"大众"的狂欢就永远因其草根性而天然具有正确性，只要是民众的就是无可非议的。其实，艺术和文化除了要成为大众的（大众化、娱乐化），最重要的是一个民族的社会内在价值和精神超越性的体现，是反抗生命异化和感觉沉沦的重要方式。因此，打着"大众"旗号使文化和艺术浅表化低能化，是对艺术精神和文化命脉的摧根。我们有必要通过美术话语的探究进而抵达文化神经和精神编码的清理。

金宁（《文艺研究》美术编辑室主任）　从经典的审美判断上看，当代艺术的视觉愉悦感正逐步丧失，这导致很多的模糊性，包括技术上的模糊性、思想上的模糊性、社会伦理和价值判断上的模糊性，直到创造界限的模糊性、欣赏的模糊性等等。当代艺术作品很多不再具有传统意义上的震撼感，不再"赏心悦目"或者说具有"视网膜的快感"。许多东西被扭曲、变形、作践。问题的关键在于，我们如何能超越个人趣味，建立一个公共讨论的话语空间，从而把相关问题深入思考下去。

丁方　人类的历史文化发展到今天，已经积存了一系列基本的价值标准，伟大的、经典的艺术品通过文明的教育、历史的阅读，通过博物馆、美术馆、文化名胜遗址而对人们持续产生着影响。那些呈现在视觉中的物质文化遗产使我们明白:我们的祖先是这样生活过来的,是这样去创造美的,不管他们是住在地球这端还是那一端,不管是在地中海还是在中亚大陆,不管是在平原还是在高地。这一创造美的历史,通过学者的评价、分析、论述,产生了很多著作,读了这些著作的人再结合自己的视觉经验与生存经验,经过世世代代的积累,形成了一整套价值判断标准。这种价值标准虽有各个民族、各个文化的差异,但它们却具有人类共通的心灵诉求——对真、善、美的追求。作为画家,我三十多年来曾数十次到中国的大西北,也到欧美去过多次,通过深入的观察和体验,更加确定了前述的价值判断标准。

我的旅行不是文化旅游,而是一种深度体验。用我的话说,是用自己的灵与肉去丈量大地,这是一种流汗的心灵体验,是从心灵的感动中激发身体,然后再产生作品。这种深度的体验所获得的所有的经验,都会作为一种鲜活的营养而转换到我持有的判断标准中去。

从某种意义上来说,当代艺术是人类社会演进到现时代的一个怪胎,或者说是以资本为原动力的商品社会的衍生物。在这样的社会中,一切因素的成长都要符合资本的需要、市场的需要。这种强大的外在力量,扼杀了真正的创造性,艺术的灵光泯灭了,精神的王座坍塌了,只剩下一些变形的脸谱——肤浅冷漠的表情、嬉皮调侃的怪相、表现主义的号叫,在 20 世纪的废墟上回荡。以往时代的艺术,主要是关注恒久的问题——不管是审美的还是精神方面的,而当代艺术强调的只是"当下经验",就是说当下一切事情比什么都重要,历史的、未来的、永恒的、高尚的……几乎都失去了意义。我记得一位英国历史学家曾说过:纵观人类创造文化艺术的几千年的历史,若以 19 世纪为界限,前为古典阶段,后为现代阶段,两者进行认真的价值比较的话,现代无论如何也无法企及古典所达到的艺术高度与灵魂深度。这一评价值得我们思考。

从我个人的角度来看,当代艺术最关键的问题是价值的颠倒,即试图把人类从有文化、有精神、有历史以来所建立的价值来一个彻底颠覆。另一方面,当代艺术的思想基础越来越苍白和虚弱,它贬低人类垂直向度的经验,而将人们扁平的日常经验拼命夸大。在当代艺术家那里,往往以"解放个性自我、反对一切威权"为借口,沉入一种自我迷拜的心态,自己哪怕最微不足道的芝麻烂酱的事,经过夸大的表现就变成天大的事。这种自我的迷拜，是现时代的最大病灶。尽管当代艺术也对当下社会的异化现象进行表现，但往往调侃大于批判，痞性多于严肃，结果艺术的情调与品位被严重地败坏了。

我并不是说当代艺术不能存在，它既是多元文化格局合理性的某种体现，也是时代特征的必然反映。最起码，当代艺术在媒材和表现方式领域进行了许多探索与尝试，极大丰富了人们的审美经验，这些都是应该肯定的，但这并不能遮掩当代艺术的问题。尤其我们不要忘记，中国是一个大国，中华民族有如此深厚的历史文化传统，痞气和调侃、肤浅与扁平不是中国文化的特征，过去不是，现在不是，将来也不会是。

金宁 对当代艺术家的作品和言说，需要进行非常具体而细致的个案分析与研究。丁方是从他对当代艺术的总体印象给出他个人的基本看法。在此我们暂且不必针对具体的人物和事件。要针对的是这些总体的集合的面貌。我们关注的是作为艺术家批评家有没有一种态度一种尺度，我们在一个不能规定“什么是艺术”的时代，是否还可以探讨可以限定“什么不是艺术”，余虹教授提出应该从逆向角度来证明艺术标准的存在（大意）。我要说的是，对西方经验的复制，是否就是我们艺术的内容？对个人经验的张扬，是否就是一种自由的艺术？进而言之，个人经验的集合是否就是中国经验的总体面貌？对当下现实的直白的“在场体验”的表达是否就是能够体现出价值关怀的具有中国当代特色的艺术？

我有一个初步的想法：从特定的角度说，艺术在当代要面对三个敌人。第一个就是“民主”。人类理念中和社会意义上的民主，本身是非常伟大的，但民主的绝对普遍化的机械运用却使艺术变成没有精英层、没有标准、没有拯救感、没有仰视角度，没有可以让人敬畏的一个层次的东西。第二是“线性的进步观念”。与昨天不一样就是真理，新的就是正确的，“惟新是图”，你做的艺术有人做过就是不对的。第三，“自大与自恋”。人觉得自己全知全能，觉得自己没有限度，对于未来、对于宇宙，包括对于人本身，没有敬畏感。人如果没有敬畏感，对于不可知没有真诚的求索态度，就什么事情都敢做敢说，实际上是整体地迷失在虚无当中。我们是否应当承认人的限度、艺术的限度、艺术接受上的伦理限度、意识形态的限度、历史的限度、思维的限度、艺术解释能力上的限度？这些都值得思考。

王岳川 为艺术设限是人为自己设限的一部分，在这个意义上，艺术本性与哲学本性是本质同一的。这个世界上大抵有两种艺术能够撼人心魂：一是充满爱心的纯粹超越性艺术，一是被压抑扭曲的反抗性艺术。前者让人心灵净化，后者让人灵肉痛苦，丧失了这种哲学高度的艺术创作只能是名存实亡，只不过是技术和市场操作的冠冕堂皇的浮躁而已。事实上，西方后现代主义既颠覆了前者也压抑了后者，使当代艺术成为颠覆之后废墟上的虚无平面。

中国当代艺术被称为"后现代艺术"，但实际上还是深陷在"西方现代性"的泥潭中。艺术家用了诸多后现代反文化的形式，表达的却是自己的现代性经验。因此，中国当代艺术就在缺失文化地反文化，在没有底线地反价值，进而造成艺术视觉的无知和盲目。于是艺术感受成了问题，无目的无价值操守的艺术操作，成为中国感受方式的报复行为，这直接导致了当代艺术精神的"三大危机"：

一是精神之光的消散。中世纪的作品之光来自天堂；文艺复兴时代作品之光是从上方侧面照射过来，如《蒙娜丽萨》画面之光显现出人性光辉，既有人间性同时又具有神性超越性——人仰首苍穹获得光的照亮，代表了人对向上超越性的一种期盼，与一种神秘启示连在一起的冲动，人据此超越自身的局限性；后印象派的光散成了自然的光，精神之光在自然中成为散点构成物，光无处不在但却构不成清晰的视觉感，使得人物逐渐成为"准平面"；后现代绘画中心灵之光完全消失，一切都平面化，消失了人性的深度和人的辉光后的"观念艺术"成了新宠。人不再有任何畏惧，反而习惯于拍脑门出怪点子，用精神的消亡和光的灭绝为代价，让一些无知盲视的观念艺术成为今日艺术的主宰。这种反文化、非文化的表现，对光的逃避和诋毁，对精神升华的背弃，使得人类艺术面临黑格尔所说的"艺术消亡论"的重大难题。于是，在逃避精神深度、进入金钱怪圈、放弃超越性艺术之后，又放弃了反抗的艺术。正如有人讲，"85 美术新潮"时艺术圈见面就问"最近被查封了吗"，现在说的则是"最近又卖了吗"。正在不断"文化起来"的商人都开始谈论艺术，而穷怕了的艺术家如今却毫无愧色地大谈金钱。这种倒置使得艺术家成群结伙地放弃了当初拿起画笔的初衷和艺术自尊，在市场行情走俏时苦拼体力闭门制画，艺术创作演化为不断自我重复的体力劳动，先锋艺术家终于在金钱的感召下，玩命消耗自己所剩不多的艺术资源。

二是价值的颓败。价值和价格不同，价格代表了此一市场的物品供需关系，而价值代表了人类遵从敬畏诚信的本体存在。只有对价值把握的艺术家才能领悟和表达经典的意味，才能完成从内在心、意、手、腕、指到笔尖的完美控制，传达出超越人自身局限的作品意义。如今，艺术取消了价值把握和意义追求，变成一种纯形式的玩弄。当然玩弄形式者也被形式所玩弄——透过作品不难看到若干年前的优秀艺术家正变成“空心人”，正在成为低俗操盘手。精神艺术终于蜕变成所谓的观念艺术，艺术家完成了从价值追求者到形式玩弄者的角色转换。这一现象其来有自，因为艺术家在国际性的艺术炒作中成为最为矛盾的群体，一方面在“地下”艰难地探索了多年，终于在拍卖行遇到高价攀升，盲目“按照国际惯例”“与国际接轨”必然成为其创作的首要原则。买主出多大的价钱他们就提供多稀奇古怪的作品，按需制作。艺术丧失了先锋的精神纯度和硬度，出现若干精神病态的创作逻辑——将挑战人们的审美认知习惯和内在良知作为成名法宝。这样一来，艺术成为作秀品，精神成为多余品，道德成了陪葬品，价值成了消费的奢侈品！

三是整体性的碎片化。真正搞艺术的人强调我手写我心，我身在世而心却处于在世与出世之间。不明此理，就搞不懂柏拉图为什么会说艺术是艺术家迷狂所至，搞不懂尼采为什么将个体和人类的生死续接用艺术连在一起，也搞不懂海德格尔为什么强调“诗意地栖居”。古希腊艺术家可以代神发言，近代艺术家代自己发言，当代艺术家代商业集团发言。越来越把丰富的世界变成一种琐碎无聊的自我本能世界，从而为国际市场对当代流行艺术的炒作留下了巨大的文化空洞。如今国际市场正在左右中国艺术市场的正常秩序，从 2005 年至今，国画价格在前些年上升以后一直在跌，而油画的命运也好不了多少，唯独被西方拍卖商钟情的前卫艺术成为国际拍卖的标杆。其实，当代先锋艺术品良莠不齐，全面抄袭西方的结构和构思比比皆是，中国艺术形象特色并不多见。高价的背后危机很大，不应一味听任飙升的价位，而怂恿更多的人放弃自己的艺术大搞所谓“前卫”。正如王广义说：时代选择了自己画大头画，成功只是极少数，后来的模仿都是失败者。其实，王广义 1988 年创作的三幅毛泽东画像在艺术界反响很大，1989 年初的中国现代艺术展上更是成为一种先锋文化的象征符号，但其后十几年在不断重复中显出创造性枯竭的征兆。艺术的生命在于其个体生命的鲜活状态，一旦艺术家成为某个集团代言的符码，为身名之累就会走向自我复制，在日益商业化中走向精神委顿。可以说，当代中国美术界在国际拍卖高价位的搅动下，心态空前浮躁，作品的艺术价值正在让位于金钱价格，现在，该是厘清观念全面反思的时候了。

二、现代性话语霸权中艺术精神消散的世界性

王岳川　上述三大危机，都可以放在“现代性”问题大框架中来说明。所谓现代性只有短短五百年，再往前的中世纪，那是伏尔泰、孟德斯鸠必须要改变的“非人世界”。

在现代性发展和大国崛起的几百年历史中，世界告别了“王道”而成就了“霸道”，最终导致了两次世界大战。希特勒残忍屠杀了六百万犹太人，当他们赤身裸体走向毒气室时，面对苍穹呼喊上帝，上帝选择了沉默和退场。无辜者因种族和宗教而集体被杀，这一现代性屠杀让艺术家突然醒悟，意识到上帝没有出现而种族主义正在屠城，所以现代艺术开始“恶心”，萨特的《恶心》是里程碑式的，告诉人们现代艺术不再让人赏心悦目，而是血腥恶心。从此，人对人类的未来充满了悲观情绪。

这样，不管现代性审美怎样承诺未来会如何美好，物质会如何丰富，都已然无济于事——人类彻底绝望并世俗化了，不再有人的生命与心灵的同一性快乐，剩下的只是以疲惫身体获得金钱的快乐，人们不再为心灵而只为金钱犯愁。英国电视台播了一个“笑俱乐部”节目，无论如何要让焦虑的当代人学会笑，主持人告诉大家，只要你笑起来，哪怕是假笑也行。现代性的悖论出现了——从真诚地反对现代性丑恶到假笑式的自我欺瞒。这样的“集体假笑”造成的人的精神灾害性，波及了艺术家。如方力钧最初出现时，画了一些政治压力下的痴呆的大光头，百无聊赖地打着哈欠挤眉弄眼地嬉笑，表情怪异地凝视着前方，这在那时还有对于现实的某种程度的挑战或者回应。然而，“光头泼皮”在美术国际化中被西方话语操纵者所独赏——咧嘴傻笑者的内心世界表征为一张东方集体愚昧的证书，成为中国当代艺术政治策略的标志性形式，在被中外不断误读和想象的绘画中被理解为“中国人形象”，并在近二十年类型化绘画中成功地转变为西方辨认中国的意识形态符码。同时，一些艺术家也被西方话语“指定”成为“美术大师”。

这个问题还需要更深地从现代艺术史上追究。自从杜尚将小便池《泉》送进展览厅，这种现成品的艺术命名便在文化界艺术界进行大面积的文化颠覆。中国对当代艺术接受并欣赏的公众很少，因此这类颠覆影响了

一些善于模仿的先锋艺术家，而在中国艺术界没有形成什么中心话语。随后开放的氛围使得国际藏家开始将目光转向中国，在展览会、拍卖行、画廊的共同合力下，将中国当代艺术纳入了国际当代艺术大循环中，于是，在美国和香港的嘉德拍卖会上，在威尼斯双年展、圣保罗双年展、里昂双年展等活动中，以及一些有名的画廊里，中国当代艺术品成为吸引眼球的新贵而频频亮相。

值得注意的是，西方收藏家不是慈善家。他们在中国以低价收购处于“地下”的窘困画家的作品，除了赚钱外同时也让作品的意识形态性得以空前凸现，从而形成“西方的中国想象”。最初西方人收购时将价格压得很低，大量购买中国当代先锋绘画，然后在西方媒体尤其是拍卖市场上大力炒作，终于令其价位几十倍几百倍地抬高，又在高价位时大力抛出，在国人不明就里的竞购中，大赚中国人的钱。这就达到了两大目的：一是打压中国本土有精神追求的艺术家，使得超越性艺术家处在生活艰难之中而最终放弃艺术的尊严；二是打压中国美术的国际交流和流通，使得中国的艺术界放弃自我立场与西方美术界同步。这种恶炒带来的不是对艺术、对中国艺术家、对艺术收藏者的尊重，这是一种由假笑到恶炒的艺术欺骗的艺术癌变。

前瑞士驻中国外交官乌力·希克在上世纪 90 年代，用低价收藏了 180 多位艺术家近 2000 件艺术品，被称为“中国当代艺术最大藏家”。他说：“我不记得有多少人来过我家，但在中国，我至少访问过 300 位艺术家。”法国让—马克·德克洛破狂热从事中国油画前卫艺术收藏，在十余年间投资收藏中国当代艺术作品达 150 余件之多，堪称法国收藏中国油画第一人，近年来他已经成功地从当代艺术收藏家变成兼收藏家、策展人、画商为一体的国际高端艺术资本人。美国加州 Pascal de Sarthe Fine Art 经营者 Pascal de Sarthe 明确认为，中国当代艺术火爆就是国际资本炒作的结果：“相信有很多年轻、但是作品已经在拍场上卖得高价的中国当代艺术家受到投机客的炒作。这些欧洲和美国的买家与藏家见证了年轻艺术家作品快速的翻涨，因此投入更多的金钱在中国艺术拍品上，然而事实上这些作品价值仍该静待时间沉淀。中国市场一定会逐步稳定，然而这需要几年的时间累积。”有一家日本著名机构在低价位时买进、收藏的中国现当代艺术品多达 4000 件，在中国艺术市场火热飙升的背景下，开始大量抛出，仅仅几场拍卖会就抛出其中 112 件。从这个例子看，其实画家本身并没有得到多少好处。

资料表明，在近十年中有99%的中国当代艺术品是被国外收藏者所购买，本土的购买力对这类作品的兴趣不大。正如批评家栗宪庭所说："任何一个国家的艺术品市场价值根本上是要靠本国人支撑的，如美国的当代艺术如波洛克等的作品就是美国人先挖掘，欧洲人跟进。而现在外国人在大量收购中国的当代艺术作品，而我们中国人还在观望。如果西方的收藏家在中国当代艺术品的收藏中占强势地位，那他们就会将其标准强加给中国人，这样他们就成了大庄家，我们中国人跟风。最后的结果就是他们的收藏巨额升值了，因为人家已经把好的作品收藏了，而我们只好被动地跟随。"这一状况确乎值得人们深思明辨。其实盲目炒作的恶果其后不远，在相反相成中乐极生悲。众所周知，80年代末期，美、德、意的新表现主义作品成为市场的高端高价宠儿，但是这种人工泡沫终于破裂，90年代囤积这类作品准备大赚的人遭受重挫，一路狂跌中显示出这种拍卖泡沫经济的冷酷残忍，众多艺术家的作品价格一落千丈，挥泪告别一锤定音的拍卖行。

在我看来，美国基本上成了当代艺术中心，享有了独断式的话语霸权。美国艺术三百年，其前二百年具有原生态的朴素风格，后来随国力增加渐有全球性的普世精神，作为崛起的大国演变成流行文化超级大国，铸造出一种美国文化精神并将其同经济神话和军事霸权一并推行全球。这其中包括行为艺术、现成品艺术、拼贴艺术、观念艺术等，包括"自虐艺术"，然后用现代传媒不断炒作放大使之成为普世化模式。当中国经济振兴之后，这种西方艺术方式成为将中国拉入文化全球化中去的最佳平台。这种文化趋同的捆绑式的引入，无疑对中国未来艺术形态的构成伤害很大。对此，理论界保持高度的沉默就是一种弃权，是对中国艺术的集体渎职。

其实，人类正在遭遇到"古今艺术精神的冲突"。美洲、欧洲、亚洲、非洲等都是如此。在文化自信中，传统艺术精神不可抛弃，缺失之后就不能构成一个完整的人类文化谱系。但现代艺术使人们遭遇到了空前困惑的问题，不管是凯奇的"4分33秒"，还是令人恶心的某些行为艺术、现成品艺术，大都产生在欧美，这些艺术形态最初与古典艺术分庭抗礼，但在今天大众狂欢时代，这部分先锋艺术逐渐取代精英艺术而成为强势霸权话语，加上国际拍卖场经济优先性原则，目的不是为了欣赏而是为了大幅升值后，榨取每一分剩余价值。于是，"古今之争"的结果是把古代经典与当代艺术一刀砍断，并在集体喝彩中变成了集体自渎的时尚趣味。

现实的问题是，由于西方拍卖行的大力介入，一场缺乏批评意义的学术人与当代策展人的合谋正在有声有色地展开。中国美术界的现状是，批评家不再重视精神和学术力量，而是放大了市场力量和策展力量，在同收藏家力量的汇聚中，将当代艺术作为工具，在一场国际名利竞技场中欢呼艺术拍卖的“高价时代”的到来。可以看到，作为艺术“F4”成员的王广义、张晓刚、方力钧、岳敏君，其作品在2005年拍卖成交纪录已经突破百万美元，而刚刚落锤的秋拍中，刘小东的巨幅油画以2200万元成交。有人惊呼：绘画拍卖屡创天价，但绘画死了！中国当代艺术在拍卖会上频频获得高价位，标示着我们正以这样的方式向世界展示自己的单一和浅薄。

西方收藏的话语霸权者，按照单边主义的现代性话语旨趣，使中国艺术趣味成为另类——放逐古典艺术，力挺当代因袭西方趣味的模式化和类型化的艺术。中国美术的声音在世界上相当长一段时间处于“失声”状态。这种古今趣味与价值断裂，使得今天的人们忽视了一个很重要的维度——东方精神和东方经验的缺失。东方由于二百多年的沉默，使得包括一大批东方的画家、哲学家和文艺理论家从“失声”走向了“失身”——失去身份。无论你画了多少画，参加了多少展，出了多少书，都没有声音。东方的缺席使西方的趣味无限膨胀，这种膨胀最终导致了文化的严重失衡。

当代艺术对传统审美经验“背对”，所创作出的形象成为西方人对中国的文化误读的文本，导致西方经验对中国经验的鄙视。在这种不平等的对视中，丧失立场的东方画家正在变成盯着拍卖槌的“经纪画家”，正在被西方的单边主义观念引向盲视。西方艺术观念的全球推行导致的诸多问题，正说明东方文化应该有自身发声的渠道，东方经验的发声有可能成为人类精神复归的重要部分。

在我看来，文艺理论家这一群体需要真正进入艺术的深层结构。同时，理论批评家还不能亦步亦趋地追随西方思想家而丧失自我立场。我坚持中国立场，为什么对西方要亦步亦趋？我凭什么听了洋学者播撒的真理后，他就成了我的真理？我从来认为，所有的西方传教士和思想者到中国来就是“以手指月”，可人们只知道看表象之“手”，而忘了本体之“月”，重要的是要通过“手”去看所指的“终极之物”。思想懒汉仅知道因袭老师，越像老师似乎就越安全。我认为精神孤独的力量对学者而言犹如生命般重要，文艺理论界应该培养一种正当的学术辩论之风，以孤独的力量、个体的言说、探索者的无畏精神，对道体本身加以把握。不像今天的无思者，跟着西方的教父，就成了追随者梯队，甚至学术“粉丝”，那是没有出息的表现。在上世纪90年代我称他们为“精神侏儒”，今天我称之为“身份侏儒”。就是那种丧失了身份立场的“以新为新的空心人”。

在国际并轨中，某些中国美术评论家包括书法评论家变成了策展人，还有一些人从文化艺术的裁判变成了以谋暴利为旨归的艺术经济掮客。某些文艺理论批评家先致富，而后忘记了思考问题，一些人成了没有问题意识，没有思想地基，没有道德底线的人，形不成一种思想批评的中坚力量。我们只能每个人对自己的话语负责，尽可能找高手进行前沿思想的碰撞与对话，借助《文艺研究》这样的刊物，砥砺传播中国文艺理论界的前沿思想，同时把东方经验、东方的体会和东方的争鸣推向世界，成为国际关注的话语对象。

在全球多元多极化的时代，中国不能活在美国制定的话语评价系统之中，那是丧失自身文化身份和抛弃文化立场的愚昧，必须建立自己的评价系统，并且在全球化中将这种体系达成东西方共识。必须清楚的是：国内一些艺术作品参加国际大展而获奖，往往并非因为其艺术成就有多高，而是东方的神秘主义和独特的政治身份标志使其成为东西方冷战意识形态符码的载体，在这个意义上，西方对中国当代艺术的标准是政治第一、艺术第二的，切不可忘了这一自明的底线。因此，要使中国先锋艺术成为有根基的艺术，向西方文化谄媚是行不通的，相反，必须从冷战意识与文化战争政治符号中走出来，展示东方文化和谐意味和文化身份立场。我同意批评家鲁虹的看法：迎合西方策展人口味的目的做作品，表达文化精英们的生存经验而忽视大众的生存经验，运用的是从西方书籍与画册中移植过来的观念与手法，这是一种误读；中国的当代艺术家应该从中国的现实情境中去提炼问题与观念，并用中国式的视觉方式与智慧来进行表达。

几个月前，我花了近一个月时间到欧洲和非洲做文化考察，感受很深。欧洲正在逐渐僵化中丧失自己的传统，而非洲在现代性感召中正在丢掉她的传统，除了乌木木雕，除了独有的抽象化绘画，除了乞力马扎罗的雪，那些富有特色的文化正在“美国化”。从这个意义上说，西方文化的全球化是人类多元文化丰富性凋敝的开始。人类的政治制度、人权准则、金融体系、科技发展都会全球化，这是人类共同进步的基本保证。但文化形态、审美感性、艺术精神、宗教信仰必须保持各自的身份特色，丢掉这一点，人类的精神生态文化生态就会出现重大断裂和本体错位。

三、历史表象中东西方文化艺术精神的本源性清理

丁方　一位学者曾经这样指出：人类的超验信仰体系，都来自于东方世界，而所有的意识形态，则无一例外皆来自于西方世界。

王岳川　在相当长一段时间，古希腊被看成是西方文明的本源。事实上，那种将希腊文明看成是西方文明传统的观念在当代受到越来越多的质疑。从某种意义上讲，这是现代性以来的西方中心主义观念形成的一种文化偏见。希腊是西方文明一度中断而后发扬光大的文化形态。西方文明并不仅仅源于希腊的克里特岛，而且同古代近东地区尤其是底格里斯和幼发拉底两河流域文化紧密相关。

可以说，西方文明受东方文明影响很大。西方人将希腊作为西方文明的开端，并以各种现代性叙事阐释这一文化源头，进而片面地将西方文化看成人类最初的曙光。事实在于，希腊文化作为一种曾经失落的文明，是近代以来因现代性和全球化的需要而被创造出来的一种所谓连贯的文明形态。其实，西方文明既不是一种连续性文明，也不是独立成熟的文明形态，而是深深地受到东方影响的文明。美国史学家威尔·杜兰在《世界文明史·东方的遗产》中如是说："我们之所以由东方开始，不是因为亚洲乃我们所熟知为最古老文明之地，而是因为亚洲文明是形成希腊与罗马文化的背景与基石，而梅因(Sir Henry Maine)却误以为希腊与罗马文明乃是现代文明之源。当我们获知大多数重要的发明、经济与政治组织、科学与文学、哲学与宗教，都是来自埃及及东方时，我们定会惊讶不止。"

两河流域和埃及文明中关于人与人的关系的处理和人与超自然力的神的关系的处理，启发了西方人。在文学、艺术、宗教等方面，西方文明对近东文明有着诸多借鉴：诸如建筑学、测量学、城建学、军事技术、制造术、雕刻艺术都是从两河流域和埃及传入，而天文学、数学、几何学、修辞学、历法、贸易艺术、钱币使用、国际条约的签订也都是由两河流域和埃及的文明开创先河的。在这个意义上可以说，西方文化乃至宗教都有东方的因素，西方文明是吸收东方先进文明而获得精神能量的。正是将人置于宇宙中心，强调"人是万物的尺度"(古希腊哲学家普罗泰戈拉)，才使得现代西方人与古希腊人在坚持人文主义、高扬人性中找到了精神共鸣。

丁方　严格地说，西方文明主要是继承了两笔遗产：一是希腊世界的

遗产——哲思逻辑、造型艺术与民主制度，二是罗马帝国的遗产——法律、政体以及基督教信仰。对于欧洲来说，希腊和罗马帝国都属于东方世界，后者作为世界性的帝国，它吸收了古代东方世界“第一轴心时代”的精华，埃及的瑞神/奥西里斯神的信仰、波斯的祆教、印度的佛教、犹太的“弥赛亚”先知传统等。

现代人对大历史意识中的东西方之分野也许不太了解，许多人眼光也就是二百年的尺度，因此出现了对东方的精神潜力盲视的现象。东方世界晚近几百年的沉默，并不代表过去几千年无所作为；恰恰相反，在过去的几千年中，东方世界始终在默默地给西方以精神的馈赠。三大超验信仰体系——佛教、基督教、伊斯兰教之所以诞生于东方大地，绝不是偶然的历史事件。帕米尔高原/青藏高原以及一系列伟大山脉的崛起，标志着人类垂直向度的经验被东方的自然地理规定了。世界上没有一条河流，从海拔七千米处发源一直流到海平面，这种充满坠落感和力度感的奔腾穿越、切割大地，对心灵的震撼极大。

我在 2000 年专程去积石峡体验，它是上古传说中大禹治水的地方。那里的山峰的造型就和金字塔一样，气宇轩昂，耸立卓绝，在阳光下放射着耀眼的光芒，湍急的水流在狭窄的河道中奔腾而下，如熔岩般凝重，荡气回肠。据说大禹受舜之命在此治水，奋起一脚将一块巨石踹开，从此这里的黄河再不堵塞，《诗经》里曾这样说：“洪水茫茫，禹敷土四方。”这种地理在我看来是典型的富有启示心灵意义的精神地理。汤因比曾经有过一个诗意的比喻：在西方文明衰落的某一个时候，从青藏高原上下来一批新的牧人（当然是文化人），用精神之鞭将丧失灵性与历史感的现代人抽醒，使他们重新知道何谓“人的使命”与“责任”。我的解读是，精神地理在伟大历史学家的想象中，究竟能发挥到何种程度。

中国大地之所以值得骄傲，就是那种基于严酷生存感的博大与雄浑。除了自然地理的巨大高差，还有气候，寒暑严明的大陆性气候。那里是距离海洋最远的地方，水流切开高原的肌肤，大地承受着深沉的重负。黄土高原就是产生有分量的艺术的地方，在黄河夯号、信天游中，我们能强烈感受到一种先验的悲怆情感的余脉。中国西北大漠的地理为风所塑造，著名的“敦煌魔鬼城”就是风雕塑出来的雅丹地貌。古丝绸之路的南路，就必须穿越这方圆 800 里的雅丹地形才能到达于阗、尼雅等地。那里大约有五个月狂风走石，风把山的形状塑造出来，其铿锵酷烈的痕迹，与水切割的还不一样。相比之下,美国的科罗拉多大峡谷就是十分温柔的了,它完全是由水的切割而修理出温润秀美的地貌,成为著名的生态旅游公园。中国古代的碑刻,蕴涵有深刻的地理隐喻,古人推崇的"班驳古拙"的视觉效果和肌理质感,具有一种默默无言的深沉而真挚的内涵,它作为中国独特自然地理的人格化,沉淀为中华民族的审美记忆,代代相传。另外,从中国艺术表现的材质演变史来看,也很能说明问题,基本上呈现为一个不断弱化的过程:从最早的青铜/烈火,石头/雕凿,黏土/陶冶,到后来的碑刻/拓榻、石窟/壁画,然后过渡到蚕茧纸/鼠须笔、瓷器/把玩,最后到宣纸/毛笔、象牙雕/蛋壳画,虽然不断开拓出了审美形式的新领域,但却以丧失分量与力度为代价。它对应着宋以降政治中心的南移,远离了痛感文化的发生地。江南的楼台亭阁、小桥流水逐渐成了一系列苟且王朝的心理寄托,原来的大气磅礴演变为浅吟低唱,早先的质朴浑厚蜕化成精致小巧,上天的馈赠、祖先的遗产,越来越离我们而远去……

《山海经》中提到的"莽昆仑",既是一个伟大的精神形象,也是一个伟大的地理概念!的确,你只要登上昆仑山,你见到第一座雪山时的兴奋,为目睹沿着昆仑山口向远方无尽绵延的晶莹雪顶时的心灵震撼所取代,方才真正感觉到东方的伟力。那种地方,就是诞生超验的信仰与伟大的艺术之地!所以,佛教信仰产生于此一点也不奇怪。它的诞生和成长,正是在从帕米尔高原到喀喇昆仑山支脉的那些崇山峻岭的周边,而它后来的传播,就更是一个寻求真理的皈依过程。当年要去圣地,必须翻越雪山,穿越克什米尔古道,那是海拔6000多米的地方,生命的极限之地。公元401年法显翻越"达坂"山口时,已是69岁的老人,是什么精神在支撑着他?他进行的是有史以来最伟大的传道者和探险家的精神之旅,为寻求真理,不惜代价甚至生命。实际上,在古代东方世界不乏这种精神,卓越的人物比比皆是。那时西方还在沉睡。从地理和气候来讲,西方基本上是间隔着许多水域的欧洲平原,没有高山、气候温润,和严酷的亚洲大陆无法相比。我认为,东方大陆所拥有的精神地理资源,给人的灵魂发展垂直向度的经验,最终达到神性的启示与精神的提升,提供了生存论的基础,直到现在,它也是未来东方文化重新崛起的基础,这一点并没有改变。问题在于我们有没有认识到这些。

王岳川 我长期做中西文化差异性互补的研究,体认到这样一个入思角度:中国张扬"和谐"文化——表征为崇尚水文化、山文化、剑文化。而西方张扬“竞争”文化——表征为崇尚商业文化、海洋文化、斗争文化。

孔子《论语·雍也》有“仁者乐山，智者乐水”的说法，《大戴礼记·劝学》载：“孔子曰：‘夫水者，君子比德焉：偏与之而无私，似德；所及者生，所不及者死，似仁；其流行庳下，倨句皆循其理，似义；其赴百仞之溪不疑，似勇；浅者流行，深渊不测，似智；弱约危通，似察；受恶不让，似贞；苞裹不清以入，鲜洁以出，似善化；必出，量必平，似正；盈不求概，似厉；折必以东西，似意，是以见大川必观焉。’”同样，老子《道德经》有曰：“上善若水。水善利万物而不争，处众人之所恶，故几于道。”“天下莫柔弱于水，而功坚强者莫之能胜，以其无以易之。”中国文化是“水的文化”，因为水无私主平，水有勇赴瀑布而不惧，水虚心处下，水有百折向东的意志。中国人从水中体会着大陆文明的生存智慧。

中国还崇尚山文化。山是登临而俯仰的主题，“手挥五弦，目送飞鸿，俯仰自得，游心太玄”。杜甫《登高》诗“无边落木萧萧下，不尽长江滚滚来”，意象阔大，心性高远。而古人“登泰山而小天下”，则表明山成为中国精神人格化的山，成为中国登高望远的文化精神意象。

中国人格的化身是剑。剑如出江蛟龙，变化无穷，是个体在极其惨烈的环境中，百炼钢化为绕指柔的表征，剑道成为江湖人生的侠胆豪情的要义。

在西方，不管是希腊时代，还是海洋文明时代的葡萄牙、西班牙、英国，西方最发达的是商船航海，但强调的是开拓竞争，最终到斗争和战争。当代西方的困惑在于，这种商业文化、海洋文化、竞争文化、斗争文化遭遇到很大的问题。人类在现代性浪潮中遭到空前危机：生态危机、瘟疫层出、温室效应、南北极正在融化。我去非洲时看到被海明威描写的乞力马扎罗山雪峰雪帽已经大部融化。气候变暖导致南北极冰雪融化，继续下去海平面将上涨数米，那些发达的海洋国家的中心城市将沉入海里，文明最终在人类无止境的现实竞争和资源消耗中走向毁灭。只有意识到现代性的危害，由穷奢极欲回到尊敬山体，敬畏水脉，爱护地球，和谐公平，这样人类未来才会是美好的。

四、民族艺术形象建立必须坚持文化生态创新

王岳川 正是因为中国人“仁者乐山，智者乐水”，把自己的生命能量

拓展到极致，犹如宝剑淬火。中国艺术也这样。王羲之书法以晋人的清新出尘面目示人，但有人喜欢小王（献之）而说大王妩媚。唐太宗才给王羲之翻了三四百年的案。到宋四家互相批评互相欣赏也公平。如苏东坡评价黄庭坚的字如枯枝挂蛇，黄则说苏东坡的字如石压蛤蟆，米芾更是以“刷字”自居批评众人：“蔡京不得笔，蔡卞得笔而乏逸韵，蔡襄勒字，沈辽排字，黄庭坚描字，苏轼画字。”（《海岳名言》）可见中国艺术的评价机制是全面观人多元互补的。赵孟由宋降元品行有亏，王铎由明降清气节有损，痛苦中的王铎寄情书法，挑灯夜书而退笔如冢，但最后还是入了《贰臣传》。中国艺术的评价机制是主体全面公平的，注重人格魅力、时代精神、刚健清新的正面方向。而西方话语则不同，重竞争性评奖、重炒作和拍卖价位，而不论人格人品。评委认可就行，缺乏整体性评价机制。

另外，从评价机制我们可以上溯到作家、画家、书法家、艺术家创作的状态。达·芬奇没有把自己看成单一的画家，他不以《最后的晚餐》、《蒙娜丽莎》等说明自己是职业画家。我去大英博物馆以及欧洲的博物馆、日本的博物馆、韩国的博物馆，注意到达·芬奇既是兵器设计者，又是建筑设计者，还是直升机的设计家，等等。中国古代画家也这样。唐代很多画家在朝廷里没有太高的地位，当时一些大臣喜爱绘画，但仍然认为是“国事之余兴”而已，强调文人画的文化品位的优先性，不以职业画师自居。自从引进了近代的职业化范式以后，就开始失去艺术家文化基因的丰满性。今天的画家、书法家几乎不读经史子集，也很少对哲学理论感兴趣。古代文人琴棋书画均通，对书画尤其讲究悟“道”。我看了当代艺术家很多的展出，感到苍白、无聊、贫血，疲于奔命的东西太多，以为笔笔败笔就能出好作品？“文化出格”害处不浅。

西方文化理论有一定的道理，必须对这个“他者”有清晰的了解，但不应顶礼膜拜。东西方应该共同制定艺术审美规则，而不可能由西方单方面制定。东方一批年轻的艺术家轻视本土文化艺术，亦步亦趋跟在西方“继父”后面呐喊。哈姆雷特已明白是谁杀死了自己的父亲，但我们的有虚无心态的人并没有拿起哈姆雷特的剑。一个艺术家，需要文人要素、乡土情结、文化根基。中国的文艺理论界，在文艺版图上应出现一些有个性的思想流派。在这个意义上说，中国艺术应大胆从模仿西方中走出来，开始中国文化的创新，推动中国经验成为人类经验的一部分，也使中国艺术经验和评价机制成为被西方尊敬的人类艺术经验的重要成分。

丁方 一些批评家和理论家对艺术本体没有很多感觉，只是靠文字来理解艺术品。还有一批不读书的职业画家，轻蔑文化，甘当“画手”，好多人还沾沾自喜，认为自己是“职业画家”，其实这个称呼在我看来是具有文化上的贬义的。在这种环境下，艺术已经沦落到了最不值钱的地步，只是在用不思考的手艺换取货币。这两种现象都应矫正或克服。

现在有一些艺术刊物，推出一批缺乏文化素养的职业画家，对他们进行廉价包装，实际上是不负责任的。从这个意义上讲，中国太需要一次文艺复兴，彻底清理人们的意识，充实人们的思想，提升人们的精神，使之具备对人类精神文化整体把握的能力。这种东方的文艺复兴，不是模仿西方的老路，而是把东方的传统精神重新解读和转换出来，提炼成为人类精神的一部分。既不要西方至尊，把西方话语强加在东方身上；也不要民族主义，拒绝人类精神的普遍价值标准。关键在于我们的眼光和视野要全面、深刻。

金宁 西方的理论对我们具有的价值是不言自明的。我注意到岳川早期的论著大多是研究西方本体论、解释学、后现代的，当时我认为，你是做西学的学者。现在你更多的是在走东方问题研究之路，从中国本体的角度来考虑问题。

王岳川 是的，研究西方只是作为问题的入思和语境，最终要落实到本土问题的解决上来。我不是神化东方，也不是民族主义者。由于当代某些艺术家从反文化开始自己的创作，没有深切地了解本土文化，只能把西方非价值的艺术形式拿来，最终中断东西方艺术精神的互补。同时他们也没有认识到神化现代性的误区，包括神化民主、科学等。今天被炒红的很多的画家，并不表示他们的素质超过了丁方等人，而是表示他们在很大程度上拜服在西方霸权之下。希望那些承载人类精神的批评家能把有精神价值操守的、还坚守整体性观念的、正在进行价值创新的中国艺术家推向世界。

西方正在学会适应中国的崛起。尊重包括东方在内的人类经验，才能够创造出新的人类经验，丰富国际艺术大家庭，这是很重要的文化策略。西方要重新修正他们的艺术评价机制、评审机制、翻译机制和参展机制，应瞄准真正代表中国的艺术家，重视具有历史传承精神并打通中西方的艺术家。这样的人才能承前启后地创新，单一地描摹抄袭西方，最终的结果是把东方还有一些革命性的、审美性的东西虚无化了，以致成为艺术史上的闹剧。

我坚持认为，东方思想、东方经验的缺席是人类的败笔，正在崛起的中国，其东方经验的和谐性和东方话语的包容性，可以平等地向全球播撒自己的有益经验并造福人类。

丁方 20世纪70年代末，我们都是从西学入手，等到把西方的精神文明史基本熟悉了，历经了一个轮回，再回过头来看东方，就不一样了，就会把站在人类文明的角度来客观地观察与研究问题作为一种追求。

五、海外炒作的意识性与中国艺术经验的对话性

王岳川 我到大英博物馆参观，并同著名美术史家、英国牛津大学苏利文教授对话。我提了三个问题：中国书画家到大英博物馆展出，英国方面有没有关于中国书画家的谱系研究？究竟怎样认可书画家（不管是行为书法家，还是功力书法家）达到了大英博物馆展出的水准？是国家之间的策展行为，还是艺术高手之间的对话，或是朋友之托许以重金获得展出权？他回答说基本是后者。无疑，这种状况会扰乱中国书法绘画的正常规则，扰乱画界的评选机制。他说没有办法，中国还没有在国际上建立一个中国书画完善的评价谱系。回国后我找中国美术馆馆长范迪安教授，就中国当代艺术非正常火爆进行对话。他告诉我一个事实，这些画家本身也没拿到多少钱，大多被国际炒作者拿走了。

中国的发展在世界上也是见仁见智。这两年房地产、股票市场都不太景气，国际资本的大量回流，国内资金热集中转向艺术品投资。中国传统艺术吸收了国内的热钱，而中国当代艺术市场则注入了太多的西方资本，打造的确实是西方人理论输出在中国成型的准西方艺术形式，然后被他们作为“理论旅行”的变异品加以激赏。真正的艺术品应该从自身的土地上成型，其欣赏者和购买者构成的市场文化价值认同和经济购买价值的主体应该是本国人。国人对当代艺术品的接受欣赏程度，成为艺术品真实存在的历史氛围。这种人为抬高的造势危害很大，一方面可能形成高价艺术拍卖难以为继的崩盘危机，另一方面使得艺术品成为西方洗钱的大市场，再一方面则是西方收藏界的大规模介入，中国购买者集体跟风与非理性艺术品投资，只认作品的金钱升值空间，不讲艺术的真正意义和价值，从而出了“买椟还珠”的国际笑话。

丁方 国外炒作当代中国艺术，最后的目的地大概还是中国，先把你的胃口吊起来，最后再一股脑甩给你。这是一种典型的商业伎俩。一些策展人为了吸引公众的视线和媒体的注意，往往选择有意识形态色彩的东西。这种东西代表中国真正的艺术追求吗？十多年来，这种倾向大家看得已经相当清楚。

王岳川 艺术投资是一种风险投资，尤其是由国际资本炒作的时候，风险更甚。比如2005年纽约苏富比首次在纽约亚洲艺术周中推出的亚洲当代艺术专拍中，中国艺术家张晓刚、徐冰、艾未未等作品均以高价成交，然而到了9月份，纽约苏富比再次推出“亚洲当代艺术”专拍，中国部分的成交率为68%，与其3月份专场中89.8%形成了强烈落差。纽约风向标的作用很快显现，这提醒我们必须经历炒作之后的理性复归之路。中国市场理性正在形成，那种被西方世界盲目煽动的成交价格已经回落到理性的水准，刺激了国人的神经狂热被冷静的投资所制约，藏家的选择在严谨苛刻中更会厘定新的尺度，品质欠佳的作品将被淘汰出局，有创意的好作品会保持一定旺盛势头。

中国美术界书法界不仅要批判而且要构建，文化界要介入并推出一批中坚学术力量，大家共同发出声音。在“众声喧哗”中，人类将会找到自己存在的多元地基。当代部分西方人逐渐走出西方中心主义，将目光转向东方大国，而国内一些先锋艺术家也应该重新认识本国文化并追问：自己是不是过分着迷于西方利益与金钱的现代化？是不是已经放弃了民族文化的自强意识？缺乏民族精神者能否创作出真正地被历史镌刻的大作品？炒作的高价并不代表真实的状态，真正的大奖是给那些对人类艺术做出真正推进的，而不可能垂青那些艺术投机者。

中国知识界当务之急是从与西方文化互补的角度给世界注入一种新文化活力，今天中国当代艺术经过历史的震荡，已到了一个古今中西的关键的精神“拐点”上，我们必须对西方美术思潮中的文化殖民化问题、当代艺术的国际炒作中的文化身份问题、中国艺术家“弑父”和寻求精神“继父”问题，以及中国新世纪艺术创新等问题加以深度探讨。探讨这些问题的关键是文化身份的确定和重新书写。这意味着真正的中国艺术家的作品烙下了他们文化身份的印迹，从作品可以品出骨子里的血性，这种身份的国际性意义在于中国立场的确立。没有立场的艺术家仅仅是投机者，而投机就意味丧失自身文化身份的根基。

一次艺术文化的对话，意在引出中国艺术身份、炒作中的后殖民倾向、个体创作中的价值关怀以及中国批评界的职责等若干问题。对话使我们明白了这样一个历史与当下的“问题域”：历史已经将我们带到这样一个历史关节点上：我们必须经过现代性的反省，意识到我们在“发现”一种不同于西方人的眼光、立场和观念，使西方文化霸权在对话中很难通过某种中介产生出新的知识权力关系，从而改写世界的艺术发展史和精神延伸史，解答并构想未来世界文化艺术的终极问题。

我对中国艺术的新世纪发展有三个建议：一，那些走出国门的艺术家成为跨国艺术家，海外的生活经历使其具有文化移民不断漂移的文化身份，久居海外对中国问题的隔膜使其在文化鸿沟中思想悬搁，因此，不妨更多地回到母土，从心理上走出文化身份焦虑，获得真实的当代中国经验，使自己的艺术更有中国身份的灵性。二，在全球化时代的中国崛起之时，艺术家代表着个体和同时代人的艺术趣味和文化表象，因此倡导艺术家尽可能地寻找自己的文化身份，真正的大师意味着必须有深厚的哲学之思和超越之翼，否则只能炒红一阵子，而他期望的飞翔高度却因为没有哲学羽翼而坠落，他的言说因为缺失高度而成为三流的艺术因袭。三，艺术家不是为了拍卖而生而死，艺术家的浅薄浮躁会怂恿出浅薄浮躁的购买者，这反过来又会刺激出一批更浅薄浮躁的艺术家、产生出更浅薄浮躁的艺术品，这种低水平地重复所制造出的当代艺术，其意义的贫乏是可想而知的。

我想说的是：艺术应该回到艺术真正的位置，以收藏的价位代替作品价值评判标准的西式炒作方式，最终在时尚的漩涡中会沉到水底。一个艺术家只有最终通过艺术感悟，才能逃离模仿他人的怪圈，而找到属于自己精神领域的路。能引领新艺术精神高度者才能最终成为大家。